U0797534

立法理论与实务研究丛书

比较立法研究

陈佳　等　著

BIJIAO LIFA YANJIU

法律出版社
LAW PRESS · CHINA
北京

图书在版编目(CIP)数据

比较立法研究 / 陈佳等著. -- 北京 : 法律出版社,
2024

(立法理论与实务研究丛书)

ISBN 978-7-5197-8948-0

Ⅰ. ①比… Ⅱ. ①陈… Ⅲ. ①立法-研究-中国
Ⅳ. ①D920.0

中国国家版本馆CIP数据核字(2024)第054389号

比较立法研究
BIJIAO LIFA YANJIU

陈 佳 等著

责任编辑 李沂蔚
装帧设计 鲍龙卉

出版发行 法律出版社
编辑统筹 法律应用出版分社
责任校对 晁明慧
责任印制 刘晓伟
经　　销 新华书店

开本 710毫米×1000毫米 1/16
印张 32.75 **字数** 438千
版本 2024年4月第1版
印次 2024年4月第1次印刷
印刷 唐山玺诚印务有限公司

地址:北京市丰台区莲花池西里7号(100073)
网址:www.lawpress.com.cn
投稿邮箱:info@lawpress.com.cn
举报盗版邮箱:jbwq@lawpress.com.cn
销售电话:010-83938349
客服电话:010-83938350
咨询电话:010-63939796
版权所有·侵权必究
书号:ISBN 978-7-5197-8948-0
定价:128.00元
凡购买本社图书,如有印装错误,我社负责退换。电话:010-83938349

《立法理论与实务研究丛书》

编　委　会

编委会主任　孟庆瑜　周　英　赵树堂

编委会成员（按姓氏笔画排序）

冯玉军　刘广明　时建中

陈　佳　陈玉忠　尚海龙

岳彩申　周　英　周佑勇

郑尚元　孟庆瑜　赵树堂

《立法理论与实务研究丛书》
出 版 说 明

党的十八大以来，社会主义法治国家建设深入推进，全面依法治国总体格局基本形成，中国特色社会主义法治体系加快建设，司法体制改革取得重大进展，社会公平正义保障更为坚实，法治中国建设开创新局面。法治中国，立法为先。在党中央集中统一领导下，形成了党委领导、人大主导、政府依托、各方参与的立法工作格局，深入推进科学立法、民主立法、依法立法，立法质量和效率显著提升，中国特色社会主义法律体系进一步完善，为全面建设社会主义现代化国家提供了更为完备的法律保障。适应新阶段新形势新任务，党的二十大报告提出，“加强重点领域、新兴领域、涉外领域立法，统筹推进国内法治和涉外法治，以良法促进发展、保障善治。推进科学立法、民主立法、依法立法，统筹立改废释纂，增强立法系统性、整体性、协同性、时效性”。高质量立法离不开一支德才兼备的高素质法治人才队伍。高校是法治人才培养的“第一责任人”，法学教育和法学理论研究承担着为法治中国建设培养高素质法治人才、提供科学理论支撑的光荣使命，在推进全面依法治国中具有重要地位和作用。

作为河北省最早创建法学专业的高等学校，河北大学已经建成涵盖学士—硕士—博士—博士后的全链条、完整性法治人才培养体系，是河北省法学教育的“排头兵”，全国卓越法治人才教育培养基地。河北大学高度重视立法人才的教育培养，不仅在法学专业本科教育中开设立法学等相关课程，在研究生教育中设置立法学研究方向，而且在国内首创

“立法理论与实务”微专业，贯通立法理论与实践，积极探索立法专门人才培养的新机制新路径。河北大学立法专门人才培养坚持德法兼修、知行并重，持续深化与立法机关及相关部门的交流和合作，迄今已完成京津冀水源涵养保护、生态环境支撑、白洋淀水环境治理与保护、地理标志保护、专利保护与冬奥知识产权保护、文明行为促进等100余项委托地方立法、立法后评估和立法论证项目，30余项成果获省领导肯定性批示，产生重要反响。2021年河北大学获批教育部首批新文科研究与改革实践项目“政产学研协同育人模式下的立法人才培养机制研究”，为深化立法人才培养提供了新契机。本项目拟通过调查研究和改革创新，有针对性地解决我国现行立法人才教育培养体制机制存在的突出问题，为教育培养高素质立法专门人才提供系统性解决方案。

作为教育的核心要素，教材建设事关“培养什么人、怎样培养人、为谁培养人”这个根本问题，直接关乎人才培养质量。深化高等学校人才培养模式改革需以高质量教材建设为要。为了适应新时代高素质立法专门人才培养的新形势、新任务、新要求，提升立法学教材建设的针对性、实用性、系统性、时效性，河北大学法学院、河北大学国家治理法治化研究中心依托“政产学研协同育人模式下的立法人才培养机制研究”这一新文科项目，充分发挥高等学校与立法实务部门的协同机制，与法律出版社共同策划出版了包括但不限于《立法理论与制度》《比较立法研究》《地方立法技术与规范》《地方立法实务与案例》等构成的《立法理论与实务研究丛书》。本丛书的突出特色和亮点就是坚持以习近平法治思想为根本遵循，落实立德树人根本任务，贯彻政产学研协同育人理念，与立法机关全方位深度协同，共商研发计划、共建编写团队、共定写作大纲、共享信息资源，合作编写、集体审定，以期切实提高丛书的质量和时代性，最大限度地满足立法专门人才培养的实际需求。同时，也真诚期待学术界和实务界同人不吝赐教，提出宝贵意见和建议。

《立法理论与实务研究丛书》编辑委员会

2023年4月26日

目　录 Contents

绪　论

第一节　比较立法研究的价值和目的

比较研究是对某一问题或者对象,就其多国度、多文化或多社会因素进行慎重地比较和讨论,对异同点作出各种评价和阐释的科学方法。立法是一个跨历史、跨国度、跨文化的产物,对其进行比较研究具有很大的必要性。其主要是为了达到一定的学术目的和实践目的两个层面。

所谓价值,是指客体能够满足主体需要的效益关系。其中这种效益应当是积极的意义,是有助于满足人的某种需要并且有助于实现特定目的的。那么,对立法进行比较研究的价值就在于它有利于实现人们对立法制度进行学术研究以及实践运用的目的。

第一,对立法进行比较研究具有理论价值。每个时期每个国家都有具体的立法制度,而非一般的立法制度。对不同的具体立法进行比较研究,一方面,有助于我们了解和概括不同立法制度所具有的特征和发展规律,使我们掌握更多的立法知识,从而更好地构建出立法制度的理论体系。在此基础上,我们还能依靠比较研究增进对立法制度认识的广度和深度,从而提出更多有创造性的观点。另一方面,有助于我们开展对外文化交流。“一花独放不是春，百花齐放春满园。”“阳光有七种颜色，世界也是多彩的。”……党的十八大以来，习近平总书记多次用生动形象的描述来阐释文明交流的重要性，向世界描绘出一幅文明交流互鉴、人类命运与共的美好图景。每个国家的法律文化都是世界文化的重要组成部分，立法的比较研究有助于促进立法不同发展模式的交流对话，在学习中取长补短，在交流中共同发展。

第二，对立法进行比较研究具有实践价值。立法是一种实践性很强的动态活动，对立法进行比较研究，有助于我们学习掌握较为优良的立法模式从而进行选取，以健全和完善我们现行的立法制度。当然不同国家不同历史时期的立法都是会受到各种不同因素的影响的，我们既不能坚决地抵制，也不能盲目地采取。我们必须通过比较来发现一些适合我国国情与实际需要的立法方面的产物，从而为本国立法实践服务，提高立法的整体质量，打造属于中国特色、具有时代特征的立法制度，为我国各项事业的发展提供更高水平的法制保障。

第二节　比较立法研究的体系建构

比较研究可以从不同角度展开，比较立法研究主要通过中国和西方主要发达资本主义国家的立法制度、立法过程、立法技术等层面展开，通过这些具体的层面分析进入较为深刻的理论层面，揭示出不同立法所具有的精神。

本书除绪论外，共设有十五章内容。第一章是立法的概念、本质和作用。第二章是立法制度的历史考察，主要分析了各个国家立法制度产生和发展的过程，从而发现其中各自所具有的本质和特点，为之后各个章节的全面研究打下基础。第三章是立法指导思想和立法基本原则，立法原则是进行立法活动的重要准绳，是立法指导思想在立法实践中的重要体现，该章阐明了各个国家进行立法所遵循的指导思想与原则。第四章是立法与利益，该章探究了立法与利益之间的关系，以及西方国家与我国分别在立法中如何进行利益博弈与利益选择的。第五章是立法主体，主要对立法主体进行了界定，阐明了中西方立法主体产生和组成的共同之处与不同之处，在进行利弊分析之后，提出完善中国立法主体制度的相关建议。第六章是立法权限，其中主要分析了立法权限制度的内容、影响因素、划分模式与方法，以及对中西方立法权限的划分进行了比较分析，提出了完善中国立法权限制度的相关建议。第七章是立法程序，阐述了中西方立法程序的过程，分析了立法程序对立法的影响和作用。第八章是立法效力，阐释了立法活动所具有的作用力，对中西方国家的立法效力进行了比较。第九章是立法预测、立法规划与立法决策，主要对其中三个概念进行了概述，并比较了中西方国家立法预测、立法规划与立法决策。第十章是立法协商，主要探究了中西方国家参与立法协商的主体以及中西方国家立法协商的主要方式和渠道。第十一章是立法评估，对中西方国家立法评估的主体、对象、标准、方法、程序进行了比较。第十二章是法律解释，主要对中西方法律解释的演变过程以及各国的法律解释制度进行了比较分析，对比其中的差异。第十三章是立法修正，阐释了中西方国家立法的修改、补充和废止以及中西方国家规范性文件的系统化过程。第十四章是立法监督，主要分析了西方国家立法监督的模式和具体制度，以及对西方国家立法监督制度进行了评析，同时阐释了中国立法监督体制、中国立法监督的范围、方式及程序，从而提出完善中国立法监督制度的若干思考。第十五章是立法技术，该章侧重从科学性、合理性角度去探讨立法技术的内容及作用，以及我们可以直接借鉴和移植的立法技术。

第三节　比较立法研究的方法

“不识庐山真面目，只缘身在此山中。”不借助他人，有时我们很难认清自己。在本书研究中，我们通过跨国比较、跨文化比较、跨学科比较、跨地区比较，可以找出一些共同的问题，发现哪一些是本国、本地的特殊问题,哪一些值得我们借鉴。本书研究所采取的就是一种比较研究的方法,其中具体注重以下几个方面的融合。

一是横向比较与纵向比较。横向比较(或称横比)就是对空间上同时并存的事物的既定形态进行比较。如同一时间各国立法制度的比较属于横比。纵向比较(或称纵比)即时间上的比较,就是比较同一事物在不同时期的形态,从而认识事物的发展变化过程,揭示事物的发展规律。在科学研究中,对一些比较复杂的问题,往往既要进行纵比,也要进行横比,这样才能比较全面地把握事物的本质及发展规律。

二是求同比较和求异比较。求同比较是寻求不同事物的共同点以寻求事物发展的共同规律。求异比较是比较两个事物的不同属性,从而说明两个事物的不同,以发现事物发生发展的特殊性。通过对事物的"求同""求异"分析比较,可以使我们更好地认识事物发展的多样性与统一性。

三是本质比较和形式比较。本质比较也是定性比较,要求我们用阶级的观点去考察阶级社会中立法制度的实质。不同历史类型的国家中,立法制度在表现形式上会呈现出众多的相同之外,还会呈现出许多差异性。运用本质比较法有利于我们对各种立法制度进行准确的定性,同时使我们能够充分肯定立法制度中的有益成果以及借鉴其中的成功经验。形式比较侧重对立法的外观表现进行比较。本质内容决定形式,但形式也服务于本质。形式比较有利于我们去粗取精,去伪存真,借鉴一些有利于中国立法完善的形式为中国立法的发展服务。

四是静态比较与动态比较。静态比较是对现存的、能反映立法制度真实情况的立法文件进行比较研究。人们在理论探讨中常常持有不同的观点和见解,因而掌握事实尤为重要,这是论证的客观依据。在充分掌握资料的基础上,用文字把立法的基本内容和特征加以准确而客观的描述,然后进行分析和论证,并作出合理的价值评判。动态比较则是从典型的一些立法事件和各种发展变化的立法关系入手进行比较研究。静态比较和动态比较相结合更有利于我们展现立法的真实性。

比较研究法的运用虽然没有一个固定的模式,但仍然有一个基本的操作步骤或者实施程序。我国比较研究中运用比较研究法一般按如下步骤进行,因此本书在比较研究的过程中也大致采用了以下方式:确定比较的问题、制定比较的标准、收集资料并加以分类解释、比较分析、得出结论。

第一章　立法的概念、本质和作用

第一节　立法的概念、特点和分类

一、立法的概念

立法是指特定主体以所在政权名义，依据一定职权、遵循一定程序、运用一定技术，制定、认可和变动普遍性、明确性法律规则的活动。[1] 其中法律规则是指广义上的规范性法律文件，规范性法律文件是指以规范化的成文形式表现出来的各种法的形式的总称。在我国，广义上的规范性法律文件包括宪法、法律、行政法规和规章、地方性法规、地方规章。

(一) 立法的邻近属概念

逻辑学上将下定义的方式归纳为“种差 + 邻近属概念”。种差是指同一属概念下此种概念独有的属性。邻近属概念包含被定义者的最小的属概念。

首先确定立法的邻近属概念就涉及了有关“过程说”“活动说”“过程结果结合说”“活动及结果说”的争议讨论问题。立法的英文为“legislation”。英国学者大卫・迈尔斯在其著作《立法》中指出“legislation”一词是

---

[1] 徐向华：《立法学教程》，北京大学出版社 2017 年版，第 42 页。

指制定法律或产生法律的过程。[1] 英国学者戴维·M. 沃克主编的《牛津法律大辞典》中对 legislation 的解释为"通过具有特别法律制度赋予的有效地公布法律的权力和权威的人或机构的意志制定或修改法律的过程"。并指出"这一词亦指在立法过程中所产生的结果,即所制定的法本身。在这一意义上,相当于制定法"。[2] 美国学者亨利·卡贝尔·布莱克在其著作《布莱克法律词典》中将立法解释为按照一定正式程序,以书面形式,由宪定的某种政府机构制定成文法的过程。[3]《美国大百科全书》对该词条的解释是"立法是指包括政府各部门所用的规范社会行为的法的规则。一般来说,这一术语尤指代议机关所制定的法以及制定法的过程"。美国学者 E. 博登海默在其《法理学——法律哲学与法律方法》中认为:"从立法这一术语在当今所具有的最为重要的意义来看,它意指政府机关经由审慎思考而进行创制法律法令的活动。当然这种机关是专门为此项目的而设立的,并且能够在正式法律文献中对这种法律规定作出明确表述。立法机关创制的法律所具有的上述特征,使之区别于习惯法。"[4] 日本末川博所编《全订法学词典》的解释是:"立法,是与行政、司法相对应的概念,从形式意义上讲,不论法律名称如何,是指制定一般抽象的法规的工作。"[5] 国内大部分学者的主张,即认为立法是一种活动。

综上所述,从现代国内外学者对立法概念的界说情况可以看出,从对立法性质的不同认识上,立法概念的界说主要可以分为四种:第一种,单纯过程说,如大卫·迈尔斯的主张。第二种,单纯活动或者行为说,如亨利·卡贝尔·布莱克、末川博的主张。第三种,过程及结果说,这种观

---

[1] See David R. Miers & Alan C. Page, *Legislation*, 2nd ed., Sweet & Maxwel, 1990, p. 2.

[2] 参见[英]戴维·M. 沃克:《牛津法律大辞典》,北京社会与科技发展研究所译,光明日报出版社 1988 年版,第 547 页。

[3] See Henry Campbell Black, *Black's Law Dictionary*, 5th ed., S1. Paul. Minn: West Publishing Co. 1979, p. 809.

[4] [美]E. 博登海默:《法理学——法律哲学与法律方法》,邓正来译,中国政法大学出版社 2017 年版,第 415 – 416 页。

[5] 韩明德、石茂生主编:《法理学》,郑州大学出版社 2004 年版,第 202 页。

点认为立法既是制定法的过程,也是通过该过程最终产生的结果,即制定出来的法本身。第四种,活动及结果说,这种观点认为立法是制定法的活动,并且这种活动区别于司法和行政活动,同时认为立法也是这种活动的结果。

认为立法是一种结果的观点主要是为了契合普通法系国家的需要,因为这些国家需要将立法所产生的规范性法律文件与判例法加以区分,将立法同立法产生的法相等同正好契合该需求。而这种观点在其他国家并不存在很大价值,并且未能很好地体现立法的动态特点。对于将立法看作一种过程的观点,虽然体现了立法的动态特点,但是并不能很好地体现与其他例如行政、司法的区别。而将活动作为立法的邻近属概念是较为恰当的一种选择,因为活动比过程更能够体现立法的性质,过程是指事情进行或事物发展所经过的程序,而活动是由共同目的联合起来并完成一定职能的动作的总和。通过观察,立法并不仅仅指所经过的立法程序,其更加符合活动的性质。同时活动也同样体现出了立法的动态过程,因为活动往往是包含过程在内的,任何一个活动都不能离开一个过程。

因此,本书将立法的邻近属概念确定为“活动”。

(二)立法的种差

所谓的种差是指同一属概念下此种概念独有的属性,即事物的本质属性。一般来讲,一个事物会存在多种区别于其他事物的本质属性,而这些本质属性的总和便揭示了该事物的内涵。掌握立法所具有的本质属性,即需要掌握立法自身的特征。但是由于立法的多样性,各种立法之间既会有共同特征也会有各自独具的特征,因为我们要研究一般性的立法概念,因此我们只需关注各种立法之间所具有的共同特征。

通过考察古今中外的各种立法,结合研究立法概念的需求,从立法主体、立法规则、立法行为、立法对象几个方面进行总结,可以发现迄今为止的各种立法具有如下共同特征。

1. 立法主体:立法是特定主体以所在政权名义进行的活动

首先,法是由国家制定或者认可,并通过国家强制力保障实施的规范。因此可以推定,立法当然就是以国家政权的名义所进行的活动。虽然在奴隶制社会以及封建制社会,大多数立法活动是由君主个人进行的,但此种立法也并不是以君主个人名义进行的,其实质仍然是一种国家的立法活动。因为一国执政者的意志想要上升为法律,也必须依赖国家政权这一后盾。因此,一切立法体现的都是一定政权的意志,具有政权意志性。

其次,所谓的政权,是指处于不同级别履行不同职能的机关或者机构组成的权力体系,是国家管理、统治的工具。立法是政权的重要职能之一,但并不是所有的政权机关或者机构都能够实施立法活动,政权的不同权能是由不同特定职能和级别的机关或个人行使的。因此,立法也是政权中特定有立法权的主体的专有活动。由于历史时期的不同,各个政权的性质以及组织形式会有所不同,有权立法的主体也会有所不同。例如,有的只有法定立法主体可以进行立法,但有的政权允许授权性立法主体进行立法;有的政权不允许行政机关进行立法活动,但有的却相反;有的政权只允许机关实施立法,有的也将机关和个人都作为立法主体。但无论哪一个主体被赋予了立法权去进行立法活动,都是政权进行特定选择的结果。

2. 立法规则:立法是依据一定职权、遵循一定程序、运用一定技术所进行的活动

立法是一项影响重大且深远的活动,具有全面性与严格性。国家不可能将所有立法活动的任务交由唯一的特定立法主体,更多的是会将不同级别与层次的立法事项、不同重要程度的立法事项、不同形式的事项分别交予不同的主体实施。因此具有立法权的立法主体不一定能够进行所有的立法活动,这些主体需要按照一定的职权来实施立法。其中按照一定职权实施立法活动包括:(1)按照特定级别实施立法。例如,地方立法主体就不能制定属于中央一级的立法。(2)按照特定法律表现

形式实施立法。如行政法规的主体只能对行政法规行使立法权，而不能制定法律。(3)按照特定事项实施立法。如仅能就一般事项行使立法权的主体，便不能就重大事项实施立法。

同时，立法也需要依据一定的程序进行。无论哪个历史时期、哪个国家都会对立法程序进行或多或少的规定。在奴隶制社会和封建制社会，虽然通常没有固定且严格的立法程序，形成了君主“言出法随”的立法特点，但也并非没有规定任何的立法程序，一般都设立了有关起草和审定的基本程序来对立法活动进行规制。而资本主义国家和社会主义国家都会设立严格的法定程序来对立法的过程进行指引与规制，以保证立法的严肃性和权威性。

除此之外，立法活动的顺利进行也需要依靠一定的技术支撑。可以肯定，古今中外的立法主体在立法中都运用着一定的立法方法和技术。只不过历史阶段的不同以及各个国家经济发展水平、政治开明程度、科学发达程度的不同，立法技术在各个立法过程中也会展现出不同的作用。可以发现，即使是在古代，也存在比较精湛的立法技术，在此基础上也产生了意义深远的法律，例如罗马法和中国的唐律等。但从总体上看，近、现代以来立法产品的内部结构更为合理，语言文字更为精确，不同规范之间更为系统和协调，立法技术较之古代更趋先进。[1]

3. 立法行为：立法是制定、认可和变动法的活动

立法活动的最终目的就是意欲发生法的产生或者法的变动的效果。虽然在一个立法过程中会出现多种多样的立法行为，但主要的立法行为就是制定、认可和变动法的行为，其他的如立法的解释行为、立法的监督行为都不能够实质性地反映立法活动本身的性质，因此，在立法概念的内涵中也无须将其反映其中。其中，所谓的制定，是指制定新的规范性法律文件的行为，使该规范性文件从无到有；所谓的认可，是指赋予已经存在的非法律规则以法律效力的行为；所谓的变动，包括修改、补充、废止三种行为类型，其中修改是指部分变更已有规范性法律文件的内容的

---

〔1〕 参见徐向华主编：《立法学教程》，上海交通大学出版社2011年版，第41页。

行为，补充是指在原有规范性法律文件的基础上增加新的规范的行为，废止便是指终止原有规范性法律文件的行为。

4. 立法对象：立法是针对普遍性、明确性法律规则所进行的活动

社会中的规则是各式各样的，包括法律、道德、章程等。而立法活动的对象仅仅包括法这一种规则。可能在不同历史时期、不同国家对法的理解是不相同的。例如，在实行判例法制度的国家，法官所创立的判例具有法律约束力，因而法官创立判例的行为也就是立法。[1]

同时，立法所产生的规范性法律规则具有特殊性，特殊之处在于这些法律规则具有普遍性与明确性。

所谓普遍性体现在以下几个方面：法律规则针对的是共性问题而非个别问题；法律规则适用于制定该规范的政权所管辖的全部区域而非部分区域；法律规则适用于一般抽象的人而非特定具体的人；法律规则一般可以反复适用而非一次性适用。

所谓明确性，首先是指法律规则不是"朝令夕改"的，而是具有稳定性和可预见性的。其次，法律规则设立了明确的行为方式和行为后果，以为社会大众提供确定性的指引。

二、立法的特点

在探讨立法概念时已经列举了有关立法的四个方面的共性特点，除此之外，立法还具有一些虽然未被纳入概念的具体表述之中但实际已经隐含在概念之中的特点。

（一）立法具有客观物质性

马克思在《对民主主义者莱茵区域委员会的审判》[2]一文中强调："社会不是以法律为基础的，那是法学家们的幻想。相反地，法律应该以

〔1〕 参见黄文艺主编：《立法学》，高等教育出版社2008年版，第20页。

〔2〕 参见马克思：《对民主主义者莱茵区域委员会的审判》，载《马克思恩格斯全集》（第6卷），人民出版社2012年版，第291－292页。

社会为基础。法律应该是社会共同的、由一定物质生产方式所产生的利益和需要的表现，而不是单个的个人恣意横行。”

同时历史也已经证明，立法活动受制于特定的社会物质生活条件。离开立法所处阶段的物质条件，立法活动是无法进行的。具体体现在以下几个方面：(1)不是所有的历史阶段中都存在立法活动，立法是社会物质生活条件发展到一定程度的产物。人类最早的立法出现在奴隶制社会，这一时期社会物质生活条件发展，产生了私有制，因而也随之产生了立法的需求。(2)社会在物质生活条件的发展过程中，也随之会产生和增加各种各样新的利益需求，这些利益需求正是进行立法活动的本源与动力。(3)社会物质生活条件的发展，也会产生新的待调整的社会关系，这些社会关系正是立法内容的集中反映。(4)社会物质生活条件的不同，会制约立法水平的高低。在物质条件较优越的社会环境中，立法技术会较为先进，从而会生产出更为完善进步的立法结果；在物质条件较为贫乏的环境下，立法技术也会相对不足，从而生产的法律也会相对落后。

(二)立法具有主观意志性

立法作为一种具有特定目的的活动，必然会带有很强的主观意志性。例如秦代的《秦律》，在立法内容上制定了大量维护中央集权统治的法律规范，保护地主阶级私有财产制度和保护封建国家口赋租税收入的法律制度，制定大量维护封建等级特权的行为准则。通过这些法律规定，秦律极大地反映了地主阶级的意志。

同时需要注意的是，立法体现的并不全部都是统治阶级的意志，一些法学家将立法所反映的意志仅仅表述为统治阶级的意志具有一定的片面性。原因在于：在阶级社会中，特定历史时期下的一国既存在反映占优势地位的统治阶级意志的立法，也可能并列存在独立反映非统治阶级意志的立法。例如20世纪30年代，既存在主要反映国民党政府统治阶级意志的立法，也存在反映工人、农民、小资产阶级等不同阶级和阶层联合意志的陕甘宁边区政权立法。据此，在保证各种立法情况都包含在内的前提下，我们可以认为立法所体现的意志一般是抽象概括统治阶级的共同意志，特殊情况下表现为抽象概括的所有执政者的共同意志。这样就避免了遗漏当非统治阶级同是执政者的情况下所进行的立法。

所谓统治阶级的共同意志，是一个抽象概括的概念，是指统治阶级的整体意志是“公意”而非“众意”。因为统治阶级往往是由多个阶层乃至无数成员组成的，立法不可能将每个阶层的利益甚至每个成员的利益都纳入其中，否则立法将无法顺利进行。因此立法仅仅是抽象概括的统治阶级的共同意志，并不是统治阶级成员的所有意志之和，更不是个别成员的特殊意志。

立法除上述两个特点外，还具有政权意志性、主体特定性、职权程序法定性、专业技术性等典型特点，这些特点已经在立法概念的内涵中具体阐述，本部分不再赘述。

三、立法的分类

对立法，从不同角度，依照不同的分类标准，可以进行不同的分类。

（一）立法主体角度

从立法主体角度，以个人还是机构立法为标准，立法可以分为君主立法和代议机关立法。君主立法是指由君主或者国王作为特定立法主体进行的立法活动，例如中国的夏、商、周时期的君主，古巴比伦的国王都独揽立法权进行立法活动。代议机关立法是指以行使国家立法权为主要职责的国家立法机关进行的立法活动，主要是在现代民主政治基础上产生的，在资本主义国家代议机关的组织形式主要是议会，我国的代议机关则是全国人民代表大会及其常务委员会和地方各级代表大会及其常务委员会。

以立法主体是否仅具有立法职能为标准，立法可以分为专门立法机关立法和非专门立法机关立法。专门立法机关立法是以立法为唯一职能的立法主体进行的立法活动，如法国的立法议会和中国国民政府时期的立法机构进行的立法；非专门立法机关立法是指既具有立法职能也具有其他职能的立法主体进行的立法活动，大部分立法都属于这种情况，如行政机关的立法。

（二）立法权限角度

从立法权限角度看，以立法权的来源不同为标准，立法可以分为职权立法和授权立法。职权立法是指立法主体依照宪法和有关组织法规定的职权进行的立法活动，如我国全国人民代表大会及其常务委员会的立法活动、国外的议会的立法活动。授权立法是指立法主体依据其他有权立法主体授予的立法权限进行的立法活动，如我国国务院在取得全国人大常委会的特别授权之后对有关税收的设立、税率的确定等基本制度实施立法活动。在美国，随着社会的发展以及现实的需要，授权立法已经成为美国立法制度中一个极为重要的内容。

（三）立法效力角度

从立法效力角度看，以立法效力的范围不同为标准，立法可以分为中央立法和地方立法。中央立法是指立法主体以整个国家政权的名义进行的并且产生的规范性法律文件在全国范围内适用的立法活动；地方立法是指立法主体以其管辖区域政权名义进行的并且产生的规范性法律文件仅在该区域适用的立法活动。一般情况下地方立法需要与中央立法保持一致，如单一制立法国家。但是在美国这种联邦制国家，地方与中央的关系较为特殊，因此，地方立法也并非绝对与联邦立法保持一致。

（四）立法方式角度

从立法方式角度看，以立法方式的不同为标准，立法可以分为制定型立法、认可型立法、变动型立法。制定型立法是指立法主体进行的产生新的法律规范性文件的立法活动；认可型立法是指立法主体进行的对已经存在的非法律规则赋予法律效力的立法活动；变动型立法是指立法主体进行的修改、补充、废止已有规范性法律文件的立法活动。

(五)立法内容角度

从立法内容角度看，以立法的具体内容的不同为标准，立法可以分为刑事立法、民事立法、行政立法、经济立法等。这些不同立法内容蕴含了立法中涉及的基本法律关系和具体权利义务设置等方面的差异性。

除上述若干种分类外，还可以从其他角度进行分类，例如，从立法结果角度划分可以将立法分为法律立法、法规立法、规章立法等。但是由于主要的分类为上述五种，因此不再过多赘述有关其他分类。

第二节　法的形成与立法的本质

一、法的形成

法律不是从来就有的，是伴随私有制、阶级和国家的出现而产生的。

原始社会生产力水平低下，实行原始公有制，不存在所谓的法律，用来调整人们行为的规则也主要是人们长期生活劳动过程中自发地形成的、反映全体氏族成员意志和利益且能被人们所自觉遵守的规范。正如恩格斯在《家庭、私有制和国家的起源》一书中所描述的“这种十分单纯质朴的氏族制度是一种多么美妙的制度啊！没有大兵、宪兵和警察，没有贵族、国王、总督、地方官和法官，没有监狱，没有诉讼，而一切都是有条理的。一切争端和纠纷，都由当事人的全体，即氏族或部落来解决，或者由各个氏族相互解决”。

随着社会生产力的发展，从原始社会后期开始逐渐出现了三次社会大分工。第一次社会大分工是发生于原始社会后期的畜牧业和农业的分工，这次分工使部落之间产生了商品交换现象，为私有制的产生奠定了基础；第二次社会大分工是发生于原始社会末期的农业和工业的分工;第三次社会大分工是发生于原始社会瓦解、奴隶制社会形成时期,出现了专门从事商品交换的商人阶级。这次分工之后,商品交换开始频繁进行,同时因为私有财产的出现,社会中的私有观念也愈加深刻。在这种社会背景下,不免产生分配不均的情况,人与人之间的纠纷也逐渐增多,这便产生了对于一种能够合理调整人与人之间关系的规则的需求。

同时,随着经济上私有制的产生和发展,在特定的社会经济结构中所处地位不同的人们形成了相应的社会集团或人群共同体,我们把它称为阶级。不同阶级在物质利益即经济利益互相对立和冲突的基础上便会产生阶级斗争。奴隶制社会中,处于不同经济地位的奴隶主阶级与奴隶阶级就开始逐渐处于日益尖锐和不可调和的矛盾之中,这种矛盾无法通过社会自身得以调和,也便产生了对于能够将阶级冲突控制在秩序之内的力量的需求。

为了满足上述两种需求,法便随之产生了。但这只是法的起源,法作为一种复杂的事物,其形成也必然会经历一个复杂的过程。第一阶段,便是法的起源。法的形成始于国家、社会和公民在经济、政治、文化和其他领域对法的调整的一定需要,这种需要成为法形成的不可或缺的基础。第二阶段,是产生创制法的意识以及为创制法作出准备的阶段。当对一定社会关系进行法律调整的需要为特定立法者所认识之后,便萌生了立法的意识以及开始进行各种各样的准备工作,如开始分析这种需求的程度、进行法律调整的可能性大小、怎么更好地反映统治阶级意志,以及对有关人员提出的建议进行判断和进行最终决策。第三阶段,是法的最终形成阶段,即法的创制。这一阶段是法最终形成的关键性的高级的阶段,又分为诸如创意、准备、提案、审议、表决、公布等具体的阶段。因此,法的形成不同于法的起源或产生之类的概念,后者指法作为特定的社会历史现象,即法最初是怎样出现的,而法的形成则是一个较为复杂的过程。

二、立法的本质

所谓事物的本质,是指事物本身所固有的、决定事物性质、面貌和发展的根本属性。事物的本质是隐蔽的,是透过现象来表现的,不能用简单的直观去认识,必须透过现象掌握本质。

立法的本质实际上就是法的本质在立法过程中的体现。在历史发展过程中,无数的法学家、思想家、哲学家都对法的本质进行过研究并作出论断,其中可以分为非马克思主义法学对法本质的认识和马克思主义法学对法本质的认识。

对于非马克思主义法学对法本质的认识,由于受不同因素的影响,从不同的角度出发,不同学者对法本质的认识也呈现出不同的结果。从法的精神本体角度出发得出法的本质是意志或者理性,其中哲学上的理性论者认为法的本质是理性,如斯多葛派哲学家。哲学上的相对正义者则认为法的本质是意志,并且意志论中以体现意志的主体不同又可分为神意论和公意论两种。哲学家托马斯·阿奎那就主张法是上帝的意志,而卢梭首创了公意论,认为法是公共意志。从法的要素角度出发得出法的本质是规则,如纯粹法学创始人凯尔森和新分析法学派创始人哈特等人持该种主张。从法的强制性特点角度出发得出法的本质是命令或者权力,持该观点的学者如西方的霍布斯、奥斯丁,我国的商鞅、韩非子。从法的功能角度出发得出法的本质是工具或者社会工程,认为法的本质是工具的主张又根据法所达成的目的的不同分为了伦理工具说、政治工具说、技术工具说、行为预测工具说,而美国的现实主义法学派主要代表学者庞德认为法是一项社会工程。从法的根基出发得出法的本质是客观关系的表述,如孟德斯鸠认为法是由事物的性质产生的必然关系。[1]

非马克思主义法学所提出的这些主张,其中包含一些具有启示性价值的见解,为寻求法真正的本质提供了强大的基础,但是总体而言因为受制于阶级地位和时代的局限性,这些观点没有也不可能真正地阐明法的本质及其发展规律。

马克思主义法学是马克思和恩格斯在19世纪40年代创立马克思

---

〔1〕 参见[法]孟德斯鸠:《论法的精神》(上),张雁深译,商务印书馆2020年版,第1页。

主义的同时,所创立的法学理论和学说。马克思主义法学以辩证唯物主义和历史唯物主义为理论基础,深刻分析了社会各方面的现象,揭穿了剥削阶级的偏见,第一次科学地揭示了法的本质和法律现象产生和发展的基本规律,使法学成为真正的科学。马克思主义法学认为法的本质有三个方面的内容:法的正式性、法的阶级性、法的物质制约性。同时认为法的本质所揭示的并不是某个唯一的、终极的要素,而是法内在的一种矛盾关系。

马克思主义法学阐述的关于法的本质的原理是全面的、科学的,完全可以适用于我们对立法本质的认识,但是因为立法的性质与法本身是存在一定区别的,因此立法本质又会存在一些特殊的表现。

通过观察立法现象可以得出,关于立法的本质,主要有以下几个方面的内容。

(一)立法是统治阶级通过特定立法主体将其共同意志转化为国家意志的活动

从法的形成过程可以看出,立法并非一种单纯的程序性、技术性的活动,它是具有强烈的目的性在其中的。虽然立法的直接动力是调整各种各样社会关系的需要,但是立法的根本原因是实现统治阶级的共同意志。[1] 从现象观察立法,立法就是特定立法主体简单地依照法定职权和程序,运用一定技术制定、认可和变动法的专门活动,而从本质看立法,立法过程涉及各种利益的分配和协调,是统治阶级通过特定立法主体将其共同意志转化为国家意志的具有特定目的的活动。

因此,即使是在大部分情况下仅有君主一人实施立法活动的奴隶制社会和封建制社会中,立法体现的也不是君主个人的意志,而是他们所代表的统治阶级的共同意志,因为如果立法仅体现君主个人的意志,立法活动产生的法将会是不被公众认可的,立法活动本身也将是无意义的。同样在资本主义社会和社会主义社会中,代议机关进行的立法所体

---

〔1〕 参见魏海军主编:《立法概述》,东北大学出版社2013年版,第26页。

现的意志也是相应统治阶级的共同意志，而不是代议机关的意志或者代议机关成员的个人意志之和。

同时，立法的本质还体现在其目的不仅要体现统治阶级的共同意志，还致力于将统治阶级的共同意志上升为国家意志，这一点正好与法的正式性本质相对应。因此，立法也同样具有正式性的本质。首先，立法是特定立法主体依照特定权限和程序进行的活动，这其中特定立法主体的立法权力是由国家赋予的，立法程序也是国家所确定的。其次，立法活动也总是依靠国家权力机制保障实施的，立法活动的顺利进行离不开国家各方面的保障措施。

（二）社会物质生活条件对立法活动起最终决定性作用

最初，由于私有财产的出现，便开始产生了用法来调整社会关系的需要。因此，脱离了特定的社会物质生活条件，立法活动也便失去了存在的根基。

所谓的社会物质生活条件，主要是指生产方式，即生产力和生产关系的统一。社会物质生活条件对立法活动的最终决定性作用也就是生产力对立法活动的决定作用的表现，但是这种作用的发挥是需要以生产关系的总和即经济基础为中介因素而进行的。因为经济基础包括社会生产资料由谁占有、人与人在生产过程中之间的关系与地位如何、劳动产品如何分配，这些问题的回答就直接关系到了人与人之间关系的确定，从而最终决定了立法所要调整的方向与利益。

同时应注意，这一本质不仅适用于直接调整经济关系的立法，对于那些政治性较强，不涉及经济关系调整的立法活动同样也会受制于社会物质生活条件的要求。

社会物质生活条件对立法活动起最终决定性作用，但其并不是唯一的影响因素。除社会物质因素外，社会中还涉及政治、思想、文化、宗教、道德等因素都会对立法活动产生一定的影响。立法活动的展开本身就是一种合力的结果，同时立法过程也会受到多重因素的影响，例如，立法的程序安排会受到政治体制的影响,就像我国政体是人民代表大会制度,这就要求在立法过程中应当充分体现人民利益,因此在程序上也要作出充分保障人民参与的安排。

(三)立法具有相对独立性,具有自身发展的规律、理论和价值

立法是由经济基础决定的,并不意味着立法就没有自己的相对独立性。

首先,立法会对社会的经济基础起反作用。同经济基础相适应的立法,可以对经济基础起维护、巩固、并促进其发展的积极作用;同经济基础不相适应的立法,则会对经济基础的巩固和发展起阻碍,甚至破坏作用。

其次,立法具有其自身独特的发展规律。立法经历了从野蛮到文明的发展历程;立法制度日渐正规、完备;立法技术日渐高级与先进;立法作用经历了从治国、治民到为国、为民的过程。

再次,立法也具有一套自身独特的体系与理论。立法体系可以包括纵向结构和横向结构。立法体系的纵向结构是同发布规范性法律文件的国家机关的等级结构一致的体系,立法体系的横向结构是不同法的部门的法律文件,不同国家会有不同的立法体系,但是这种立法体系的结构是立法所独自具备的。除此之外,立法也具有自己的独特理论,其中包括立法的指导原则、立法的主体、立法的对象、立法的程序等在内的一套完整的理论系统。

最后,立法也具有自身独特的价值,包括指引作用、规范作用、评价作用以及独特的社会作用等,具体内容将会在下一个问题,即立法的职能与作用一部分全面阐述。

第三节　立法的职能与作用

一、立法的职能

所谓立法的职能,是指立法所具有的专门职责和能力。立法的职能

可以从多个方面进行归纳,但是其主要的职能一般体现于两个方面:社会职能和法律职能。

(一)立法的社会职能

立法的社会职能,是指立法在社会生活中所承担的专门职责和能力。立法是基于调整人与人之间社会关系的需要而产生的,因而立法活动必然会涉及社会利益和负担的分配工作。社会中存在大量的分配手段,例如,税收杠杆、转移支付、公共支出、立法等。其中立法是对社会利益和负担分配最为权威与重要的方式。首先,因为立法针对的不是某个人或者某些人的利益与负担分配,针对的是社会的整体要求,维系的是社会的整体结构,反映的是统治阶级的整体意志,因此,立法活动进行的分配更容易被社会成员接受与服从。其次,立法活动具有正式性,立法活动的进行即产生法律的过程离不开国家强制力的保障。最后,立法活动将社会利益和负担如何分配进行了明文的详细的规定,这些规定所分配的利益和负担是社会中最为重要的,例如,公民的权利和义务,并且这些规定一经确定下来,立法活动也不会随意再次进行,具有一定的稳定性。因此,这些特性都决定了立法是实现分配社会利益与负担最有信服力的最为权威的方式。

立法的社会职能的发挥不仅在于其承担着社会利益和负担的分配、塑造和构建理想的社会关系和社会秩序的职责,还承担着引领、促进社会改革与进步的职能。可以发现,古今中外很多改革家在进行改革之前,都会先行利用立法活动对改革方案与措施进行规定,之后再进行完整的改革活动。例如,我国古代的商鞅变法,秦国厉行法治,颁布并实行了魏国李悝的《法经》,以法律的形式废除了奴隶制的土地制度,肯定了封建土地制度的合法性,从而为秦的改革提供了坚实的立法基础;再如,美国的罗斯福新政,面对难以解决的经济危机,罗斯福实施了一系列旨在克服危机的政策措施,其中通过国会制定了《紧急银行法》《农业调节法》《国家产业复兴法》《社会安全法》等一系列法案,为新政的实施提供了立法的支持。

从历史经验可以得出，相比政策、指令、建议等方式，通过立法来推动改革是最有效率的一种方式，因为立法本身所体现的是社会共识，更容易得到社会公众的认可与支持，从而为改革提供强大的群众基础；同时立法活动是一种依照严格程序进行的活动，这种秩序化、程序化的活动能为改革提供坚实的合法性基础，从而保证重大改革于法有据，有序推进。我国 2023 年修正的《立法法》第 9 条规定：立法应当适应改革需要，坚持在法治下推进改革和在改革中完善法治相统一，引导、推动、规范、保障相关改革，发挥法治在国家治理体系和治理能力现代化中的重要作用。也十分生动地体现了立法与改革的关系。

除此之外，立法还能够巩固和拓展改革的发展成果。当改革先于立法产生时，立法也同样可以发挥其社会职能，即将已经实现的改革成果加以巩固。例如，1988 年我国对 1982 年《宪法》进行了首次修改，一条是规定国家允许私营经济在法律规定的范围内存在和发展，另一条是规定土地的使用权可以依照法律规定转让。这是适应当时私营经济蓬勃发展，适应城市开发区建设以及房地产建设的需要，而作出的修改。当然，在不同的历史时期，立法承担的社会职能也会有所不同。现代社会立法相比传统社会立法，有着更多并且更为重要的职能。再如，现代社会立法更加强调其实现民主政治的职能，现代民主政治确认和表达人民意志最主要的方式就是立法。通过观察立法过程中特定主体是如何制定法律的，以及制定的法律是否真正体现了人民的意志，就能够判断出该种政治实践是真民主还是假民主。但是在奴隶制社会和封建制社会因为不存在所谓的政治民主，其立法活动也便不会存在实现民主政治的职能。

（二）立法的法律职能

立法的法律职能，是指立法在法律运行以及建设方面所承担的职责。从法律的来源来看，到奴隶制社会的中后期，开始出现成文法，之后便逐渐成为各个时期、各个国家较为重要的法的渊源。从逻辑上讲，在成文法作为主要法律渊源的国家，立法便成为其法律来源的主要途径，这样也就使立法活动成为法律运作全过程的起始性环节。柏拉图曾说"良好的开端是成功的一半"，立法作为法律运行的起点，其自身的好坏必然会对之后的环节产生深刻的影响。如果立法环节出现了问题，例如立法进行之前未经过社会调查，不能很好地反映社会意志、立法表达上晦涩难懂、立法所制定出来的不同法律之间存在冲突，这些问题都会直接关系到法律后续的运作环节，如执法、司法、守法等各环节。

立法的法律职能在现代社会中还深刻体现在其作为法治建设的关键性环节方面。一方面从实质法治观来看，评价立法是否符合法治，就要看立法的结果即法律能否保障公平、正义、权力限制、人的尊严等实质价值。另一方面从形式法治观来看，评价立法是否符合法治，就要看立法的结果，即法律是否符合形式合法性的要求。同时，杰里米·沃尔德伦还提出了程序法治观，即认为立法机构和立法过程本身也具有法治价值。因此，立法是法治的关键性因素，是建设法治国家的基础性活动。

立法是法治的先导、前提和保障，立法工作的成效直接影响着法治建设的步伐。随着 2011 年中国特色社会主义法律体系的形成，中国法治建设的重心已经转移到完善中国特色社会主义法律体系和建设中国特色社会主义法治体系。党的十八届四中全会提出，"建设中国特色社会主义法治体系，必须坚持立法先行，发挥立法的引领和推动作用，抓住提高立法质量这个关键"。

我国在法治建设方面，虽然取得了很大的成果，但仍存在一些问题，其中在立法方面，立法的民主性、科学性、规范性不强，在一些问题上仍然存在法律空白，在一定程度上影响法治建设的进程。只有高度重视立法工作，加强立法的顶层设计，才能真正推进法治的完善。2022 年 10 月中国共产党第二十次全国代表大会上报告中提出"加强重点领域、新兴领域、涉外领域立法，统筹推进国内法治和涉外法治，以良法促进发展、保障善治。推进科学立法、民主立法、依法立法，统筹立改废释纂，增强立法系统性、整体性、协同性、时效性”的要求，这也反映了推进法治的完善应当不断使立法适应发展的要求，符合发展的趋势。

除上述谈到的主要的社会职能和法律职能外，立法还有许多其他方面的职能，例如，在经济方面，立法承担着反映经济发展需求、促进经济良性运行的职能；在政治方面，承担着维护阶级统治的职能；在文化方面，立法承担着引领精神文明、保障文化事业健康发展的职能。总之，立法的职能是多方面多层次的，并会随着时代的进步发生变化。

二、立法的作用

立法的作用是指立法与外部环境发生关系时所产生的外部效应，是对外界的人或事物产生的影响、效果。

由于立法本质是一种活动，与通过立法产生的法之间是存在本质的差别的，因此在理解立法的作用时，不能单纯地将法的作用看作立法的作用。法作用的发挥体现在法运行的全过程，包括法的创制、法的执行、法的实现。因而使法作用的发挥既包括应然的也包括实然的，既包括应当存在的作用也包括实际发挥出来的作用。但是，由于立法只是法的创制过程，因此一般只能体现出法应当具有的作用。

针对法的作用，我们经常从规范作用和社会作用两个方面进行阐述，实现规范作用的前提是颁布法律，即把法律告诉人们，法律就能发挥规范作用；而实现社会作用的前提是法律被运用、被实施，通过人们的法律行为或产生一定的法律关系，从而实现其社会作用。立法虽然不涉及法律被运用、被实施的过程，但是不等于立法不具有相应的社会作用，只是说立法的社会作用不能等同于法的社会作用，应当区别看待。

立法的规范作用同法的规范作用一样，也包括指引、预测、强制、教育、评价等方面，但具体内容也会与法的规范作用有所差别。立法的指引作用主要是指通过立法活动，为社会成员设置不同的行为模式与行为后果，以引导社会成员进行正确的行为。但这种指引作用只是一种概括性、反复适用性的规范意义上的指引，而不像法本身还具有个别意义上的指引作用，即在法实施过程中对个别成员发挥的作用。立法的预测作用也是指通过立法活动设置的行为后果能够使社会成员预测出自己将要进行的行为会产生什么样的后果，但是立法中的这种预测作用还不是特别明显，因为此时的法律刚刚颁布或者生效甚至立法活动正在进行，法律尚未颁布或者生效。立法的强制作用是指通过立法活动，以国家强制力的手段使社会成员遵守立法所制定出来的规范性法律文件。虽然立法是以国家暴力机关为后盾的，但是这种立法所表现的强制作用只具有间接性与可能性，而不是一种实际的强制性，只有在法律适用的时候才能实际发挥出来。立法的教育作用是指通过立法活动，使社会成员更加了解法律，增强法律意识。但是，这种教育作用也同样不具有实际性，只有在适用法律对行为主体进行惩治或者奖励时，实际的教育作用才会发挥出来。立法的评价作用是指通过立法活动，能够对社会成员的行为进行合法与不合法的评价。但是，这种作用并不发生法律上的效力，只有有关国家机关在法律适用过程中才能对行为主体的行为作出具有法律效力的评价。

立法作为社会活动的一个重要部分，其同样具有重要的社会作用。例如，在经济方面，立法能够为国家设立符合经济发展的经济制度、调节各种各样的经济关系，从而保障经济的健康发展。在政治方面，立法能够确认有利于统治阶级的社会秩序，制定政治制度，推进民主政治，从而维护政治上的稳定。在文化方面，首先，立法本身就是一种文化现象，属于法律文化的一个重要组成部分。立法本身的文明程度会深刻影响法律文化程度的高低。其次，立法也可以引导科学文化事业与思想道德建设，从而促进文化的繁荣进步。

当今中国，在经济方面发展进入了新常态，适应新常态的核心是通过全面深化改革实现经济转型，而依法治国将成为全面深化改革的制度保障，而全面依法治国也同样需要深化改革，这样辩证统一的关系就要求重视法治建设中的立法工作，实现立法与改革相衔接，为市场经济转型发展营造良好的法治环境和提供健全的法律制度保障。

在国家治理方面，也面临新的课题。党的十八届三中全会提出“推进国家治理体系和治理能力现代化”战略。当代中国的国家治理有着新的要求，需要坚实的法治保障以保证国家治理的效果。2019 年年底全球暴发疫情，严重影响了人民群众的生命安全和身体健康，对我国的社会稳定和经济发展也形成了巨大压力。2020 年 2 月，习近平总书记主持召开中央全面依法治国委员会第三次会议和中央全面深化改革委员会第十二次会议，均将疫情防控作为当前国家治理的首要议题，强调全面提高依法防控、依法治理能力，并明确了疫情防控的法治保障之一就是完善疫情防控相关立法。实践表明，法治是国家治理的基本形式，要推进国家治理体系和治理能力现代化，必须将立法工作作为国家治理法治化的重心。

国际关系发展方面，我国面临全球竞争的新形势，处于国际格局调整的重要时期。2014 年 6 月 28 日，习近平总书记在和平共处五项原则发表 60 周年纪念大会上指出，“我们应该共同推动国际关系法治化”“法律应该是共同的准绳”“适用法律不能有双重标准”。“在全球竞争和全球治理的环境下，法治作为社会文明进步的重要标志，构成国家整体软实力和国家总体竞争力的重要组成部分。”[1] 在立法方面，中国法治建设必须紧盯国际法治动向，及时了解、分析和掌握全球治理中国际立法的规则、立法发展趋势和基本特征，从而明确相应国内治理领域的立法动向，适应新形势。

在当今急剧变革的社会里，社会生活日新月异、变幻无穷，新的社会关系需要由立法活动进行调节，立法的地位日益突出，立法的作用日益强大。因此，我们应当更加重视立法。

---

〔1〕 参见冯军：《论习近平法治思想的时代背景与重大创新》，载《东岳论丛》2017 第 10 期。

第二章 立法制度的历史考察

立法制度是指特定主体在立法程序中,进行立法活动所必须遵循的各种准则的总称,其不仅是国家法制的重要组成部分,更是国家法制中最为基础性、前提性的组成部分。没有立法制度做支撑,国家的法制建设也将难以进行。

立法是一种极为重要的活动,其必然具有复杂的程序安排,而这些程序的顺利进行就需要严格的、全面的规则进行指导与规范。因而,针对立法活动设立的立法制度就势必具有权威性、规范性和指引性。同时,不同的历史时期以及不同的国家将会有不同的立法制度,因为立法制度本身是受各种因素影响的产物,其本质也同立法活动一样是统治阶级意志的集中反映,因此,立法制度还具有鲜明的国家意志性和阶级性。

立法制度不是一个单一的制度,而是所有立法规则的总和,是一个有机联系的整体。立法制度随着时代的发展,内容逐渐丰富,系统逐渐完善。在现代社会中,一般认为立法制度包括立法体制的制度、立法主体的制度、立法权限的制度、立法运作的制度、立法监督的制度、立法技术的制度、立法与有关方面的制度等在内。因此,立法制度还具有全面性和综合性的特征。

立法制度同立法一样,不是自始就存在的,也是历史发展到一定阶段的产物。不同历史时期,立法制度会呈现出不同的特点,并且不同时期的立法制度不是割裂的,而是具有紧密联系的。因此,我们不能够孤立片面地研究每一个阶段的立法制度,而应当采用联系的观点看待立法制度的整体发展,并且以此寻找出发展的规律,更好地完善立法制度,保障立法活动的更好运行。

第一节 古代社会的立法制度

一、奴隶制社会的立法制度

随着社会生产力的发展,经济上私有制、政治上阶级和国家随之产生,原始社会解体,奴隶制社会形成。特定社会的形成便会产生特定的需求,即对于法的需求开始产生。

奴隶制社会法律制度最早出现在古代东方。据史料记载,非洲尼罗河流域的埃及在形成奴隶制国家初期时就产生了不成文的习惯法,是由氏族习惯演进而来的。公元前 3100 年左右,上埃及王美尼斯统一全国,自此开始制定成文法。埃及共计经历了 31 个王朝,在这个过程中,继美尼斯之后,法老萨吉西斯也制定了法令,最为著名的为"木乃伊抵押制度",也正是习惯法向成文法转变的体现。根据石雕和铭文考证,在公元前 15 世纪中叶,图特摩斯三世时期已经产生了成文法典。公元前 13 世纪,拉美西斯二世颁布了"种姓制法律"实现以法律形式确认奴隶制的政治秩序。公元前 8 世纪,法老博克霍利斯共颁布了 8 部法典。至此,埃及的立法已经发展到一定的规模,出现了较为完备的法典。

同时,在公元前 3000 年左右,在西亚幼发拉底河与底格里斯河两河流域出现了以楔形文字镌刻而成的奴隶制法。乌尔第三王朝的国王乌尔纳姆创制了《乌尔纳姆法典》,此为迄今所知人类历史上最早的一部成文法典。此后,乌尔纳姆的《苏美尔亲属法》、埃什努那国王俾拉拉马的《俾拉拉美法典》、伊新第五代国王李必特·伊丝达的《李必特·伊丝达法典》等相继出现。公元前 19 世纪,古巴比伦王国兴起。公元前 18

世纪，古巴比伦第一王朝第六代国王汉谟拉比集以往法典编纂之大成，制定了著名的《汉谟拉比法典》。楔形文字法在这一时期影响深远，延至公元前1世纪，其影响才逐渐消失。

希伯来人在公元前20世纪中叶之后，因逃荒进入埃及。公元前14世纪，希伯来人在摩西的带领下，逃出埃及，重返巴勒斯坦，在路经西奈半岛时摩西组建了部落，为维护统治，这期间制定了“十诫”以及相应的审判制度。之后希伯来人回到巴勒斯坦定居之后，大约在公元前11世纪，大卫建立了统一王国，其儿子所罗门在国家鼎盛时期也创制了相关法律。

公元前15世纪左右，印度河流域产生了印度最古老的法律渊源即《吠陀》，直至公元前6世纪已经存在有四部《吠陀》。大约公元前7世纪，吠陀教逐渐演变为婆罗门教。婆罗门教法的渊源除了吠陀之外，主要还有法经和法典两种形式。其中法经是对吠陀的补充，较为重要的主要有《乔达摩法经》《阿帕斯檀跋法经》《毗湿奴法经》等。法典是根据吠陀以及已有习惯编成的典籍，如《摩奴法典》。公元前6世纪前后，佛教应运而生。阿育王统治时期定佛教为国教，分为经藏、律藏和论藏。

公元前21世纪到公元前476年，中国早期奴隶法于夏商周以及春秋时期形成。夏朝出现“禹刑”，同时除了代代相传的习惯法之外，夏王发布的“王命”“誓”也是重要的法律渊源。商代的法律总称为“汤那”，包括国王发布的“誓”“诰”“命”。周朝有吕刑、九刑、周礼等法律规范的表现形式。春秋时期，出现了公布成文法的活动，例如郑国的“铸刑书”、邓析的“竹刑”、晋国的“铸刑鼎”。

从历史上来看，西方奴隶制社会的立法活动明显晚于古代东方。公元前12世纪到8世纪，城邦国家兴起，随即也进入成文法时代。主要代表立法包括雅典的德拉古立法、梭伦立法、克里斯提尼立法、伯里克利立法、斯巴达的来库古立法等。古罗马奴隶制社会在公元前6世纪到公元前3世纪期间，制定了国家的第一部成文法《十二铜表法》，出现了李锡尼－绥克斯图法案、波提利阿法案、霍腾西阿法案。在共和国后期形成了市民法和万民法。在公元1世纪到公元3世纪的帝国前期，皇帝的敕令成为法律的主要渊源。在帝国后期进行了法典的大规模编纂，成果主要有《优士丁尼法典》《法学阶梯》《学说汇纂》等。

对比古代东方和西方奴隶制社会的典型立法，可以看出，由于社会经济基础的不同，东西方的立法制度也存在诸多差异。古代东方的奴隶制是在商品经济极不发达的情况下出现的，其立法的经济基础仍是早期社会的农业经济，加上长期保留土地公有制和原始社会的残余的原因，因而使奴隶制法发展极为缓慢。而西方奴隶制社会虽然基本上也主要以农业为主的自然经济为经济基础，但是其商品货币经济也相对比较发达，故其法律发展也较为快速，并逐渐完善。再加上东西方历史传统、文化和宗教信仰的不同，在这种社会基础存在差别的前提下，东西方立法制度的不同也体现在多个方面。

首先，在立法指导思想上，古代东方一般体现为神权主义或者具有浓厚的宗教主义色彩。古埃及和古巴比伦虽然使法独立于宗教，但是认为立法权是神赋予君主的，例如埃及的"法老"就自命为"君权神授"、古巴比伦的《汉谟拉比法典》是在太阳神"沙马什"向汉谟拉比王赠授权杖前提下制定的。而古印度和古希伯来的立法具有深厚的宗教哲学基础，法律与宗教密不可分。古代中国的立法在夏商周时期也与宗教有着紧密的联系，法律源于人们对于天地鬼神的崇拜，在此基础上大力宣传王权神授的"神权法"以作为立法的思想基础。西周时期，统治者认识到暴政的缺陷，还提出"以德配天"的思想，除了神权法之外还假托神意进行审判及处罚。而古代西方，其立法指导思想主要表现为正义法律观和自然法律观。古希腊时期，柏拉图最先阐述和建立了系统的正义观，之后大量思想家、哲学家纷纷澄明正义的价值。其中亚里士多德在其《政治学》一书中提出"城邦以正义为原则。由正义衍生的礼法，可凭以判断人间的是非曲直，正义恰是树立社会秩序的基础"[1]。在他看来，正

〔1〕［古希腊］亚里士多德：《政治学》，陈虹秀译，陕西师范大学出版总社2022年版，第9页。

义是良法的一种,是法律的化身和生命。古罗马著名法学家西塞罗认为,人类的实在法是从自然法产生出来的,自然法是最高法。他曾指出“真正的法律乃是一种与自然相符合的正当理性,它具有普遍的适用性并且是不变而永恒的”〔1〕。同时,他也认为没有自然法就没有任何正义。他多次强调“大自然是正义的来源”。〔2〕

其次,体现在立法权以及立法的民主程度上,也存在一些差别。古代东方奴隶制社会的立法权通常由君主一人行使,国家对君主行使立法权没有任何限制,立法完全按照君主的意愿进行,例如,古埃及的法老、古巴比伦的国王就独掌立法权,便使立法活动带有浓厚的专制主义色彩;而在西方奴隶制国家中,出现了立法权由国家机关行使以及立法权分散的情况。例如,雅典的立法权在很长时间内由国家机关包括民主大会、五百人会议以及陪审法院共同行使。罗马在共和国时期的立法权由民众大会、元老院、最高裁判官以及著名法学家分散行使,使立法呈现出一定的民主色彩。

虽然东西方奴隶制社会的立法制度存在一些差异,但是从总体上看,不同国家奴隶制立法制度具有许多共同特征,具有共同的规律。

首先,体现在立法制度的本质上,立法制度的内容都是为了维护奴隶主的统治利益、体现奴隶主的意志而设置的。经济上,立法制度维护着奴隶主的私人所有权,其中不仅包括对财产和土地的权利,也包括对自己奴隶的占有、使用和处分的权利,奴隶主不仅可以直接掠夺奴隶的劳动成果,而且完全占有奴隶的人身,这充分体现了奴隶制社会立法制度呈现的阶级本质。例如,古巴比伦的《汉谟拉比法典》一共有282条,其中保护奴隶主私有财产的条文就有121条之多,并且在第219、220条中规定,如果他人杀死或伤害奴隶,不认为是犯罪,不负刑事责任,只对其主人负责赔偿财产上的损失;我国西周的法律规定,奴隶侵犯了奴隶

〔1〕［美］E.博登海默:《法理学——法律哲学与法律方法》,邓正来译,中国政法大学出版社2017年版,第56页。

〔2〕参见［古罗马］西塞罗:《国家篇　法律篇》,沈叔平、苏力译,商务印书馆1999年版,第73页。

主的财产要受到极刑；古代罗马法规定“奴隶就是物”，奴隶主有权任意处置自己的奴隶，甚至可以像屠宰牲口一样处死奴隶而不受追究。

其次，体现在立法权的行使上，除了西方雅典共和国以及罗马共和国时期，奴隶制社会的立法权通常集中于君主一人，由君主按照自己的意志制定和废除法律，君主行使立法权通常没有限制要求。甚至有的君主因其立法活动被世人称赞，如古埃及的法老博克霍利斯。

再次，体现在立法程序的设置上，由于立法权大多由君主一人执掌，因此奴隶制社会的立法制度中通常也没有固定且严格的立法程序限制。即使在一些国家会存在一些限制规定，但作为立法者的君主也可以随时不受任何限制地打破规则，自主立法。当然，在民主政治较为发达的雅典地区，在立法制度中对立法的程序有着较为全面的规定，如规定立法要经过提出、通过、审查等程序，但是这只是奴隶制社会立法制度中的少数表现，不能反映奴隶制立法制度的典型特点。

最后，体现在立法技术方面，奴隶制立法大致都经历从习惯到习惯法再到成文法最后形成成文法典的发展过程。在奴隶制国家立法的初期由于经验的不足、社会条件的限制以及维护统治的急迫需要，立法者就将原始社会留存下来的一些习惯进行认可便形成了习惯法，之后随着经验的丰富、社会条件的富足，立法者便开始制定成文法以更好地维护统治，最后在成文法的基础上进行汇编形成法典。同时观察奴隶制时期的立法，可以发现其体系是较为简单的，主要体现为刑民不分、实体法与程序法不分。例如，《汉谟拉比法典》就包括婚姻家庭法以及债法，同时在这些条文之中也会规定刑事责任，并且法典中还明确规定了诉讼制度。罗马的《十二铜表法》中也既包括民事的内容也包括刑事的内容，如在第八表中就体现出来很严重的刑民不分特征。因此整体上看，奴隶制时期立法技术较为低下。当然，在一些典型的法典编纂活动中也出现过较为先进的立法技术。再如，《汉谟拉比法典》虽然存在刑民不分的缺陷，但是其在法典内容的分割与文字的表达方面都极有进步。其将法典分为序言、正文和结语，并使用了比较简洁精确的文字对规定进行描述，如类似于"如果任何人成了抢劫者并且被人抓住，则他将被处以死刑"这种表达。以及古罗马时期的《国法大全》在立法技术上也表现出较为先进的特点，《国法大全》又称为《优士丁尼民法大全》，包括四部法典，从法典的编纂的成果可以看出，其在立法过程中将一般的法律原则及概念进行抽离作为法律的一般规定，同时对公法和私法进行了区分，法律表达方式也较为严格与准确，立法技术达到了较高的水平。但这两个法典立法技术的情况并不是普遍的奴隶制社会立法技术的体现，这只是因为社会情况的不同以及立法者水平所引发的例外情况。

二、封建制社会的立法制度

封建制法和封建制国家同时产生，是继奴隶制法之后又一剥削阶级类型的法。世界上大部分国家都经历过封建制社会的过程。

在东方社会，中国是进入封建社会最早的国家之一，中国的封建制社会立法不仅是东方封建制社会的立法的代表，而且在世界封建制社会立法中也占据重要的地位。自战国初期，魏相李悝编纂的中国历史上第一部较系统的封建制法典《法经》到清代末期制定的《大清律例》为止，中国的封建制立法共经历了长达两千年的历史，成为历时最长的封建制立法国家。在这两千年期间里，相继经历了战国秦汉时期的初创封建制立法、三国两晋南北朝时期发展的封建制立法、隋唐时期全盛的封建制立法、宋元明清时期衰亡的封建制立法。但是无论在哪个时期，都会出现具有重要价值的制度或者规定。例如，中国唐代制定的《唐律》就是中国传统法典的楷模，在中国法制史上具有继往开来、承前启后的重要地位，具有较高的成熟性，是中华法系形成的标志，同时能够超越国界，对亚洲诸国产生了重要的影响，朝鲜的《高丽律》以及日本文武天皇制定的《大宝律令》都以《唐律》为蓝本。

从中国法制史上看，除了在秦朝统一全国后出现的几次短期割据时期之外，各个朝代实行的一直都是君主专制制度，由此建立在君主专制制度上的立法制度也一直较为统一，中国封建制社会立法制度总体上呈现出以下特征:第一,立法权由皇帝行使,一般没有限制。中国社会立法分为两类,一类是编纂法典,一般由皇帝进行,其中即使作为基本法律形式的“律”,有时候需要由朝臣具体编制,但是最后的批准权和颁布权都属于皇帝,例如,《永徽律》就是唐高宗即位之后命长孙无忌、于志宁等人编制而自己批准颁行的;另一类是编纂皇帝的敕令或者案例,由皇帝随时发布使用,更能够体现皇帝自身的意志,例如,宋朝就大量编敕以强化皇帝的立法权。第二,立法指导思想上,前期封建制社会即战国及秦代都以法家思想为立法的指导思想;汉初至文景时期,主要以黄老思想为主辅以法家思想;汉武帝之后的长期封建时期中大多以儒家学说为立法的指导思想,并居于统治地位。随着历史发展,儒学思想在不断变化,但是“德主刑辅”的法律思想一直保留并沿袭。例如,从汉朝的“大德小刑”到唐朝的“德刑并用,以德为主”再到明朝的“明刑弼教”。同时,由于长期封建时期中都以儒家学说为立法的指导思想,使立法内容上的安排呈现出礼法结合的特征,即将维护宗法血缘关系和等级制度的一系列精神原则和言行规范纳入法律之中,以法作为礼的补充,建立一种相辅相成的关系,使法律与道德礼教的界限非常模糊。第三,立法的体系上,呈现出重刑轻民的特点。这是因为古代中国以小农经济为主要经济基础,商品经济落后,统治阶级采取重农抑商的政策,长期保守的自给自足的自然经济就抑制了民事法律的发展,而且在古代中国宗法制的影响下,立法的基础大多是家族而非个人,因此对于个人权利的规定也甚少。同时,统治阶级为了维护自身地位和利益,因此以惩罚为目的的刑罚一直以来极为被重视。第四,体现在立法技术上,虽然编纂法典基本沿袭了奴隶制时期的民刑不分、实体法与程序法不分的特征,但是在总体上看封建制历朝历代的立法技术一直在进步,在法典的编纂上越来越体系化、严谨化、精简化。例如,西晋修律就对汉令做了大幅度的缩减,以达到科条简要的程度。在一些特定时期还出现了较为高超的立法技术,例如,《唐律》中对于自首、化外人有犯、类推原则的确定都有所体现,并且结构严谨,语言精确。同时中华法系还体现出不仅重视成文法而且也重视判例作用发挥的特点。例如,汉朝的"引经决狱"、唐朝的《龙筋凤髓判》都可以看出古代中国十分注重运用判例作为法律渊源弥补不成文法的不足。在法律渊源方面,随着历史的发展,形式也更加多样化,例如,宋代的《宋刑统》中除了有律之外,还包括敕、令、格、式。清代还出现了重要的法律形式"例"。

东方封建制国家立法除了中国之外,还包括日本立法、阿拉伯国家立法等。日本留学生在7世纪学习隋唐封建制度之后创建了以唐朝法律为模式的封建法律制度。从大化改新到1868年明治维新,日本法律制度大致有两个发展阶段,一个是以天皇为中心的中央集权专制时期,这一时期制定了以中国法为模式的《大宝律令》和《养老律令》;另一个阶段是幕府统治时期,期间制定了《贞永式目》《御成败式目》《公事方御定书》,内容较为广泛。可见明治维新之前的日本封建立法制度深受中国立法制度的影响,其特征也与中国立法制度相一致,只不过在法律渊源方面表现得较为集中。公元7世纪,穆罕默德创立伊斯兰教,统一了阿拉伯半岛。随着阿拉伯国家的形成和扩张,伊斯兰教建立了巩固的地位,这些国家开始采用伊斯兰法。这期间穆罕默德对国家生活的各方面的调整进行了格言化的指导,在其继承者四大哈里发以及倭马亚王朝时期,著名的《古兰经》已经定型,圣训也开始传述,教法学出现。[1] 伊斯兰法立法制度除具有中华法系封建制立法反映的特点之外,有自身的一些独特特点,如法律渊源表现为《古兰经》、圣训、公议和类比,法律内容大多主要为宗教义务。

虽然西方封建制社会的立法不比奴隶制时期立法影响巨大,但是自公元5世纪西罗马帝国的灭亡到17世纪资产阶级革命的胜利这1400多年里,西方封建制社会也产生了一些影响深远的立法成果。公元3世纪到6世纪欧洲大陆开始遭受入侵,蛮族人结束了古典文明。从公元5世纪开始,日耳曼国家建立以后,开始了日耳曼法典编纂的过程,期间最早的一部法典为《尤列克法典》,公元5世纪到6世纪出现了较为重要的

〔1〕 参见王文主编:《外国法制史》,南海出版公司2001年版,第62页。

法兰克的《撒利克法典》,以及勃艮第王国的《耿多巴德法典》、伦巴德王国的《伦巴德法典》等;公元5世纪到10世纪英国盎格鲁-撒克逊时期出现了《埃塞尔伯特法典》《伊尼法典》《卡纽特法典》等法典;公元12世纪随着罗马天主教的发展,教会法进入了系统的整理,期间汇编了《格拉蒂安教令集》,公元13世纪《格里高利九世教令集》问世;公元13世纪的法国也出现了《诺曼底大习惯法法典》《圣路易习惯法汇编》《奥尔良习惯法汇编》等法典;同时德国在公元9世纪到14世纪,也出现了习惯法的汇编,产生了《萨克森法典》《德意志法典》《士瓦本法典》等多部法典;公元16世纪,罗马天主教皇格里高利十三世将六部法典合一产生了《教会法大全》。

由于西方封建制社会由罗马帝国时期演进而来,其商品经济发展良好的特点并未改变,因此对比东方封建制社会,其立法制度又有其独特的地方。首先,在立法的指导思想上,大多国家以罗马天主教的教义来指导立法的进行,罗马天主教成为垄断的立法指导思想,甚至在此基础上自身就会形成法律。同时在中世纪后期随着资本主义思想的因素在封建制社会的成长,也出现了一些有关资本主义关系的规定。其次,在法律渊源上,呈现出多样化的特点。西欧中世纪的法律是二元并存的,即教会法与世俗法各自行使管辖权,共同发展维护封建制度。同时世俗法中也包括多种形式,例如,出现了普通法、衡平法、商法等。再次,在立法权的行使上,需要区别宗教势力在社会中的强大与否,在宗教势力较为强大的国家中,会产生宗教势力与世俗势力对立法权进行争夺的情况,而在政教合一的国家,立法就完全取决于宗教。最后,在立法的技术方面,一些国家更加注重判例法的作用,一些国家更加注重成文法的作用,因此也为后来的英美法系与大陆法系的产生和发展奠定了基础;同时体现在立法的成果上也较多地规定了私法的内容,注重保护财产关系,为商品经济的发展提供良好的法律保障。

从整体上观察东西方封建社会立法的情况,虽然由于社会各方面基础的不同立法制度会产生一些方面的差异,但是其立法制度的共同之处也是较为明显的。

共同之处主要有：其一，体现在立法的目的上，都是为了维护封建君主专制统治以及封建私有制。其中对封建私有制的保护不仅包括对地主阶级土地私有制的保护，还包括保护农民对地主的人身依附关系不被破坏的保护。这一时期虽然农民有一定的人身自由，但是其仍然不具有独立的法律人格，依然要依附于地主阶级的占有与利用。例如，秦朝法律规定农民不可私自迁徙，否则将会被视为逃亡，如果捕获将会刺字并服劳役。在法兰西法中，不允许农奴离开土地，即使结婚也需要领主准许。

其二，封建立法都规定了社会中各阶级的不平等地位。封建国家的统治特点就是用森严的等级制度来确定封建统治阶级内部权利和地位。这种等级特权也明显地体现在了立法之中，甚至还依靠法律得以强化。例如，我国《魏律》中将“八议制度”纳入法典，对皇帝亲戚、故旧、贵族官僚前代皇室宗亲等封建特权人物进行减免处罚；《唐律》中规定封建贵族阶级可享有“议、清、咸、赎、当、免之法”，这些特权不仅适用于封建贵族自身，其亲属亦可适用，他们均可在犯法之后找到相应的途径来逃避审判。同样，在西欧封建制社会也分成了不同的等级，并在法律中予以强化和巩固。法国《撒利克法典》中就规定杀死一个贵族应付 600 金币，而杀死一个法兰克自由人只付 200 金币即可，可见赎罪金额的多少也是由被害人的社会地位所决定的。

其三，封建制社会立法都重视刑法的规定，都具有一定的残暴性。封建社会为了维持专制君主的统治，一贯主张以严刑峻法和阴谋权术为手段。世界各国的重刑主义一样，以严刑峻法，轻罪重罚为基本特征。例如，古代中国历朝历代都存在严酷的刑罚方式，以死刑而论，古代执行的方法和方式就有“族、诛、磔、戮、弃市、枭首、定杀、绞、斩、镬烹、生埋、腰斩、车裂、戮尸、挫骨扬灰、凌迟、扑杀、囊扑”等多种。甚至还有所谓“具五刑”，即先黥、劓，次斩趾，笞杀、枭首，菹其骨肉于市；诽谤詈诅者，更断舌头。虽然汉朝之后以儒家思想为立法的主要指导思想，但是在刑罚方面依然存在酷刑，并随着朝代的更替在不断变化甚至增加。例如，宋代还出现了“凌迟”刑。体现在西方国家，同样存在严酷的刑罚，例如，英吉利盎格鲁－撒克逊法中规定了死刑的执行方式是分尸、焚刑、车裂。威廉一世的法律规定杀死国王林地上的一只鹿，就得处以残害肢体刑。教会法将有违教义的行为宣布为犯罪，处以死刑，死刑采用火焚、点天灯等方式。

其四，封建制社会立法制度不断发展，并且呈现出复杂化和多样化的特点。综合上述所提及的立法权情况，在君主专制的中央集权国家，立法权集中于君主手中；在封建割据的国家中，立法权集中于诸侯手中。这两种情况下都没有专门的立法机关和严格的立法程序。在西方宗教势力较为强大的国家，就会出现立法权分散于宗教势力和世俗势力双方的情况；以及在一些等级君主制国家，立法权也分别由君主与贵族、教士或者骑士和市民代表组成的机关行使，此种情况下会形成一些立法上的程序规定。〔1〕从立法技术来看，各国的立法技术也在不断进步，在法律表现形式上不断创新，例如，我国从刑民不分的典型表现发展到了部门法的区分，即在唐代出现了行政法意义上的《唐六典》，清代出现了刑法、民法、商法、诉讼法等的区分；再如，欧洲封建制社会立法渊源也从前期的单一混合的特征到发展出了明确的法的部门，体系越发完善。

第二节　资本主义社会的立法制度

一、资本主义立法制度的产生和发展

资本主义是从封建社会的母体中孕育成长起来的，欧洲是资本主义的故乡。而资本主义立法制度的产生是特定社会经济、政治、思想文化发展的结果。

经济上，由于地中海地区城市地理位置的优越性，早在十四五世纪，在封建经济不断发展的过程中，一些地中海城市如威尼斯、佛罗伦萨、比

〔1〕参见魏海军主编：《立法概述》，东北大学出版社2013年版，第46页。

萨以及米兰均出现了手工业和商业的发展,因此这一时期的封建社会里,伴随封建制度的解体,资本主义生产的萌芽已经稀疏地在地中海沿岸的一些城市中出现。虽然这一时期的立法整体上仍然体现着封建统治阶级的意志,但由于经济发展的需要,西方国家中一些作为商业中心的城市里,已经出现了许多通行的商业习惯以及出现了所谓的商法。其中商法的种类还随着商品经济的不断发展而不断增多,如出现了保险法、公司法以及破产法等。

所谓资本主义时代的正式开始是从 16 世纪开始的,这一时期里逐渐满足了资本主义生产方式产生的必要条件——资本的原始积累。在这一时期之前,因小商品生产者两极分化而生长起来的资本主义生产关系是不能满足资本主义发展的客观需求的。新的生产方式和生产关系的形成必须要满足基本条件,其中包括两个方面的内容:第一,有大量具有人身自由的无产者,即他们不再是封建社会的农奴,但是没有任何生产资料可供生存,只能依靠自由出卖劳动力为生;第二,少数富人拥有大量可以进行创立资本主义工厂的货币。而这两个条件的满足是需要依靠暴力来进行的,这一用暴力使生产者和生产资料分离的过程,就是资本原始积累的过程。

资本原始积累的形式是多种多样的。在手工业和商业发展积累财富的同时,资本的原始积累手段体现为两种主要方式,第一种是掠夺海外殖民地,随着新航路的开辟,西欧一些国家主要包括葡萄牙、西班牙、荷兰、英国与法国等都进行了早期的殖民侵略与掠夺,这一行为给亚非拉美各国人民带来了巨大的灾难,但却为欧洲资本主义的兴起创造了物质条件。第二种是剥夺农民土地,这不仅使大量农民破产从而转为自由劳动者,又可以使土地与生产资料集中转化为资本。例如,英国进行的“圈地运动”就为国家发展资本主义准备了大批雇用工人和国内市场。资本主义的形成与发展是特定经济条件发展的结果,资本主义商品经济与传统自给自足的自然经济之间存在尖锐的矛盾,反映在阶级层面便是资产阶级对抗封建地主阶级的体现。资产阶级在各种条件具备的前提下发动了资产阶级革命以维护自己的利益,建立自己的统治。建立统治之后就更需要进一步运用立法手段来巩固自己的政权。因而各国也都纷纷开始进行立法活动,致力于创造体现资产阶级意志维护资产阶级统治的法律制度。换句话说,严格或者完全意义上的资本主义立法是从资产阶级通过革命取得政权、建立资本主义国家之后才开始的。

政治上,由于各国历史以及国情的不同,反映在资本主义政权与体制上也是体现为各不相同的。例如,英国资产阶级与封建阶级之间进行妥协而建立了君主立宪制;美国通过独立战争建立了总统制共和制;法国通过彻底的法国大革命运动建立了半总统制共和制;以及 19 世纪末德国先后击败丹麦、奥地利和法国建立起来君主立宪制的资产阶级政权。虽然各国的政治制度形式会有所差别,但是其共同特征就是资产阶级民主制成为巩固资产阶级统治的政治手段,资产阶级民主原则更加确定。资产阶级民主制以议会制为核心和主要标志,以三权分立制、普选制、两党制(或多党制),以及公民享有各种权利为主要内容。资本主义国家民主政治的建立使国家的立法活动民主化程度随之提升。资本主义国家按照资产阶级民主原则创制法律,并依法实现其统治。体现在资本主义国家立法权的行使主体上,资本主义国家的议会是国家的立法机关,独立行使立法权,并与其他两权即行政权和司法权相互制约与平衡。同时,议会是通过普选的方式产生,即开始确认每个公民参与立法的权利,这种三权分立的代议制民主政治原则保证了以权力制约权力,有效地防止了立法权被滥用。

思想上,许多法学流派以及思想家所提出的思想都对资本主义立法制度的产生和发展带来了深刻的影响。首先,在资本主义国家产生初期,当数资产阶级古典自然法学派的作用为主。17 世纪荷兰共和国建立之后,资产阶级与荷兰贵族集团展开了无休止的夺权斗争,为了确立资产阶级的法律秩序,荷兰资产阶级思想家格劳修斯提出了他的自然法理论,他认为人类理性是自然法的根源,即自然法是人类理性的体现,自然法是最基本的断定行为善恶的标准。同时,其也提出了国际法理论,主张不能和平解决国家争端时，必须在国际法的基本原则之下努力协调，避免战争。除此之外，他也是近代法律思想史中最早提出社会契约论的思想家，他认为国家起源于人类的契约，国家主权是由人民让渡出的权利的结合，虽然他作为君主主权论者，但是他仍然认为在特殊情况下，人民可以反叛君主，重建国家。之后荷兰的斯宾诺莎在格劳修斯思想的基础上进一步发展了思想。17 世纪的英国伴随资产阶级革命的进行，不同思想家提出了各自的思想主张。约翰·弥尔顿等激进派提出天赋人权说与社会契约论；霍布斯提出人性本恶的“自然状态说”与主权不可分割转让的社会契约论；洛克提出人性本善的自然权利说与以“天赋人权”为核心的社会契约论。他们的共同特点认为人人都享有天赋权利即拥有自然权利，但是由于人们作为单独个体无法保护自己权利的困境，于是人们达成契约成立国家，由国家保护自己的权利。18 世纪法国资产阶级启蒙运动成为法国大革命前奏曲，其间涌现出一大批著名的思想家，包括伏尔泰、卢梭、孟德斯鸠与狄德罗等思想家。启蒙思想家推崇理性、科学与民主，抨击封建专制与宗教神权，宣扬自由、平等与人权。其中孟德斯鸠的三权分立学说对资本主义国家立法制度的产生和发展起到了深刻的作用。孟德斯鸠的三权分立学说阐述了在社会契约之下的国家保护人民权利的方式。进入 19 世纪以后，各国都已经相继完成了资产阶级革命以及资本主义法律制度的建立，因而使这一阶段的问题也相继转变为如何更好地解释现有法律制度的合理性而不再是号召革命、推翻旧政权。古典自然法学派的理论不再适应现实需求，取而代之的是这一时期产生了许多其他法学流派，并相应提出了各自的思想。例如，哲理法学派，由德国的康德和黑格尔为代表，他们从法的外部着手，把他们的法律观建立在自己的哲学基础上，呈现出鲜明的形而上色彩；历史法学派，以胡果特别是以萨维尼为代表，他们认为法是民族精神的体现，随着一个民族的文明发展而自然地、逐步地发展的；分析法学的主要代表人物是英国的边沁和奥斯汀，他们强调对法着重进行法理学上的分析研究，轻视甚至是否定对法进行价值研究。提倡运用纯形式逻辑和推理的方法揭示或认识法的共同概念、原则和特征。社会学法学派，以社会学观点和方法研究法，认为法是一种社会现象，强调法在社会生活中的作用或效果以及各种社会因素对法的影响。认为法或法学不应仅强调个人权利和自由，而应强调社会利益和"法的社会化"。这些新发展出来的资产阶级法律思想都对资本主义国家立法制度的不断完善起到了不可低估的作用。

二、资本主义立法制度的本质和特征

资本主义立法制度于资产阶级革命胜利之后最终确立。同各个时期立法体现阶级利益的一般本质一样，资本主义立法制度属于资产阶级意志和利益的集中体现，它确认和保障资产阶级的自由与民主，确认和巩固着资本主义的经济制度和政治制度，是镇压革命人民的反抗以维护资产阶级对广大劳动群众剥削与压迫的武器。

因此，资本主义立法制度的本质体现在经济和政治两个层面，资本主义立法制度维护着资本主义私有制度，保护着资产阶级在经济上的剥削行为。在政治上资本主义立法制度是确认与巩固资产阶级政治统治地位的工具。

首先，资本主义私有制是资本主义社会产生和发展的基础，因此想要维护资本主义社会的稳定就必须维护好资本主义私有制这一经济制度。资本主义国家在立法中也都为维护这一制度作出了确认。例如，法国《人权宣言》第 17 条规定："财产是不可侵犯与神圣的权利，除非合法认定的公共需要对它明白地提出要求，同时基于公正和预先补偿的条件，任何人的财产皆不可受到剥夺。"美国宪法中虽然没有独立的财产权条款，但是其在《宪法第五修正案》和《宪法第十四修正案》中有一部分涉及财产权，即所谓的"正当程序条款"和"充公条款"。《宪法第五修正案》规定："无论何人……不经正当法律程序，不得被剥夺生命、自由或财产。不给予公平赔偿，私有财产不得充作公用。"《宪法第十四修正案》规定："任何一州未经正当法律程序不得剥夺任何人的生命、自由或财产。”立法中将私有财产神圣不可侵犯作为资本主义法律制度的基本原则,其最大的受益者是资本家,资本家独立掌握生产资料,立法维护私有制便是在维护着资本家对劳动者的剥削,为这种剥削行为提供了合理的依据。

其次,虽然资本主义立法都明确宣布人民的自由与平等。例如,1789 年法国的《人权宣言》第 102 条提出;“人们生来并且始终是自由的,在权利上是平等的。”1776 年美国的第一个宪法性文件《独立宣言》宣布了“天赋人权”与“人民主权”。之后美国的《权利法案》第一至第四修正案规定了公民的基本权利和自由,包括宗教信仰自由、言论和出版自由、和平集会和政府请愿权等一系列权利。可以看出,相比较奴隶制社会立法与封建制社会立法,资本主义立法具有充分反映人民权利、自由与平等的特征,具有深刻的历史进步意义。但是不容忽视的是,资本主义社会中所宣称的自由与平等仍然是受制于社会经济基础的。资本主义社会的一切都是建立在私有制经济基础之上的,而这种所有制的本质就在于资本家垄断着对生产资料的占有,在等价交换原则的掩盖下,雇用工人从事劳动,占有雇用工人的剩余价值。因此这种前提之下的自由与平等的明确并不能实质改变阶级的差别与不平等,其只是作为了使整个资产阶级利益得到最大化实现,更好维护资产阶级统治地位的工具。

上述是对资本主义立法制度本质特征进行的总结,此外,从资本主义立法制度的具体内容和表现形式上分析,其立法制度包括以下几个方面的特征:

第一,从立法的指导原则上看,主要包含私有财产神圣不可侵犯原则、维护资产阶级自由、平等与人权原则、契约自由原则。前两个原则在立法制度本质特征的分析中已经谈及,不再赘述。而契约自由原则同样作为资本主义立法的一个重要指导原则,是指人人都依此具有独立的法律人格,人与人之间关系建立在依据自由意志订立的契约之上,在法律允许的范围之内,关系双方可以在合意之内设立或者改变之间的权利义务关系，任何人不得干涉。

第二，从立法权的行使上看，资本主义国家的立法权主要由议会行使。资本主义各国的议会普遍采用一院制或两院制的组织形式。一院制指议会只设一个议院并由它行使议会全部职权的制度。两院制指议会设两个议院并由两院共同行使议会职权的制度。两院的名称各国有所不同，如英国为贵族院和平民院，后改称上院和下院，美国、日本等国称参议院和众议院，法国称参议院和国民议会。一般来说，资本主义发展较早的国家多采用两院制。一院制或两院制下的立法都有各自的优势，即两院制下可以分别议事，讨论议案，分别通过，使法律案或者其他重大议题能够慎重；一院制下可以一院议事，讨论议案较全面，法律规定易实行。即使是在保留君主的资本主义国家，君主也只是保有名义上的立法权，立法权实质上仍然由议会行使。甚至在一些资本主义国家中立法权还严格地受到行政权与司法权的限制，例如，美国的立法权属于国会，但是需要受到总统与法院的限制。

第三，从立法机关的产生方式来看，资本主义国家立法机关——议会，主要由议员组成。议员通常都由选举产生，尤其两院制国家的下院议员一般都由选民直接选举产生，上院议员有的由选举产生，有的由任命或特殊身份而获得议员资格。议员的任期一般上院任期长于下院。议会由普选产生，因此本身承载民意的立法机关在进行立法活动时要充分体现民意，保障民主。

第四，从立法程序上来看，资本主义立法程序较为严格。其需要经过四个阶段：法律草案的提出、法律草案的讨论、法律的表决和通过、法律的公布。资本主义国家议员、国家元首、政府首脑，有权提出法律草案，少数国家还规定，选民和其机关、社会团体也有权提出法律草案。法案提出后，经过议会两院的“三读”或者“二读”讨论通过，最终交给国王或者总统签署，由法定正式刊物发布。[1] 虽然各国宪法规定的立法程序有不同之处，但整体上看，基本上都确立了一套符合国家体制的严格

〔1〕 参见杨河清等主编：《人事管理学辞典》，北京经济学院出版社1988年版，第171页。

的、全面的立法程序。

第五，从立法技术上看，资本主义国家立法技术较封建制社会大有进步。主要体现在以下几个方面：一是从法典结构与内容角度，成文法系资本主义国家的立法，结构开始更加整体化、条理化、层次化，不仅结构上更加严谨，在内容上用于更加精当，概念更加清晰。例如，法国《民法典》分为序言和3编。第一编为“人”法，主要涉及民事主体权利，包括关于个人和亲属法的规定；第二编是物法，是财产、所有权及其他物权的规定；第三编是债法，是取得财产的各种方法，即民事权利客体转移的方法。德国《民法典》的编纂继承了罗马法传统并借鉴了法国《民法典》的立法经验，同时又有很大创新。德国《民法典》分为5编，共35章，2385条。它创设了“总则编”，并将其放在法典之首，对整部法典的基本制度和原则作出概括说明，并对一些概念、术语作出解释。其后的4编分别是债务关系法、物权法、亲属法和继承法。二是法律渊源，开始固定化，并且各类法律渊源被赋予了其独特的法律效力。资产阶级革命胜利之后，各国都进行了宪法的制定，并将其确定为国家的根本法，赋予最高的法律效力。这是在以往社会中不曾有过的现象。以宪法为纲领，不同法系的资本主义国家都开始固定下来自己的法律表现形式，例如，大陆法系国家设立了各类不同法律效力的法典、单行法、行政法规和地方性法规等；英美法系国家除了制定法之外，还具有判例法，判例法还分为了普通法和衡平法两大类。三是法律部门划分，由于资本主义时期经济条件的变化，新的社会关系层出不穷，原有的综合性法典已无法满足社会的现实需求，因此资本主义立法必须要改变以往社会不区分法律部门的行为。在这样的情况下，欧洲大陆的一些国家，首先是法国，后来是德国，都秉承了罗马法的传统，依据公法和私法划分的理论，进一步划分了自己国家的法律部门。公法方面划分了行政法、刑法、诉讼法等部门；私法方面划分了民法、商法等部门。即使是不以公法和私法为基本分类的英美法系，也能够理解基本部门法的分类，同时也有一些具体部门法的分类。如英国虽然没有作为独立法律部门的民法和商法，但是仍有合同法、财产法、家庭法、侵权行为法等具体部门法。[1]

第三节 社会主义社会的立法制度

一、社会主义立法制度的产生和发展

1871 年 3 月 28 日,法国工人进行了巴黎公社革命,建立了巴黎公社,这是人类历史上无产阶级专政的第一次尝试。巴黎公社虽然只斗争了 72 天,但它为无产阶级革命运动提供了极其宝贵的经验和教训,同时在这期间根据当时革命斗争的需要,也颁布了几十项法律与法规。例如,宣布公社是唯一政权的法令(其中规定,凡尔赛政府或其拥护者所发出的命令无法律效力);撤销常备军并由国民自卫军取代的法令;政教分离的法令等。

1917 年 11 月 7 日,以列宁为领导的布尔什维克党武装力量,进行了"十月革命",推翻了临时政府,建立了苏维埃政权。"十月革命"的胜利开创人类历史的新纪元,不仅第一次成功建立了社会主义制度的国家,被认为是无产阶级第一次掌握政权,同时也开创与促进了社会主义国家立法的进程。1917 年 11 月 8 日,第二次苏维埃代表大会大会通过了列宁起草的《和平法令》和《土地法令》。《和平法令》揭露了帝国主义掠夺性战争,反映了广大劳动人民迫切希望和平的愿望,建议一切交战国立即进行谈判,缔结不割地不赔款的和约。《土地法令》规定立即废除地主土地所有制,全部土地收归国有,交给劳动农民使用。列宁彻夜工作,写出了《土地法》。之后 1918 年苏俄制定了《宪法》。在取得国内战争胜利之后,即在 1922 年前后,苏俄颁布了《民法典》《刑法典》《土地法典》《劳动法典》等,初步形成了比较完整的苏维埃法律体系。1924 年在苏维埃社会主义共和国联盟成立之后,制定了苏联宪法。[2] 之后在工

---

[1] 参见魏海军主编:《立法概述》,东北大学出版社 2013 年版,第 55 页。

[2] 参见王兴斌主编:《国际共产主义的实践与理论》,山东人民出版社 1986 年版,第 221 页。

业化时期，苏联颁布了一系列法律，来保障、巩固和扩大社会主义工业的阵地，例如，包括《关于加强开发国家自然资源的法令》《关于苏联工业现状与发展前途的法令》《关于发行劣质的和不合格的产品的刑事责任的法令》等。

第二次世界大战结束后，东欧诸国、中国、朝鲜等一系列社会主义国家相继建立，形成了以苏联为首的社会主义阵营。社会主义立法便随之得到了进一步的发展与丰富。如罗马尼亚、南斯拉夫、中国、朝鲜等国纷纷进行了社会主义立法的探索。

中国的社会主义立法早在20世纪30年代的革命时期就已经出现。在1931年11月召开的中华工农兵苏维埃第一次全国代表大会上，通过了《中华苏维埃共和国宪法大纲》《中华苏维埃共和国土地法》《中华苏维埃共和国劳动法》等法律。中华苏维埃共和国成立之后，在中央执行委员会第一次会议上，通过了《中华苏维埃共和国婚姻条例》。在第二次大会上，对《中华苏维埃共和国宪法大纲》进行了修改，确定了全国苏维埃代表大会制定和修改宪法以及其他法律的权力，也规定了选举制度。1934年4月8日，又根据实践经验加以修改，颁布了《中华苏维埃共和国婚姻法》。1931年12月通过了《处理反革命案件和建立司法机关的暂行程序》的第六号训令，在此基础上，于1934年4月8日正式颁布了《中华苏维埃共和国惩治反革命条例》和《中华苏维埃共和国司法程序》。这一时期的立法，对保证革命的胜利起了积极的作用。[1]

抗日战争时期，中国共产党为了挽救民族的危亡，决定实行抗日民族统一战线的政策。抗日民主政权的施政方针是以反对日本帝国主义，保护抗日的人民，调整各抗日阶层的利益，改良工农的生活和镇压汉奸、反动派为基本出发点。为了贯彻党的方针、政策，各抗日根据地民主政权根据本地区的具体情况，制定了边区政府的施政纲领。如1939年1月陕甘宁边区制定的《陕甘宁边区抗战时期施政纲领》和1941年10月重新修订的《陕甘宁边区施政纲领》，都是陕甘宁边区带有根本法性质

---

〔1〕 参见王侃主编：《中国法律制度史》，吉林大学出版社1985年版，第307页。

的政纲。还有《晋察冀边区目前施政纲领》《对于巩固与建设晋西北的施政纲领》等。此外，对土地政策、政权组织法、选举法、刑事立法和劳动立法等，也都作了相应修改。例如，根据抗战时期以减租减息为解决土地问题的基本政策，1943 年制定了《陕甘宁边区土地典当纠纷处理原则及旧债纠纷处理条例》，1944 年制定了《陕甘宁边区地权条例》和《陕甘宁边区土地租佃条例》。抗日战争开始后，党中央也制定了有关锄奸斗争的各项方针政策。再如，《陕甘宁边区惩治贪污条例(草案)》《抗战时期惩治汉奸条例》。各抗日民主政权根据经济、政治情况的发展变化，同时相继颁布了一些婚姻法令，主要有：1944 年的陕甘宁边区的《修正婚姻暂行条例》，1943 年的《陕甘宁边区抗属离婚处理办法》。

解放战争时期，各解放区制定了一些宪法性的文件，主要有：1946 年的《陕甘宁边区宪法原则》，其中规定了边区民主政权的性质、人民权利、选举以及司法制度等基本原则；1948 年的《华北人民政府施政纲领》；1946 年的《东北各省市民主政府共同施政纲领》等。

抗日战争胜利后，国内阶级关系发生了根本的变化，农民迫切地要求土地，党中央及时地作出了决定，改变土地政策，即由减租减息改为没收地主阶级的土地分配给农民。这一政策的改变，表现在 1946 年 5 月 4 日中共中央发出的《关于反奸清算与土地问题的指示》(又称《五四指示》)。《五四指示》以后，各解放区土地改革运动迅速地开展起来。1947 年 9 月中共中央召开的中国共产党全国土地会议通过了《中国土地法大纲》。

解放战争时期，刑事立法打击的主要锋芒，是国民党战争罪犯、间谍、特务。1948 年中国人民解放军总部发布了惩处战争罪犯的命令。同时，惩办破坏土地改革的罪犯。1948 年 1 月晋冀鲁豫边区政府公布了《晋冀鲁豫边区破坏土地改革治罪暂行条例》。此外，惩办侵犯财产的罪犯。这一时期惩治贪污的法规主要有：1947 年东北行政委员会公布的《东北解放区惩治贪污条例》和 1948 年的《晋冀鲁豫边区惩治贪污条例》等。

新中国法律的起步,是同中华人民共和国的诞生相一致的。1949年9月在新中国诞生前夕召开的中国人民政治协商会议第一届全体会议,通过了新政权得以存在的法律依据——《中央人民政府组织法》和起临时宪法作用的《共同纲领》。在1954年召开的一届全国人大一次会议上,通过了新中国第一部《宪法》和《全国人民代表大会组织法》《国务院组织法》《人民法院组织法》《人民检察院组织法》等一系列重要的宪法性法律。这一阶段,地方立法权经历了一个兴废起伏的过程。在一届全国人大召开之前,我国实行的是中央与地方相对分权的体制。在中央,政协全体会议代行全国人大职权,制定《中央人民政府组织法》,但在实践中除了1949年全国政协一届一次全体会议外未再立法。中央人民政府在法律上、事实上均享有制定法律、颁布法令的权力。政务院制定和颁布的规范性文件在事实上被当作法律,并且它在事实上还批准了许多地方性法令条例或法规。在地方,大行政区、省、市、县的政府可以拟定法令条例或单行法规;从最基层的民族乡至各级民族自治机关都有权制定单行法规。1954年普选的全国人民代表大会召开后,新中国的立法出现了新的变化:全国人大常委会是行使国家立法权的唯一机关,有权修改宪法、制定法律。全国人大常委会有权解释法律、制定法令;国家主席公布法律和法令;国务院制定的行政措施、发布的决议和命令,被视为国家法规,收集在《中华人民共和国法规汇编》中。在地方,只有民族自治地方有权制定自治条例和单行条例,而一般的地方不再享有法令条例或单行法规的制定权。

1956年社会主义改造完成以后,新政权已巩固,国家和社会进入了一个新的阶段。但是由于政治运动的频繁发生和影响,刚刚起步的法律建设遭到了严重的破坏,以致长期处于停滞状态。这一阶段,享有国家立法权的全国人大常委会,除通过1975年宪法外,未制定一部法律。享有法令制定权和单行法规制定权的全国人大常委会自行通过的条例、办法亦为数甚少。在地方,除民族自治地方外,其他地方均丧失了立法权。这一阶段,中央和地方的立法活动由比较活跃而骤然冷清、停滞直至几乎完全废弃。此间只有国务院及其所属部门依然发布规范性文件。

1978 年年底召开了中共十一届三中全会，全会把发扬社会主义民主、加强社会主义法制提上重要日程。从此，新中国的法律发展进入了一个崭新的阶段。这一阶段的立法体制得到了改革和创新，1979 年的《地方各级人民代表大会和地方各级人民政府组织法》（以下简称《地方组织法》）揭开了中国立法体制改革的序幕，它规定省级人大及其常委会享有地方性法规制定权。1982 年的《宪法》肯定了 1979 年《地方组织法》的改革成果，并从多方面推进了这一改革，确定了全国人大及其常委会共同行使国家立法权，国务院制定行政法规，国务院所属各部门发布规章，民族自治地方制定自治条例和单行条例。接着，1982 年和 1986 年又两次修改了《地方组织法》，把地方性法规的制定权逐渐扩大到了省级政府所在地的市和经国务院批准的较大的市的人大及其常委会，并规定同级政府可以制定规章。这期间全国人大及其常委会还多次授权国务院和有关地方制定单行法规。1997 年、1999 年香港和澳门相继回归祖国，两个特别行政区的立法又给中国现行立法体制注入了新的成分。2000 年 3 月通过《立法法》并于 2015 年进行了第一次修改，于 2023 年进行了第二次修改，系统、全面地总结和确认了上述立法制度。我国的立法逐渐形成了一个由国家立法权、行政法规立法权、地方性法规立法权、自治条例和单行条例立法权、规章立法权、授权立法权、特别行政区立法权所构成的，较先前体制有重大发展的新的立法权限划分体制。这是党中央集中统一领导和一定程度分权的、多级并存、多类结合的立法体制。

二、社会主义立法制度的本质和特征

社会主义国家的经济基础决定了作为上层建筑的社会主义社会立法现象的形态与特征。社会主义的经济基础，主要是生产资料公有制与产品按劳分配的分配制度。在这一经济基础之下，国家的主人只能是工人阶级与广大人民，因此，社会主义立法所体现的也必然是工人阶级和广大人民群众的意志和利益。这也同样决定了社会主义立法在两个方面存在与任何类型立法不同的本质特征。

首先，在经济上，社会主义立法确认和巩固着社会主义的生产方式，即以生产资料公有制为基础的生产方式。在各社会主义国家，由于生产力发展水平不同，历史条件不同，对于消灭资本主义经济、改造个体经济的具体方法和速度，以及对生产资料公有制的程度和形式的确认，都有不同的法律规定。社会主义国家立法的根本使命就是为解放和发展社会主义生产力服务，因此，立法主要体现为：巩固和发展社会主义经济制度，保护全民所有制和集体所有制财产不受侵犯，同时也保护公民个人的合法财产所有权；保障国家在社会主义公有制基础上实行计划经济，并通过经济计划的综合平衡和市场调节的辅助作用，保证国民经济按比例地协调发展；确立和维护合理的经济管理体制和经济管理制度，实行各种形式的社会主义责任制，改进劳动组织，以不断提高劳动生产率和经济效益，发展社会生产力；实施体现"各尽所能，按劳分配"原则的劳动报酬制度和奖励制度，鼓励先进、督促落后，充分调动和发挥人民群众的社会主义积极性和劳动热情；保护自然资源和生活、生态环境；解决经济纠纷，惩罚经济犯罪；以及促进和实现对外经济技术交流；等等。

其次，在政治上，社会主义立法维护着无产阶级的专政，是无产阶级领导下的广大人民群众的共同利益和共同意志的体现。社会主义法所体现的阶级意志，是工人阶级领导下的广大人民的意志。工人阶级由于本身的物质生活条件所决定，它的意志内容集中表现为反对剥削并以最终建成无剥削、无阶级的共产主义社会为自己的历史使命。这一意志既符合社会发展的客观规律，也反映了广大劳动者的根本利益和要求，因而，社会主义立法具有鲜明的阶级性和广泛的人民性，是阶级性和人民性的统一。例如，我国《宪法》在第 1 条第 1 款中就规定中华人民共和国是工人阶级领导的、以工农联盟为基础的人民民主专政的社会主义国家。这充分体现了我国社会主义立法的本质。

社会主义立法作为历史上唯一一种以巩固公有制经济制度、以建设和完善人民民主的政治制度为目的的立法制度，与其他历史阶段的剥削阶级类型的立法制度相比，具有以下特征。

第一，立法权归属于广大人民群众。既包括工人，也包括农民、知识分子等劳动者在内的所有人民。许多社会主义国家的立法中都规定了“国家的一切权力属于人民”，例如，中国、苏联、朝鲜等国法律中就明确规定了该条。因此，立法作为较为重要、根本的权力自然应当属于人民。同时，人民行使立法权并不是每个人都具体亲身地去行使，更多的是通过由人民选举出的人民代表机构去具体代人民行使立法权，这些机关在不同国家有不同名称与组织形式，主要包括有人民代表大会、人民议会、国民议会、联邦议会等。当然在一些国家中，根据宪法或者代议机关的授权，一些其他的国家机关或者个人在一定范围内也可以行使相应的立法权。

第二，在立法体制上主要包括单一的一级立法体制和二级立法体制。所谓一级立法体制，是指立法权仅由中央一级权力机关行使的立法体制。例如，朝鲜《宪法》中规定：“立法权只由最高人民会议行使。”越南《宪法》中规定：“国会为唯一享有立宪和立法权的机关。”所谓二级立法体制，是指由中央一级代表机关和地方一级代表机关分别行使国家立法权和地方立法权。又如，我国《宪法》第58条规定，全国人民代表大会和全国人民代表大会常务委员会根据宪法规定行使国家立法权。第89条规定：“国务院行使下列职权：（一）根据宪法和法律，规定行政措施，制定行政法规，发布决定和命令……”第100条规定：“省、直辖市的人民代表大会和它们的常务委员会，在不同宪法、法律、行政法规相抵触的前提下，可以制定地方性法规，报全国人民代表大会常务委员会备案。设区的市的人民代表大会和它们的常务委员会，在不同宪法、法律、行政法规和本省、自治区的地方性法规相抵触的前提下，可以依照法律规定制定地方性法规，报本省、自治区人民代表大会常务委员会批准后施行。”可见我国采用的是中央和地方分别行使立法权的两级多层次的立法体制。

第三，立法程序较为严格。各社会主义国家在宪法或者相应法律中都明确规定了国家的立法程序。以我国为例,《立法法》中分别对全国人民代表大会与全国人民代表大会常务委员会的立法程序进行明确规定。整体上,立法程序主要包括提出法律草案、审议立法议案、表决通过议案、公布法律四个步骤,其中每一个步骤又有着不同的要求,例如在表决通过阶段,我国一般立法议案应由全体人民代表或人大常委会组成人员的过半数通过。《宪法》的修改应由三分之二以上的人民代表通过。

第四,立法都以马克思主义为指导思想。马克思主义法律观以历史唯物主义与辩证唯物主义为理论基础,科学揭示了立法的根源、本质以及发展规律,通过阐述科学的世界观帮助人们认识法学和立法现象,为社会主义立法活动提供了正确的方法论工具,是社会主义立法所必须坚持的立法原则。同时,马克思主义法律观不能一成不变,各国在坚持将其作为立法原则的基础上,也在与时俱进,发展适合自己国家情况的立法原则。例如,我国《立法法》第3条的规定。[1]

第五,立法技术更加先进、立法体系更加完备。由于社会主义国家实行民主专政,因此,其所立的法也必须便于人民理解与掌握。作为在前人立法经验基础上进行的社会主义立法活动,所呈现的成果也必然是更加进步的。社会主义立法在法的内部构造方面更加科学合理,在各章节的安排、各规范的用语、各语言的表达都开始以便于人民群众理解、运用为原则,立法的技术性越来越先进。同时,与其他类型立法相比,社会主义立法彻底摒弃了专制君主的命令这一法律表现形式,不允许任何个人以任何命令的形式发布法律。社会主义立法吸收了资本主义立法对于法律部门划分的做法,改变了刑民不分、实体法程序法不分的缺点,根据调整对象即法律关系的不同,使部门法的划分越来越细致。社会主义国家立法经历百年的发展历程,建立起了以宪法为根本,包括民法、刑法、诉讼法、行政法、经济法、社会法等众多法律部门在内的中国特色社

---

〔1〕《立法法》第3条规定:立法应当坚持中国共产党的领导,坚持以马克思列宁主义、毛泽东思想、邓小平理论、"三个代表"重要思想、科学发展观、习近平新时代中国特色社会主义思想为指导,推进中国特色社会主义法治体系建设,保障在法治轨道上全面建设社会主义现代化国家。

会主义法律体系。法律体系日益完善,调整的法律关系范围日益宽广,社会生活得以更加稳定。

从整体上看,社会主义立法制度相较以往社会立法制度,更加具有进步性。

但是这不等于社会主义国家的立法制度是没有缺陷的,任何一种制度都不是天生完美的,而都是在发展过程中日益完善与进步的。同样,社会主义立法制度也是随着社会生活的变化和社会主义制度的发展而不断发展的,在发展过程中发现问题、解决问题,以创造更加完善的立法制度来适应日益变化的社会生活。

第四节　立法制度演进的一般规律

一、立法制度产生的一般规律

立法制度的产生与发展如同其他任何事物一样,是一种自然历史过程。对于法与立法的产生,恩格斯反对原始社会就存在法律的观点。他对法和立法的形成过程曾有过精辟的论述:"在社会发展某个很早的阶段,产生了这样一种需要:把每天重复的产品生产、分配和交换用一个共同规则约束起来,借以使个人服从生产和交换的共同条件。这个规则首先表现为习惯,不久便成了法律。随着法律的产生,就必然产生出以维护法律为职责的机关——公共权力,即国家。随着社会的进一步的发展,法律进一步发展成为或多或少广泛的立法。"[1]从该论述中可以看出,立法制度的产生不是无规律可循的,是有自己所独特的规律所在的。

(一)立法建立在原始社会习惯的基础之上产生的

法的产生经历了从习惯到习惯法、再由习惯法到制定法的发展过程。原始社会时期的社会规范主要是习惯,随着私有制和阶级的形成,

---

〔1〕 韦建桦主编:《马克思恩格斯选集》(第3卷),人民出版社2012年版,第211页。

习惯打上了阶级的烙印具有了阶级性，逐渐转变为习惯法。统治阶级有选择地利用原有的习惯，由国家加以确认，使之成为对本阶级有利的社会规范，而赋予法的效力，从而形成最早的习惯法。随着社会关系的复杂化和社会文明的发展，国家机关根据一定的程序把体现统治阶级意志和利益的规范以明确的文字形式表现出来，逐渐产生了制定法。最早的制定法，主要是习惯法的整理和记载，还有个别立法文件和最主要的判决的记载。后来，国家适应社会的需要主动地制定新的法律规范，制定法成为法的主要渊源。因此，立法的产生过程，也是一个由简单到复杂、由不完善到完善、由自发形成到自觉形成的长期发展过程。

（二）国家是立法制度产生的前提和保障

立法的历史实践表明，任何一种历史类型立法法的产生都是以建立同类型的国家政权为前提的。一个阶级为了废除反动的旧法，建立新法，必须先推翻旧的国家政权建立自己的国家政权。同时，法律是由国家制定或认可的，是由国家强制力保证实施的。统治阶级只依靠国家机关及其强制力量，才能将自己的意志体现为法律并贯彻实施。所以，有国家才能有法律，无国家也就无法。法的制定与实施，是国家活动的一个有机组成部分。正如列宁指出："如果没有政权，无论什么法律，无论什么选出的机关都等于零。"[1]国家作为立法产生和发展的保障，自然也是立法制度产生的基础和保障。

（三）立法制度的产生受特定物质生活条件的影响

立法制度是直观的、具体的、丰富的，作为上层建筑的一部分，社会有什么样的经济基础，就会产生什么样的立法制度。法与立法制度都必须体现着统治阶级的意志，而统治阶级的意志都是由统治阶级的利益所

---

〔1〕《列宁全集》（第11卷），人民出版社2013年版，第98页。

制约的。马克思认为,“人们为之奋斗的一切,都同他们的利益有关”。[1] 统治阶级利益又是由一定的物质生活条件所决定的。所谓的社会生活条件指与人类生存相关的地理环境、人口和物质资料的生产方式,其中物质生活资料的生产方式是决定性的内容。马克思曾说,“社会不是以法律为基础的,那是法学家们的幻想,相反,法律应该以社会为基础,法律应该是社会共同的,由一定物质生产方式所产生的利益需要的表现,而不是单个的个人的恣意横行”。[2] 法律具有物质制约性,同样立法制度的产生也应当具有物质制约性。

二、立法制度发展的一般规律

立法制度受特定社会因素的影响,会随着社会的经济、政治、文化等发展而不断发展。从总的历史发展趋势看,立法制度自身经历了从低级到高级化的转变,发展出了一套自身独特的规律,主要表现在以下几个方面。

(一)立法制度从专制化立法逐渐走向民主化立法、从特权的立法走向权利平等的立法

古代的立法,即奴隶制社会与封建制社会立法都具有强烈的专制性质,即使是在奴隶制的民主政体或封建制的等级君主政体下,也还是带有专制色彩的立法。因为古代的立法权,在法律上是集中在君主或少数贵族手中的,即使设立有立法机关,也不是通过民主选举产生的,立法也不是按照少数服从多数的原则和制度运作的。近现代的立法开始将立法权赋予通过民主选举产生的立法机关行使,立法也是严格按照少数服从多数的原则和制度运作的。在近现代的民主立法中,有资本主义国家立法和社会主义国家立法的区别,虽然前者的立法活动从实质上看主要

---

〔1〕 马克思:《第六届莱茵省议会的辩论(第一篇论文)》(1842 年 2 月),载《马克思恩格斯全集》(第一卷),人民出版社 1956 年版,第 82 页。

〔2〕 李林:《开启法治中国建设新征程(深入学习宣传贯彻党的十九大精神)》,载人民网,http://opinion.people.com.cn/n1/2018/0410/c1003-29915456.html。

体现少数人的利益和意志，但是从形式上讲是符合民主要求的。

同时，在古代的立法过程中，君主或少数贵族寡头在某一具体立法事项上的决定权是不受限制的，而在近现代的立法过程中，享有立法权的个人在某一具体立法事项上都实行“一人一票”的原则，任何人都没有特权，权利呈现出平等分布与平等行使的特点。

（二）立法内容经历了由简单和野蛮走向全面和文明的过程

古代由于当时的社会关系相对简单，所以所呈现出的立法内容也相对简单，能够满足当时社会生活的需要。社会发展到近现代，不仅原有的社会关系日趋复杂，而且新的社会关系也不断出现，简单的立法规范已经不能满足日益变化的社会生活，因此随着社会的不断进步，立法的内容也开始向全面化和复杂化发展。同时，古代的立法内容还具有较高的野蛮程度，深刻体现在各国刑事立法当中。例如，我国古代的旧五刑，即墨、劓、刖、宫、大辟，刑罚方式极其残酷；在三千年前的俄罗斯和欧洲地区，烹煮刑罚方式被使用；在 1814 年英国废除叛国罪之前，五马分尸刑罚一直是合法的存在；铜牛又称西西里牛，是一种发明于古希腊的刑罚手段，十分残酷。而发展到近现代，人权观念深入，残酷的刑罚方式也随之减少或者消失。又如，我国的现代“五刑”以自由刑为中心，由死刑、无期徒刑、有期徒刑、罚金、拘役等组成的近现代刑罚体系。20 世纪初，罪刑法定原则的出现，也开始将曾经无限膨胀的刑罚权，束缚在法律的轨道之内。

（三）立法程序经历了从非规范化、非严格化逐渐向规范化、严格化转变的过程

从立法的发展过程来看，立法经历了从没有法定程序向有法定程序的逐渐转变。古代的立法或是由少数几个人对法典进行编纂，之后经君主批准，便成为法律；或是君主言出法随，无须按照少数服从多数的原则进行，也无须受到制约，因此也就没有必要建立可供立法者遵循的由法

律加以保证的程序。即使古代的立法有些国家或者时期有一些立法程序上的习惯或者规定,但这些规定都不是规范性与正规性的,主要还是专制色彩所导致的。近现代立法开始由经民主选举产生的立法机关进行,立法如何体现民意,对立法活动如何制约,必须按照一定的程序进行,而且这些程序都是由宪法和有关法律甚至是专门法律加以规定的,必须遵守。因此,立法程序逐渐规范化与严格化,这主要是与新时期的民主要求相适应的结果。

(四)立法技术经历了由低级到高级的转变过程

由于社会发展条件的制约与人类认识水平的限制,早期古代的立法体现在立法技术上呈现出较为低级的特点。即使有些时期的立法技术较为先进,例如,中国唐代的立法,但是这只是古代立法中的例外情况,并不能够体现古代立法技术整体的水平。随着社会条件的发展以及立法经验的积累,立法技术逐渐呈现成熟化和高级化的特点。这种变化主要体现在两个方面:一是在部门法的划分上,立法经历了从制定诸法合体的综合法典向划分不同法律部门和确定不同法律渊源来构建法律体系和立法体系的转变。古代由于当时的社会关系相对简单,所以以诸法合体、民刑不分、实体与程序不分的综合法典为主来进行立法调整是完全可行的。社会发展到近现代,原有的社会关系日趋复杂,新的社会关系也不断出现,这都需要用专门的法律加以调整。所以,各国立法都开始着手于不同法律部门的划分和多种法律渊源的确定。法律体系中的部门法越来越完整,调整社会关系的范围越来越宽广。二是在立法内容安排上,立法经历了从粗糙、简陋到精细、条理的转变;在语言的表达上,立法逐渐变化为更加容易被人民所理解运用。在早期社会,由于立法经验的不足、社会条件的限制以及维护统治的急迫需要,立法者就将原始社会留存下来的一些习惯进行认可便形成了习惯法,立法技术无从体现。之后随着经验的丰富、社会条件的富足,立法者便开始制定成文法以更好地维护统治。最后在成文法的基础上进行汇编形成法典。这时的立法技术虽然有所体现,但是立法内容安排与语言的表达上,都较为低级。近代资本主义社会立法开始,立法的结构就开始更加整体化、条理化、层次化,不仅结构上更加严谨,在内容上用语也更加精练,概念更加清晰。发展到社会主义立法,其在法的内部构造方面更加科学合理,在各章节的安排、各规范的用语、各语言的表达都开始以便于人民群众理解、运用为原则,立法的技术性越来越先进。

立法是人类理性和社会现象结合的产物,梳理立法的发展过程,就会清晰发现不同时期不同国家立法所展现出的固定特征,而这些特征的表象集合构成了立法发展史背后所隐藏的历史规律。梅因关于法律和立法一般发展方面的现象序列理论可以为我们提供一个颇有力的理论视角。他认为人类立法的发展过程可以依次分为四个阶段,分别为:法律是根据家长式的统治者个人的命令制定的习惯法阶段,由社会冲突引起的习惯法的法典化阶段,借助于拟制、衡平和立法等手段而对古代严苛的法律进行修正的阶段,最后一个是运用科学的方法进行系统立法的阶段。[1] 由此可见,追求立法的科学性是人类立法演变过程中的目的要求。而习近平法治思想中强调科学立法,正契合了这一立法发展的历史规律,从而推动我国的立法事业在保持自我特色的基础上积极与世界的法治发展过程相融合。

---

〔1〕 参见[美]E. 博登海默:《法理学——法律哲学与法律方法》,邓正来译,中国政法大学出版社2017年版,第103页。

第三章　立法指导思想和立法基本原则

第一节　立法指导思想和立法基本原则概述

一、立法指导思想释义

立法指导思想是立法者在立法时所应遵循的主导思想。就内容而言，它体现了一国的经济、政治和文化方面的发展目标，反映出立法者应当以什么样的思想和理论指导立法。就作用而言，他对立法工作起着根本性、全局性和方向性的指导作用。[1]

统治阶级以一定的思想指导立法，目的在于有效地通过立法活动形成阶级的意志并上升为法律，成为国家意志，取得人人必须遵守的形态，从而更好地以立法来维护自己的利益。不是所有的思想都能被奉为立法指导思想，只有在一定社会意识形态中占主导地位，反映统治阶级的根本利益和需要，为当时的执政者所信奉、推崇的思想，才能作为立法活动的指导思想。立法指导思想具有很强的时代性，在不同的历史时期有着不同的具体内容。奴隶制社会往往以神学和当时的宗法思想

---

〔1〕 参见朱力宇、叶传星主编：《立法学》，中国人民大学出版社 2015 年版，第 56 页。

为立法指导思想。例如,我国周朝初期的立法指导思想为“以德配天、明德慎罚”。在封建社会时期的西欧,基督教神学主导着各国的立法活动。在资本主义时期的西欧,启蒙思想取代基督教神学成为当时的主要立法指导思想。我国第一部资本主义宪法《中华民国临时约法》的立法指导思想则是“三民主义”。[1] 自1949年以来,新中国的立法指导思想一直就是马克思主义。需要指出的是,我国的立法指导思想,不仅仅是马克思主义的法学思想或民主法治思想,还包括马克思主义基本原理,尤其是马克思主义的辩证唯物主义和历史唯物主义以及科学社会主义的思想。

二、立法基本原则释义

立法基本原则是在立法指导思想的指引下,在总结立法工作的实践经验的基础上形成的,在立法工作中应遵循的,具有可操作性的基本准则。立法基本原则体现了立法的本质、规律和根本价值,是立法规范或规则的本源性依据。相对于法的具体规定,立法基本原则具有较强的稳定性。虽然法律条文较容易发生变化,但是立法基本原则会较持久地适应立法领域,具有较久远的效力,除非社会经济关系发生了质的变化。立法基本原则在立法领域具有普遍适用性,能覆盖立法领域中的所有法律规范和立法的所有环节。

在出现法律真空的情况下,立法基本原则还可以发挥其补充性。在实践中,出现法律空白时,立法基本原则被当作具体规范运用。需要注意的是,只有在具体规范缺失的情形下,这种可能性才会出现。在并不缺乏具体规范的情形下,不能放弃具体规范的适用而适用立法原则。

三、立法指导思想与立法基本原则的关系

立法的指导思想与基本原则都决定于特定社会的经济和政治关系,反映立法所要调整的社会关系的本质。立法基本原则是立法指导思想

---

[1] 参见刘莘主编:《立法法》,北京大学出版社2008年版,第61页。

在立法实践中的具体运用和重要体现。

立法的指导思想与基本原则具有密切关系。立法指导思想是抽象的、一般的，而立法基本原则则是较为具体的，立法指导思想通过基本原则来体现，而立法基本原则则反映立法的指导思想。例如，我国奴隶制社会的立法指导思想是神学和宗法思想，而"王权神授""代行天罚"和"亲亲""尊尊"的立法基本原则恰恰来源于和体现这种立法指导思想。再如，我国封建社会家族本位、皇权至上、等级森严和德主刑辅的立法基本原则则是源于和体现着儒家学说这一立法指导思想。立法指导思想是观念化、抽象化的立法基本原则，立法基本原则是规范化、具体化的主要的立法指导思想。[1] 立法指导思想直接作用于立法者的思想，而立法基本原则直接作用于立法活动，这二者通过立法实践相互联系。立法指导思想只有通过立法实践具体化为立法基本原则，立法基本原则也只有通过立法实践来体现立法指导思想。

立法的指导思想与基本原则也存在区别，不能相互混同。这是因为：第一，立法指导思想是观念的和抽象的理论依据和思想指南，不具有直接的操作性。立法基本原则是较具体的行为准则，具有可操作性。第二，立法指导思想主要通过为立法活动指明方向，通过作用于立法者的思想来间接影响立法活动。立法基本原则是立法活动据以进行的基本准绳，作用于立法者的立法行为，直接影响和指导立法活动。第三。立法基本原则可以有并列的数条，不存在凌驾于基本原则的总原则。立法指导思想也可以有几种，但这几种思想应构成一个总的思想。[2]

第二节　西方国家的立法指导思想与基本原则

一、西方国家立法的指导思想

西方的法律思想的发展经历了一个漫长而曲折的过程，从古希腊开

---

〔1〕 参见周旺生：《立法学》，法律出版社 2009 年版，第 65 页。

〔2〕 参见张根大等：《立法学总论》，法律出版社 1991 年版，第 85 页。

始,一直到 20 世纪的逐步前进与发展,都在影响并指导着当时与现在的立法。

(一)洛克立法思想——英国立法模式确立的重要指导

依据立法权的主体不同,洛克将政体区分为民主制、君主制、寡头制和混合政体。所谓“混合政体”,其实是民主制与君主制的结合,是指 1688 年光荣革命建立起的君主立宪制。议会的立法享有最高法律权威;议会是立法的主要机构。但是,议会并没有享有完全的立法权。首先,作为议会的不可分割的组成部分,国王享有一定的立法权,表现在国王可以批准法案。法官享有部分的立法权,因为遵循先例的原则赋予了法官“造法”权力,法官在适用法律时还拥有解释权。在这种思想指导下,英国封建议会获得控制征税权和其他立法权,因为国王受到“王在法下”原则的制约。通过将英国的法治传统同议会传统相结合,英国形成了独特的宪政传统,并被资产阶级所利用和发挥。

洛克立法思想中的经验主义也对英国立法实践影响重大。经验是知识的起源,法律是约束政府行为和公民行为的标准,立法机关是依据过往的法律实践制定合乎国情的法律的,因而英国法律具有很强的实用性。法律至上和正当程序的传统在英国的法律中得到了很好的继承。洛克对立法机关代表分配比例的建议也给期望占有更多议会席位的资产阶级进入立法机关提供了理论依据。洛克立法思想受其经验主义认识论的影响,同时也赞成理性推理和逻辑论证是立法过程中必不可少的方法。立法者的对外感觉和对内反省形成观念,通过直观知识和解证知识,在确认了知识的确定性和可靠性以后,认识才能上升到成文法并且加以确认。理性不一定是导向正确的选择,理性得来的知识是不可靠的,不能将不可靠的知识确认为法律,因为法律是要经过正式公布并面向所有公民的。经验主义的立法需要在长期实践积累的基础上形成可靠观念和经验,这种经验主要是在司法和执法过程中积累起来的。在洛克这种立法思想的指导下,英国形成了独具特色的立法模式,即将英国的实体法和程序法参照实践中的模式合编到一部法律当中。

(二)卢梭立法思想——法国《人权宣言》颁布的重要指导

卢梭的法治思想大致上包括两个方面的内容,即立法和守法。就立法而言,卢梭特别强调法律自身的记录,它以“自由和平等”为自己的两大主要目标。立法权属于人民,既是卢梭立法思想的重要组成部分,也是他思想民主性的核心。他从人民主权的原则出发,强调立法权力是属于人民的,而且只能是属于人民;并且必须由人民亲自创制法律。只有在全体人民都参加立法的国家里,人民的自由才能得到保证,因为组成国家的每个人都对调整社会生活的法律表示同意,每个人只服从自己参与制定的法律的情况下,人们才是自由的。立法权是国家主权的体现,立法权至高无上,国家的立法权属于人民。

在卢梭看来,人生而自由平等,任何人都不具有统治自己同类的自然权力。强力并不产生任何权利,只有契约才是一切合法权力的基础。国家是人民自由协议的产物,社会契约构成主权者,社会契约产生公意。公意是人们公共利益的体现。每个结合者必须把自己的全部权利毫无保留地转让给共同体,而每一个结合者可以从任何一个结合者那里获得自己本身所转让出去的同样权利,因而权力的合法性源自人民。人民主权作为公意的体现,是国家的最高统治权,主权应该属于人民。人民主权是公意的运用,公意是不可分割的,一个意志要么是公意,要么不是;它要么是人民共同体的意志,要么是一部分人的意志。由此,人民主权一样不容分割。行政权是由立法权派生出来的,政府是实施公意的执行机关,它绝不是主权的体现,因此,不能从人民手中分割出来委托给任何人或机构。卢梭的主权不可分理论在大革命时期得到了具体验证。

卢梭的立法思想对法国《人权宣言》产生了十分重大的影响,有些提法和条文的措辞,例如:“人的不可转让的和神圣的自然权利”“人生来是而且永远是自由的,在权利方面是平等的”“全部主权的本原实质上存在于国民”“自由的实质在于能从事一切无损于他人的行为”等几乎使用的都是卢梭的语言，实现了卢梭把自然社会转变为政治社会，把人的自然权利转变为政治权利，即公民权利的理想。

（三）萨维尼立法思想——德国《民法典》立法的重要指导

萨维尼从实证的角度出发，认为法是民族精神的体现，我们要做的就是发现民族精神，发现既定存在的原理原则，而这都要在原始的法学资料中去寻找。为此，他将希望寄托于经久不灭的罗马法上，吸引他的正是罗马法历经世纪交迭仍然活跃在欧洲法学界，作为实际规范人类生活的规则，具有顽强的生命力。因此，萨维尼寄希望于罗马法，从中去寻找反映人类关系中的普遍性的关联，他毕生的工作都是研究罗马法原典，并探究出公共原理为之后制定德国民法典提供参考。从德国《民法典》的结果来看，他的理论被采纳，我们可以看到关于"诚实信用原则""契约自由原则"都是在商品交易、借贷关系等法律关系中人类应当遵守的良好公序，这样的原则源于人类普遍承认的道德规范，法律将其确定下来是因为这类原则能够更好地促进人类生活与普遍交往，有其存在的客观性，并普遍适用于人类社会。

萨维尼对民法体系的构建从法律语言到逻辑推演都有很高的要求，尤为强调法律语言的统一运用和法律规则间的逻辑联系。在整体研究中，一些术语被有意回避使用，这些术语在概念上的模糊不定和在使用上的不一致导致了此领域中概念的混淆。例如，在"法院惯例"这个术语中，一般指的是法院判决中体现民族精神的判决，为了适用于之后同类情形而作出一致的判决，此类判决具有一定的普遍适用性，此处判决的地位类似于判例法，但在有的情况下法院的判决结果被作为据以得出该判决结果的法律规则的正当性证明，该结果包含在这个法律规则中，对这种循环论证的方式萨维尼是反对的，"法院惯例"这个术语容易引起含义上的混淆，应当避免使用，还有诸如此类的描述，不再赘述。萨维尼对法律语言和逻辑的严苛要求也反映在他对待学术态度上，他在当时反对制定民法典的原因也正是因为19世纪初期的德国制定民法典的条件未成熟,他不希望随意立法,而希望制定的民法典能经得起时间的推敲和实践。

在对德国民法典的态度上,萨维尼所追求的是德国民法典适用上的可预见性和科学性,但这同民族精神学说存在一定的矛盾。他基于民族精神学说提出的理论是:法来自民族的共同生活和民族习惯,因此要在历史中去探寻,但基于此理论萨维尼希望制定的并不是只适用于日耳曼民族的法典,而是可以为其他国家借鉴的法律体系。萨维尼与其他罗马法学家一样,都希望能总结出一个完整的民法体系,而民法体系化的进程也推动了成文法国家民法法典编纂的进程,使民法研究更趋向科学化、体系化。

二、西方国家立法的基本原则

(一)私有财产神圣不可侵犯原则

资本主义立法制度得以建立的基础便是资本主义私有制关系,它必然体现在社会成员中占少数的资产阶级的根本利益并为其根本利益服务。由于资本主义立法制度本质上属于剥削阶级类型的立法制度,其本质特征的主要表现是资本主义立法制度在经济上维护资本主义剥削制度。资本主义的私有制是资本主义社会得以生存和发展的经济基础,资本主义的立法必然竭尽全力对其予以维护。资本主义立法将私有财产神圣不可侵犯作为资本主义法律制度的重要原则,这反映了资本主义生产方式最本质的要求。在资本主义社会,主要的社会财富集中在少数资本家手中,确立私有财产神圣不可侵犯的真正受益者是资本家,由此维护和巩固资本主义的剥削制度。资本主义私有财产权是资本主义私有制的法律表现,资本主义国家普遍用根本法的形式首先予以肯定。如法国《人权宣言》是法国 1791 年《宪法》的序言,它在第 17 条明确宣布私人财产是神圣不可侵犯的权利,除非当合法认定的公共需要所显然必须时,且在公平而预先赔偿的条件下,任何人的财产不得受到剥夺。美国宪法第五修正案强调了非经法律程序不得剥夺个人的财产,无合理赔偿不得将私有产业征为公用。除了用宪法这种根本法的形式确立这项重要原则外,在许多重要的立法领域,如刑事立法、民事立法、经济立法、行政立法等都以确保资本主义私有财产权不受侵犯为重要前提和基础。虽然在资本主义发展到垄断阶段,特别是第二次世界大战以来,资本主义国家在立法上宣布私有财产要担当为社会公共福利服务的义务,通过颁布反垄断法等对私有财产作了某些限制,但最终没有改变确保资本主义私有制这一核心内容。

(二)平等与自由原则

资本主义立法都明确宣布人的平等与自由。法国1791年《宪法》第1条规定:"在权利方面,人们生来是而且始终是平等的。只有在公共利用上才显现出社会上的差别。"意大利共和国《宪法》第3条规定:"全体公民,不问其性别、种族、语言、宗教、政治信仰、个人地位及社会地位如何,均有同等的社会身份,并在法律面前一律平等。"美国1776年的《独立宣言》以政治纲领的形式宣告"人人生而平等",在1791年宪法修正案中强调了人的自由不能被非法剥夺。从资本主义国家立法规定来看,大多将法律面前人人平等、契约自由确定为重要的立法原则。然而,资本主义立法制度在政治上维护的是资产阶级对社会的统治。在资本主义社会,基本的经济结构是资本家占有生产资料,工人阶级与生产资料相分离,形式上是自由的,但不得不成为雇用工人。这种经济结构就决定了资产阶级在政治上的统治地位,而立法的实质只能是体现在国家的政治、经济上占统治地位的阶级的意志,立法只能为更有利于资产阶级实际统治而服务。

(三)议会至上原则

在西方资本主义国家,议会是主要的立法机关,有的国家的总统也行使部分立法权,他们都通过一定的选举程序产生。虽然各国的选举法有关立法机关产生的具体规定不完全相同,但都与资产阶级的民主制相联系，各国通过不同的途径和方式废除了封建登记制，采用选举制产生和组织议会，主要有议会行使国家立法权。各国的议会组成不尽相同，最典型的是一院制和两院制的组织形式。一院制是议会只设一个议院并由它行使议会的全部职权，如瑞典、希腊、葡萄牙、丹麦等国家，法国曾在1789年大革命后采用过一院制，后改为两院制。两院制是议会设两个议院并由两个议院共同行使议会职权，如英国、美国、日本、西班牙、荷兰、挪威、意大利等国。议会下议院的议员通常由直接选举产生，虽然有的资本主义国家仍保留君主，但已不是封建专制等级社会的君主，而是在立宪制下的君主，名义上享有一定的立法权，但都不能在国家立法中起决定性作用。

第三节　中国的立法指导思想和立法基本原则

一、中国立法的指导思想

立法指导思想具有很强的时代性，在不同的历史时期有着不同的具体内容。自1949年以来，我国的立法指导思想一直是马克思主义，主要包括马克思主义的基本原理和马克思主义立法观。2015年《立法法》的第3条是对我国立法的指导思想的规定，沿袭了2000年《立法法》的规定，体现了宪法确立的我国社会主义初级阶段的基本路线，即“一个中心、两个基本点”。“一个中心”就是以经济建设为中心，“两个基本点”就是坚持四项基本原则，坚持改革开放。坚持四项基本原则是指坚持社会主义道路、坚持人民民主专政、坚持中国共产党的领导、坚持马克思列宁主义毛泽东思想，这与1982年《宪法》的内容保持一致。

2023年《立法法》对立法指导思想进行了进一步的完善。1999年《宪法》的修改，增加了“邓小平理论”。2004年、2018年宪法修正案对国家的指导思想作了修改完善，确立“三个代表”重要思想、科学发展观、习近平新时代中国特色社会主义思想在国家政治和社会生活中的指导地位。2023年《立法法》，贯彻落实宪法规定和党的二十大精神，根据党和国家的重大理论创新成果,对立法的指导思想与时俱进作了进一步的修改完善,同时明确了立法的目标任务。《立法法》第3条修改为:"立法应当坚持中国共产党的领导,坚持以马克思列宁主义、毛泽东思想、邓小平理论、'三个代表'重要思想、科学发展观、习近平新时代中国特色社会主义思想为指导,推进中国特色社会主义法治体系建设,保障在法治轨道上全面建设社会主义现代化国家。"补充"三个代表"重要思想、科学发展观、习近平新时代中国特色社会主义思想作为指导思想。

同时,2023年《立法法》为使指导思想更加全面,根据实践发展和宪法规定,增加了"贯彻新发展理念"的内容,创新、协调、绿色、开放、共享的新发展理念,是管全局、管根本、管长远的导向,具有战略性、纲领性、引领性。为此,2023年《立法法》第4条规定:"立法应当坚持以经济建设为中心,坚持改革开放,贯彻新发展理念,保障以中国式现代化全面推进中华民族伟大复兴。"

(一)以马克思列宁主义指导中国立法[1]

中国特色社会主义立法总的指导思想是马克思列宁主义。中国特色社会主义立法之所以要遵循这样的指导思想,是由中国国体、立法的本质、马克思列宁主义性质、中国共产党的领导地位和中国的历史条件、国情所决定的。正确遵循这样的立法指导思想,就是要用马克思列宁主义的立场、方法和原理指导立法,从实际出发、调查研究、走群众路线、发扬社会主义民主,结合生活的实际需要,以适当方式把马克思列宁主义和党的基本路线的精神实质贯彻到立法过程和法律条文中去,而不是简单地在法律中照抄它们的某些词句。[2]

第一,要运用马克思列宁主义关于自然界、人类社会和思维发展的一般规律的理论来指导中国立法,使其沿着科学的轨道发展。立法意

---

〔1〕 参见周旺生:《立法学》,法律出版社2009年版,第65-67页。

〔2〕 参见孙国华主编:《中华法学大辞典　法理学卷》,中国检察出版社1997年版,第281页。

识、观念、思想、理论以及根据它们、所进行的立法活动都应当是物质关系的反映，不应当是离开物质关系的虚幻的东西。立法者要把自己的立法思维和立法活动与物质关系紧密联系。创立立法理论，制定立法政策，规划立法蓝图，作出立法决策，采取立法措施，提出立法要求，起草各种法案都要以客观物质世界的实际情况为根据。

第二，以历史唯物主义关于社会历史发展固有规律的观点、社会存在与社会意识相互关系的观点来指导立法。立法者应当潜心研究和把握古今中外立法的固有规律，并在立法时遵循这些规律。立法者应当深入理解和把握社会意识与社会存在的关系，使自己的立法意识、观念、思想、理论成为有源之水，并能对中国的社会存在发挥积极的反作用。

第三，以历史唯物主义关于社会基本矛盾运动的观点、群众和个人的历史作用的观点来指导立法。立法者应当准确地洞悉中国社会基本矛盾的状况，清楚社会基本矛盾与自己的立法思维和国家的立法活动、制度、技术应当有怎样的关联程度，科学而有效地促使它们之间实行有机的结合。立法者应当正确看待公众和专业人才在立法活动中的作用，欢迎和鼓励公众参与立法，帮助专业人才最大限度地利用其专业知识对立法作出贡献。

（二）以毛泽东思想和邓小平理论指导中国立法

毛泽东思想和邓小平理论是马克思主义中国化的代表成果，是马克思主义和中国实际相结合的产物，是当代中国国家生活和社会生活的根本指针，自然也是立法的指导思想。

毛泽东思想和邓小平理论中的实事求是、从实际出发、理论联系实际、解放思想等观点是中国立法的基本思想指南、理论基础和方法论。这些观点要求立法者必须转变认识、更新观念，从人治转向法治，从权力至上转向法律至上，树立法治观念；要认识到法的阶级性并非法的唯一特性；要重视法的社会性和规律性；要由重实体轻程序转向两者并重，树立程序法与实体法密不可分的观念等。

毛泽东思想和邓小平理论中有关立法观的基本原理、立法原则,民主、法制、改革和立法的关系等立法的观点指导着中国立法。例如,邓小平理论关于改革是一场革命,是中国现代化必由之路的论述,就要求立法必须成为改革的先导,要体现改革的精神,用法律引导、推进和保障改革的顺利进行。毛泽东思想中的立法原则主要包括:立法的原则性与灵活性的原则;发挥中央立法和地方立法的两个积极性的原则;领导意见和群众意见相结合的原则等。这些基本原则是针对中国立法的实际问题提出的,是中国立法实际经验的理论化,对当代中国立法具有普遍的指导意义。

(三)以"三个代表"重要思想、科学发展观指导中国立法

"三个代表"重要思想最鲜明的特点和最突出的贡献,在于用一系列紧密联系、相互贯通的新思想新观点新论断,进一步回答了什么是社会主义、怎样建设社会主义的问题,创造性回答了建设什么样的党、怎样建设党的问题。明确"三个代表"重要思想作为立法工作的指导思想,对于进一步完善和改进立法工作十分重要,也有利于从根本上回答立法的经济基础、本质和作用等问题,按照"三个代表"重要思想要求,加强和改进立法工作,应当推进立法工作的科学化,应贯彻立法工作要代表先进生产力的发展要求,代表先进文化的前进方向,同时推进立法工作的民主化,应贯彻立法工作要代表广大人民的根本利益,法律、法规体现人民的意志,才能成为一切法律主体应遵循的行为规范。

科学发展观强调"坚持以人为本"的理念,明确提出:要以实现人的全面发展为目标,从人民群众的根本利益出发谋发展、促发展。对于立法工作而言,一部法的出台,涉及成千上万百姓的权益,其重要性不言而喻。只有时刻保持审慎的态度,坚持以人为本的立法原则,用科学发展观的理念引领整个立法过程,才能杜绝损害人民群众利益的"恶法";同时,落实科学发展观,要实现立法与发展的有机统一。科学的发展观告诉我们,发展是坚持以经济建设为中心的包括经济、社会和人的全面发

展，既要加快发展，又要全面、协调、可持续发展。这就要求立法工作，必须紧紧围绕发展，突出经济立法的同时兼顾其他方面的立法，努力为经济发展和社会全面进步创造良好的法制环境。

（四）以习近平新时代中国特色社会主义思想指导中国立法

习近平新时代中国特色社会主义思想是马克思主义中国化的最新成果，是中国特色社会主义理论的重大创新发展，是全党全国各族人民全面建成社会主义现代化强国、为实现中华民族伟大复兴而奋斗的行动指南。习近平法治思想作为习近平新时代中国特色社会主义思想的重要组成部分，开拓了马克思主义法学中国化进程的新境界，为在新时代推进中国特色社会主义法治事业提供了行动指南。

新时代的立法工作要以习近平新时代中国特色社会主义思想为根本遵循，自觉用新思想武装立法者头脑。坚持用新思想指导立法工作，需要深刻理解立法工作在全面建设社会主义现代化国家中的战略定位，在全面推进依法治国中的重要地位；把握我国的立法性质，走中国特色社会主义立法道路；遵循正确的立法宗旨理念，将满足人民日益增长的美好生活需要作为立法的出发点和落脚点；保证立法质量，以良法促进发展、保障善治；做到重大改革于法有据，发挥立法的引领和推动作用；加强重点领域立法，完善以宪法为核心的中国特色社会主义法律体系；完善立法机制，发挥人大及其常委会在立法工作中的主导作用。新时代的立法工作要以习近平新时代中国特色社会主义思想作为根本遵循，深入学习领会其深刻内涵和丰富内容，自觉用新思想武装立法者头脑，坚持用新思想开展立法工作。

（五）立法应当坚持以经济建设为中心，坚持改革开放，贯彻新发展理念，保障以中国式现代化全面推进中华民族伟大复兴

以经济建设为中心，坚持改革开放是新时期党和国家一切工作的基本路线，立法工作是党和国家的一项重要工作，因此，立法活动也必须继

续坚持这个基本路线。虽然“一个中心、两个基本点”已包含在邓小平理论中,“三个代表”重要思想、科学发展观、习近平新时代中国特色社会主义思想对此也有新的发展,但是立法者考虑到“以经济建设为中心”“坚持改革开放”具有象征意义,在2023年《立法法》中删去会引起外界对国家发展思路、方向发生变化的解读。为避免误读,新《立法法》保留了上述内容。

同时,2023年《立法法》根据实践发展和宪法规定,增加了“贯彻新发展理念”的内容。新发展理念是指导我国全面建设与发展的基本思想引领。首先,经济社会的创新、协调、绿色、开放、共享发展引领法治中国建设;其次,新发展理念引领法治中国建设自身的创新、协调、绿色、开放、共享发展。[1] 这蕴含着我国经济迈向高质量发展阶段的价值取向,新时期立法是否践行了新时代的价值追求,关键就要看立法中是否真正体现和贯彻了创新、协调、绿色、开放、共享的新发展理念。立法与新发展理念之间必须能够良性互动,并能通过法律分析方法来检验此种互动的效果,从而促进立法的进步。

二、中国立法的基本原则

许多国家的立法基本原则通常以观念形态指导人们的立法活动,存在于教科书和立法者的立法实践中,在法律文本中很少规定。即使是在有关国家的立法制度性规定中包含有立法基本原则,也不是系统的立法基本原则,而是部分基本原则或者只是涉及某些基本原则。我国2023年通过的《立法法》在总结法学界的研究成果基础上,在总则部分,通过多个条文,较为系统地确立了我国立法应当遵循的若干基本原则。立法基本原则的法律化和制度化是我国立法制度的一大特色。总体而言,《立法法》在总则中明确规定我国立法的基本原则包括:依法立法原则、民主立法原则、科学立法原则、坚持社会主义核心价值观原则、立法决策与改革决策相衔接相统一原则。

---

〔1〕 参见周旺生:《论中国立法原则的法律化、制度化》,载《法学论坛》2003年第3期。

(一)依法立法原则

我国《立法法》第 5 条规定:“立法应当符合宪法的规定、原则和精神,依照法定的权限和程序,从国家整体利益出发、维护社会主义法制的统一、尊严、权威。”该条确立了我国立法的依法立法原则,它反映了现今各国立法的法治原则的共性,又突出体现了中国立法的法治原则的特色。“立法应当依照法定权限和程序”,是前一方面的体现。“从国家整体利益出发,维护社会主义法制的统一、尊严、权威”,是后一方面的体现。同时,该条强调依法立法首先应当依宪法立法的理念,宪法是一国的根本大法,是立法的合法性基础,是判断特定法律法规是否具有法律效力的根本标准。

1. 立法应当符合宪法规定、原则和精神

我国《宪法》第 5 条第 3 款规定:“一切法律、行政法规和地方性法规都不得同宪法相抵触。”任何立法的目的都应该包括保证宪法在社会生活中得以真正得到执行。立法的依法立法原则不仅在于确立宪法至高无上的效力,更重要的是,它为现代立法奠定了政治基础,现代立法都要尊重宪法所确立的基本政治理念。宪法是一国的根本大法,是立法的合法性基础,任何违背宪法的法律法规均属无效。但是在立法过程中立法者还应当能够把握好宪法的权威性、稳定性和立法的创新之间的平衡。

与此同时,立法应当符合宪法的规定、原则和精神,也是为了维护法制的统一性。法制要统一,法律之间就不能互相矛盾。在不同位阶的法律渊源中,同一位阶的法律渊源和同一部法律中,其规定要相互协调,不得相互抵触、冲突。下位法的制定必须有宪法或上位法作为依据,下位法不得同上位法相抵触。凡是下位法违背上位法的均属违法,不具有法律效力。

2. 立法应当依照法定权限和程序

立法法是规范国家立法制度和立法活动的法律,它规定了各立法主体的立法权限，对法律的制定程序作了详细规定，对行政法规、地方性法规、自治条例和单行条例、规章的制定程序作了原则规定，特别是《立法法》第 11 条，集中地列举了只能由法律规定的十个方面的事项，明确和统一了中央立法的专属范围。各立法主体都应当遵守立法法规定的立法权限和程序，这是依法立法原则的核心要旨。[1]

我国之所以制定《立法法》，最主要的目的就是要解决和防止因为越权立法而造成的立法冲突、法制不统一问题。只有法定的立法机关才能进行立法活动。立法机关必须在自己的权限范围内进行立法活动。一方面，立法要依照法律权限和程序进行，就要坚持依法立法原则，就需要有一套统一的关于立法权限和程序的法律制度。另一方面，立法要坚持依法立法原则，也需要依照法定的权限和程序进行。这两个方面在我国立法中是紧密关联的。

3. 立法应当从国家整体利益出发，维护社会主义法制的统一、尊严、权威

维护社会主义法制的统一、尊严和权威要求从国家的整体利益出发，要求充分考虑和维护人民的根本利益和长远利益，杜绝那种片面强调本部门、本地方利益的部门保护主义和地方保护主义。[2]

在立法中，应当维护社会主义法制的统一，应当确保中国特色社会主体法律体系的统一性。这种统一性主要表现为：第一，我国的现行法律的基本指导思想、原则、规定、概念、术语等要素能够被纳入一个体系之中，不能相互矛盾和抵触；第二，一个国家现行的全部法律规范，按照不同的法律部分分类组合，能够形成呈体系化的有机联系的统一整体。健全的法律体系要求门类齐全、结构严密、内在协调。门类齐全是指在一个法律体系中，在宪法的统摄下，调整不同社会关系的一些最基本的

〔1〕 参见童卫东：《新〈立法法〉的时代背景与内容解读》，载《中国法律评论》2023 年第 2 期。

〔2〕 参见童卫东：《新〈立法法〉的时代背景与内容解读》，载《中国法律评论》2023 年第 2 期。

法律部门应该具备,不能有缺漏。[1] 结构严密是指不但在整个法律体系之间要有一个严密的结构,而且在各个法律部门内部也要形成一个从基本法律到和基本法律相配套的一系列法规、实施细则等的体系。内部协调是指在一个法律体系中,一切法律部门都要服从宪法并与其保持协调一致。[2]

在立法中,还应当维护我国社会主义法制体系的尊严和权威。维护法的尊严和权威要求:第一,立法要极为审慎,要深入调研,广泛提取各方意见,全面权衡利弊,戒急戒躁,稳步有序地进行;第二,立法要维持法律的高度稳定,切忌朝令夕改;第三,立法要保持法律的连续性。各类法的立、改、废应当注意保持与旧法在内容和效力等方面的衔接。

(二)民主立法原则

民主,又称人民主权或人民当家作主,指按照平等和少数服从多数原则来共同管理国家事务。立法的民主原则的法理基础在于人民主权(主权在民)理论。立法权属于人民,"人民的意志是任何政府唯一合法的基础"。[3] 18 世纪法国启蒙思想家卢梭认为立法权永远属于人民,在立法权力上人民是不能被代表的,"凡是不曾为人民所亲自批准的法律,都是无效的;那根本就不是法律"。[4]

《立法法》第 6 条规定:"立法应当坚持和发展全过程人民民主,尊重和保障人权,保障和促进社会主义公平正义。立法应当体现人民的意志,发扬社会主义民主,坚持立法公开,保障人民通过多种途径参与立法活动。"该条确立了我国立法的民主原则。该原则的目的是使所制定的法律能够体现人民意志,通过立法来发扬社会主义民主。实现该原则的方法则是确保人民能够通过多种渠道参与立法活动。该原则是党和国家的群众路线在社会主义法治建设中的重要体现。群众路线就是一切

---

[1] 参见张文显:《法理学》,法律出版社 2018 年版,第 126 页。
[2] 参见张文显:《法理学》,法律出版社 2018 年版,第 126 页。
[3] 参见[美]杰弗逊:《杰弗逊文选》,王华译,商务印书馆 1965 年版,第 58 页。
[4] 参见[法]卢梭:《社会契约论》,何兆武译,商务印书馆 1980 年版,35 页。

依靠群众,一切为了群众,从群众中来、到群众中去,实现领导和群众相结合。只有实行坚持群众路线的民主立法,才有可能做到科学正确,才有可能切实反映广大人民群众的最大利益和共同意志。

立法的民主原则应当包括立法主体的民主性、立法内容的民主性和立法程序的民主性三个方面内容。

1. 立法主体的民主性

某种组织或个人之所以能成为立法主体,关键是由于其被授予立法权。立法权是国家权力的最重要表现形式。自人类进入阶级社会并建立国家机器以来,任何统治阶级在夺取政权以后,都要通过立法把自己的意志上升为国家的意志,借以巩固自己的政权,实现自己的统治。在现代民主国家,立法权在根本上属于人民,由人民行使。但是,现代国家基本上都属于代议制民主体制。在代议制民主下,立法活动大多为间接立法,即由人民选出代表,由代表组成代议机关(人民代表大会或议会),再由代议机关代表人民制定法律。因此,要使立法更加民主,就主体方面而言,要确保立法机关及其组成人员须经民主程序产生,人民有权对自己选出的代表进行监督。

2. 立法内容的民主性

立法内容的民主性是指通过立法所创制出来的法律规范应保留记载人民享有的民主权利的内容、范围及行使途径。立法坚持民主原则意味着立法应体现人民的意志和利益。如果法律不以实现"公意"为基础,而成为政治精英和专业人士的决定的话,法律完全可能在形式上不违宪的情况下作出种种实质上与宪法精神、民主价值、人权保障背道而驰的规定。因此,立法内容的民主性具体体现在:第一,所制定的法律以维护人民利益为宗旨,注重确认和保障人民的权利,尽可能排除官僚主义和特权行为的干扰。第二,依法确立国家机关工作人员的权力及相应的职责。第三,立法应该考虑对人权的保护,任何立法都不能对人们的基本权利任意地在"质"或者"量"上进行删减。

3. 立法程序的民主性

立法程序的民主性涉及要力求公众能够通过常规性渠道参与立法反映各类诉求与主张。人民通过直接参与立法活动来表达自己的意愿和利益诉求,这是立法民主性最直接的体现,是人民行使当家作主权利的重要内容。“立法权运行程序既是立法机关的程序,也是受公众监督的程序……立法权运行程序的正当性就是指:通过立法权运行程序以对立法权的滥用或非法行使加以识辨并予以否定的属性。”〔1〕

我国《立法法》中,有大量条文具体规定了全国人大及其常委会的立法程序,主要有:第一,常委会审议法律案一般实行“三审制”,并可在分组审议的基础上,根据需要,召开联组会议或全体会议,对法律草案中的主要问题进行讨论。第二,坚持法律委员会统一审议,充分发挥各个专门委员会在审议法律案中的作用。专门委员会在审议法律案时,可以邀请提案人列席会议,发表意见。第三,宪法和法律委员会、有关的专门委员会和常委会的工作机构,应当听取各方面的意见。听取意见可以采取座谈会、讨论会、论证会等各种形式。第四,常委会对列入会议议程的重要的法律案,经委员会会议决定,可以将草案公布,征求各机关、组织和公民的意见,并将意见反馈给常委会工作机构。第五,法律案经常委会三次审议后,仍有重大问题需要进一步研究的,可以暂不付请表决,交宪法和法律委员会等有关的专门委员会进一步审议。所有这些显然有利于集思广益,提高立法质量,逐步实现立法的民主化。〔2〕

民主立法原则是由我国的国家性质决定的,体现了人民当家作主。立法是为国家立规矩、为社会定方圆,是“国之大者”。一直以来,全国人大及其常委会、国务院、地方人大及其常委会,秉持民主立法原则,在制定法律、行政法规、地方性法规过程中,广泛听取各方面意见,将民主立法原则贯彻到立法全过程各环节,可以说,立法活动是最公开透明、公

---

〔1〕 季卫东:《法治秩序的建构》,中国政法大学出版社 1999 年版,第 16 页。

〔2〕 参见吴光辉:《立法制度的新进展与新问题——由〈中华人民共和国立法法〉谈起》,载《现代法学》2000 年第 3 期。

众参与最多的领域之一。

(三)科学原则

马克思指出:“立法者应该把自己看作一个自然科学家。他不是在制造法律,不是在发明法律,而仅仅是在表述法律,他把精神关系的内在规律表现在有意识的现行法律之中。如果一个立法者想用自己的臆想来代替事物的本质,那么我们应该责备他极端的任性。”[1]立法的科学原则就是指立法不仅要符合事物的客观规律,而且应体现立法者的价值标准,对各社会主体利益进行有选择、有兼顾的理性调整。《立法法》第7条规定:“立法应当从实际出发,适应经济社会发展和全面深化改革的需求,科学合理地规定公民、法人和其他组织的权利与义务、国家机关的权力与责任。法律规范应当明确、具体,具有针对性和可执行性。”科学性原则也有人称其为“从实际出发,实事求是”的原则。坚持立法的科学性原则,有助于产生建设现代法治国家所需要的高质量的良法,有益于尊重立法规律、克服立法中的主观随意性和盲目性,也有利于避免或减少错误和失误,降低成本,提高立法效益。科学原则主要包括以下几个方面内容。

1. 立法要从实际出发,实事求是

立法从实际出发,实事求是,就是要从我国处于社会主义初级阶段这一基本国情出发,就是要与这一特定历史条件下的社会发展相适应。立法要符合社会发展的需要,要充分考虑社会发展对法律调控的要求。也就是说,立法要处理好立法能力和立法需要的关系。立法需要,是指社会具有要求国家制定某项法律来调控某种社会关系,从而实现一定利益的需求。立法能力,是指社会应当具有支付法律从制定到实施所需的人力、物力、财力和公民的心理承受能力等成本的能力。立法者在立法时要充分考虑这两个因素,处理好二者的关系。如果立法者制定了社会不需要的法律,就会造成立法的浪费;如果立法者制定的法律社会没有

---

[1] 《马克思恩格斯全集》(第1卷),人民出版社2001年版,第347页。

能力实施,那么所立之法就难以得到实施,就会出现有法不依的现象。改革开放以来,通过大力发展立法,我国无法可依的问题已基本解决。但一些法律法规的实施却十分困难,甚至出现个别法律出台即死亡的现象。造成这种现象的原因是多方面的,其中最重要的一个原因当属有的立法没有坚持上述基本原则。

2. 立法要科学合理地规定公民的权利义务和政府的权力责任

我国《立法法》以法律的形式确定了,权利与义务、权力与职责的设定一定要科学、合理。立法科学合理地设定公民的权利义务,就是不仅要遵循宪法的规定,不同宪法相抵触,而且要以各种形式保障公民的基本人权的实现。立法科学合理地设定政府的权力责任,就是要求立法在规定政府的权责时,遵循权责相统一的原则,不能出现有权无责、有责无权、权大责小或权小责大的情况。

3. 立法要科学合理地处理整体与局部的关系

鉴于地区发展的严重不均衡,我国经济发展在坚持统一市场经济的前提下,要充分考虑各地区的特点,有重点、分层次地进行。同样,我国立法也应在法制统一的前提下,充分发挥各地区的积极性和创造性,制定出适合本地区发展的、高质量的法律所需的人力、物力、财力和公民的心理承受能力等成本的能力。立法者在立法时要充分发挥各地区的积极性和创造性,制定出适合本地区发展的、高质量的法律法规,提供地区社会可接受的、急需的社会准则。

(四)坚持社会主义核心价值观原则

2023 年《立法法》修改,新增第 8 条规定:“立法应当倡导和弘扬社会主义核心价值观,坚持依法治国和以德治国相结合,铸牢中华民族共同体意识,推动社会主义精神文明建设。”确立了我国立法坚持社会主义核心价值观原则。社会主义核心价值观是社会主义法治建设的灵魂。把社会主义核心价值观融入法治建设全过程、各领域、各方面,是坚持依法治国和以德治国相结合的必然要求。

2018 年中共中央印发《社会主义核心价值观融入法治建设立法修法规划》，强调“推动社会主义核心价值观全面融入中国特色社会主义法律体系，筑牢全国各族人民团结奋斗的共同思想道德基础”。法律与社会核心价值之间的双向塑造和相互促进是法治建设的客观规律。社会主义核心价值观入法入规是这一规律的客观表现。凝练并推动社会主义核心价值观融入立法目的是彰显党领导法治建设的政治理论和政治立场的重大举措，是我国《立法法》中国特色的一大重要体现，旨在铸就并着力实现社会主义核心价值观成为中国特色社会主义法治体系灵魂的目标。

近年来，在爱国主义教育、英雄烈士保护、见义勇为、文明行为促进、社会信用建设、弘扬家庭美德、弘扬中华优秀传统文化等方面，制定了许多法律法规，将人民群众广泛认同、较为成熟、可操作性强的道德要求上升为法律规范，实现道德规范和法律规范相衔接、相协调、相促进，取得良好的法律效果和社会效果。

将社会主义核心价值观作为立法目的入法入规，有利于将“法外价值向制度层面的法内价值转化，从而实现法价值的客观化、实证化”。实现社会主义核心价值观由主观的思想影响向客观的规范性行为约束转化。所以在社会主义核心价值观作为全民共同思想道德基础的层面上，与之匹配和对接的当属法律的立法目的这一创制法律的内在思想动因。因为通过“立改废释”的方式将社会主义核心价值观入法入规，目的就是形成我们法治建设中的最大价值共识、最大价值公约数。而法律，尤其是立法法恰恰也是最能体现我们最大价值共识的标准，所以社会主义核心价值观作为立法目的融入完全契合社会主义核心价值观入法入规的目的和自身定位。

铸牢中华民族共同体意识是新时代党和国家民族工作的主线，是实现中华民族伟大复兴的必然要求。经过数千年的交往交流交融，我国各民族已结成统一的中华民族。无论是做民族工作，还是制定修改涉及民族问题的法律法规，都要正确处理共同性和差异性的关系，增进共同性，尊重和包容差异性。铸牢中华民族共同体意识，推动各民族坚定对伟大祖国、中华民族、中华文化、中国共产党、中国特色社会主义的高度认同，不断推动中华民族共同体建设。为贯彻落实中央民族工作会议精神，陆地国界法、家庭教育促进法、地方组织法等法律对“铸牢中华民族共同体意识”作了规定，将“铸牢中华民族共同体意识”的理念转化为法律规范。在立法法中对此作出规定，作为指导立法工作特别是地方立法工作的原则，非常有必要。

（五）立法决策与改革决策相衔接相统一原则

2023 年《立法法》第 9 条规定：“立法应当适应改革需要，坚持在法治下推进改革和在改革中完善法治相统一，引导、推动、规范、保障相关改革，发挥法治在国家治理体系和治理能力现代化中的重要作用。”确立了我国立法决策与改革决策相衔接相统一原则。同时，第 16 条规定：“全国人民代表大会及其常务委员会可以根据改革发展的需要，决定就特定事项授权在规定期限和范围内暂时调整或者暂时停止适用法律的部分规定。暂时调整或者暂时停止适用法律的部分规定的事项，实践证明可行的，由全国人民代表大会及其常务委员会及时修改有关法律；修改法律的条件尚不成熟的，可以延长授权的期限，或者恢复施行有关法律规定。”

立法和改革的关系贯穿改革开放和法治建设整个过程。我国社会主义法治建设，总体上说，是与改革开放事业共同推进、共同发展的。法律制度的一个重要特征就是稳定性，而社会生活特别是改革的一个重要特征就是变动性，二者之间呈现出一定的矛盾性。在变革社会中推进法治，更具有复杂性、艰巨性。全面深化改革和推进全面依法治国，给立法工作提出了新的更高要求，立法不应是被动地适应、接受，而是应该更加积极、更加主动地适应改革发展稳定的需要。

为实现立法与改革之间的良性互动，在立法工作中，应当努力把立法决策和改革决策更好结合起来，正确处理法律的稳定性与变动性、现实性与前瞻性、原则性与可操作性的关系，努力做到重大改革于法有据、立法主动适应改革和经济社会发展需要。对实践证明行之有效的，及时上升为法律。对不适应改革要求的法律法规，及时修改和废止。

这里的关键是要加快提升党领导人大及其常委会立法工作的法治化水平，按照党总揽全局、协调各方的原则，处理好党委与人大及其常委会的关系；对改革决策中涉及的立法问题，党委应当主动与立法机关协调，及时提出立法需求和立法建议；对违法推行改革或者因疏于履行协调职责而导致改革违法进行的，应当依法追究直接领导人的纪律责任或者政治责任。同时，要加快提升立法转化改革决策的法治化能力。立法不能唯改革决策是从，应当运用法治思维审慎、理性地对待改革决策，科学规划国家立法，合理推进立法进程，依法创制法律。在立法程序中，全国人大及其常委会还应当积极发挥立法的监督职能，严格依法审议改革决策，并完善与决策制定机关的沟通机制，对违背法治原则的改革决策应当在提出法律意见后退回决策制定机关，防止“破法改革”的重演，积极稳妥地引领和推动国家改革发展。

第四章　立法与利益

第一节　法与利益的一般关系

社会是一个整体，人类作为群居动物，自然会在生活中发生各种各样的矛盾。随着经济和政治不断发展，人们天然的差异性导致了不同利益的冲突，这些冲突影响着共同的秩序。如何保持良好的秩序，如何对各种利益加以协调安排从而做价值判断，如何对其进行衡量取舍，这都关系到人类的发展。法，便应运而生。法律经过了漫长的成长过程，其对社会的调控功能也在不断地加强。法对各种利益加以选择、进行分配并对这种分配予以表达和保障，通过法律的机制促成共同利益的实现与保护。因此，法与利益是法学研究的基本理论问题之一，它不仅对认识法的本质、作用、存在和发展的规律性有重大意义，而且对正确制定法律、实施法律、完善法律有重大意义。

一、利益对法的决定性作用

首先，法的产生来自利益的分化。在原始社会，由于社会生产力水平极其低下，个人离开群体就无法生存，个人必须在氏族共同体的庇荫下生活，这时，并没有阶级划分可言，人们的利益只能表现为氏族共同体的统一利益，没有个人利益。随着生产力的发展，剩余产品的出现，一部分人占有另一部分人的劳动成为可能，此时便出现了利益的分化。于是，利益不同的人们便形成为不同的阶级，其中最基本的便是统治阶级与被统治阶级两大对立阶级。统治阶级为了维护自身的统治地位，创设了一系列维护统治的法律，并逐渐演变为一项基本的信条。由此，法是在发展过程中形成的一种社会规范，是统治阶级利益和意志的体现，最终服务于统治阶级的利益。

其次，统治阶级利益的性质和内容决定法的性质和内容，被统治阶级的利益对法只起有限的影响作用。阶级分化后产生的利益分化，其性质与内容是不同的。统治阶级的利益是由统治阶级的需要决定的，被统治阶级的利益是由被统治阶级的需要决定的，而统治阶级和被统治阶级的需要是有很大差别的。统治阶级的根本利益在于维护其经济、政治和文化体制，维护有利于统治阶级的生产资料所有制及其与之相适应的政治制度等决定其命运的重大利益；而被统治阶级的根本利益在于推翻现存的政治与经济制度，建立有利于自身的制度。由此可见，这是两种性质与内容截然不同的利益，本书中所讲的，对法的性质与内容起决定作用的只能是统治阶级的利益。但是，由于统治阶级的利益在不同的社会形态又不相同，因而与之相适应的法律也有不同，从奴隶制到封建制再到资本主义都是以私有制为统治阶级根本利益的社会。但由于它们代表着社会生产发展的不同阶段，其利益差异也是明显的，因而反映在法律上，奴隶制法、封建制法与资本主义法是很不相同的。由于社会主义与以往私有制社会在性质上根本不同，所以，其法律性质也根本不同。在内容上，虽然具有反映法的历史继承性的某些共同点，但其主要的、根本的方面则是不同的。被统治阶级的利益不决定法的性质和根本内容，但其对法的性质和内容也起到一定的影响作用。统治阶级在制定法律的时候，不得不考虑到被统治阶级的某些利益和要求。不过，从根本上说，法律照顾到一些被统治阶级的利益，乃是为了更好地维护统治阶级的利益。

最后,利益决定法律的发展变化。随着社会的发展,新利益代替旧利益,利益发生变化以后就会引起人们在社会关系中的地位变化,社会的经济和政治制度也会因之变化。为维护新的利益关系,维持新制度的巩固与稳定,法律也必然要进行相应的调整变化。这种变化,有时表现为根本性质的变化,有时只表现为局部的调整。但无论是哪种变化,其动因仍是利益的变化。

二、法对利益的形成和发展的能动作用

法本身具有相对独立性,它对利益具有能动作用。法律本身并不能创造新的利益,它是对利益格局的一种反应,通过确认利益分配状态,促进各种利益的实现与协调发展。

首先,法能够表达利益要求。如果说法律的变化和发展根源于利益关系的变化和发展,那么它归根结底是根源于人们利益关系要求的变化和发展。用来调整社会关系的法律规范必须考虑利益。而法律的任务和作用,并不是创造利益,只是确定、实现和保障利益。要实现这一任务,法首先要对社会中的利益关系加以选择,并对特定的利益要求予以表达。社会由人构成,人们相互之间构成各种各样的利益主体,有多种多样的利益要求。在现实社会的利益协调中,要在所有方面达到普遍一致的意见是相当困难的,也是不切实际的。但是,如果没有大多数成员的基本一致的或者接近一致的意见,要实现利益的协调,事实上是不可能的。在任何法律社会中,都不能产生为社会所有成员一致同意的法律规范。把法律视为“公意”的体现,只是一种对应然状态的理想追求。为此,问题的关键就是要使各利益主体的要求明确清晰、及时、无阻碍地表达出来。“抽象的利益并不构成法律,构成法律的是要求,即真正施加的社会力量。”[1]所以法律只对部分利益主体予以保护,或者主要表达部分利益主体的利益。当然,法律对利益要求的表达并非绝对只遵从某

〔1〕［美］弗里德曼:《法律制度》,李琼英、林欣译,中国政法大学出版社1994年版,第359页。

一个主体的标准,也不可能对某一具体利益主体的所有利益都加以反映或都不加以反映。有学者认为,每种单独的势力都不足以导向法律秩序,多元利益集团是法律秩序出现的一个基本因素。多元利益之间没有谁能消灭其他方,必然会产生妥协。多元利益主体之间的妥协注定了法律必须兼顾不同利益主体的利益要求,以使利益主体的各方都能借助法律保障自身不受其他权力或利益主体的侵犯,从遵守规则中获得利益。如立法就是各利益主体博弈最后形成公共政策选择的过程。在立法过程中通过各主体的沟通、交涉、妥协等程序的进行,可以在一定程度上减少分歧,进而达成大多数人接受的协调方案。用这样的方式来调节冲突、协调利益要求,就会减少各利益主体之间的矛盾。

其次,法可以调整各种利益。当社会生活中出现矛盾时,需要通过法律的手段对其进行调节从而保证利益关系协调,避免社会动荡与停滞。法对其的调整主要通过两种方式实现:一种是对现存利益关系加以确认,以保护其稳定,这种利益关系通常是符合统治阶级的根本或当前利益需求的;另一种是对现存利益关系加以否定,将不符合统治阶级利益要求的部分加以取缔、消灭。

再次,法会设定各种权利来引导主体的行为,推动新的利益的形成。法律本身不能创造利益,但在一定条件下,优良的法律可以促使人们自觉追求利益的形成和发展。具体表现为以法的纲领性、超前性特点为基础,引导利益关系朝着预定方向发展,促使一种新生利益的形成和发展。立法者虽然不能创造社会利益关系,但是可以为新的社会利益关系的产生提供或创造条件。不能因强调法的客观性,而忽略了法可以超前于社会现实的特点。如果法律只是消极被动地反映社会生活,是不能尽到应有职能的。换言之,法的作用潜力应当被充分挖掘出来。当非现实利益向现实利益转化时,社会利益才会得以不断扩展,为主体生存与发展创造出更好的条件。

最后,法会对损坏统治阶级利益的行为加以制止,从而保证统治阶级利益的实现。当出现统治阶级被破坏的现象时,法律作为社会关系的调节器，会对破坏统治阶级利益的行为加以制裁，以便更好地维护统治秩序的稳定。总之，法律规范会通过把各种不同利益的条件固定在相应的规范制度中，来评价、指引并约束甚至制裁各方的行为，使各方根据社会和国家的根本利益来选择相应的法律行为，以实现自己的利益。

三、立法中利益选择的基本概念

在现代社会中，随着社会利益结构的变迁，多元利益共同生存于同一场域，共同争夺稀缺的资源，面对利益冲突，现代立法的利益调控功能日显重要。那么何谓立法中的利益选择？孙国华教授认为，“法律上的利益选择就是从一定社会经济形态下社会生活的需要出发，以社会上占统治地位的价值观为指导，对多元的客观利益进行判断、评价、权衡和比较，选择有利于统治阶级共同需要和目的的那些利益并予以法律调整。法律上利益选择的实质是占统治地位的阶级对其共同需要的满足及满足其共同需要的措施的规范化和权威化。法律上的利益选择，相对于社会客观利益来说，又是人们主体性和自由自觉的本质的体现；它是实现主体尺度和客观尺度相同的重要手段”。[1]这一诠释从法的阶级本质的层面上及整体主义方法论的理论视角揭示了法律上的利益选择的内涵。

本书认为，现代立法中的利益选择包括以下五个方面的内涵：一是利益选择以实现利益平衡为目的；二是利益选择以相互竞争的多元利益的客观存在为前提；三是利益选择以一定的原则和程序为依据；四是利益选择以评价、比较、权衡为基本手段；五是利益选择以最终取舍、抽象和整合出一定的利益形态为结果。

---

〔1〕参见孙国华、黄金华：《论法律上的利益选择》，载《法律科学（西北政法学院学报）》1995年第4期。

第二节　西方国家立法中的利益选择与利益群体

一、西方国家立法中的利益选择原则

(一)平等对待原则

在现代国际社会,平等作为正义原则的核心价值,已经成为人类社会追求的核心理念之一,也已被世界各国的国内立法以及现行国际法确立为一项基本的原则。[1] 平等原则不仅其适用范围具有普遍性,而且其具体内涵也具有一定的多样性。博登海默认为,"平等乃是一个具有多种不同含义的多形概念,它所指的对象可以是政治参与权利、收入分配的制度,也可以是不得势的群体的社会地位和法律地位。它的范围涉及法律待遇的平等、机会的平等和人类基本需要的平等"[2]。在现代政治思想史上,罗尔斯、德沃金及伯林等人均提出了不同的平等观,但亚里士多德的基本平等观至今仍是平等概念的基石。亚里士多德认为平等的含义就是类似的事物应受到相类似的对待,不同的事物应依据他们的不同而予以不同的对待。尽管在思想史上,像自由一样,平等的概念争议颇大,但正如博登海默所言,法律平等不外是"凡为法律视为相同的人,都应当以法律所确定的方式来对待",本书认为,平等对待原则主要内涵有两方面:第一,同等情况同样对待,保障各利益主体人格平等,实现形式平等。罗尔斯的第一个原则是平等自由原则,即基本人格的平等。每一个人都拥有和其他人一样被法律制度所保护的基本自由的平等权利。这些自由有政治自由、言论自由和集会自由、良心自由、思想自

---

〔1〕 在马尔赛文和唐(Maarseveen & Tang)对世界各国成文宪法的比较研究中,他们将1788—1975年近187年间的人类社会的248部宪法分为五个阶段进行统计,平等作为一种价值和权利在各个时间段的宪法中出现的最低比率是78.6%,最高比率为90%。参见[荷]马尔赛文、[荷]唐:《成文宪法的比较研究》,陈云生译,华夏出版社1987年版,第252、255页。

〔2〕 [美]E.博登海默:《法理学——法律哲学与法律方法》,邓正来译,中国政法大学出版社1999年版,第285页。

由和个人财产自由等。这些自由起到了证明一个人是不是人的作用，是不允许市场交易、不允许侵犯的。第二，不同情况不同对待，保障弱势利益主体的利益差别，追求实质平等。有效贯彻平等对待原则有利于实现制度正义。平等的出现优先于所有法律，从某种意义上来讲，它是一种派生出各种法律的法律。因此。平等是衡量制度正义的主要标准之一，它提供了平等对话的基本前提，有利于实现制度正义。平等是人的基本权利，是尊严和价值的平等，是承担、履行平等的义务和责任，它作为一种抗议性理想，激励着人们对特权和不公正权力的反抗，有利于保障基本人权。

（二）比例原则

合比例性思想的兴起起源于正义理念。“比例原则源于正义的请求，它在保护与平衡的意义上对个人利益与公共利益仔细斟酌，以得到较为合理的结果，防止过分的与错误的立法与行政决定，尤其是要具体斟酌国家与公民利益在冲突状况下的失衡度。”[1]比例原则主要是大陆法系的概念，通过对手段与目的之间关系的衡量，甚至对两者各自所代表的、相互冲突的利益之间的权衡来控制权力滥用。在不同层级中，它的含义也有些许的差异。在行政法层级上，比例原则是拘束行政权力在侵犯公民权利时，但是必须有法律依据的情况下并在侵害公民权利最小范围内行使。[2] 在宪法层级上，比例原则是指只有在公共利益所必要的范围内，才能限制公民的权利。所以，无论是行政机关在行使职权还是立法机关进行立法，都必须要考虑对公民权利的限制是否必要、是否成比例。西方国家认为在现代立法的利益选择中应当遵循比例原则。有德国学者认为，比例原则的理论基础是“自然法”中对人权的侵犯不

---

〔1〕 范剑虹：《欧盟与德国的比例原则——内涵、渊源、适用与在中国的借鉴》，载《浙江大学学报（人文社会科学版）》2000年第5期。

〔2〕 参见杨临宏：《行政法中的比例原则研究》，载《法制与社会发展》2001年第6期。

得过度的要求。[1] 通常情况下,比例原则主要适用于公共利益与个体利益衡量的场合,但根据比例的思想也可以将其推广为两种利益之间衡量,其中一种利益对另一种利益的限制要合乎比例。在现代立法利益衡量的场域中,比例原则包含以下三个方面:第一,保持适当性。立法者在立法过程中进行利益选择时所采取的立法手段必须能够实现立法目的或至少有助于立法目的之实现。第二,保持必要性。指在立法的利益选择过程中,有多种方式或途径可实现立法目的,则必须选择最有必要的。所谓最有必要的就是成本最小的或对其他利益损害最小的方式。第三,保持相称性。又称狭义的比例原则,指立法者所采取的立法措施所产生的损害,不得超过所采取的立法措施所带来的利益,即所采取的手段不得与所追求的目的不成比例或显失均衡。根据这一要求立法者在利益选择时不可"杀鸡取卵",尽量做到"两害相权取其轻,两利相较取其大"。

(三)综合利益最大化原则

庞德认为,"法律的功能在于调节、调和与调解各种错杂和冲突的利益,……以便使各种利益中大部分或我们文化中重要的利益得到满足,而使其他的利益最少地牺牲"[2]。在现代社会中,多元的利益既交叉和融合,又相互矛盾与冲突。因此,现代立法不仅应当以利益为核心,进行制度安排,更重要的是在利益衡量时,挖掘各种利益的客观性和合理性,并基于这种客观性和合理性来协调各种利益关系,用"多赢、共赢"原则来平衡各方面利益矛盾,从而使各利益主体定分止争、各得其所、多赢互补。利益主体在本质上属于"经济人",追求利益最大化是"经济人"的本性,现代立法在利益选择过程中必然要做到利益最大化。本书认为,综合利益最大化原则应当包括三个方面的含义:一是在利益选择时,社

---

〔1〕 参见蔡宗珍:《公法上比例原则初论——以德国法的发展为中心》,载《政大法学评论》1999 年第 62 期。

〔2〕 转引自付子堂:《法律功能论》,中国政法大学出版社 1999 年版,第 87 页。

会整体利益要增加。二是在利益选择时,一部分人的利益增加值完全可以弥补另一部分人的利益损失值。三是在利益选择时,利益受损者的利益损失应得到适当的补偿。所以,当在进行利益选择时,符合利益最大化的以上标准,才有可能得到多数人的同意。

二、西方国家利益群体影响立法的方式

西方国家的利益群体对立法施加影响的历史源远流长,尤其是19世纪中叶以后,随着产业革命的兴起,政府管理职能的扩大,各项法律的出台都会涉及众多民众的利益。由此引起人们对立法行为的普遍关注,立法过程中利益群体的影响程度明显增强。这些利益群体以议会为核心展开各种活动,试图使法律的制定有利于本成员的共同利益。

本书以美国为例,来探寻西方国家的利益群体影响立法的方式。早期利益群体的各种活动因异化为一种贿赂行为,从而臭名昭著,但随着美国相关配套法律制度的逐步完善,利益群体在立法过程中的活动逐渐被人们认可和接受,并且得到来自立法机关自身的支持。现代美国的利益群体,普遍将议会当作可以发表意见、提出并实现其利益诉求的依托,议会反过来则依靠利益群体提供的相关立法信息,尤其是选民的不同利益诉求,调整自己的立法策略,使立法更符合社会的现实需求,以求赢得民众的普遍支持。

(一)通过立法游说,影响立法

美国利益群体的游说活动,主要包括直接立法游说和间接立法游说两种形式,这是利益群体影响立法进程的最主要途径。

1. 直接立法游说

直接立法游说是利益群体影响立法进程的一种行之有效的手段,其含义是指利益群体通过各种途径,直接向议会议员陈述利益群体的观点和立场,以影响法律的制定。直接游说是一种非常传统的、被许多利益群体经常采用的政治参与手段,主要优点是简单易行,风险比较小。相

比于复杂的间接游说而言,运作的经济成本也很低廉。

利益群体为了保证直接游说的成功,通常会事先派专门人员对议会的议员进行相应的调查,以便清楚地知道哪个议员或者哪些议员同本利益群体的观点较为接近,然后努力同他们保持较为稳定的联系,加深彼此之间的了解与互动,以便为今后的直接游说创造良好的前提条件。当议会准备审议一项法律提案时,利益群体会组织专门的人员对此加以研究,以断定是否和自身利益有关联并决定是否需要进行立法游说。如果当此议案涉及本利益群体的利益时,利益群体便会动用自己的全部力量进行立法游说,直接立法游说活动便由此开始启动。利益群体会有专职的游说人员或代理人向议员及其助手进行游说,陈述该利益群体对审议中的法律议案的立场、观点以及重视程度,并会向议员表明他在表决时如何投票可能影响利益群体成员对他的支持。这一点对于选举产生并追求连任的议员来说,影响非常重大,议员必须进行认真考虑。在此期间,利益群体也会向议员提供关于与该法律议案有关的数据和资料、该法律施行后可能对社会产生的诸多影响等专门详细的分析,这会帮助议员作出正确的选择。一般来说,利益群体提供的这些服务,大都是无偿的。当利益群体介入立法者的工作当中,并且议员的观点本来就与该利益群体的观点相似,那么利益群体期待法律议案获得成功的可能性就大大增加。

2. 间接立法游说

间接立法游说又被称为“基层游说“或“草根游说”,是指利益群体通过各种途径来影响选民,制造社会舆论,间接影响立法过程。间接立法游说是利益群体对立法过程施加影响的另外一种方法,这种方法与直报立法游说相比,显得更加迂回。作为直接立法游说的重要补充手段,间接立法游说越来越多地被利益群体所采用,而且收到了比较好的效果。

美国选举制度还未完善,立法者在制定相关的法律规定时,必须考虑到民众的接受程度和社会舆论的反应。否则,不但制定的法律会因为得不到民众的支持而难以执行,更为严重的后果是在今后的选举中,议员得不到选民的支持而丧失获取连任的机会。民众对于各种法律规定的看法,如果仅靠单个民众来表达,具有太强的分散性,只有通过一种畅通的途径进行整合,形成合力,才能够让立法者准确获知。利益群体的作用,就是很好地充当了民众与立法者之间的沟通平台,并且利益群体也可以很好地利用民众的价值取向和社会舆论,来影响立法决定。利益群体通过向民众推销自己的主张,博取广大民众的支持,掌控民意走向。等到利益群体拥有足够的实力后,就可以对政府的立法决策施加外在压力,间接影响相关法律的出台。利益群体的间接立法游说一般包括以下几种方式:第一,通过媒体宣传。将利益群体的游说目标变成民众舆论,从而向立法者施加压力。由于利益群体很善于利用大众媒体影响选民,变选民的力量为自己的力量,舆论宣传同时也会影响议员对现实情况的认识,从而改变他们的决定。随着媒体形式的日趋丰富和技术手段的不断完善,媒体宣传在公众中所产生的影响将会更加广泛。报纸、杂志、广播、电视、网络等都可以在间接的立法游说过程中发挥重要作用。第二,通过抗议示威。抗议示威也是一种常见的间接立法游说手段,是利益群体在使用温和手段不能够达到目的时而采用的。其形式有很多种,比如组织民众进行静坐示威、民众游行、召开民众大会等。利益群体采用抗议示威这种形式的目的非常明确,就是利用公众舆论的力量,吸引全社会的关注,制造强大的社会声势,对立法机关产生不可不考虑的舆论压力,影响相关立法的出台。政府为了能够获得连任,保持社会的稳定,面对民众的示威活动,都会修改相应的立法,以获得民众对它们的认可与支持。

(二)通过参加选举,影响立法

参加选举活动,是利益群体实现其政治目标的一种行之有效的方式,也是它们对立法决策施加影响的重要手段。随着美国选举制度的日趋完善,此种策略的适用范围逐渐扩大。竞选不仅是竞选人的舞台,更是许多利益群体的舞台。金钱选举是美国社会的常态。在激烈残酷的选举过程中,如果没有雄厚的资金作为保障,没有强势利益群体的背后支持,竞选人是很难脱颖而出的。竞选人必须要考虑向谁求得资金捐赠,获得谁的支持,从而作为哪些人的利益代言人。竞选资金的需求和筹集,对候选人今后的政治走向具有决定性影响。不少利益群体享有充足的物质基础和庞大的会员群体,所以它们成为竞选人首要的考虑对象,在得到这些利益群体的支持后,竞选人必将拥护它们的利益。因此,利益群体便可影响立法。

(三)通过诉讼,影响立法

利益群体通过常规的政治手段对立法机关施加影响后,发现效果与期望值存在很大的差距时,为了达到自己的目标,他们也会通过诉讼的方式来影响立法。美国是一个具有司法审查权的国家,利益群体可以通过法院的裁判,来维护自身的利益。所谓诉讼的方式,就是利益群体通过法院的裁决来改变立法机关作出的决定;或者通过诉讼争取法院支持它的某种要求,并通过法院的裁决使这种要求和观念合法化;或者利用诉讼这种方式揭露问题,制造公众舆论,造成对议会的压力以影响立法机关的立法决策。美国是一个制衡的国家,权力分散到不同的政府部门,利益群体就是利用了这种权力制约机制。所以,当利益群体的意见在一个部门无法获得认可时,就会转向另一个部门。在美国,许多利益群体设有专门进行诉讼的机构,它们的主要功能,就是通过提供各种辩护状,论证本群体所提出的要求的合理性。通过这些做法,可以促使法官改变对案件的看法。有些利益群体还会在法律刊物上发表与案件相关的文章,动员和制造社会舆论。为了达到良好的诉讼效果,利益群体非常关注法官的人选问题,它们都希望有利于本群体利益的候选人就任法官。

通过以上分析不难看出,通过诉讼扭转立法局面特别适合于成员少、社会地位较低的利益群体。在美国,利益群体利用诉讼取得巨大成功的例子非常多。作为一种影响立法的方式,诉讼手段的作用值得我们加以研究和重视。当然,对于没有司法审查权的国家,利益群体便很难利用这样的途径来影响立法进程。

第三节　中国立法中的利益选择与利益群体

一、中国立法中的利益选择应遵循的原则

在立法过程中进行利益选择时所遵循的尺度,也可以被称为立法中进行利益选择时所遵循的基本原则。针对于这一课题,郭道晖教授指出,我国立法者在立法中权衡与分配利益时一般采取如下四个原则:"人民利益是最高的法律"、以国内各民族中最大多数人最大利益为准则、利益优先与利益兼顾的结构优化原则以及利益分配的公平正义原则。[1]孙国华教授也指出法律上的利益选择应遵循以下四个原则:合规律性与合目的性相统一的原则、个体选择与整体选择相统一的原则、代价最大与代价最小相统一的原则及社会效益与社会正义相统一的原则。本书归纳总结为以下四个具体原则。

首先,是合法性原则。合法性原则指的是在进行利益选择时一定要遵从相关法律,不可超越法律的职权范围。其具体内容主要包括:第一,要在法律规定的范围内进行利益选择。换言之"利益选择作用的发挥要受到法律的限制,不能僭越法律"。我国法律所保护的正当利益内容才是利益选择的具体指向,而那些没有受到法律保护的不正当利益以及有着矛盾冲突利益特征内容不能成为利益选择的具体指向。作为法律手段之一,利益选择的应用范围应该限定在法律约束力的疆界之内,如果违背了这一要求,即便出发点是好的,也可能受到主观愿望的影响进而造成扰乱法律秩序,甚至僭越法律的不良后果。第二,由于法律规则的属性,各个利益相互之间会出现不能自我解除的法律冲突。面对这种冲突,需要进行利益保护序列的认定。因为法律规则会有漏洞、模糊等特点,导致其在面对冲突利益时不能明确保护序列。若依照法律规则能呈现利益保护序列,那么就按此执行,切不可依照自己价值倾向打乱安排。

---

〔1〕 参见郭道晖:《论立法中的利益分配与调节》,载湘潭大学法学院编:《湘江法律评论》第2卷,湖南人民出版社1998年版,第15－24页。

相应的法律规则是利益选择结果的根据，能够经受法律检验，这样就从形式层面促使利益选择合乎法律。

其次，是人权保障原则。利益是权利的基础，权利是利益的法定表现形式，权利意味着获取某种利益的资格和自由。从权利的角度来看，立法是一个对各社会主体如何配置权利和义务的过程，其实质是利益的选择过程。人权作为一个人所理应享有的权利，其基本核心是作为人的生存发展所必需的、不可让渡的、不可被剥夺的基本权利。人权不仅是现代民族国家的形式特征，更是法治国家的内在价值取向。在厉行法治，以尊重和保障人权为价值追求的法治社会，保障人的基本人权，是立法的根本目的所在。因此，人权保障是立法中利益选择应当遵循的原则。

再次，是整体利益最大化原则。基于经济人的假设，人类所从事的任何活动和行为都应该以追求利益的最大化为原则。立法作为人类对有限资源的一种配置和分配方式，内在体现了效益的价值目标，各利益主体都希望自身的利益需求能够在立法中得到最大限度的体现，这本身也符合经济人的本性。[1] 所以这作为一种指导原则，整体利益最大化是利益选择的具体操作方针，在利益选择中应充分考虑这种理念问题，并且不能想当然地设定某种利益的保护有优先权，或者在操作中对保护序列的主观简单设置，而是要科学全面把握冲突的利益层面，当我们在进行利益选择时要在确认、放弃利益时进行质和量的评估对比，引入成本收益的考量，权衡一方利益损害与另一方利益收益是否合乎比例，从而实现各方利益的有效平衡，最大化地实现利益效用，与此同时，也将矛盾所带来的损害降到了最低点。以此促使社会资源以最优的状态配置，实现个人利益、群体利益和社会利益的有机统一。

最后，是统筹兼顾原则。统筹兼顾原则，就是指要在顾及各方利益的基础上，承认和接受多元利益主体的利益需求，为了兼顾社会各阶层

---

〔1〕 参见张斌：《现代立法中的利益衡量——以个体主义方法论为研究视角》，吉林大学2005年博士学位论文。

之间的利益关系,要作出适当的妥协和让步,实现利益的相对平衡。在现代社会里,立法者不能只选择统治阶级利益,而忽视本身也应具备的维护社会利益分配均衡的责任。若要实现利益分配上相对均衡,就要保证在立法的最终结果里也有对其他利益的内容、形式有所兼顾,通过对利益结构有失公允可能导致社会不安定的因素进行制度上规范和排除,督促或强制既得利益主体让与部分利益,以补偿利益受损一方,并将这套行为逻辑反映到立法的结果中。结合我国具体的立法现实来看,社会主义的国家性质决定了我国立法的基本取向是强调国家利益、集体利益的至上性和统一性。虽然当前处于社会转型期中,利益分化非常剧烈,但我国始终秉持统筹兼顾原则,兼顾各方利益,不忽视各个阶层的利益保护,有效避免某些阶层跳出制度的规范,寻求自力救济,甚至于暴力局面的发生,进一步保证了社会稳定。在处理利益选择时,我国没有一味地强调整体利益统一性的惯有思维,同时也并没有因过度放任局部利益而形成地方保护主义和部门利益的扩张,统筹兼顾原则所要贯彻的不是无原则的、必须要以牺牲某方利益为代价的机械逻辑,而是要建立一种以平等利益表达为前提,以共赢为目标,以提倡让步妥协为手段的利益协商机制。[1] 没有合理的妥协,就无法实现多元利益的并存。更无法实现以最小的成本获得最大的收益。多元利益主体之间的妥协是建构法治的前提和内在要素,立法上的利益选择要遵循的统筹兼顾原则首先体现了对各方利益的尊重。其次是在一定的原则下做出的必要的妥协和让步,目的在于实现多元利益的互利共赢,充分体现了对人权的尊重和保障。

二、中国的利益群体及其对立法的影响

(一)中国的利益群体现状

近年来,随着我国的法律日趋势完善,利益群体通过各种活动对立

[1] 参见梁梁:《论利益结构变迁下的中国立法》,中共中央党校2018年博士学位论文。

法施加影响，在我国已经被普遍认同和广泛接受。我国对于在立法过程中利益群体的相关活动已经日渐重视。随着我国经济结构逐渐多元化，社会各阶层之间的利益关系调整加速，社会利益分化的趋势更加明显，利益群体的发展也有了更好的社会基础。许多利益群体纷纷组成团体组织，通过组织的力量表达自己的利益和要求，在立法过程中的作用不断增强，他们逐渐成为我国社会力量的重要组成部分。

有学者根据我国利益群体与政策过程发生联系的方式，把它们主要划分为以下三种不同的类型：第一种是国家主导型利益群体，这类群体在我国非常常见，也是我国利益群体的重要组成部分，同时它们也是执行国家和党的相关政策的机构，常见的有一些行业协会；第二种是合作性利益群体，这类群体与政府机关保持密切联系、相互作用、双向交流，常见的有各地的消费者协会；第三种是自主性利益群体，它在为本群体成员谋求利益和保护而进行活动时，自主性较强。这类群体在我国的数量并不太多，影响力也是相对有限的，常见的是一些国外的投资巨头形成的利益群体。由此可见，中国的利益群体在政府扶持下逐渐壮大，且能够对立法产生不小的影响。

（二）中国利益群体参与立法的状况

利益群体会通过各种方式参与立法活动，表达自己的利益诉求，是社会发展的必然。中国的利益群体虽然起步晚，但是发展越发成熟，力量也越发壮大。对中国的立法也产生了一定的影响，其积极作用不容忽视。不同的国情会产生不同的政治运作方式，就目前的现状而言，我国的利益群体主要通过以下途径，参与国家的立法过程：一是通过本利益群体在国家立法机关中的代表。很多时候，利益群体的成员本身就是国家立法机关中的代表，在立法过程中努力实现本群体的利益要求。他们在参与立法的过程中，特别是在涉及自身群体利益的立法中，都会按照利益群体的统一要求来行使自己的权利，进行相应的立法，更好地实现自身利益。二是参与起草有关法案。我国的不少法律，在起草阶段，会要求相关的群众团体参与立法，甚至有些法律草案就是由这些团体起草的。这些团体绝大多数是利益群体组成的。法案起草完毕以后，或者通过在国家权力机关中的利益群体代表向立法机关提出，或者由有立法提案权的机构向立法机关提出。通过这样的方式，利益群体可以将自己的利益要求写进法律，运用法律的强制力来维护本群体的利益。总而言之，其参与立法的过程可概括如下：第一，立法之前要形成本利益群体成员的利益要求和社会愿望。利益群体只有在立法过程中，充分反映本群体的利益要求，才能够实现对立法进程的影响。所以，利益群体会进行必要的调查，尤其是针对特定立法项目的调查。在调查中，一方面需要收集本利益群体成员对特定立法草案的意见或建议，另一方面也要了解本利益群体成员的实际情况，分析本群体的利益之所在，保证本群体的利益诉求能够在将来的法律条款中得以体现，利益群体也会进行相关的专题研究。法律规定是对未来行为的规范，一项法律规定是否符合本群体成员的利益要求，往往不能从过去的经验中得到直观的结论，而需要综合分析社会环境条件，分析法律规定在现行社会环境条件下的实际运行，分析这种运行将对本群体成员的利益的影响。所以，只有进行专题研究才能够得出正确的结论，才能够对立法产生理想的影响。第二，在立法过程中实现本利益群体成员的利益要求。利益群体成员的利益需求形成以后，只有通过正当的途径表达出来，才能实际影响立法。目前我国的利益群体正在通过各种途径，利用本群体的自身实力，积极向立法机关反映自己的利益诉求，并努力使其成为法律条文。

（三）利益群体对中国立法的积极意义

1. 有助于实现中国立法的科学性

立法的科学性表现在法与客观实际的联系之中，立法就是总结现实的经验，从感性认识上升到理性认识，并把理性认识概括为行为规范，用之指导社会实践。在这个过程中，对现实经验的总结越丰富，越全面，越深刻，立法就能够越符合实际，从而实现立法所期待的理想效果。目前我国的法律体系已经日趋完善，但是仍有需要调整的地方，对于一些落后于社会现实的部分，应当加以修改，从而使法律更好地服务人民，反映广大民众的利益诉求。所以，在立法过程中发挥利益群体的积极作用，有助于实现立法科学化的要求。利益群体会把民众的利益诉求传达给立法机关，给立法机关提供充分的社会现实情况，让立法者对社会现状有一个清晰而正确的认识。

2. 有利于法律规范得到有效地实施

社会民众对法律的态度，决定着这项法律实施的社会效果。不同的人有不同的利益诉求，一部法律不可能代表所有人的利益，因此，难免会有少数人对法律抱有抵触情绪。利益群体的存在，在一定程度上能够有效地减少他们对法律的抵触。当前中国法律实施的总体状况向好，但是偶有出现部分法律得不到有效贯彻执行的情况。深究其原因，是部分民众的利益没有被传达到位，导致立法机关对其诉求没有全面了解，所以会出现该部分民众对法律有不理解的情况，从而使法律在实施过程中受到一些阻碍。基于此，我国要能够充分发挥立法过程中利益群体的积极作用，让利益群体有效地参与立法过程。利益群体参与整个立法过程，会对立法者的立法意图有很清晰的了解，其成员必然会对法律有更为正确的认识，能够消除社会中部分民众对法律不理解的情形，使更多民众能够遵守法律的规定，甚至自觉地与违法行为作斗争，从而对法律规范的实施起到促进作用。

第五章　立法主体

第一节　立法主体的界定

任何行为都需要一定的主体实施，立法主体作为立法学中不可缺少的部分也不例外，现代国家的立法活动已然成为系统性、复杂性的工程。由于各国的立法体例不同，因此对于主体的概念有所差别，外延亦各不相同。

一、立法主体的概念和特征

在《说文解字》中，“主体”具有多重定义，其中一个是“在民法中享受权利和负担义务的公民或法人，刑法中指因犯罪而负刑事责任的人和国际法中指国家主权的行使者与义务的承担者”。简单来说，就是依法享有权利、承担义务的主体。《中华法学大辞典法理学篇》对“立法主体”的解释是“有权制定、认可、修改和废止法律规范的国家机关，即法的创制机关”。同时还强调应当对立法主体和立法机关在概念上严格区分，立法主体的含义相较于立法机关来说更加广泛。

谈及“立法主体”，我们通常会联想到“立法机关”，诚然，世界各国的立法实践中，立法主体也主要是立法机关，但并不能将二者混为一谈。例如，国外还设立有立法议会、立法院、立法团、立法委员会等其他有关主体。在英文语境下,立法主体的范围也会因为使用的词语不同而各具特色,如:(1)legislative officer,是指立法官员,即议会、政府中立法工作机构的人员及其总称。(2)legislature,是英文中对于立法机关最正规的表达方式,指法定的、享有立法权并以立法为专门或者主要职能的国家机关。(3)legislative body,是指包括各种立法组织、机构和个人的立法机构,这也是最为宽泛的立法主体概念。

当下,我国的法律、法规、规章中对于立法主体的概念尚没有作出明确规定,学者对此存在不同的观点。法治说的学者认为,立法主体是"根据宪法和法律规定或授权,有权制定、修改、认可、补充和废除具有法效力的行为规范的各级各类国家机关"。[1] 功能说的学者认为,立法主体是"有权参与或实际参与立法活动的机关、组织和人员的通称"。[2] 关系说的学者认为,立法主体是立法关系中依法享有立法职权并承担立法责任的国家机关、组织和个人政权机关。其他社会组织、团体说的学者认为,立法主体是根据宪法和法律规定或授权,有权制定、修改、废止、解释规范性法律文件的政权机关或其他社会组织、团体。模糊说的学者认为,立法主体是指根据宪法和有关法律规定,有权制定、修改、补充、废止各种规范性法律文件以及认可法律规范者,即法律规范的制定者。

结合上述解释,笔者认为立法主体应当是依照宪法和法律的规定或者授权,有权制定、修改、废止、解释规范性文件的国家机关。主要有以下特征。

(一)立法主体是特定的国家机关

立法是国家的专有活动,是由国家机关进行的具有法律意义的活动,其他任何社会组织、团体和个人,非经国家机关授权或法律规定,不能进行这种活动。

在一些国家中,根据授权,部分社会组织或者团体也可以进行立法

---

〔1〕 参见杨临宏:《立法学》,中国社会科学出版社2020年版,第38-39页。

〔2〕 参见周旺生:《立法学》,法律出版社2004年版,第87-87页。

活动。例如，在德国，一些自治组织有权根据议会的授权进行立法活动，所形成的自治性规范性法律文件统称为规章。虽然立法机关是现代国家主要的立法主体，但是从实际意义来说，公民是立法权的最终享有者。虽然反对公民直接行使立法权的理由具有一定的说服力，但是公民能够在一定程度上防止立法机关滥用立法权，这一点是毋庸置疑的，正因如此，很多国家赋予了公民立法权。例如，瑞士《宪法》规定，如有5万名有选举权的公民或8个州提出要求，则联邦法律和具有普遍约束力的命令应交付全民表决。在这种情况下，每个有选举权的瑞士公民都会成为立法主体而去决定某一法律的通过与否。但这不意味着社会团体和公民成为立法主体，只是可以行使立法权。

（二）立法主体应当是被授权从事立法活动的国家机关

并非所有的国家机关、社会组织和团体都有权制定法律，只有被宪法和法律赋予立法权的主体才是立法主体。在我国，全国人大是制定基本法律的主体，全国人大常委会是制定其他法律的主体，国务院是制定行政法规的主体，而我国最高人民法院和最高人民检察院没有立法权，不能列入立法主体的范围。而在英美法系国家，判例法是其法律主要渊源之一，法官拥有造法的权力，因此法官和司法机关也成为立法主体。例如，美国"布朗诉托皮卡教育管理委员会案"中，最高法院的判决明确指出种族隔离的教育措施违宪必须终止，自此美国各地的中小学种族隔离的现象不再继续存在，该案也成为推动美国宪法废除黑白人"隔离却平等"的宪法解释。[1]

（三）立法主体是依法行使立法权的国家机关

立法活动是立法主体行使立法权的活动，立法过程则是立法主体在自己的立法权限范围内进行或参与立法活动、完成立法任务的过程。有权立法不仅是有权进行完整的法的制定、认可、修改、补充和废止等立法

---

〔1〕 参见赵谦主编：《立法学》，西南师范大学出版社2021年版，第125页。

活动，也指有权参与立法活动中某方面或某项立法如提案、审议、表决或公布等活动中的某一活动。

依法，主要指依据宪法、法律关于立法的有关规定，也指依据有权立法的主体依法作出的授予有关主体一定立法权的授权决定即授权法。是否具有法定立法权或授权立法权，是区分一个主体是否属于立法主体的特别重要的标准。有法定立法权或根据合法授权而获得立法权的，便是立法主体，无论这种主体事实上或实质上对立法起怎样的作用。有的国家规定，国家元首在立法过程中可以行使公布权或认可、批准权，但这只是以法的形式表现出来的立法权，并不能对立法起实质性的影响作用，此类元首也是立法主体。

二、立法主体和相关概念的辨析

立法体制、立法机关、立法专门工作机构等相关概念与立法主体常被误用或混淆，这些概念与立法主体具有一定的联系，但也存在本质的区别。

立法体制，不同学者对于这个概念存在不同的理解，有的学者认为，立法体制是以划分立法权为核心，而形成的有关立法组织的体系〔1〕。周旺生教授认为，立法体制是有关立法权、立法权运行和立法权载体诸方面的体系和制度构成的有机整体，主要区分为三类：单一立法体制、复合立法体制和制衡立法体制〔2〕。所谓单一立法体制，是指一个国家的立法权由这个国家的某个国家机关行使的立法体制，包括单一的一级立法体制和单一的两级立法体制；复合立法体制是指立法权由两个或者两个以上国家机关共同行使的立法体制；制衡立法体制是指建立在立法、行政、司法三权相互独立又相互制约的基础之上的立法体制，其特点为三权制衡。除此之外，还存在一些基于特殊国情诞生的立法体制，如苏联和南斯拉夫实行多级的特殊的立法体制；安道尔没有立法机关，由邻

---

〔1〕 参见杨临宏：《立法学》，中国社会科学出版社 2020 年版，第 25 页。

〔2〕 参见周旺生：《立法学》，法律出版社 2004 年版，第 36 页。

邦西班牙教区点乌尔盖主教和法国政府首脑共同进行统治等。

立法机关，是立法政权结构中地位最高的，以立法为主要甚至是唯一职能的，以议事活动进行立法活动的，制定认可变动法律的国家机关，通常包括议会、权力机关。世界上大多数国家的立法机关就是立法主体。在我国，立法机关通常指具有制定、修改和废止等权力的国家机关。

立法专门工作机构，是附设于立法机关或有权立法的国家机关内部的专门从事立法实务，但不享有立法权的工作机构。而立法主体享有立法权，广义上的立法主体包含立法专门工作机构。

三、立法主体的分类

根据不同标准，可对立法主体作不同分类。

（一）制宪主体、法律制定主体、行政法规制定主体、地方性法规制定主体和规章制定主体

以制定的法律法规的种类区分，立法主体可以分为制宪主体、法律制定主体、行政法规制定主体、地方性法规制定主体和规章制定主体。制宪主体，是指有权制定宪法的主体。如美国的宪法修正案首先由国会两院各三分之二以上的多数议员通过后提出，或者由国会应三分之二以上多数州议会的要求而召开的制宪会议提出，再由四分之三以上州议会或四分之三以上州制宪会议批准。上述国会两院或制宪会议与州议会或州制宪会议共为制宪主体。法律制定主体，是指一个国家的权力机关。在西方，通常是指议会（或国会），在我国是指全国人民代表大会及其常务委员会。行政法规制定主体，从各国的宪法和宪法性法律的规定来看，一般以最高行政机关为行政立法主体。但由于西方国家没有行政法规这样的概念，因此，此处将行政法规制定主体与西方国家的政府立法主体或委任立法主体等同使用。地方性法规制定主体，是指制定地方性法规的国家机关。在我国，地方性法规是指省（自治区、直辖市）人民代表大会及其常务委员会，设区的市的人民代表大会及其常务委员会制

定和发布的规范性法律文件,除此之外,还包括民族区域自治地方的人民代表大会制定的自治条例和单行条例。规章制定主体,是指有权制定规章的国家行政机关。在我国,规章制定主体包括部委规章制定主体和地方政府规章制定主体。

(二)中央立法主体和地方立法主体

根据立法主体的级别区分,可以将立法主体分为中央立法主体和地方立法主体。中央立法主体,是指享有立法权的中央国家机关。包括享有国家立法权的机关和被授权制定全国性法律的临时机关。地方立法主体,是指享有地方立法权的地方国家权力机关和地方国家行政机关。以我国为例,我国的地方国家权力机关包括省(自治区、直辖市)人民代表大会及其常务委员会,设区的市人民代表大会及其常务委员会、民族区域自治地方的人民代表大会及其常务委员会。地方国家行政机关包括省(自治区、直辖市)人民政府,设区的市人民政府。中央立法主体与地方立法主体之间存在相互交合的情形,在一些国家,地方立法主体介入中央立法,如美国联邦国会的宪法修正案须待各州批准后方能生效[1]。而在其他国家,地方立法又须经中央立法机关的批准或认可,如中国的民族自治区制定的自治条例、单行条例,要报全国人大常委会批准。

(三)法定立法主体和授权立法主体

根据立法权的来源区分,将立法主体分为法定立法主体和授权立法主体。法定立法主体,是指因宪法或宪法性法律明文规定而享有立法权的立法主体。通常国家的立法机关是法定的立法主体。授权立法主体,是指因其他立法主体授权而获得立法权的立法主体。例如,美国的《联邦行政程序法》规定,行政机关制定实质性规章必须获得议会的授权。通常一国的法定立法主体在数量上具有确定性,而授权立法主体在数量上具有不确定性,原因在于法定立法主体已经被具体确认在宪法和宪法

---

〔1〕 参见周旺生:《立法学》,法律出版社2004年版,第168页。

性法律之中,而授权立法主体取决于有权作出授权的立法主体的意愿。

第二节 西方国家的立法主体制度

一、立法机关:议会

(一)立法机关的产生

立法机关的雏形,最早可以追溯到古希腊和古罗马时期[1]。公元前5世纪至公元前4世纪的雅典出现了早期民主制度,由年满20岁的全体男性公民组成公民大会。作为最高权力机关,公民大会选举官员、通过或否决法律。在形式上,可以对关于战争和平、财政、司法审判等问题提出讨论。古罗马共和国设立元老院,有权批准公民大会的法案、向地方行政官提建议等,后元老院的决议被完全承认为法律。虽然古希腊的公民大会和古罗马的元老院已经具有了立法机关的某些特点,但是,现代意义的立法机关的渊源,起源于中世纪欧洲的由君主不定期召集的贵族集会,这也是今天国会的前身。资产阶级的革命,使欧洲各国不同称谓的国事会议逐渐向国会转变,由此现代立法机关开始形成。例如,英国资产阶级革命成功后,颁布了《权利法案》,确定议会拥有的权力高于王权,开创了议会主权的时代。20世纪以来,随着政党政治的发展,议会和内阁掌握在多数党手里,议会逐渐变成了"议会政党政治",议会民主变成了"首相民主"[2]。

作为现代主要立法机关的议会,通常由选举产生,即公民按照自己的意愿,依据法定原则和程序,选出一定数量的公民作为国家代议机关的代表,由他们依法组成国家立法机关。

选举通常采用直接选举、间接选举、直接和间接相结合选举的方式进行。直接选举,是指由选民直接投票选举议员,优势在于可以保障选

[1] 参见赵谦:《立法学》,西南师范大学出版社2021年版,第125页。
[2] 邓世豹主编:《立法学:原理与技术》,中山大学出版社2016年版,第113页。

民直接行使选举权,反映民意。美国、日本、捷克等联邦制国家,实行直接投票选举[1]。间接选举,通常由选民先选出选举人或者选举团体,再由他们选举出立法机关组成人员。幅员辽阔、人口众多的大国往往采用这种选举方式。直接和间接相结合的选举有两种情况:一是国家立法机关由间接选举产生,地方立法机关由直接选举产生;二是在两院制国家中,一院由直接选举产生,另一院由间接选举产生。目前许多国家采取直接和间接相结合的选举方式,如法国、意大利等。

从形式上看,现代国家一般都讲究选举权和被选举权的普遍性、平等性。但事实上许多国家的法律又对选举资格作诸多限制:一是财产限制,如法国选举法规定,只有交纳1000法郎的保证金才有资格充当候选人;二是居住期限的限制,如美国大多数州规定,只有在本州居住半年或1年以上才有选举权;三是文化教育程度的限制,如葡萄牙规定,不识字的公民没有选举权;四是年龄限制。如意大利规定,只有满40岁的公民才可以当选议员。五是种族限制,有关国家限制有关种族的选举。

在选举程序上,大致分为划分选区、确定选民资格、进行选民登记、公布选民名单、提出候选人、开展介绍或宣传活动、进行初选或预选、规定投票制度和当选计票等步骤。(1)选区通常按照生产单位、事业单位、工作单位和居住状况划分。(2)选民登记,是指公民行使选举权前先要登记为选民,列入选民名单。有的国家实行任意登记制度,即享有选举权的公民有权决定是否登记列入选民名单;而有的国家实行当然登记制度,享有选举权的公民不必主动登记而当然成为选民,登记机关有义务将其列入选民名单。(3)享有被选举权的公民都有资格成为候选人,有的国家的候选人由政党和其他社会组织提出,而有的由选民提出,但不同国家对于多少选民有权提出的规定并不一致:有的只要有一个选民提出即可以,如印度、日本、法国等;有的要由几百名选民联合提名才可以,如比利时。有的国家的政党和选民都可以提出候选人。(4)投票方式一般有公开投票(如记名投票、举手投票)和秘密投票(如无记名投

---

〔1〕 参见徐向华主编:《立法学教程》,上海交通大学出版社2011年版,第87页。

票)两种。两者的区别在于是否公开表示自己的意志。后者更能体现民主,有利于选民选举自己想选的人。现在多数国家采取无记名投票方式。

除选举外,有些国家的议员还由其他途径产生。第一,任命产生。通常情况下仅少数议员可以不通过选举,直接采取任命的方式产生。常见的有权任命议员的机关或组织主要是:①执政党,如希腊议会有20名议员的席位由几个主要政党确定。②议会,如联邦德国联邦议院有22个议席是西柏林市议会任命的。③国家元首,如印度联邦议院的议员中部分由总统任命;加拿大参议院的议员由总督任命。④政府,如爱尔兰参议院60名议员中有11名由总理任命。第二,世袭产生。在君主立宪国家,上院议员大部分还存在世袭制,由王室贵族等世袭,如英国贵族中大部分成员是英格兰、大不列颠和联合王国的世袭贵族,他们由英国女王加封,死后爵位由长子继承。第三,当然担任产生。当然担任的产生方式包括两种,一种是曾任总统者,如果自己不放弃,可以终身为参议员,不必由选举产生,如意大利。另一种是重要政府官员、重要人物是当然议员,如科威特、肯尼亚、冈比亚等国。

(二)立法机关的组成

根据国家议会设置数量的不同,西方国家的代议机构分为一院制(unicameral system)和两院制(bicameral system)[1]。一院制立法机关指国家只设立一个民选机关作为立法机关。一院制首先适用于13世纪的英国议会,新加坡、丹麦、冰岛、突尼斯等国家均采用这种制度。一院制立法机关的优点是,立法机关单一、责任明确,减少立法本身的纠纷与冲突,立法和通过议案程序较简便;但可能会出现立法草率和立法机关武断专横的问题。

两院制立法机关,指国家设立两个民选机关作为立法机关。两个议会名称多数为参议院、众议院,或者上议院、下议院,也有其他名称,如俄

---

〔1〕 参见杨临宏:《立法学》,中国社会科学出版社2020年版,第45页。

罗斯联邦会议和国家杜马。意大利、英国、法国、荷兰等采用这种制度。两院制的优点是有助于权力制衡,防止独断专行;同时更有利于代表民意,保护民众。缺点是分别通过才能作为议会的正式法律,容易导致两院之间互相扯皮。特别是在西方实行的两党制或者多党制下,实际上成为政党之间利益较量的机制,容易为政党利益所利用。

由于各个国家之间国情不同,所以立法机关的组成也不固定,通常情况下,立法机关的主要主体包括议员、领导人员和领导机构、议会委员会。

1. 议员。在立法主体中议员是议会最基本的成分,是最基本的立法者。不少国家的宪法直接规定议会是由议员组成的。各个国家的议员的名额以人口为基数来确定,人口增长相应地带来议员名额的变动,但人口增长与代表名额变动不完全成正比例,有其他因素同样影响着议员数量的变化。部分国家按照地域和人口相结合的方法分配议员名额,如美国众议院由各州产生的众议员组成,众议员人数不得超过每 3 万人 1 名,但每州至少应当有 1 名众议员;参议院则由各州平均产生两名参议员组成。瑞士、意大利、德国、菲律宾也采用这种分配方法。充当议员应当具备一定资格。有的国家规定了哪些人没有资格担任议员。如美国规定,凡不满 25 岁,成为合众国公民不满 7 年,当选时不是选举他的州的居民者,不得担任众议员。还有的国家规定某些方面差别也会限制公民成为议员。如日本规定,两议院的议员及其选举人的资格由法律规定,但不得因种族、信仰、性别、社会身份、门第、教育、财产或收入的不同而有所差别。有的国家直接规定具备什么样的条件可以成为议员。如意大利规定,在选举日年满 25 岁的选民,都有当选众议员的被选举权;年满 40 岁的选民,有参议员的被选举权。在总统可以指定或任命议员的国家,一般都规定有资格被指定或任命为议员的人应当是在某些方面作出突出贡献的人。如印度规定,总统任命的议员由在文学、科学、艺术及社会活动方面有特殊成就和实践经验者充当。

议员享有广泛的权利,主要包括特殊的人身权、言论权和诉讼权,一定的物质待遇权等。人身权，是指许多国家规定，议员在会议期间和闭会期间，非经议会许可，不受逮捕、拘留、监禁或以其他形式限制人身自由的约束，不受起诉、审判或其他形式的惩处。有些国家规定，只有议员正在进行违法犯罪的情况下才能对其实施拘留或逮捕。言论权，是指各国规定，议员在议会进行的演说、发言、讨论和表决等，不受法律追究，不负刑事责任。甚至有的国家规定不受任何追究，不负任何责任。一定的物质待遇权，是指国家规定，议员有权领取相当数额或一定数额的报酬，如德国的议员有权领取一笔适当的保证其独立性的津贴，有权免费使用国家的一切交通工具。同时德国还规定，任何联邦议院的议员候选人都有权得到必要的假期以准备选举。

议员同样承担一定的义务，主要包括代表选民利益，实现选民委托；不得兼任有关职务，例如，日本、法国、意大利、瑞士等国规定，议员不得同时担任两院的事务，美国规定，议员在任期内不得兼任任何文官职务；不得利用议员身份谋取钱财，不得经商，如菲律宾、法国、德国都有这类规定。同时有的国家对于议员参与会议有特殊要求，例如，法国规定，议员参加议会各种会议和表决的次数不得少于议会的规定；又如，日本规定，议员无正当理由不得请假、超假。为保证议员尽到自己的职责，按照选民的利益和要求行事，许多国家规定了议员受选民监督、选民有权罢免议员的制度。当然，也有个别国家如德国规定，当选议员和行使议员职责，任何人不得阻挡，因此，不许可任何的罢免和撤销。

2. 领导人员和领导机构

在议会中起领导作用的是议会中的领导人员和领导机构。各国议会领导人员的称谓有所不同，在美国、法国等称为议长、副议长；在保加利亚称为主席、副主席。议会的领导机构分为常设机构和临时机构。在芬兰、瑞典，常设机构被称为议长会议，匈牙利则称为主席团，朝鲜则称为常设会议；临时机构的名称也有多种，如中国称为主席团等。从产生方式来看，部分国家的议会的领导人员和领导机构由内部选举产生，如德国。其他国家产生的方式既有选举，又有任命、当然担任或轮流担任等,如美国众议院议长由众议院选举产生,参议院议长由副总统当然担任;奥地利联邦议会的议长由 9 个州任命的成员依字母顺序轮流担任。议会的领导人员和领导机构普遍从议员中产生,少数国家如马耳他、马来西亚的议长既有从议员中选任的,也有从选民中选任的。在议会的领导人员和领导机构的产生过程中,执政党在实际上起着很大作用,领导人员和领导机构的组成人员通常由执政党提名选举产生或任命,或是由执政党提名后与有关方面协商征得有关方面同意再选举产生或任命。

从职权范围来看,各国的领导人员和领导机构普遍具有召集会议,主持会议,宣布闭会,任命调查委员会、调解委员会、联席委员会委员,处理议会的日常事务等职权。某些国家规定,在国家元首缺位时,有的国家的议会的领导人员可以代行元首职权。如美国《宪法》规定遇总统被免职、死亡或者辞职,副总统应成为总统;凡当总统向参议院临时议长和众议院议长提交书面声明,声称他不能履行其职务的权力和责任,直至他向他们提交一份相反的声明为止,其权力和责任应由副总统作为代理总统履行。

3. 议会委员会

议会委员会是为了便于议员更好履行职责,在议会内部由议员组成的分管特定范围事务的专门机构,是议会中主要的立法主体和国家权力机关。随着社会的发展,许多工作的专业性日益增强,涉及国防、政治、外交、文化等多个方面,不可能要求单个议员精通大量的、各方面的专业性问题,因此在议会中设立若干委员会,分工负责某专业方面的工作,弥补上述不足,这种机构就是议会委员会。各国委员会的职权主要是提出议案、审查议案、对政府活动进行检查、监督提出工作建议等。

各国议会普遍设置若干个委员会,但具体的委员会数目、人数等,根据各国形势、工作需要和传统等因素决定。从职务方面看,委员会通常由委员、委员长、副委员长或主任、副主任、主席、副主席组成。委员会的产生方式主要是由选举产生,如苏联、波兰、保加利亚等国的委员会;由各党派协商选任人员产生,如英国各委员会的成员是由议会选任委员会根据内阁首相和反对党领袖的协商结果选任；各党派根据本党在议会所占议席的比例选派人员产生，如美国、法国、德国等许多国家的委员。

议会委员会分为常设委员会和临时委员会。常设委员会是常设机构，在每届议会产生时产生，与同届议会任期相同。常设委员会中又分为专门委员会和非专门委员会。专门委员会是处理某些专门问题的委员会，如各国设立的财政、法律委员会。非专门委员会是可以解决任何问题的委员会，如全院委员会、联席委员会等。临时委员会包括在议会常会期间处理与常会有关问题的委员会和为处理有关问题或特别问题而临时组成的特别委员会。例如各国议会经常成立的调查委员会，通常为了解决特定问题而存在。

4. 议会党团

议会党团是在一些国家中某些政党的议员为了在议会中统一行动而组成的集团，有的只由某一政党的议员组成，以该党的名称命名；有的由不同政党的议员联合组成；常以某党与某党联盟的名称命名〔1〕。议会党团起源于英国，通常存在于实行多党制的国家，是政党政治的产物。其存在是为了保证本党成员在议会中进行统一协调的活动，以达到左右议会，将本党政策上升为法律以及领导议会的目的。在一个国家中，议会党团的法律地位取决于该国是否承认及以何种方式承认政党组织。有的国家如巴哈马、约旦、摩纳哥、突尼斯等国，不承认包括议会党团在内的任何党派组织；有的国家以宪法、组织法或议事规则等形式承认政党组织的存在，如土耳其、意大利、爱尔兰、印度尼西亚等国；有的国家虽未在法律上正式承认政党组织，在实际上或惯例中仍允许其存在，如美国、英国等。

（三）立法主体的任期

各国议会的任期长短不一，任期短的只有 2～3 年，如哥伦比亚、瑞典和澳大利亚；任期长的有 9 年，如法国参议院；而大多数国家的议会任

---

〔1〕 参见邹瑜、顾明主编：《法学大辞典》，中国政法大学出版社 1991 年版。

期为 4 ~6 年,如奥地利、新加坡和海地;还有的国家的议员是终身任职的,如加拿大和英国的部分议员[1]。

在两院制国家,两院的任期设置有的相同,有的不同。相同的如冰岛、挪威的上下两院,约旦、西班牙的参众两院,瑞士的国民院和联邦院,任期都是 4 年;意大利、委内瑞拉、巴拉圭的参众两院,任期都是 5 年等。不同的如美国众议院任期 2 年,参议院任期 6 年;法国国民议会任期 5 年,参议院任期 9 年;英国下院任期 5 年,上院议员大部分是世袭的终身议员。通常在两院任期不同的国家中,上院比下院的任期长。

许多国家对议会任期的起止时间有专门规定。议会任期的终止可以因为被解散,也可以因为任期届满。许多国家规定议会的任期在一定条件下可以延长。如朝鲜规定,最高人民会议由于不可避免的情况不能在任期届满以前举行下届选举时,其任期延长到举行选举时为止;意大利规定,由于战争情况或按照立法程序,两院任期均可以延长。

还有国家对于议会任期的缩短问题作了规定,有的国家规定国家元首有权解散议会使议会任期缩短外,还有的规定议会可以自行提前宣布解散,缩短任期,也有的国家规定在新的议会产生前本届议会不得自行解散,缩短任期,只能延期。例如,中国 1954 年和 1982 年宪法都只有延长任期的规定,没有缩短任期的规定。实行一院制的国家,议会换届一般是在任期届满时,产生另一届新的议会;实行两院制的国家,如果一院任期比另一院长,两院便不能同时换届。在有的国家,议会换届是分批进行的,如美国、日本的参议院。

二、其他立法主体

(一)行政机关

行政机关,又称政府,是国家政权机构中以组织管理行政事务为主要职能的国家机关的总称。一般由行政首脑、行政机构和公务员组成。

---

[1] 参见周旺生:《立法学》,法律出版社 2009 年版,第 177 页。

不同国家的行政首脑名称有所不同，在有些国家是总统，在有的国家是总理或者首相，在有的国家是委员会主席。从国际体制来看，在实行分权制衡的国家中，行政机关是政府机构中相对于立法机关和司法机关而存在的以管理行政事务为主要职能的政府部门的合称；在实行议行合一和其他体制的国家中，行政机关是权力机关或议会的执行机关。

现代国家中各国政府基于议会授权或自身职权，确有必要时，有权通过自己的立法动机达到目的。加上现代立法活动的专业化、技术化，使立法机关制定的法律往往只能是较为原则的规定，需要行政机关的立法使之具体化，以便于贯彻实施。因此，行政机关在法律和事实层面均行使立法权，即行政机关的立法活动兼具行政和立法的双重性质。从行政机关行使立法权的来源来看，可分为两种：第一种是由议会（或代表机关）授权行政机关行使一定立法权，并对之进行严格限制。例如，美国、英国、德国等国。在这些国家中，基于权力分立的基本原则，行政机关本身并无立法权，必须依据议会授权进行授权立法，也可就纯粹属于行政管理事项制定行政规则。第二种是由宪法直接规定行政机关的立法权，且其立法范围较为广泛。如法国宪法明确规定政府可以要求议会授权自己在一定期限内以制定法令的方式，将原应属于法律的事项授予政府。

（二）司法机关

司法机关是指以司法为主要职能的国家机关。现代国家中，司法机关除了主要行使其司法职能以外，也是重要的立法主体之一。狭义的司法机关仅指法院，而广义上的司法机关，除法院，还包括检察机关和负责司法行政工作的机关。

从司法机关主要作用来看，包括通过司法审查，创制典型判例，作出司法解释，向立法机关提出法案，根据立法机关的委托直接立法等。司法审查是司法机关审查立法和行政活动是否违宪的专门活动。尽管不同国家采取的司法审查体制有所区别，但是司法审查意味着司法机关实际上享有对立法的监督权、选择权、废止权。法律经审查被认为是违宪的,就是无效的,体现了司法对于立法的重要作用。从司法审查权的归属来看,不同国家不尽相同,如美国、日本、加拿大、阿根廷归普通法院主要是最高法院拥有;意大利、奥地利归宪法法院拥有。

创制判例,是指从具体案件的判决中概括出可以适用于后来案件的法的原则和规则,对其他法院(包括本院)以后的审判具有约束力,要求法官在一系列判例中找出一般法律规则,以及适用这些规则的最佳途径。司法机关通过创制判例成为立法者,判例法成为主要法的来源之一。这种现象发源于英国,后被美国所接受,进而成为整个英美法系国家的主要立法传统之一。作为一种重要的法律渊源,判例法在社会生活中发挥着不可替代的作用。虽然判例法没有在宪法、法律中以成文法的形式表达出来,但是从以下四个特点可以证明其是正确的:①可预知性。遵循判例有利于预知未来的纠纷。②平等性。对于后来同类案件都适用同样的准则,对当事人来说是平等的。③经济。用已经确定的标准审理新的案件,可以节省办案的时间与精力。④尊重。遵循先前的判决能够体现出对前辈法官智慧和经验的尊重。

司法解释,是指国家司法机关在适用法律过程中对于具体应用法律所作出的解释。由于司法解释形成的解释文件具有普遍约束力,因此司法解释成为一种立法活动,这是司法机关成为立法主体的另一突出表现。从解释权的权力渊源来看,有的国家的解释权源于宪法或者法律规定;有的国家则是基于传统或者事实的存在。从解释权的权限来看,有的国家只允许最高司法机关对法律进行解释,且解释对象只能是特定法,而解释目标则仅限于弥补立法的不足;在另外的国家中,司法解释权不限于最高司法机关,解释对象也不限于最高立法机关指定的法律,解释目的不限于弥补立法的不足。

提出法案以及根据授权直接立法同样对立法产生重要作用。如美国国会把制定民事、刑事和上诉程序方面的法律的权利授予最高法院;英国的最高法院、郡法院可以依据议会授权制定有关程序性规则。但是现实中,司法机关的提案权和授权立法权并非其主要权力,相比起以上三个方面来说明显不及。

(三)国家元首

国家元首是代表国家处理对内和对外事务的最高领导人。在各国立法主体的立法活动中,国家元首通常居于重要地位,亦发挥着不可取代的作用。

以政体不同划分,国家元首可以分为君主制国家元首和共和制国家元首。在君主制国家,国家元首统称为君主、国王〔1〕,一般以血缘关系为基础实行世袭制、终身制。各国具体称谓不同,如在英国、泰国、荷兰、挪威等国称为君主;卢森堡等国称为大公;阿曼等一些国家称为苏丹。在共和制国家,国家元首多称为总统和主席等,一般由公民直接或者间接选举产生,实行任期制,但个别国家也实行世袭和推选相结合制度。国家元首可以分为个人制国家元首和集体制国家元首,世界上大多数国家都实行个人制国家元首,由总统或国王或其他世袭君主担任;实行集体制国家元首的只有少数国家,如瑞士的联邦委员会。

国家元首的职权范围较为广泛,但在各国有较大差别。总统制下的国家元首与行政首脑合二为一,国家元首在实际上和形式上都是国家权力的执掌者和国家在对外关系中的最高代表,如美国总统。总统制国家即使设有内阁,内阁也不能行使国家元首的职权。内阁制下的国家元首,不兼任行政首脑,行政首脑由总理或首相担任,国家元首一般只是形式上的国家权力的执掌者,而实质权力属于内阁,如英国女王和日本天皇。就国家元首的立法职权而言,可以分为两类:一是由国家元首直接行使国家立法权。这类国家元首的职权通常较大,主要包括任命一定数量的议员;召集议会和解散议会,提出法律议案,批准或否决法案,修改或解释法律,颁布法律等。例如,法国总统有权解散议会,日本天皇有权召集和解散议会等。二是有些国家的国家元首通过获得议会(或代表机

〔1〕 参见周旺生:《立法学》,法律出版社2004年版,188页。

关)的授权而行使立法权。如美国总统除了行使签署、公布法律及否决法案等元首权以参与立法之外,还经常行使国会授权行使的立法权,制定法律的实施细则和针对其他有关事项进行立法。

三、西方国家立法主体制度的分析

从整体上看,西方各国的立法主体制度体现了资产阶级的权力分配关系、维护了资产阶级的整体利益,回应了资产阶级民主政治的要求。从具体内容上看,西方国家的主体制度,一方面具有反对集权强调分权、重视公民权利维护民主法治的优点,另一方面也具有维护少数资产阶级统治地位、民主形式化的缺点。不过,就整体上而言,西方国家的主体制度的设计中有一部分经验是值得学习的。

首先,西方国家的立法主体是经过严格的法定程序产生的。这很大程度上保证了立法主体的权威性与民主性,也为后续的立法工作奠定了坚实专业的立法人才基础。现代各国在宪法或者选举法中,一般都规定立法机关的选举采用普遍、自由、平等的原则进行。但是,事实上西方国家也随着发展经历从设置条件限制选民参加选举到逐渐放宽条件维护公民权利的过程。所谓的限制选民,就是指通过在财产、居所、教育程度、性别、种族、年龄等方面设置条件以使得多数的劳动人民选举权受到剥夺。例如,英国 1832 年通过了第一个选举改革法案(《选举改革法案》:城市选民的资格扩大为收入 10 英镑以上的房主和年付 10 英镑以上房租房客,农村选民的资格扩大为收入 10 英镑以上的土地持有者和年收入 50 英镑以上的租地经营者),这一改革,增加了大约 20 万名选民,即比以前增加 45% 左右。但是这一改革法案以后,在全部成年人口中,也只有 7% 的人有选举权,仍然未改变财产资格的限制。第二次世界大战之后,西方各国加快了取消各种选举资格限制的脚步,直至现在基本上实现了普选制度,可参与选举的公民大大增加。当然一些国家的规定也或多或少有一些普选原则的例外,例如,丹麦在财产资格的限制上规定如果接受社会救济就不再具有参与选举的资格;日本、新西兰在定居资格上规定选民必须在固定住所居住三个月以上；海地和危地马拉在性别资格上设置了妇女只有在市议会选举和必须识字才能选举的规定；西方国家选举程序也大致包括设立选举机构，划分选区，确定选民资格，进行选民登记，提出候选人，竞选，进行投票和计票等程序，较为严格，能够保证选举的民主化与合法化。但是，其中也不乏存在一些较为明显的问题，例如，由于选举所需要的经费是极为庞大的，因此很多国家在采取竞选人交纳保证金的做法下，实际上已经形成了拥有大量财产的人才可当选的事实。另外，有些国家为了防止选民不参加投票情况的出现，规定了强制选举。再如，澳大利亚、比利时、意大利等国家规定选民必须投票，否则将会受到一定的惩罚措施。这种做法一定程度上不仅没有保证立法机关产生是基于全民民主，还打破了选举的民主化原则。

其次，西方国家的议员采取专职化工作方式，同时被赋予广泛的权利。这极大地保障了立法主体开展立法工作的所需条件。虽然各国议员专职化的模式并非完全相同，但关于法律依据、职务保障的规定却是趋于一致的。各国几乎都用宪法和专门法律规定议员或代表在当选期间不得担任其他公职，甚至企业的职务。同时，议员都享受较高的福利待遇，在西方国家，专职议员的工资标准就是统一的，它与议员个人的经历无关。凡是实行议员专职化的国家都无一例外地规定了议员年薪。如美国州众议员和参议员的基本工资达到年薪14.2万美元，[1]英国下议院议员的基本年薪为84144英镑。[2] 从年薪的标准上看，这些国家议员的年薪与其他行业人员的年薪相比，都保持了较高水准。除了物质上的保障之外，法律也给予议员特殊的言论自由与人身权的保障。给予议员这些优厚的待遇其目的一方面是吸收较为高素质的立法人才进入立法机关，另一方面就是使议员专心为立法工作而服务，现实证明这些较高的待遇条件确实为立法机关储备了许多高素质的立法人才，也为立

---

〔1〕《纽约州议员或将加薪29%成为全美收入最高的州立法者》，载侨报网，https://www.uschinapress.com/static/content/SZ/2022-12-22/1055716465652936704.html。

〔2〕载华文百科，https://wikii.one/Salaries_of_members_of_the_United_Kingdom_Parliament。

法工作的顺利进行提供了很好的保障。

同时,立法机关最主要的机构——议会委员会专业化程度不断加强。这有利于立法主体开展更适应社会发展的立法活动,满足社会的现实需要。早期的议会中并未设置议会委员会,但是随着社会经济的空前发展,议会立法的复杂性、专业性和规范性程度越来越强,使议会的实际工作和正常运转不得不日益依赖有专门知识和技术的专家,这就需要一个立法委员会,作为自由国家宪法的一个永久性组成部分,它由少数经过高度训练的政治人物组成,当议会决定要制定某项法律时,就由他们来承担这一任务。可以发现无论是从法律产生复杂过程来看还是从议会的组织结构来看,立法工作只有由极少数人组成的委员会才能做得好。议会委员会集合了具备各领域专门知识议员,开发了高度的变法能力,加强法案研究与修正,更能符合民意的要求。专门委员会涉及广泛的政策领域能使立法机关能够处理更全面、更专业化的政策领域的问题。专业委员会为立法机关提供了结构复杂、为履行其职能所需的专业知识,它有助于立法机关的有效运作、有助于在立法、监督职能上不流于形式。

最后,在西方社会发展的过程中,议会的地位也不是一成不变的。第二次世界大战之后,西方各国的社会经济发展呈现出前所未有的新特点。包括新科技革命的快速发展、生产过程国际化水平的逐渐提高、社会结构的日益复杂化,都在迫切要求作为社会利益的代表者的国家,必须能更广泛、深入地干预和调节经济、社会生活,限制个体资本垄断的极端经济行为。议会作为国家权力机构,由于其立法程序僵硬烦琐、信息相对闭塞、内部党派互相钳制等,明显缺乏随机应变能力,因而不能满足经济社会形势变化和发展的要求。相对于议会,政府以其权力的高度集中,行政首长负责制,富于机动性和灵活性等优势,被推到了经济、社会生活的前沿,与经济生活中垄断的出现和发展相适应,政治上要求国家权力高度集中,建立更高的政治权威和强化国家权力机关的统治职能。这些都必然促使议会在地位上发生变化。当然,议会地位的这种变化是针对行政权力和地位加强而言的,并不意味着议会成为可有可无的机构,相反,西方各国在这一过程中也采取了相应的应对措施来解决议会地位下降的问题。议会在监督方面的作用仍是不可缺少的,例如,议会通过行使质询、调查等权力,能够揭露行政机关的违法立法行为,遏制行政立法权力的无限膨胀。同时,在维护分权与制衡的宪政体制等方面发挥突出的作用。

第三节 中国的立法主体制度

一、中国立法主体的发展过程

1949年中华人民共和国成立到《宪法》颁布,这一时期立法权力的行使具有多极化和分散化的特点,主要表现为从中央到地方的多级主体均享有立法职权。在中央一级,享有立法职权的主体是中国人民政治协商会议全体会议和中央人民政府委员会和政务院。1949年中国人民政治协商会议第一届全体会议通过《中国人民政治协商会议组织法》,规定在普选的全国人民代表大会召开以前,由中国人民政治协商会议全体会议执行全国人民代表大会的职权,包括制定或者修改中国人民政治协商会议组织法;制定或者修改中国人民政治协商会议共同纲领;制定或者修改中央人民政府组织法。同时,《中央人民政府组织法》对中央政府的立法权限作了规定。1950年,原政务院公布《省人民政府组织通则》《市人民政府组织通则》《县人民政府组织通则》,规定省、市、县人民政府有权拟定与省政、市政、县政有关的暂行法令、条例或单行法规,报上级人民政府批准或备案。当时的地方制定暂行法令、条例或单行法规的活动,不属于严格意义上的地方立法,体现出地方立法的萌芽[1]。

1979年五届全国人大二次会议前,我国立法主体相对集中。1954年《宪法》明确中国立法机关采用的是一院制的体制,同时规定了中华

---

〔1〕 载中国人大网,http://www.npc.gov.cn/zgrdw/npc/flsyywd/xianfa/2001-08/01/content_140409.htm。

人民共和国全国人民代表大会是最高国家权力机关且是行使国家立法权的唯一机关。国务院没有立法权，只有规定行政措施，发布决议和命令，并且审查的权力。但由于全国人民代表大会不能经常进行，为解决日常事务，逐步授权常务委员会制定单行法规和修改条文的权力。

1979 年通过的《地方各级人民代表大会和地方各级人民政府组织法》（以下简称《地方组织法》），赋予省、自治区、直辖市人大及其常委会制定和颁布地方性法规的权力，允许其“在和国家宪法、法律、政策、法令、政令不抵触的前提下，可以制订和颁布地方性法规，并报全国人民代表大会常务委员会和国务院备案”。1982 年修改《宪法》，明确国务院制定行政法规的权力，国务院各部、各委员会发布规章的权力，省、直辖市的人民代表大会及其常务委员会制定地方性法规的权力，民族自治地方的人民代表大会有制定自治条例和单行条例的权力。同年，《地方组织法》修改，规定省级人民政府和较大的市的人民政府，有权制定规章。该法于 1995 年修改时，对地方政府制定规章进行规范，明确省、自治区、直辖市人民政府可以制定地方性法规，制定规章，并报国务院和本级人民代表大会常务委员会备案等。2000 年通过的《立法法》第 73 条第 1 款规定：“省、自治区、直辖市和较大的市的人民政府，可以根据法律、行政法规和本省、自治区、直辖市的地方性法规，制定规章。”

2015 年十二届全国人大三次会议修改《立法法》，将原《立法法》规定的地方立法权主体由“较大的市”修改为“设区的市”，并将民族自治州也纳入其中，进一步扩展了地方立法主体的范围。

2023 年《立法法》的修改明确全国人民代表大会可以授权全国人大常委会制定相关法律。2015 年《立法法》第 7 条关于全国人民代表大会和全国人大常委会立法权限的划分是宪法的规定，比较原则。此次的补充规定是根据近年来的立法实践作出的规定。2020 年全国人大授权全国人大常委会就建立健全香港特别行政区维护国家安全的法律制度和执行机制制定相关法律。2021 年全国人大授权全国人大常委会修改

《香港特别行政区基本法》(以下简称《香港基本法》)附件一和附件二;同时,2023年《立法法》进一步扩大部门规章制定主体范围。2015年《立法法》规定,国务院各部、委员会、中国人民银行、审计署和具有行政管理职能的直属机构,可以根据法律和国务院的行政法规、决定、命令,在本部门的权限范围内,制定规章。为进一步规范规章的制定权,根据实践做法,此次修改立法法在部门规章制定主体中增加"法律规定的机构",明确法律才能授予规章制定权,即立法法规定以外的国家机构需要单行法律的授权,才能制定规章。

二、中国立法主体的构成体系

我国规定立法体制和调整立法行为的规范性文件包括《宪法》、《立法法》、《全国人民代表大会组织法》、《地方组织法》、《全国人民代表大会议事规则》、《全国人民代表大会常务委员会议事规则》、《国务院组织法》、《人民法院组织法》、《人民检察院组织法》、《行政法规制定程序条例》、《规章制定程序条例》、《香港基本法》和《澳门特别行政区基本法》(以下简称《澳门基本法》)。这一系列的法律主要体现了中央与地方相结合,集中与适度分权相结合的特点。我国是单一制国家,立法机关从级别上可以分为中央立法机关和地方立法机关。

根据《立法法》,全国人大和全国人大常委会行使国家立法权;全国人大主席团、全国人大常委会、全国人大各专门委员会等附属于全国人大的国家机关可以向全国人大提出法律案。国务院根据宪法和法律,制定行政法规。国务院各部、委员会、中国人民银行、审计署和具有行政管理职能的直属机构,可以根据法律和国务院的行政法规、决定、命令,在本部门的权限范围内,制定规章。省、自治区、直辖市和设区的市人民政府,可以根据法律、行政法规和本省、自治区、直辖市的地方性法规,制定规章。授权主体主要是全国人大及其常委会,受权主体主要是国务院和经济特区所在地的省、市的人大及其常委会。

三、中国立法主体的性质、组成及地位

（一）法律制定主体

全国人民代表大会及其常务委员会是国家法律的制定主体。根据我国现行《宪法》和相关法律规定，全国人民代表大会是最高的国家权力机关和最高的国家立法机关。全国人民代表大会统一行使全国人民赋予的最高权力，最高国家行政机关、审判机关、监察机关、检察机关都由它产生，对它负责，受它监督。全国人民代表大会享有最高的立法权，其制定的法律、通过的决议和决定，一切国家机关和武装力量、各政党和各社会团体、各企事业组织以及所有公民都必须遵守。因此，全国人民代表大会在国家体系中居于最高的地位。全国人民代表大会常务委员会是全国人民代表大会的常设机关，可以行使国家立法权，制定“除应当由全国人民代表大会制定的法律以外的其他法律”，在人大闭会期间，可以对全国人大制定的法律进行补充和修改。同时，全国人民代表大会可以授权全国人大常委会制定相关法律。

根据《宪法》第 59 条规定，全国人民代表大会由省、自治区、直辖市、特别行政区和军队选出的代表组成。我国《全国人民代表大会和地方各级人民代表大会选举法》规定，全国人民代表大会代表的名额不超过 3000 人，由下一级人民代表大会选举。代表名额的分配方法有两种：一是地域代表和职业代表相结合。《宪法》规定，全国人大由省、自治区、直辖市和军队选出的代表组成，军队选出的代表为职业代表。二是根据实际情况决定和分配。我国《全国人民代表大会和地方各级人民代表大会选举法》规定，省、自治区、直辖市应选全国人大代表的名额，按照每一代表所代表的城乡人口数相同的原则分配。少数民族的全国人大代表参照各少数民族的人口数和分布等情况分配，人口特少的民族至少也应当有代表 1 人。此外，全国人民代表大会和地方各级人民代表大会的代表应当有适当数量的基层代表，特别是工人、农民和知识分子代表；应当有适当数量的妇女代表，并逐步提高妇女代表的比例。全国人民代表大

会和归侨人数较多地区的地方人民代表大会,应当有适当名额的归侨代表。旅居国外的中华人民共和国公民在县级以下人民代表大会代表选举期间在国内的,可以参加原籍地或者出国前居住地的选举。关于代表资格而言,法律规定,年满18周岁并享有政治权利的公民,不分民族、种族、性别、职业、家庭出身、宗教信仰、教育程度、财产状况、居住期限,都有选举权和被选举权;除被剥夺政治权利和精神病患者中失去表达自己意志能力的人。这些规定体现了我国选举制度的普遍性和平等性。

全国人民代表大会每届任期为5年,在全国人民代表大会任期届满的两个月前,全国人民代表大会常务委员会必须完成下届全国人民代表大会代表的选举。如果遇到不能选举的非常情况,由全国人民代表大会常务委员会以全体组成人员的2/3以上多数通过,可以推迟选举,延长本届全国人民代表大会的任期。但在非常情况结束后一年内,全国人民代表大会常务委员会必须完成全国人民代表大会代表的选举。

全国人民代表大会的工作方式是开会,会议每年举办一次,通常在第一季度,由全国人民代表大会常务委员会召集,由主席团主持。如果全国人民代表大会常务委员会认为必要,或者有1/5以上的全国人民代表大会代表提议,可以临时召集全国人民代表大会会议。

全国人民代表大会常务委员会是我国人民代表大会的常设机关,是国家权力机关的一部分,由全国人民代表大会选举产生,并对本级人民代表大会负责并报告工作。全国人民代表大会常务委员会由委员长1人、副委员长若干人、秘书长1人、委员若干人组成。其中,委员长是全国人民代表大会常务委员会的领导人,其职责是主持常务委员会的工作、召集并主持常务委员会会议;副委员长协助委员长工作,受委员长的委托,代行委员长的部分职权。委员长因健康原因不能工作或者缺位时,由常务委员会在副委员长中推选一人代理委员长的职务,直到委员长恢复健康或者全国人民代表大会选出新的委员长为止;秘书长是协助委员长工作、具体联系常务委员会和主持常务委员会工作机构和办事机构的最高领导;委员是全国人民代表大会的组成人员之一,由每届全国人民代表大会第一次会议主席团从代表中提出人选，经各代表团协商后，由主席团根据多数代表的意见确定正式候选人名单，最后由大会全体会议选举产生。全国人民代表大会常务委员会的组成成员不得担任国家行政机关、审判机关和检察机关的职务；如果担任上述职务，必须辞去常务委员的职务。

全国人民代表大会常务委员会的任期同全国人民代表大会每届任期相同，是5年。但起止时间有所差别，全国人民代表大会的任期时间是下届人民代表大会第一次会议开始时，上届代表的任期即告结束；而常务委员会的任期时间是从每届全国人民代表大会宣布选出新全国人民代表大会常务委员会组成人员开始，到下届全国人民代表大会宣布选出新的全国人民代表大会常务委员会组成人员为止。

全国人民代表大会专门委员会共有民族、宪法和法律、监察和司法、财政经济、教育科学文化卫生、外事、华侨、环境及资源保护、社会建设以及农业与农村委员会10个专门委员会[1]，均由全国人民代表大会产生，受全国人民代表大会领导，闭会期间受全国人民代表大会常务委员会领导。全国人民代表大会各专门委员会有主任委员1人、副主任委员若干人、委员若干人，由从全国人民代表大会主席团从代表中提名，由大会通过。他们没有独立的法定职权，其主要职责是在全国人民代表大会及其常务委员会的领导下，研究、审议和拟定有关议案并提出建议等。并且2023年《立法法》进一步明确国家监察委员会的监察法规制定权。

主席团是我国全国人民代表大会会议期间的主持者，是临时性的集体性领导机构。主席团由每届全国人民代表大会第一次会议的预备会议推选产生。主席团推选主席团常务主席若干人，召集主持主席团会议，并可以召开代表团团长会议，听取各代表团的意见；推选主席团成员若干人分别担任每次大会会议的执行主席。

---

〔1〕《全国人大专门委员会的组成和职责》，载中国人大网，http://www.npc.gov.cn/npc/c2/c30834/202009/t20200924_307795.html。

（二）行政法规制定主体

国务院是我国最高国家权力机关的执行机关，同时也是中央人民政府最高行政机关。为更好地执行最高国家权力机关的意志，领导全国范围内的行政事务，国务院有权根据宪法和法律制定行政法规。国务院由总理1人、副总理若干人、国务委员若干人、各部部长、各委员会主任、审计长和秘书长1人组成。国务院总理由国家主席任命；国务院副总理、国务委员、各部部长、各委员会主任、审计长、秘书长由国务院总理提名，全国人民代表大会决定。全国人民代表大会闭会期间，全国人大常委会可以改变除总理、副总理、国务委员以外的其他国务院组成人员的人选。总理领导国务院工作，副总理协助总理工作。总理、副总理、国务委员、秘书长组成国务院常务会议，国务院全体成员组成全体会议，由总理召集和主持国务院常务会议和全体会议，讨论和决定国务院工作中的重大问题。国务院每届任期5年，与全国人民代表大会任期相同。如全国人民代表大会因特殊情况需延长任期，国务院任期也相应延长。国务院总理、副总理、国务委员连续任职不得超过两届。

（三）行政规章制定主体

国务院各部、委、审计署、中国人民银行以及具有行政管理职能的直属机构上述各行政机关有权根据自身管理权限制定部门规章，均具有立法主体资格。

国务院各部、委员会是国务院根据全国行政工作需要而设立的专业性的职能机关，在国务院的统一领导下掌管某一方面的行政工作。各部部长、各委员会主任都是国务院的组成人员，是所在部门的法定代表人，均由国务院总理提名，经全国人民代表大会或全国人大常委会决定，由国家主席任免。其他组成人员由国务院任免。

审计署是国家审计机关，在国务院的直接领导下，对国务院各部门和地方各级人民政府的财政收支、对国家财政金融机构和企事业组织的财务收支进行审计监督。审计长是国务院的组成人员，其产生、任期同国务院其他组成人员相同。

中国人民银行是国务院的组成部门，在国务院的领导下，制定和实施货币政策，对金融业实施监督管理，是中华人民共和国的中央银行。其有权根据依据金融法律和法规，根据经济建设与社会发展需要以及金融运行的具体情况，制定和发布有关金融调控和金融监管等业务方面的规章。中国人民银行行长的人选，根据国务院总理的提名，由全国人民代表大会决定，由国家主席任免。副行长若干名，由国务院总理任免。国务院直属机构是在国务院统一领导下主管专门业务的机关，其负责人一般不是国务院组成人员，由国务院任免。现有直属机构共 14 个，除国务院机关事务管理局、国务院参事室外，其他直属机构都具有相应的行政管理职能。

（四）地方性法规立法主体

省、自治区、直辖市的人民代表大会及其常务委员会根据本行政区域的具体情况和实际需要，在不同宪法、法律、行政法规相抵触的前提下，可以制定地方性法规。

设区的市的人民代表大会及其常务委员会根据本市的具体情况和实际需要，在不同宪法、法律、行政法规和本省、自治区的地方性法规相抵触的前提下，可以对城乡建设与管理、生态文明建设、历史文化保护、基层治理等方面的事项制定地方性法规，法律对设区的市制定地方性法规的事项另有规定的，从其规定。设区的市的地方性法规须报省、自治区的人民代表大会常务委员会批准后施行。省、自治区的人民代表大会常务委员会对报请批准的地方性法规，应当对其合法性进行审查，认为同宪法、法律、行政法规和本省、自治区的地方性法规不抵触的，应当在 4 个月内予以批准。

（五）军事立法主体

中央军事委员会、中央军事委员会各总部、军兵种、军区是国家武装力量的领导机关和执行机关,有权制定军事法规和军事规章,在我国立法主体构成体系中处于军事立法主体的地位。中央军事委员会是国家最高军事领导机关,是全国武装力量的领导机关。中央军事委员会实行主席负责制,主席由全国人民代表大会选举产生,其他组成人员如副主席、委员等人则根据中央军委主席的提名,由全国人大常委会决定。

(六)民族自治立法主体

民族区域自治制度是我国一项基本政治制度。为贯彻该项制度,《宪法》规定,我国民族区域自治地方、自治州、自治县的人民代表大会行使立法权,自治区主席、自治州州长、自治县县长由实行区域自治的民族的公民担任。民族区域自治区域内,制定自治条例或单行条例,并且可以根据本民族区域的特点行使变通权。

(七)特别行政区立法主体

特别行政区制度也是我国一项基本政治制度。我国还设置特殊的立法主体,即香港特别行政区和澳门特别行政区的立法会。根据《香港基本法》规定,香港特别行政区立法会每届60名,主要由在外国无居留权的香港特别行政区永久性居民中的中国公民经选举组成。除第一届任期为2年外,每届任期为4年。立法会主席由年满40周岁、在香港居住满20年并在国外无居留权的香港特别行政区永久性居民中的中国公民担任,并经立法会议员互选产生。根据《澳门基本法》的有关规定,澳门特别行政区立法会议员由澳门特别行政区永久性居民担任,多数议员由选举产生,少数通过行政长官委任产生。除第一届另有规定外,每届任期4年。设主席和副主席各1人,由在澳门通常居住连续15年的澳门特别行政区永久性居民的中国公民担任,由立法会议员互选产生。

四、中国立法主体制度的完善

发挥人大在立法工作中的主导作用。加强和改进立法规划计划工作，统筹推进立法重点工作任务。发挥人大在确定立法选题、组织法案起草、审议把关等方面的主导作用。全国人大专门委员会、常委会工作机构牵头起草法律案，要主动与有关方面做好沟通，同时配合国务院等有关方面牵头起草法律案。一些重要立法项目，必要时成立立法工作专班，协调推动立法进程。发挥好全国人大、国务院有关机构沟通机制作用，做好法律案审议准备工作。全国人大及其常委会在法律草案审议修改中积极研究采纳代表、委员的意见，更好发挥立法机关在表达、平衡、调整社会利益方面的重要作用。加强法律解释工作，做好法律询问答复。发挥行政法规、监察法规、地方性法规、规章等多层级作用，完善法律配套规定督促工作机制，保证法律有效实施。

打造高素质立法工作队伍。按照习近平总书记对人大工作队伍提出的“政治坚定、服务人民、尊崇法治、发扬民主、勤勉尽责”[1]的标准要求，落实党中央关于法治人才培养决策部署，多渠道、多岗位选拔使用优秀立法人才，推动与党政部门、司法部门干部之间的合理交流。坚持用习近平新时代中国特色社会主义思想武装头脑，不断提高政治判断力、政治领悟力、政治执行力。运用党史学习教育成果全面提高干部的政治素质和业务能力，不忘初心、牢记使命，在新时代新征程上展现新作为、作出新成绩。

加强对地方立法工作的联系指导。通过举办全国地方立法工作座谈会的方式，办好立法培训工作，各地方立法机构深入学习和贯彻中央人大的工作会议精神，交流立法经验，以此加强地方立法能力建设。可以精选地方立法典型经验，编写成章，互相借鉴探讨，增进经验交流。在立法规划计划、法律询问答复、立法理论研究、立法宣传、立法队伍建设等多方面加强各方之间工作联系指导，地方立法应严格地遵循地方立法权限，贯彻落实党中央大政方针和决策部署，来提高立法的针对性，着力解决立法层面的实际问题。

---

〔1〕 习近平：《在中央人大工作会议上的讲话》，载 http://www.qstheory.cn/dukan/qs/2022-02/28/c_1128420137.htm。

第六章　立法权限

第一节　立法权限概说

一、立法权限的解释

立法权,是指为主权者所拥有的,由特定国家政权机关行使,在国家权力体系中居于特殊地位,旨在制定、认可、变动规范性法律文件,以调整一定社会关系的综合性权力体系。立法权在国家权力体系中的地位会因各国国情的不同而有所区别。

围绕立法权,可以分出两个问题进行研究。一个是立法权的归属问题即立法主体制度;另一个是立法权的行使范围问题即立法权限制度。立法主体制度已经在上一章中进行阐述,因此本章将从立法权限制度展开论述。

所谓立法权限范围,是指立法主体行使立法权的界限。通常,主要包括以下四个方面的内容:第一,从时间范围上说,立法权限范围是立法权能在多大的时间跨度上行使。第二,从空间范围上说,立法权限范围是指立法权可以对哪些领域、哪些方面的事项进行调整,不能对哪些领域、哪些方面的事项发挥作用。第三,从表现形式上说,立法权限范围是指通过行使立法权,可以制定、修改、变动、废止哪些规范性文件,是宪法、法律、法规，还是规章。第四，从运作过程上说，立法权限范围是指能否就某种事项行使提案权、审议权、表决权、公布权等，或者能够行使其中哪一方面的立法权。

尽管立法权是国家权力体系中的一项重要权力，但不能是无范围、无限制的。正因为立法的重要性，如果立法权的范围不明确，那么就非常容易出现专制擅权的情况。科学地确定立法权限范围才能够实现法的制度化、科学化，使立法逐步趋于完善。同时，确定立法权限范围能够为立法者进行立法活动提供范围上的标准，使立法者不超越自己的权限行事，并在自己的权限范围内尽职尽守，也能为立法者提供行为的指引。我们越来越强调立法监督，只有确定了立法权限的范围，才能够对其进行有效监督。否则连监督的依据都没有。

立法权限范围是否确定，立法权是否受限制，是衡量一个国家或政体是否实行民主制的一个标志。世界上每个国家政权，无论何种体制，都对公民的生命、财产和工作行使权力。如果它们的权力没有限制，就必然会出现暴政。在现代民主国家，暴政在理论上和实践中都不应当存在，因此一切政权机构的权力都应当受到限制也是现代民主的必然要求。权力是否受限制，是区分民主制与专制、民主制与法西斯主义的一个“分水岭”。

认定一个立法主体的立法权限范围有多大，是对已然的立法权限范围的认识，这有助于发现这种既有的立法权限范围是否合适，从而决定是否需要对其加以完善以及如何完善。那么，确定一个立法机关或其他立法主体的立法权限范围，则是对作为综合性权力体系即立法权的一种安排和设定。这种安排和设定是否恰当，关系到立法全局法治全局以至整个国家体制和社会状况的基本面貌。因而正确确定立法权限范围比正确认定立法权限范围更重要。

二、影响立法权限划分的主要因素

一个国家立法权限的划分，往往与这个国家的政治变迁、经济发展和社会变革的历史紧紧联系在一起，马克思曾说，“立法者应该把自己看作一个自然科学家。他不是在制造法律，不是在发明法律，而仅仅是在表述法律”。世界各国由于政治、经济、社会发展过程不一样，在立法权限划分上也各具特色。[1]

一个国家立法权限划分是受多种因素影响的，这些多种因素总结起来就是该国的国情。一国的经济发展水平、国家性质、阶级力量对比关系、政权组织形式、国家结构、民族关系、文化及法的传统等都会对立法权限划分产生影响。

（一）经济发展与立法权限

经济的发展与法律的发展有着密不可分的关系。当经济发展到一定阶段，原始社会开始发生重大变革，法作为一种特殊的社会规范便应运而生。同样，立法也是社会发展过程中不同利益主体相互斗争与相互妥协及合作的产物，在社会经展变化过程中，立法权的划分不可能不受到经济发展变化的影响。例如，19 世纪末西方发达国家开始逐步强化委任立法的运行，议会通过授权给予行政机关以立法权，开始逐步打破传统的三权分立的原则界限，行政机关不仅获得了一部分行政立法权，而且立法数量逐年增多甚至超过了议会立法。这种立法权限划分上的变化便和经济发展的变化密切相关。在资本主义发展的自由竞争阶段，自由主义的商品经济占主导地位，政府奉行不干预政策。19 世纪末 20 世纪初，资本主义由自由经济向垄断经济发展，尤其是爆发第一次世界大战后，各交战国相继实行非常时期的经济管制政策，伴随资本主义世界经济危机的发生，导致西方国家从自由放任的经济政策转向国家管制和干预经济的政策。与之相适应，西方各国的议会将立法权授予政府行使，以应对经济发展的变化。中国共产党的十一届三中全会以后，为了适应全国重点转移到社会主义现代化建设上来的需要，调动中央和地方

---

〔1〕 参见李龙主编：《依法治国方略实施问题研究》，武汉大学出版社 2002 年版，第 261 页。

的两个积极性，1979 年 7 月，五届全国人大二次会议通过了《地方组织法》，明确规定省、自治区、直辖市的人民代表大会及其常委会，根据本行政区域的具体情况和实际需要，在和国家的宪法、法律、政策、法令、政令不抵触的前提下可以制定和颁布地方性法规，并报全国人大常委会和国务院备案。

（二）国家性质与立法权限

国家的经济状况同样也决定着国家的政治状况。首先便决定着国家性质。国家的性质是国体，亦称国家的阶级本质。具体地说，就是社会各阶级在国家中所处的地位。统治阶级的性质决定着国家的性质。它包括两个方面：一是各阶级、各阶层在国家中所处的统治与被统治地位；二是各阶级、阶层在统治集团内部所处的领导与被领导地位。不同类型国家的宪法对国体的表现方式很不一致。资本主义国家宪法通常以“主权在民”“全民国家”等超阶级的字样规定国体，否认国家的阶级本质。而社会主义国家则公开表明国家的阶级本质，宣布自己是无产阶级专政或人民民主专政的国家。也有一些新兴的民族主义国家在宪法中对国家性质的描述是较为模糊的。但无论哪一种国家性质的确定，都对各自的立法以及立法权限的划分起着决定的作用，立法权限的划分最终不得不反映本国统治阶级的共同意志、实现统治阶级的统治利益、巩固统治阶级的统治地位。

当然，统治阶级运用立法反映出来的不是其任意意志，而是在权衡自己与被统治阶级利益之后的意志。各历史时期各个国家的统治力量对比关系不尽相同，便会使各国在立法权限的划分中也呈现出不同的形式与状态。例如，当统治阶级力量强大，被统治阶级力量微弱时，统治阶级的意志就比较容易上升为国家意志，确定为全社会普遍遵守的行为准则，立法权的划分也就与此相适应，或者相对集中，或者具有较大的随意性。当统治阶级力量不稳定或受到被统治阶级力量牵制或冲击时，立法和立法权的划分在尽力集中和反映统治阶级意志时，也不得不考虑被统治阶级的意志和不同阶层和集团的利益，以求得某种政治平衡。

（三）国家形式与立法权限

同时，每个国家都会发展出各自的国家形式。所谓国家形式是指统治阶级为实现本阶级的统治而组织国家的形式，是组织、管理和控制国家机器的制度和体制的总和。国家形式内容上主要包括两个方面：一是国家政权的组织形式，即政体。二是国家政权整合形式，即国家结构形式。立法权是划分中央国家机关之间的关系以及中央与地方国家机关之间的关系的重要手段，而这些关系又会受到国家政权组织形式和国家结构形式的制约，因而国家政权组织形式和国家结构形式也就会对立法权的划分产生影响。例如，在同样实行君主制的国家里，二元君主制下既设立议会行使立法权，君主本身也会任命首相，决定国家的重大问题包括印布法律。而在立宪君主制的国家里，君主虽然仍是首脑，但已然为虚权国家元首，立法权由议会行使，君主的权力只剩下存在象征意义。因为中国实行的是人民代表大会制度的国家政权组织形式，国家立法权由最高国家权力机关行使，但在法定条件下，行政机关也享有一定的行政立法权，最高国家军事机关、地方权力机关等也可以从事一定的立法活动。另外，在例如美国的联邦制国家中，联邦和其成员国分别有自己的宪法和法律，以及各自的国家机关体系（包括立法机关），联邦的最高立法机关通常采取两院制，立法权的划分和配置较为松散。而单一制国家通常只有一部宪法，只有一个中央国家机关体系，各行政单位或自治单位均受中央的统一领导，立法权的划分和配置较为严格。

我们也应当分别看待国家政权组织形式和国家结构形式对立法权限分配的不同影响。

1. 国家政权组织形式。我们一般讲国家政权组织形式即政体，但是深入分析二者仍有区别。“政体与政权组织形式都是实现国家权力的形式，两者有密切的联系。但它们又有区别，两种实现国家权力的形式各有侧重点：政体侧重于体制，政权组织形式侧重于机关。政体粗略地说明国家权力的组织过程和基本形态，政权组织形式则着重说明实现国家权力的机关以及各机关之间的相互关系。"[1]

现代国家的政体主要是君主政体与共和政体，但由于各国具体历史条件所存在的差异使这两种政体之下又各有不同的政权组织形式，如采用共和政体的资本主义国家，由于国家机关体系中各机关的权力和相关关系不同，即产生了总统制、议会政府制、委员会制和半总统半议会制的国家政权组织形式。而采用共和政体的社会主义国家则采用人民代表大会制的政权组织形式。不同的政权组织形式进而影响立法权限的划分，这种影响主要作用于中央立法权限的划分，即中央国家立法机关与行政机关之间的立法权限划分。

国体决定政体，美国作为资本主义国家必然选择了分权制衡制度。三权分立是美国联邦政府组件和运行的基本原则。根据美国宪法规定，立法权属于国会，行政权属于总统，司法权属于法院，行政立法没有直接的宪法依据。"可以这么说，美国宪政固有的普遍准则是……立法机关不能行使行政权和司法权，行政机关不能行使立法权和司法权，司法机关不能行使行政权和立法权。"[2]这种分权原则使美国在理论上不存在立法机关和行政机关划分立法权限的问题。而制衡原则又导致了事实上总统在立法方面拥有重要的权力，以便制约国会的立法权，例如，总统有权签署法案、否决国会立法，以及立法倡议权，即建议国会立什么样的法。同时，美国通过司法判例确认了立法权可以在有法定标准限制的前提下授出的原则，授权立法权使行政机关的立法职能得到了强化，行政机关可以颁布具有法效力的规章。因此，在事实上，美国在分权与制衡的基本原则之下也存在中央国家机关立法权限划分的问题。宪法的稳定则是法律体制稳定存在和运作的前提。随着法国革命形势的起落、政体的变迁、政党的更迭，法国宪法也在这个历史的发展过程中经历了多次修改，直到 1958 年宪法的制定，才确立了法国现行的立法体制。法国

---

〔1〕 何华辉：《比较宪法学》，武汉大学出版社 2013 年版，第 144 页。
〔2〕 [美]伯纳德·施瓦茨：《行政法》，徐炳译，群众出版社 1986 年版，第 30 页。

立法体制的突出特点表现在立法权与行政权的横向权力关系上的话，强调的是总统的行政权，而不注重议会的立法权。现行宪法对议会的立法权做了原则规定："所有法律均需议会通过。"但从宪法的规定和实际情况来看，议会的立法权"无论在立法范围或立法程序方面都日益受到限制"。法国宪法为了使政府能够自由行动，而明显地缩小了议会的权限。例如，法国《宪法》第 34 条的规定划分了法律事项和命令事项的范围，把法律事项逐一列举出来，以作为议会立法的权限范围。法国《宪法》第 37 条规定，法律之外的事项都作为命令事项，由总统行使。法国行政权力强化还表现在不仅政府享有立法提案权，而且议会通过的法律，其法案多数是由政府提出来的。法国《宪法》第 48 条规定，在议会两院的议程中，应当按照政府所规定的次序，优先讨论政府所提出法案和经政府同意的法案。

中国的政权组织形式是人民代表大会制，国家的一切权力属于人民，人民行使国家权力的机关是全国人民代表大会和地方各级人民代表大会，人民行使权力的主要途径是由人民代表大会直接行使宪法和法律赋予各级人民代表大会的职权，以及由人民代表大会选举产生国家行政机关、审判机关、检察机关等行使宪法和法律赋予的职权，人民代表大会在国家机构的建立及运行过程中始终处于主导地位。人民代表大会制，这项根本政治制度是中央立法权限划分的基础和原则。因此，我国宪法规定全国人大及其常委会行使国家立法权。全国人大制定和修改刑事、民事、国家机构的和其他的基本法律。全国人大常委会制定和修改除应当由全国人大制定的法律以外的其他法律；在全国人大闭会期间，对全国人大制定的法律进行部分补充和修改，但不得同该法律的基本原则相抵触。根据宪法、组织法以及立法法的规定，国务院有权制定行政法规；国务院各部门及直属机构有权制定部门规章；各省、自治区、直辖市人民政府、省级人民政府所在地的市、国务院批准的设区的市以及全国人大常委会授权的经济特区市的人民政府有权制定地方政府规章。

2. 国家结构形式。国家结构形式是指调整国家的整体与各个组成部分之间的关系的形式。现代世界各国的国家结构形式,基本上可以分为单一制和复合制两种。单一制国家是以普通行政单位或者自治单位所组成的统一国家。在单一制的国家中,全国只有一个宪法和一个中央政权;各行政单位或者自治单位都受中央的统一领导,而且无论中央与地方的分权达到何种程度,地方的权力均由中央以宪法和法律加以规定。复合制国家又分为邦联制国家和联邦制国家。

单一制是"主要的政府机构即立法、行政和司法机构对该国领土内所有地区和国民行使全权的国家。……单一制国家并不排除地方或其他政府机构拥有中央政府委任或授予它们的某些权力的可能性。但是,这些权力是授予的,并不是分享的,而且,从严格的法律意义上说,所有的权力都属于中央政府"。[1] 采取单一制结构形式的国家不完全为一个模式,其中又有一些不同类。在不同类型的单一制结构中,地方立法权的从属性的表现程度也有不同。日本《宪法》第 41 条规定,国会是国家唯一的立法机关,统一行使国家立法权,对需由国家依法管制、调控的事项,均可制定法律。宪法上所谓"唯一的立法机关",包含了两层意思:一是指所有的国家立法,都由国会进行,国会以外的机关不得进行国家立法,即国会中心立法原则;二是指国会在立法过程中不受其他国家机关的干预,只有国会的议决才能制定法律,即国会单独立法原则。与此同时,宪法还赋予地方较大的自治权,自治单位可以在法定范围内行使条例制定权。我国《宪法》第 3 条第 4 款规定:"中央和地方的国家机构职权的划分,遵循在中央的统一领导下,充分发挥地方的主动性、积极性的原则。"这是中央和地方国家机构职权划分的原则,也是中央和地方立法权限划分应遵循的原则。我国是一个单一制国家,中央对国家实行统一领导。表现在法制上,就是国家维护法制的统一和尊严,一切法律、行政法规和地方性法规都不得同宪法相抵触;行政法规不得同法律相抵触;地方性法规不得同法律、行政法规相抵触。同时,中国又是一个人口

[1] 参见[英]戴维 · M. 沃克:《牛津法律大辞典》,北京社会与科技发展研究所译,光明日报出版社 1988 年版,第 905 页。

众多、地域辽阔、各地政治经济文化发展不平衡的大国。在中央的统一领导下,必须发挥地方的主动性和积极性,没有地方的主动性和积极性,就不会有国家的持续发展和长期繁荣。截至2015年2月,根据地方组织法和立法法的原规定,我国共有49个享有地方立法权的较大的市,包括27个省会市、18个经国务院批准的较大的市以及4个经济特区所在地的市,尚没有地方立法权的市有235个。[1]

2015年3月15日《立法法》修改,地方立法权扩至所有设区的市。即省、自治区、直辖市的人民代表大会及其常务委员会根据本行政区域的具体情况和实际需要,在不与宪法、法律、行政法规相抵触的前提下可以制定地方性法规,所有设区的市的人民代表大会及其常务委员会根据本市的具体情况和实际需要,在不同宪法、法律、行政法规和本省、自治区的地方性法规相抵触的前提下,可以对城乡建设与管理、生态文明建设、历史文化保护、基层治理等方面的事项制定地方性法规。同时,宪法规定在少数民族聚居的地方,实行民族区域自治制度。民族自治地方分为自治区、自治州、自治县。根据宪法和民族区域自治法,除了自治区的人大及其常委会可以制定地方性法规外,自治区、自治州、自治县的人大还有权依照当地民族的政治、经济和文化的特点,制定自治条例和单行条例。2023年《立法法》增加规定设区的市可以对"基层治理"事项制定地方性法规和地方政府规章;同时,根据2018年《宪法修正案》有关表述,将"环境保护"修改为"生态文明建设",进一步适应设区的市制定地方性法规的实际需要。全国人大已于1990年、1993年相继通过了《香港基本法》和《澳门基本法》。根据这两个法律,香港特别行政区、澳门特别行政区依法实行高度自治,享有立法权、行政管理权、独立的司法权和终审权。全国性的法律除由基本法附件列举的少数几件在特别行政区施行或由特别行政区立法实施外,不在特别行政区施行。特别行政区所需的刑事、民事、经济等诸方面的法律,由特别行政区的立法机关根据

---

[1] 闫然:《立法法修改五周年设区的市地方立法实施情况回顾与展望》,载《中国法律评论》2020年第6期。

基本法制定。

复合制即联邦制不同于单一制，“它是由全国性政府和区域性政府根据宪法分享包括主权权力在内的国家权力行使权，并且不得单方面改变宪定权力分享格局的一种国家结构类型”[1]。联邦制基本特征之一便是通过宪法划分联邦与成员国之间的权力。联邦的权力，包括立法权、行政权和司法权，来自各成员国的授予，凡未授予联邦的权力通常由各成员国保留。例如，美国《宪法》规定凡在宪法中已经授予联邦的权限，联邦均可行使；凡在宪法中未曾禁止各州行使的权限各州均可行使。这是对权限划分的一般性、概括性说明。还有特殊规定：宪法中有禁止联邦行使的某些权限，亦有禁止各州行使的某些权限，限制联邦行使的权限各州不一定能够行使，而限制各州行使的权限联邦也未必能行使，宪法中往往规定各州都不能行使之权力。同样，德国联邦的权力也必须来自《基本法》的明确授权，否则权力即归各州所有；联邦的专有立法权和共有立法权也被限制在受到列举的范围内；且对共有立法事项，只要联邦未行使调控权，各州就有权立法调控。

（四）文化与立法权限

文化是人类社会历史实践中所创造的物质财富和精神财富的总和。它是一种历史现象，每一社会都有与其相适应的文化，并随着社会物质生产的发展而发展。作为意识形态的文化，是一定社会的政治和经济的反映，又影响和作用于一定社会的政治和经济。在阶级的社会中，它具有阶级性。随着民族的产生和发展，文化具有民族性。立法作为上层建筑的组成部分一定会受到文化的影响。例如，文化传统的特点在当代中国立法体制中就有引申性的表现。以“家”为基本组成单位的中国社会，便产生家本位的文化传统。从这点出发可以发现，中国的立法体制从大方面说，是“一国两制”的不同法系的综合，从小方面来看则是以全国人民代表大会为主的多元层次立法体制，这都能够看到“家”的痕迹。

---

〔1〕 童之伟：《国家结构形式论》，北京大学出版社2015年版，第210页。

同时,“家”并非只有辈分级别的特点,也有紧密性的特点,“家”之中的成员都是血亲或者血亲的扩展,内在都有亲密的情感,故此虽然不强调国的团体性,但是强调“家”的集体性。所以,才有这种中央领导下的,多元层次的立法体制。同时,由于中国自古地域广阔,各民族迁徙沟通,形成了多民族国家,地域广阔则意味着中央无论多么强大,也难以顾及各地方的全部状况,而各民族虽然统一在中华文化之下,但仍有其在不断生活生产中形成的独特之处,因此,无论是地方还是民族自治区域,能够制定符合自己地区情况的法规或条例,也是合理的,从文化传统的角度来看,这也是为了“家”的团结。

(五)自然地理环境与立法权限

自然地理环境也会对中央集权立法与地方分权立法产生影响。通常情况下,一个国家的地理环境相对平和与单一,就比较容易形成单一制的中央与地方关系。而地理自然条件比较复杂并呈多元化及差异性特点,就容易形成联邦制的中央与地方关系。法国学者托克维尔分析了美国的地理环境和自然条件,得出的结论便是:美国“联邦制的建立和保持,主要应当归功于国家的地理环境”。[1]

三、立法权限划分的模式和方法

(一)立法权限划分的模式

关于立法权限划分的模式,首先对于各国在处理中央立法机关和行政机关立法权限问题上,没有一个完全统一的模式,行政机关主要是通过一定方式的授权而获得一定的立法职权,根据授权依据不同,便有不同的划分模式。一是行政机关依据宪法而获得立法职权,这种职权通常被称作是行政机关固有的立法职权,宪法授予行政机关立法职权,便会直接涉及立法机关与行政机关在立法事项的权限划分问题。二是行政

[1] 参见[法]托克维尔:《论美国的民主》,吉家乐编译,中国华侨出版社2014年版,第189页。

机关依据授权法而获得立法职权,其立法权限便由授权法加以规定。按照分权原则,行政机关所获得的立法职权都是由特定的主体通过一定的方式和程序委任的。

关于中央与地方立法权限的划分模式,理论界有几种说法:第一种是四分法,即把中央与地方立法权限的划分模式分为中央集权、地方分权、集权分权和分权集权四种模式。[1] 第二种是三分法,认为中央与地方立法权限的划分模式包括中央集权模式、集权分权模式和分权集权模式三种。[2] 第三种是两分法,认为中央与地方立法权限划分模式有两种即单一制模式和联邦制模式,认为"单一制国家的立法体制偏于集权,联邦制国家的立法体制偏于分权",进而将单一制模式归于中央集权模式,将联邦制模式归于地方分权模式。[3]

虽然影响立法权力纵向配置模式的因素很多,但立法权力纵向配置主要是受制于一个国家的国家结构形式及中央与地方之间的权力关系。因此,立法权力纵向配置的模式应该建立在国家结构理论的基础上.以单一制和联邦制两种国家结构形式的不同作为划分基点。

另外,由于各国历史传统、经济结构、民族关系、地理环境等因素的不同,同一国家结构形式的国家在立法权力纵向配置模式上也表现出不同的特点。

1. 单一制国家的中央与地方立法权限划分模式

实践中,单一制国家的立法权力纵向配置主要表现为以下几种模式:

第一,绝对中央集权模式。所谓绝对中央集权模式,是指国家的一切立法权皆归中央所有,地方不得行使任何立法权。在现代社会实行此种中央集权模式的仅有部分单一制国家,如朝鲜、斯里兰卡、土耳其等

---

〔1〕 参见李林:《立法机关比较研究》,人民日报出版社 1991 年版,第 228－231 页。

〔2〕 参见马怀德主编:《中国立法体制、程序与监督》,中国法制出版社 1999 年版,第 22－23 页。

〔3〕 参见汤唯、毕可志等:《地方立法的民主化与科学化构想》,北京大学出版社 2002 年版,第 123－124 页。

国。如朝鲜《宪法》第73条规定,立法权由最高人民会议行使。土耳其《宪法》第7条规定,立法权属于代表土耳其全体国民的土耳其大国民议会,此项权力不得授权行使。

第二,中央集权主导型模式。所谓中央集权主导型模式,是指一个国家中央与地方都享有立法权,但中央在立法权的分配上占据主导地位,决定着立法权力纵向配置的格局,地方立法权是中央委托或授权产生的,从属于中央立法权。在这种模式下,中央立法的效力高于地方立法,地方立法不得同中央立法相抵触。地方立法的主要任务是保证中央立法在当地的有效实施。中央有权监督地方立法,有权撤销同中央立法相抵触的地方立法。中央有专有立法权,地方不得侵犯中央的专有立法权。地方没有专有立法权。这种立法体制一方面赋予地方一定的立法权,既有利于调动地方的立法积极性,又有利于中央立法的贯彻实施;另一方面又要求地方立法权从属于中央立法权,有利于保证全国法律的统一性。因而在实践中,一些单一制国家如法国采用这种模式。

第三,地方自主型模式。这种模式是指中央和地方拥有各自独立的立法权限,地方立法权不是源自中央的委托或授权,而是宪法或法律的规定。这种模式是建立在地方自治的基础上的。在这种模式下,国家立法权通过宪法和法律在中央与地方之间实现了确定性"分割"。[1] 地方在法定权力范围内拥有自主立法权,中央不得超出宪法或法律的规定随意干涉地方的立法事项,而只能是在承认地方自治立法权的前提之下对地方立法加以监督和控制。如葡萄牙《宪法》第6条第1款规定"国家之组织是单一制的,并尊重地方政府的自治原则与公共行政的民主分权",第115条规定了地区立法性法令的地位,"地区性法令处理各地区的特殊利益问题。此种立法权不保留给共和国议会或政府,但不得制定与共和国普通法相抵触的规定"。这一规定的精神就是在法制统一的前提下实行立法分权,所谓"此种立法权不保留给共和国议会或政府",就

〔1〕 参见封丽霞:《中央与地方立法关系法治化研究》,北京大学出版社2008年版,第170页。

是说此种立法权为地区专属。意大利《宪法》更加鲜明地宣布分权，其第5条规定“在国家各项公共职能方面实行最广泛的行政上的地方分权，并使其立法原则与立法方法适应地方自治与地方分权的要求”。在这种模式下，地方立法虽然原则上还是要接受来自中央的指导、监督和控制，但获得了法定意义的相对独立的自主立法权。

2. 联邦制国家的中央与地方立法权限划分模式

联邦制是一种立法权由中央立法机构和组成该联邦的各州或各地区单位的立法机构分享的立宪政体，“这种权力的配置是由宪法规定的，不能由任何一级立法机构单独改变”。

因此，从一般意义上来说，联邦制国家的中央和地方立法是实行分权制的，但由于各国具体国情不同，联邦制国家中央和地方间立法权力关系的具体状况也有较大差异，以分权程度的不同可划分为两种模式。

第一，分权型模式。这种模式以美国、德国等为代表。在美国，传统的理论认为主权在州。各州结成联邦时把一部分权力委托维联邦政府。因此，联邦的权力叫作受托权，源于各州，它没有自己固有的权力或受托范围之外的权力，各州政府不隶属于联邦政府，保留剩余的权力并直接行使于人民。这部分权力就是通常所说的保留权或剩余权。美国《宪法第十修正案》规定的“宪法没有授予合众国的权力，宪法也没有禁止授予州的权力是保留给各州或者是保留给人民的”，阐明的就是保留权原则。美国联邦宪法采取列举的方式赋予联邦特定的立法权，而宪法上未予列举由联邦行使的权力由各州行使。因此，美国州立法权称为剩余立法权、原始立法权。在美国，州的立法权极为广泛，总的来说，州议会拥有宪法未明文禁止它有的一切权力和权利。州议会控制整个民法领域，州议会为罪行下定义；对于公民的财产，州议会不但管制其使用，而且还对之征税；州议会控制那个称为警察权的广大领域。〔1〕除了制定普通法律的权力以外，州还可以制定州宪法。在德国，联邦具有某些专有立法权以及和各州共有的立法权，但不具备宪法所未规定的剩余立法权。

〔1〕参见陈端洪：《立法权结构概论》，载《政法论坛》1993年第6期。

德国《基本法》第70条第1款规定：凡是基本法未授予联邦的立法权力，各州就有权立法。州政府具有独立的立法系统。州议会的主要任务，在于制定并通过有关本州事务之法律。

第二，联邦集权立法模式。这种模式以印度、加拿大等为代表。在这种模式下，立法权力纵向配置表现为联邦中央立法高度集权，以及联邦与联邦成员立法权分配“头重脚轻”的不均衡特点。[1] 其一，联邦中央立法权的事项范围远远大于联邦成员的事项范围；其二，对于联邦宪法未加详细列举的其余事项的立法权，一般都归于联邦；其三，联邦享有广泛的立法特权，在特定情况下甚至可以对联邦成员立法进行直接干预。

在实践中，各国都是根据自己的国情，在国家结构形式的框架内来处理中央与地方的关系，划分纵向立法权限。因此，不能简单地对孰优孰劣下结论。从一个角度看是优点，从另一个角度看就有可能是缺陷。一国应当采取哪种中央与地方立法权力配置模式要由该国的现实情况来决定。而且，在任何国家中，中央与地方的关系实际上都不是完全固定不变的，而是随着经济、政治、文化的发展出现的新情况，立法体制也要适当地作出相应的调整和反映。

综观世界各国的立法经验，对立法权限的确定，较多采用列举与概括相结合的方式。具体来说，有以下几种方法：一是确定中央的专属立法权范围。中央的立法权一般是涉及全国性的、对内或对外的重大事项的立法权。二是地方专属立法权范围。地方专属立法权一般是只涉及地方管理等方面事项的立法权，这种权力通常不得影响中央的立法权，也不得危害其他地方的立法权，且往往只在本行政地域内有效。三是中央和地方共有的立法权。在国家立法权限中，尽管存在中央专有或地方专有的立法权，但是也可能存在法律规定既可由中央也可由地方行使的一部分权力，即中央和地方共有的立法权。关于共有立法权的行使，一

---

〔1〕 参见封丽霞：《中央与地方立法关系法治化研究》，北京大学出版社2008年版，第176页。

般是实行中央优越的原则，即在共有立法权的范围内，如果中央尚未立法，地方可以立法；中央已有立法的，地方不得重复立法：地方先立法，中央后立法的，取消地方立法。四是剩余立法权范围的确定。由于立法权限划分中，无论立法机关如何努力，都不可能穷尽所有的立法事项，总会存在某些剩余的立法权范围。为了弥补这方面的不足，各个国家一般都对剩余立法权范围作了规定。实行剩余立法权归地方的较多，如奥地利、美国。当然也有国家规定剩余立法权归中央的。

第二节　西方国家的立法权限制度

一、代议机关与行政机关立法权限的划分

西方国家普遍奉行三权分立原则，坚持在宪法中将立法权、行政权、司法权分置于不同的国家机关，让其独立行使自己的职权，并相互监督制约，以求达到各政府机关之间的平衡。行政立法在西方国家也不是一开始就有的，其是随着社会发展逐步产生的。在早期启蒙思想家看来，行政机关行使立法权是不能接受且不可思议的事情。行政立法从产生、发展到扩张具体经历了三个历史阶段：严格禁止阶段、开始授权阶段和大量授权阶段。

在自由资本主义时期，人们普遍认为政府是“不可避免的恶”，权力最小的政府就是最好的政府。从封建君主王权手里夺得政治权力的各国工商业资产阶级深刻地意识到：要想有自由，必须约束政府的权力。因此，在自由资本主义时期，立法机关有能力行使好立法权，行政机关不可能也没有必要去行使行政立法权。

在工业革命开展后，西方国家的社会财富急剧增加。这一时期，工商业资产阶级数量增加，但同时，工人阶级的数量增长更迅速，且其权利没有得到很好的保障。工业革命带来的财富分化和社会不公引发了许多社会问题，如工人暴动、工人罢工等。“为了应对工业发展所引起的社

会问题,需要制定大量立法"[1],而议会立法往往以"时间拖延长久"而臭名昭著。因此,议会效率低下的立法不能适应社会矛盾日益增加的现实。许多国家的议会开始授权行政机关进行立法,以求行政机关制定的行政法规能处理好这些社会问题。

同时,市场经济还会出现阶段性的经济危机。在经济危机出现时,往往会出现失业增加,社会不稳定等情况,行政机关需要通过财政、货币政策进行宏观调控,使经济恢复正常,而这也需要政府积极作为。此外,市场经济发展到一定阶段后,私人财富增加,容易形成垄断寡头。在石油、铁路、电力等各个行业形成的垄断企业往往会通过操纵价格,挤压竞争对手等不正当竞争手段来获取利润。因此,行政机关需要对垄断企业进行规制。

总之,在工业革命开始后,社会矛盾增加,行政机关需要加强管理。同时,市场失灵导致的经济危机和对垄断企业进行规制的需要也促使政府要加强宏观调控。于是,议会便开始将部分立法事项授权给行政机关进行。议会因其会期时间限制,实在无法就如此广泛的事务进行立法,因此授予行政机关立法权实在是不可避免的。

议会对行政机关进行大量授权立法是出现在第二次世界大战后的福利国家时期。在这一时期,各国行政机关的行政权普遍扩张。其主要原因在于提供公共服务,如就业、医疗、养老等的需求增加,宏观调控的加大,社会生活日益复杂化。

行政立法虽然适应了社会生活变化和行政管理的需要,但对议会和民主法治原则却构成了威胁。如何解决恪守权力分立原则和适应社会变化需要的矛盾,西方国家的做法并非完全趋同,未形成固定的模式。具有典型意义的西方两大法系国家,在代议机关和行政机关立法权限划分制度的具体设计上就各具特色。

英美法系在代议机关与行政机关立法权限划分上的一个最突出的

---

〔1〕 王名扬:《王名扬全集:英国行政法 比较行政法》,北京大学出版社2016年版,第107页。

特点即是宪法和法律未作出明确的规定,由授权法确定。

英国作为议会主权国家,立法权只属于议会,议会以外的其他组织(包括内阁)要立法,须有议会的授权。“英国行政机关不像法国那样不需要法律的授权就享有制定自主的条例和补充的条例的权力,因此,英国行政机关制定行政管理法规的权力主要来自根据议会授权的委任立法。”[1]在英国授权立法的发展史上,陆续制定了规范授权立法的法律。早在1539年议会通过公告法,授权国王为了治理国家和维持秩序所发布的公告,与议会所制定的法律有相同的效力。1893年,议会制定了《行政规章公布法》,这一举措,使大部分的授权立法得以法律文件的名称命名;认定授权立法是具有立法权性质的,而非行政性质,特别是由政府部门制定的条例具有立法权性质;还规定法定的行政管理法规的公布方式等。英国的行政管理法规不仅名称很多、很乱,而且制定的程序和公布的方式也很混乱。而《行政规章公布法》只是规定了一些重要的授权立法的公布方式。所以,议会于1946年制定了《法定条规法》。虽然该法也只调整行政法规和重要的行政规章,并未规范所有的授权立法,但它的调整范围扩大了,而且对制定程序、法规公布和议会监督也作了一些规定。总之,议会对授权立法的限制主要有:必须根据法律并为了执行法律而制定法规,授权立法应符合授权法所要求的目的和内容;法规必须在各该行政机关的权限内颁行;法规必须按规定的程序和形式制定等。同时,英国舆论界还对如下特殊类型的委任立法进行了批评:决定原则(法律有时授予行政机关极大的自由裁量权,可以决定重要的原则事项)、征税权力(这本是议会控制行政机关的一种手段,必须由议会掌握,不能由行政机关决定,却交由行政机关决定)、次级授权立法(再委任)、溯及既往的权力、排除法院的监督、修改法律的权力。[2] 这些特殊类型的授权立法是不能也不应随意使用的。

---

〔1〕 王名扬:《王名扬全集:英国行政法　比较行政法》,北京大学出版社2016年版,第108页。

〔2〕 参见王名扬:《王名扬全集:英国行政法　比较行政法》,北京大学出版社2016年版,第116页。

在实行三权分立的美国，授权立法受到阻碍。美国联邦最高法院的判例曾多次作出判决，国会的立法权不得授予。[1] 但是，随着岁月的流逝，美国联邦最高法院逐渐转变禁止授权立法的观念。“宪法从不否认国会可以采取必要的、灵活而又实际的措施，以使它能够完成制定政策、规定标准的任务，同时委托指定的机关在规定的范围内制定从属的规章，认定事实并据此事实裁定适用立法机关宣布的政策。”[2]也就是说，美国逐步地承认了授权立法，一部法律不能仅因其授出立法权而无效。但是，为了巩固国会作为主要立法者的地位，授权立法就不能不有所节制。具体表现为行政法规必须符合下列条件，才能有效成立：一是行政机关制定法规必须有法律授予的权力；二是不违反宪法和法律的规定；三是法规的内容必须合理，即在自由裁量领域符合授权法的目的；四是遵守制定法规的程序。由于联邦宪法规定全部立法权属于国会，行政机关行使的立法权力只能由国会委任，因此美国行政机关所制定的具有拘束力的法规几乎全是委任立法。[3] 这种立法权和国会的立法权不同，它是从属国会的二级立法权。所以，行政机关所制定的行政法规不能违反宪法和国会制定的法律，并且要符合法律授权的目的和适当的程序。

一般三权分立的国家中不存在立法机关与行政机关立法权限的划分问题，由此，西方国家宪法中只会出现立法机关的立法权限，而其他现实存在的行政立法的立法权限都在具体的授权立法或委任立法中加以具体规定。在这个问题上，可以认为法国《宪法》是一个例外。

这部宪法贯彻了戴高乐的制宪思想，加强了政府的权力，明确区分了立法机关的立法范围和行政机关的立法范围。在法国，宪法对法律事项和法令事项加以划分，法律事项的立法权属于议会，法令事项的立法权属于政府。在具体的划分上，法国《宪法》将法律事项逐一列举出来，法律之外的事项都可以由行政机关规定。《宪法》第 34 条在列举属于法

〔1〕 参见[美]伯纳德·施瓦茨：《行政法》，徐炳译，群众出版社 1986 年版，第 31 页。
〔2〕 王名扬：《王名扬全集：美国行政法》，北京大学出版社 2016 年版，第 352 页。
〔3〕 参见王名扬：《王名扬全集：法国行政法》，北京大学出版社 2016 年版，第 143 页。

律范围内的事项时，还规定其中某些事项法律只能规定原则，原则以外就属于条例的范围。不难看出，某些事项即使属于法律范围之内，法律也不能全部规定，为条例保留有一定地位。法国《宪法》第37条规定，在法律范围以外的其他事项，属于条例性质。另外，根据法国《宪法》第38条的规定，政府为执行其施政纲领，可以要求议会授权自己在一定期限内以法令的方式采取通常属于法律范围内的措施，这是通常所指的行政立法。根据1958年宪法的规定，行政机关可以制定四种内容不同的条例：执行性条例；自主条例；法令条例；紧急状况条例。“凡不在宪法第34条列举属于法律范围以内的事项，都由政府用条例规定，这种条例由于不需要法律的根据，所以称为自主的条例。”[1]而在行政立法权限问题上，“政府制定条例的权力，只以执行法律为限。法律的效力高于条例，法律可以规定一切事项，范围不受限制，条例的范围只在法律所规定的范围以内，没有专为条例保留而法律不能侵犯的范围”[2]。并且在法国，如果议会立法超越立法权限，规定了属于行政立法的立法权限内的事项，则行政机关可以制定条例来改变议会立法，或者由宪法委员会裁决议会违宪。“在美国，行政机关制定的法律规范从属于立法机关制定的法律规范；而在法国，行政机关制定的法律规范与立法机关制定的法律规范各自成阵、互不侵犯。”[3]这可以认为是法国行政立法的特殊之处。法国宪法虽然原则规定“所有的法律均需议会通过，但从宪法规定和实际运行来看，议会立法权无论在立法范围或立法程序方面都日益受到限制”[4]。为了使政府便于活动，明显缩小了议会的立法权限。《宪法》第34条划分了法律事项和命令事项的范围，把法律事项一一列举，以作为议会立法的权限范围。《宪法》第37条又规定法律之外的事项都

---

〔1〕 王名扬：《王名扬全集：法国行政法》，北京大学出版社2016年版，第143页。

〔2〕 王名扬：《王名扬全集：法国行政法》，北京大学出版社2016年版，第140页。

〔3〕 武学华：《中国行政立法现状研究》，载中国人民大学宪政与行政法治研究中心编：《宪法与行政法治研究》第1卷，中国人民大学出版社2003年版。

〔4〕 洪波：《法国政治制度变迁——从大革命到第五共和国》，中国社会科学出版社1993年版，第158页。

作为命令事项,由总统行使。这实际上是二分法,把议会立法权限定在一定范围,其余全部由政府享有。有学者认为,列举议会专属立法权而未列举的事项由总统行使,这实际上是一种削弱立法权、强化行政权的手段。[1]

日本《宪法》第41条规定,国会是国家唯一的立法机关,统一行使国家立法权,对需由国家以立法管制、调控的事项,均可制定法律。宪法上所谓"唯一的立法机关",包含了两层意思:一是指所有的国家立法,都由国会进行,国会以外的机关不得进行国家立法,即国会中心立法原则;二是指国会在立法过程中不受其他国家机关的干预,只有国会的议决才能制定法律,即国会单独立法原则。此项规定表明,立法权由国会独享,原则上不允许国会立法以外的立法。内阁虽然可以发布行政命令,但其内容必须是具有执行法律的性质,或者是具有根据法律授权的性质。但是,由于日本实行议会内阁制,政府在国会立法,特别是立法提案过程中起着主导作用。依据宪法,日本内阁为了执行法律或者受国会授权的事项,有权制定政令。制定政令只限于两种情况:(1)为实施宪法和法律的规定,可以发布行政命令;(2)根据法律的特别授权,可以发布授权政令。日本行政机关除了可以为了实施法律制定政令外,其内阁对于国会立法还享有议案提案权。日本《内阁法》第5条则具体规定,内阁总理大臣代表内阁向国会提出内阁提出的法律案、预算及其他议案。事实上,日本国会审议和通过的法律绝大部分是由内阁提出的。日本内阁提出法案的内容,主要涉及以下几个方面:(1)日常业务中出现的问题;(2)国会中的质询;(3)新闻媒介的批评;(4)审议会的建议;(5)利益团体、地方公共团体的要求;(6)其他官厅的建议;(7)内阁、执政党提出的问题。[2]

在日本,宪法允许国会对内阁进行授权立法,其范围和内容包括:内

---

〔1〕 参见姚茂斌:《论中央政府立法权限范围》,载周旺生主编:《立法研究》第1卷,法律出版社2000年版。

〔2〕 参见吴大英等:《比较立法制度》,群众出版社1992年版,第437页。

阁有权制定政令;政令原则上是为了实施法律规定,只能以必要的细则规定为其内容;允许法律对政令授权;在有法律授权时,政令也可以制定罚则。[1] 日本授权立法成立的要件是:(1)授权立法应由有正当权限的行政机关制定,这类授权立法权,是由宪法或法律规定专门授予行政机关的,不得再予授权委任。(2)授权立法的内容不得超越授权法规定的范围,其内容不得与宪法、法律相抵触,不得改变或废止法律;授权立法的内容应有可能实现且应具体明确。(3)授权立法的制定程序必须合法。(4)授权立法应在官方报刊上进行公布。

大陆法系国家代表的德国的行政立法权和授权自治立法权都来自1949年《基本法》的直接设定。《基本法》第80条第1项规定,联邦政府、联邦部长或者州政府根据法律授权,有权颁布法规。但这并不是说,行政机关可以直接依据《基本法》实施授权立法。它们还有赖于具体法律的具体授权,即由具体法律说明授权立法的目的、内容、范围等以后,授权立法方能真正实施。也就是说,法规必须有法律基础,如果法律规定这种权力可以委托,在委托时必须需要一部法律进行具体规定。这里所说的法律,首先是一种成文法。因此,任何制定法规的权力都不得以习惯法或普通法为根据。同时,制定法规的权力只能授予该条所指的三种特定机关。尽管《基本法》可以授权这三种机关中的任何一种继续委托它们的权力,但是仍然不得直接授予其他任何一个机关以授权立法权。同时,该法第28条第2款规定,各镇在法律规定的范围内自行负责规定一切地方公共事务的权利,必须得到保障。市政联盟也应按照法律并在法律赋予它们的职能的限度内拥有自治的权利。这说明,在德国授权立法的受权者并不仅仅限于行政机关,还包括地方自治机构。

二、中央与地方立法权限的划分

中央与地方立法权限的划分是国家的纵向分权,直接关系着国家的统一、民族的团结、经济的发展和社会的稳定,在宪法中占有重要地位。

---

〔1〕 参见陈伯礼:《授权立法研究》,法律出版社2000年版,第65页。

中央和地方权限的划分是一个国家立法体制中的核心问题，它是国家立法权的纵向配置，是国家结构形式理论在立法层面上的深化。一般来讲，单一制国家的立法体制偏于集权，联邦制国家的立法体制偏于分权。

（一）美国

美国《宪法》及其修正案规定："宪法没有授予合众国的权力，宪法也没有禁止授予州的权力是保留各州或者是保留给人民的。"美国《宪法》采取列举的方式规定属于中央特定的立法权，而宪法上未予列举由中央行使的权力由地方行使。

美国《宪法》授予联邦的立法权限有：征税、借款、发行货币；管理对外贸易和州际贸易；制定统一的归化法和破产法；规定伪造合众国证券和货币的罚则；设立邮政局和兴建邮政道路；颁发专利权和版权；设立联邦法院；规定与惩罚公海上的海盗行为和违反国际法的犯罪行为；宣战、颁发捕获敌船许可状，制定有关陆上与水上捕获的规章；建立陆军、海军；征召民兵；管理领地、管理财产，厘定度量衡；办理外交和缔结条约；接纳新州加入联邦；提出宪法修正案。

从宪法授予联邦的权力合理引申出来的立法权限，即默示立法权限有：（1）建立银行和其他公司，引申为征税、借款和管理商业的权力；（2）为道路、学校、健康、保险等提供经费，引申为兴建邮政道路、提供公共福利、国家防务和管理商业的权力；（3）设立军事学院和海军学院，引申为建立和保持陆军和海军的权力；（4）发电和出售剩余物资，引申为处置政府财产、管理商业和宣战等权力；（5）帮助和管理农业，引申为征税、提供公共福利和管理商业的权力。[1]

根据美国宪法及其修正案的规定，下述事项禁止联邦行使立法权：（1）不得对任何州输出的商品征税；（2）间接税税率应当全国统一；（3）不得剥夺权利法案所作的保证；（4）在商业上不得给予任何一州优

---

〔1〕参见李步云、汪永清主编：《中国立法的基本理论和制度》，中国法制出版社1998年版，第402页。

惠于其他州的待遇;(5)未得到州的同意不得改变州的疆界;(6)不得把新接纳的州置于低于创始州的地位;(7)不得允许奴隶制;(8)不得授予任何贵族爵位;(9)不得通过剥夺公民权利的法案或追溯既往的法律;(10)不得中止人身保护令所保障的特权,除非发生叛乱和入侵而出于公共安全的必要;(11)不得确立一种宗教或禁止信教自由;(12)不得剥夺言论自由或出版自由。

根据美国《联邦宪法》规定和联邦最高法院的有关宪法解释,保留给州的立法权限包括:(1)管理州内的工商业;(2)建立地方政府;(3)保护健康、安全,维护道德;(4)保护生命、财产和维持秩序;(5)批准宪法修正案;(6)举行选举;(7)改变州宪法和州政府。联邦和州都可以行使的立法权限:(1)征税;(2)借款;(3)设立银行和公司;(4)设立法院;(5)制定和实施法律(在各自权限范围内);(6)为公共目的而征用财产;(7)兴办公共福利。禁止州行使的立法权限包括:(1)不得铸造货币,在和平时期不得保持军队和兵舰;(2)不得缔结条约;(3)不得制定损害合同义务的法律;(4)不得否定人民享有法律的同等保护;(5)不得违反联邦宪法或阻挠联邦法律的实施;(6)不得因种族、肤色和性别而剥夺公民的选举权;(7)不得对进口贷和出口贷征税;(8)不得允许奴隶制;(9)不得授予贵族爵位;(10)不得通过剥夺公民权利的法案或者追溯既往的法律;(11)不得中止人身保护状的特权,除非发生叛乱或者入侵;(12)非经正当法律程序,不能剥夺任何人的生命、自由和财产。

美国宪法对于联邦和州都可以行使立法职权的事项也进行了规定,涉及的事项主要有:征税、借款;设立银行和公司;设立法院;在各自权限范围内制定和实施法律;为公共目的而征用财产;举办公共福利。

综上所述,美国中央与地方立法权限划分有以下几个特征:第一,划分的根据为联邦宪法及其修正案。通过根本法的形式进行确认,使得划分具有很强的权威性。第二,划分的方式为肯定式与否定式列举。近几年有少部分概况式规定。第三,立法权限划分的原则为维护联邦立法的最高效力。虽然地方被赋予了极大的立法权限,具有很大的自主立法权,但仍然需要遵循美国《宪法》第6条的规定[1],受到联邦法律的约束。

(二)英国

英国同美国一样,都是普通法系国家,但在对中央与地方立法权限的划分中呈现出差异性,相比美国采用根本法明文列举的方式对中央与地方的立法权限进行划分,英国更多采用的以判例中所形成的原则加以限制地方的立法权。

英国是一个采用地方自治体制的单一制国家。地方的权力受到诸多限制。在英国没有专门的成文宪法,只存在宪法性文件,并且宪法性文件也不具有高于其他法律的效力,任何法律只要是议会制定的,其效力都是平等的。

英国遵循议会至上的原则,议会具有制定和不制定任何法律的权力。无论什么时间什么事件,议会都可以做出制定新的法律、修改、撤销或者废除原有法律的行为。议会的立法权是不受任何限制的,并且几乎可以包括任何事务,如国家制度、刑事法律、民事法律、海事法律、军事法律等各类。而地方政府想要取得一定的立法权,必须具有议会所制定的法律的授权。地方政府中只设地方议会而不再设置行政机构,地方议会承担立法和行政两种职能。地方议会在中央议会制定的法律的授权之下,可以制定地方性法规,在英国成为细则,即细则是由被授权的地方机构依据法定程序制定、公布,经中央政府批准,在一特定地区适用,影响该地区公众或部分公众利益的法律规范性文件。[2]

从实践来看,地方立法所涉及的事务也是十分广泛的。包括课征地方赋税;编制地方预算决算;发行地方公债;治安、消防和民防;机动车管理;度量衡管理;食品药品管理监督;消费者权益保护;有关教育、儿童、老人等社会福利事项;维护和改善环境等公益事业等。

---

[1] 美国《宪法》第6条规定中央立法的效力高于地方立法的效力。

[2] 参见林征编译:《英国的立法制度》,载李步云主编:《立法法研究》,湖南人民出版社1998年版,第512页。

虽然地方立法可以涉及多种事务,但仍然受到十分严格的限制。不仅包括首要的越权无效原则,即地方政府制定细则依据授权法的规定而确定,还包括英国判例中所形成的各种原则。主要包括:第一,一个地方政府不能根据授权另一地方政府制定细则的法律就同样的问题制定细则;第二,地方政府在制定细则时不能将所依据的授权用于不同目的;第三,地方政府不能通过制定细则授予自己法定权力之外的权力;第四,地方政府不能制定细则限制贸易;第五,细则的规定通常是对法律中原则规定的补充,其禁止性规定不能严于法律的规定;第六,细则可以就既决的犯罪行为作出处罚规定,但细则对犯罪要件的规定,不得少于法律的规定,对犯罪行为的处罚规定不得严于法律规定的标准,在没有法律规定的情况下,细则规定的罚金数量不能超过50英镑。[1] 由于判例法是非常灵活且不断发展的法律体系,上述方面只能是普通法对地方立法权进行限制的一般概括。

(三)德国

大陆法系的德国,属于联邦制国家。德国于1949年制定了一部法律叫作《基本法》。这部法律因为是在德国统一之前为了维护"过渡期"的新的国家生活秩序,所以不被称为宪法。《基本法》第146条中也明确规定,本基本法在德意志依自由决定之宪法生效时失其效力。[2] 但是在德国统一之后,对于是否全面修改基本法,德国宪法委员会最终做出了否定的态度,即维持《基本法》不变。[3]

对于中央与地方立法权限的划分依据便是上述《基本法》。《基本法》中规定,联邦议会两院行使中央立法权,法律主要由联邦议会制定,地方能够行使的立法权限相对较少。

---

〔1〕 参见林征编译:《英国的立法制度》,载李步云主编:《立法法研究》,湖南人民出版社1998年版,第513－514页。

〔2〕 参见马怀德主编:《中国立法体制、程序与监督》,中国法制出版社1999年版,第166页。

〔3〕 参见甘超英编著:《德国议会》,华夏出版社2002年版,第33页。

对于中央与地方立法权限的划分方式是规定各自专属立法范围和共有立法范围。《基本法》第73条规定的是联邦专属的立法范围,包括外交、国防、国籍、货币、关税、航空、邮政、电信、知识产权保护等在内的一系列重要事务。[1] 在第74条中规定了联邦与地方州可以共同行使立法权的事项,涉及内容较为宽泛,但并无限制。这些事项只有在具有联邦法律明文授权的情况下才可以进行共同立法权的实行。同时,有一些事项,例如,国家责任、公务员、法官权利及义务的立法还必须经过联邦参议院的批准。[2] 《基本法》对地方专属独立行使的立法权范围并未做出明确规定,只是原则性要求,即如果《基本法》没有授予联邦立法的事项,各州可以行使立法权。一般包括州宪法、州文化教育、公共秩序、广播、建筑规划、不属于联邦调整的税收事项等。

德国未采用否定禁止的形式加以规定立法权限的划分,相比美国的立法权限划分,德国的地方立法权限更加有限。但是同时德国也保证了地方各州参与联邦立法的权力,即规定在联邦法律涉及州利益时,必须获得联邦参议院的通过,而参议院的成员由各州的总理、部长等构成,这样充分保障了各州的利益。

(四)其他国家

法国是一个具有中央集权传统的国家,法国《宪法》第72条规定,共和国的地方单位是市镇、省和海外领地。目前,法国分别设有大区议会、省议会和市镇议会行使地方的立法职权。1982年3月2日,法国议会通过的《有关市镇、省和大区的权力和自由法案》中规定,在宪法和法律规定(允许)的范围内,地方议会和政府可以行使一定的立法职权。例如,大区议会有权决定本区的社会经济发展规划;监督行政、财政的管理情况,维护本区的利益;决定本区公共机构的财政预算;制定地方规章。省

---

[1] 参见孙谦、韩大元主编:《立法机构与立法制度》,中国检察出版社2013年版,第105页。

[2] 参见孙谦、韩大元主编:《立法机构与立法制度》,中国检察出版社2013年版,第106-107页。

议会根据省长的提议做出各项决定，制定各种地方性法规，讨论通过年度财政预算，向各地区分配地方税款。

印度通过宪法分别详细地列举了联邦国会的专属立法权、联邦国会和省议会的共享立法权和省议会的专属立法权。此外，印度宪法还将剩余权力授予联邦，而不是省。

加拿大也同印度一样分别规定了中央地方的专属以及共有立法权，并规定剩余立法权归属于中央政府。与其他国家不同的地方是加拿大宪法所列举的中央与地方共享的权力非常有限，仅限于农业、移民、老年退休福利、不可再生的自然资源的出口、林业产品和电力。同时有一个不同于其他国家的例外，即加拿大宪法规定当联邦法律和省的法律在养老福利问题上发生冲突时，后者优先适用。

三、西方国家立法权限制度的比较和借鉴

由于各国经济发展水平、政治民主程度、法制发展程度等因素的不同，在立法权限的划分上也会呈现出很大的差异，即使同属同一法系的国家也是如此。当然，各个国家立法权限的划分在存在差异性的基础上，也存在很多方面的共性，其中包括许多值得借鉴的地方。

（一）坚持立法的统一性，由宪法或者宪法性文件确定立法权限划分的体制

大多数国家进行立法权限划分的依据以及保障都是宪法或者宪法性文件。其中会明确规定议会或者国会为国家的立法机关，具有有关立法过程的各项权利。在中央与地方立法权限的划分上，大部分国家还规定了专属于中央立法权的范围，少数国家还规定地方也具有专属立法权并作出了详细的列举。例如，印度、南非、巴西、委内瑞拉等国的宪法甚至列举了州（省或者邦）之下的地方政府的专属立法事项。这些国家普遍将有关社会福利、法律法规的执行和地方行政等事项的立法权授予地方。其中一些国家也将农业、自然资源、高等教育、环境、刑法、民法、司

法和警察等事项的立法权授予地方。但是大多数联邦国家的宪法并没有将地方的专属立法权进行列举,而是将其笼统地归类到剩余权力(由地方行使)中。总之,其中可以借鉴的经验就是因为专属中央立法的事项难免会涉及地方的需要与利益,此时便需要为地方立法权留下一定的空间。

(二)中央与地方立法权限分明,由宪法加以确定

单一制国家和联邦制国家因为国家结构形式的不同,在中央和地方立法权限的划分上也呈现出不同的特点,相比于联邦制国家,单一制国家地方立法权限有限,由中央授予立法权,立法权的行使要受到中央的控制,中央政府可以单方面修改宪法,进而扩大或者缩小地方的立法权。当然在不同的单一制国家控制的程度也会有差异。而联邦制国家的地方立法权同中央立法权一样都是由联邦宪法授予而非联邦授予,分权程度较高,不以联邦政府的单方意志而更改。但是虽然单一制国家和联邦制国家地方分权程度有高低之分,但在立法权限的划分上都极为清晰,并且都由国家宪法加以明确。

(三)宪法或者法律层面的规定往往只是纵向权力分配的起点,中央与地方事实上的权力关系总是处于不断演变之中

其中原因就包括不断发展出的经济新现象以及规定的专属权力和共享权力在实践中的具体使用情况与设想存在出入。例如,美国自1965年以来,国会就进行了许多先占性立法,各州议会不得不以这些联邦法律为标准来制定本州的法律。[1]

(四)共享立法权的价值以及相关问题逐渐值得被重视

各级政府在现实中不可能独立地在各自的权限范围内行使立法权,

---

〔1〕 See Joseph F. Zimmerman, *Contemporary American Federalism: The Growth of National Power*, 2nd ed, State University of New York Press, 2008, Chapter 4.

互不相扰,各级政府在立法事项上的重叠几乎是不可避免的,无论在宪法规范层面还是在实际立法权运行中,共享立法权极为普遍。对于很多立法事项而言,焦点问题并不在于这些事项的立法权应该归属中央还是地方,而是中央和地方如何协调,以一种适宜的方式共同对它们进行立法。[1]

(五)行政机关成为越来越重要的立法主体

社会的快速发展,使得社会关系变化迅速,如果一味地采取议会立法的形式,社会中许多关系将不能及时得到调整,而行政机关作为立法主体正好可以满足这种现实需要。行政机关进行立法的事项主要为管理执行类,立法权获得的方式为两种,即宪法直接规定的职权性立法和议会制定法律进行授权的授权性立法。表现在不同国家有着不同的立法权来源方式。例如,英美法系国家为授权性立法;法国、日本两种方式都比较重要,其中法国通过宪法确定的行政机关的职权性立法权限范围更加广泛,行政机关的立法权通过法国宪法得到了极大的强化与保障。同时在西方国家,内部和外部监督机制对行政立法的制约作用非常明显。从立法程序上看,基于"正当程序"的要求,大多数西方国家都要求行政机关对立法进行充分的"说理"。同时,公众有权对行政立法提出建议,且行政机关必须对其建议进行合理处理。如果行政机关没有对公众建议的采纳情况进行合理的说明,法院可以通过审判否决该行政立法的效力。因此,在立法程序上,听证制度和"公告评议"制度被广泛使用。从立法监督上看,对行政立法的行政监督、议会的监督和司法监督制度都较为完善。

(六)司法机关也逐渐享有授权立法范围内的少量的立法权限

就传统而言,司法机关只是进行裁判解决纠纷的机构,而非设置一

[1] See Lori Thorlakson, *Comparing Federal Institutions: Power and Representation in Six Federations*, 26 West European Politics 2003, p.5.

国法律的机构,即使是英美法系的判例也是司法遵循先例原则的结果而非严格意义上的立法。但随着授权立法制度的发展,许多国家也逐渐将一些事务交由法院进行规定。例如,英国议会就授权法院制定民事诉讼法以及法院规则。美国也授权法院制定诉讼法方面的规则。通过这些也可以发现,虽然司法机关可以进行立法,但在立法的范围上是具有严格的限制的,因为司法机关属于裁判者,而立法机关属于规则制定者,一个人不能既是球员也是裁判。因此,为了限制司法机关的权力也为了满足诉讼的需要,可以允许司法机关在涉及诉讼程序和律师事务方面进行立法,并且不可以超越授权的范围与目的,以及会受到严格的监督。

第三节　中国的立法权限制度

这一部分,是对中华人民共和国成立之后的立法权限进行总结和比较,不追及之前中国历史的立法权限制度。中国的国家结构形式是单一制,具有自己的国情与发展特点,我国坚持以人民为中心,立法权限的划分正是如何更好地实现广大人民群众利益、实现人民当家作主的利益分配、责任确定的过程。

一、中国立法权限划分的几种模式

新中国成立之后,随着经济、政治、文化的曲折发展,立法制度发生着不断的变化,立法权限的划分也大致经历了三个重要的阶段,从而形成了三种既存在联系又存在差异的立法权限划分模式。

(一)分散立法模式

从 1949 年中华人民共和国成立到 1954 年宪法的颁布这一时期,是中国实行分散立法模式的时期。

因为这一时期新中国刚刚成立,一切都百废待兴。仅仅依靠中央立法是无法制定出适应当时革命和建设所需要的大量规范的,同时新老解放区的情况各异，只有各自立法，因地制宜，才能更好地保障新时期的发展进程。因此，这一时期立法权力的行使具有多极化和分散化的特点，主要表现为从中央到地方的多级主体享有立法职权。在中央一级，享有立法职权的主体是中国人民政治协商会议全体会议和中央人民政府委员会和政务院。[1] 在地方一级，行使地方立法职权的主体包括大行政区的人民政府，省的人民政府，直辖市、大行政区辖市和省辖市的人民政府，县人民政府，以及民族自治地方的自治机关。

在传统立法权限划分模式上并没有普遍接受分散立法模式这种概念，更多的是接受了与之相近的分权的集权模式这种概念。虽然表面上意思相近，但是这两个本质上存在差别。二者的参照标准是不同的，分权的集权模式是以中央和地方的关系为划分依据的，而分散的立法模式主要参照的是立法主体的多与少。

（二）中央集权立法模式

1954 年《宪法》颁布到 1979 年五届全国人大二次会议前这一段时期，中国实行的是中央集中统一的立法模式。在这个时期，立法权限比较集中，除民族自治地方外，其他地方权力机关均不享有立法职权，国家行政机关亦无立法方面的职权。1954 年《宪法》规定，全国人民代表大会是行使国家立法权的唯一机关，有权修改宪法和制定法律，全国人大常委会有权解释法律和制定法令。1955 年一届全国人大二次会议通过的《关于授权常务委员会制定单行法规的决议》，把享有国家立法权的

〔1〕 参见《中国人民政治协商会议组织法》规定，在普选的全国人民代表大会召开以前，由中国人民政治协商会议全体会议执行全国人民代表大会的职权，专有的立法职权是：制定或者修改中国人民政治协商会议组织法；制定或者修改中国人民政治协商会议共同纲领；制定或者修改中央人民政府组织法。参见《中央人民政府组织法》的规定，中央人民政府委员会依据共同纲领行使以下立法职权：制定并解释国家的法律，颁布法令并监督其执行；废除或者修改政务院发布的与国家的法律、法令相抵触的决议和命令；批准或者废除或者修改中华人民共和国与外国订立的条约和协定。参见《中央人民政府组织法》的规定，政务院有权颁布决议和命令，并审查其执行；有权废除或者修改各委、部、会、院、署、行和各级政府与国家的法律、法令和政务院的决议、命令相抵触的决议和命令；有权向中央人民政府提出议案。

范围扩大到了全国人大常委会。授权常务委员会依照宪法的精神、根据实际需要，适时地制定部分性质的法律即单行法规。1959 年，二届全国人大一次会议，进一步授权全国人大常委会在全国人大闭会期间根据情况的发展和工作的需要，有权修改现行法律中已经不适用的条文。民族自治地方的自治机关有权制定自治条例和单行条例，报全国人大常委会批准。

（三）集权与适当分权模式

1979 年第五届全国人民代表大会第二次会议至今，中国立法权限划分采取的是集中统一与适当分权模式。中国共产党的十一届三中全会以后，为了适应全国工作重点转移到社会主义现代化建设上来的需要，改变中央立法集权的状况，调动中央和地方两个积极性，1979 年 7 月，五届全国人大二次会议通过了《地方组织法》，明确规定省、自治区、直辖市的人民代表大会及其常委会，根据本行政区域的具体情况和实际需要，在和国家的宪法、法律、政策、法令、政令不抵触的前提下，可以制定和颁布地方性法规，并报全国人大常委会和国务院备案。1982 年《宪法》的颁行，奠定了中央与地方分享立法职权体制的宪法基础。之后，1986 年第二次修改的《地方组织法》、1995 年第三次修改的《地方组织法》、2000 年九届全国人民代表大会三次会议通过的《立法法》、2015 年对《立法法》的第一次修改与 2023 年对《立法法》的第二次修改中，以及全国人民代表大会常务委员会若干次授权决定中，都对立法权限的划分做了相应的规定，进一步发展了中国立法权限划分制度，使集权与分权模式在一定程度上得到了完善，从而形成了以全国人民代表大会及其常务委员会为核心的、多层次的立法权限体系。

二、中央国家机关的立法权限

中央国家机关的立法权限的划分，涉及最高权力机关和行政机关立法权的划分以及各自内部之间立法权的划分。

（一）全国人民代表大会的立法权限

《宪法》规定中华人民共和国全国人民代表大会是最高国家权力机关。2023 年修正的《立法法》第 10 条第 1 款规定了全国人民代表大会和全国人民代表大会常务委员会根据宪法规定行使国家立法权。其中进一步明确全国人民代表大会和全国人大常委会“根据宪法规定”行使国家立法权。那么从《宪法》第 62 条规定的全国人民代表大会所享有的职权中可知具有如下立法权限：

1. 修改宪法。因为宪法是一国的根本大法，具有最高的法律效力，其中规定着一国的国家性质、指导思想、国家制度、国家构成、公民基本权利义务等重要内容，因此宪法是由人民所制定的，而非任何机关。除此宪法的重要性也决定着对宪法修改时的更高要求，表现在修改主体上便是只能由全国人民代表大会进行；修改程序上要严格于任何其他的法律。我国《宪法》第 64 条规定，宪法的修改，由全国人民代表大会常务委员会或者 1/5 以上的全国人民代表大会代表提议，并由全国人民代表大会以全体代表的 2/3 以上的多数通过。

2. 制定、修改刑事与民事法律。刑事法律指与刑事案件相关的法律法规的总称，包括刑法、刑事诉讼法、司法解释。其中规定着犯罪、刑罚以及刑事诉讼程序。而民事法律是指调整平等主体之间的财产关系和人身关系以及民事诉讼程序法律规范的总称。刑事法律与民事法律调整、保护相当广泛的社会关系，涉及各个领域。两类法律对于保护公民的基本权利、维护社会秩序、保障国家政治稳定、经济发展都具有重要的意义，因此需要将如此重要的法律立法权赋予最高国家权力机关。

3. 制定和修改有关国家机构的基本法律。国家机构是一定社会的统治阶级为实现其统治职能而建立起来的进行国家管理和执行统治职能的国家机关的总和。它包括立法机关、行政机关、审判机关、检察机关、监察机关和军事机关等。国家机构实际上是掌握国家权力的阶级实现其阶级统治的工具。而为了维持国家机构的正常运转，都会制定一定基本法律加以确立各机构的选举产生、任期、职权、程序事项，也称为国家机构基本法律。国家机构的重要性也决定了其基本法律的重要性，由全国人民代表大会行使立法权无不妥之处。

4. 制定和修改其他基本法律。所谓其他基本法律是指除刑事、民事、国家机构之外的关系到国家政治、经济、社会生活等重要方面的法律。中国《宪法》虽然对其他基本法律制定权做了规定，但未对此作具体说明，《立法法》也未作具体列举。从理论上讲，这里的基本法律应是同刑事、民事、国家机构一样重要并涉及国家和社会生活中具有全局性、长远性和普遍性的重大问题，如公民的基本权利和义务关系、国家经济和社会生活中某一方面的基本关系、国家政治生活中各方面的基本制度、关于国家主权和国内市场统一的重大事项等。结合中国的立法实践，诸如《国籍法》《教育法》《工会法》《兵役法》《企业破产法》等都属于其他基本法律的范畴。

5. 制定和修改非基本法律。宪法规定全国人民代表大会制定基本法律，但未明确规定其无权制定非基本法律。依据《宪法》第 62 条的规定，全国人民代表大会可以行使“应当由最高国家权力机关行使的其他职权”，同时依据《立法法》的规定，全国人民代表大会常务委员会制定和修改除应当由全国人民代表大会制定的法律以外的其他法律。该法在规定全国人民代表大会常务委员会立法权限的同时即表明了全国人民代表大会有权制定除基本法律以外的法律。在立法实践中，由全国人民代表大会制定的非基本法律主要有两种情况：一种是涉及全国人民代表大会的权限和工作程序的事项，另一种是比较重要的非基本法律，大多涉及公民的权利和义务。这类法律全国人民代表大会常务委员会是有权制定的，但如果在全国人民代表大会会议议程允许，由全国人民代表大会会议审议通过更有利的情况下，就应由全国人民代表大会制定，如《村民委员会组织法》《行政处罚法》。全国人民代表大会作为最高国家权力机关，其立法权限范围是十分宽泛的，不仅可以制定基本法律，也可以制定非基本法律，但重点应当是基本法律。[1]

全国人民代表大会立法权的范围虽然十分广泛，但仍然受到一定的限制。包括：第一，以宪法为依据。第二，立法要以人民为中心，充分体现人民意愿与利益。第三，适当分权以适应中国地域辽阔，地区发展情况复杂的国情形式。

（二）全国人民代表大会常务委员会的立法权限

中国现行《宪法》规定中华人民共和国全国人民代表大会是最高国家权力机关。它的常设机关是全国人民代表大会常务委员会。全国人民代表大会和全国人民代表大会常务委员会根据宪法规定行使国家立法权。但是全国人民代表大会常务委员会的立法权限要受到限制，主要为以下几个方面的立法权限。

1. 解释宪法和法律。法律解释是指一定的解释主体根据法定权限和程序，按照一定的标准和原则，对法律的含义以及法律所使用的概念、术语等进行进一步说明的活动。全国人大常委会对宪法、法律的解释属于立法解释的情形，是国家立法的重要补充。因为《立法法》规定依照法定程序进行的宪法与法律解释会发生与宪法和法律同等的效力[2]，因此该活动十分重要。而将此项重要的权力赋予全国人大常委会，是从1954年《宪法》就开始的。之后1981年五届全国人大常委会十九次会议通过的《关于加强法律解释工作的决议》对全国人大会的法律解释权进一步明确化和具体化。1982年《宪法》和《全国人民代表大会组织法》对此项权力再次进行了确认。2015年修改的《立法法》第45条规定，法律解释权属于全国人民代表大会常务委员会。2023年第二次修正的《立法法》中第48条第1款规定法律解释权属于全国人民代表大会常务委员会。法律有以下情况之一的，由全国人民代表大会常务委员会解

---

〔1〕 参见乔晓阳主编：《立法法讲话》，中国民主法制出版社2000年版，第86页。

〔2〕 参见《立法法》第53条：全国人民代表大会常务委员会的法律解释同法律具有同等效力。

释:一是法律的规定需要进一步明确具体含义的;二是法律制定后出现新的情况,需要明确适用法律依据的。进一步明确了什么情况下由全国人大常委会行使法律解释。

2. 全国人民代表大会授权下制定相关法律。2023 年修正的《立法法》第 10 条增加了第 4 款的规定,即全国人民代表大会可以授权全国人民代表大会常务委员会制定相关法律。2023 年修正的《立法法》第 10 条关于全国人民代表大会和全国人大常委会立法权限的划分是宪法的规定,比较原则。有的意见认为应当明确什么是"基本法律",以进一步区分哪些法律应当由全国人民代表大会通过,哪些法律应当由全国人大常委会通过。从理论上厘清哪些法律是基本法律,增强立法权限划分的规范性,是必要的。但是,在刑事、民事、国家机构的法律之外,还有哪些是基本法律,并不容易达成共识。从 1978 年五届全国人大一次会议至 2022 年十三届全国人大五次会议,全国人民代表大会共审议通过 68 件法律案(包括《宪法》和《宪法修正案》)。其中,制定法律 47 件,修改法律 21 件。有的法律非常重要,如 1979 年五届全国人大二次会议通过的《中外合资经营企业法》,是第一部对外开放的法律,具有标志性意义。此外,还有《中外合作经营企业法》、《外资企业法》、《全民所有制工业企业法》都是全国人民代表大会通过的,但说这些法律是基本法律,可能认识会有分歧。有些法律,如国家安全法、环境保护法、劳动法等都是特定领域的基础性法律,但这些法律都是由全国人大常委会通过的。理论上,全国人民代表大会可以制定所有的法律。实践中,哪些法律由全国人民代表大会通过,受诸多因素影响,将全国人民代表大会和全国人大常委会的立法权限划分得泾渭分明,难度大,必要性不大。这次《立法法》修改,明确全国人大可以授权全国人大常委会制定相关法律,是根据近年来的立法实践作出的规定。2020 年 5 月十三届全国人大三次会议通过《关于建立健全香港特别行政区维护国家安全的法律制度和执行机制的决定》,授权全国人大常委会就建立健全香港特别行政区维护国家安全的法律制度和执行机制制定相关法律。2021 年 3 月十三届全国人大四次会议通过《关于完善香港特别行政区选举制度的决定》，授权全国人大常委会修改《香港基本法》附件一和附件二。[1]

3. 制定和修改非基本法律。根据中国现行《宪法》的规定全国人民代表大会常务委员会有权制定和修改除应当由全国人民代表大会制定的法律以外的其他法律。由于全国人民代表大会一年一次召开的形式，无法制定所有的法律，只能以制定基本法律为主涉及少量的非基本法律。而为了适应社会的多方面需求，大部分的法律都是由全国人民代表大会常务委员会制定的。《立法法》第 11 条规定，国家主权的事项；各级人民代表大会、人民政府、监察委员会、人民法院和人民检察院的产生、组织和职权；民族区域自治制度、特别行政区制度、基层群众自治制度；犯罪和刑罚；对公民政治权利的剥夺、限制人身自由的强制措施和处罚；税种的设立、税率的确定和税收征收管理等税收基本制度；对非国有财产的征收、征用；民事基本制度；基本经济制度以及财政、海关、金融和外贸的基本制度；诉讼和仲裁基本制度；必须由全国人民代表大会及其常务委员会制定法律的其他事项，只能制定法律。而以上事项中应当由全国人民代表大会制定的以外都属于全国人民代表大会常务委员会的立法权限范围。

4. 补充、修改全国人民代表大会制定的法律。根据中国现行《宪法》的规定，在全国人民代表大会闭会期间，全国人民代表大会常务委员会有权对全国人民代表大会制定的法律进行部分补充和修改，但是不得同该法律的基本原则相抵触。一方面因为全国人民代表大会的会期制度，不能及时全面补充、修改所有法律；另一方面全国人民代表大会常务委员会作为常设机构，是全国人民代表大会的重要组成部分，是闭会期间行使国家立法权最适合的主体。依照宪法的规定可以看出，全国人民代表大会常务委员会这项立法权力受到几个方面的限制：第一，在时间上，只能在全国人民代表大会闭会期间；第二，在对象上，只能针对全国

---

〔1〕 参见童卫东：《新〈立法法〉的时代背景与内容解读》，载《中国法律评论》2023 年第 2 期。

人民代表大会制定的法律;第三,在内容上,不得同该法律的基本原则相抵触。同时,全国人民代表大会有权决定自行补充和修改法律,并有权改变和撤销全国人大常委会制定的不适当的法律,也可以防止人大常委会补充和修改法律权的滥用。需要注意的是,全国人民代表大会常务委员会有权对全国人民代表大会制定的法律而非基本法律进行部分补充和修改。但是基本法律与法律的界限并不完全明确,在实践中还要避免全国人民代表大会常务委员会越权补充和修改基本法律的情况。

(三)国务院的立法权限

根据中国现行《宪法》的规定,国务院是最高国家权力机关的执行机关,是最高国家行政机关,此种性质决定了国务院固有的职能是执行法律。国务院的立法职能和权限是由宪法授予的。宪法授予国务院根据宪法和法律制定行政法规,这种权力是一种从属性和有限性的权力。中国 1982 年以前的三部《宪法》未规定最高国家行政机关享有制定行政法规的职权,现行《宪法》第 89 条第 1 项规定国务院有权根据宪法和法律规定行政措施,制定行政法规,发布决定和命令。该条第 2 项还规定国务院有权向全国人民代表大会或者全国人民代表大会常务委员会提出议案。1984 年第六届全国人民代表大会常务委员会第七次会议决定授权国务院在实施国营企业利改税和改革工商税制的过程中,拟定有关税收条例,以草案形式发布试行。[1] 1985 年第六届全国人民代表大会第三次会议作出决定,授权国务院在经济体制改革和对外开放方面,可以制定暂行的规定或者条例。上述规定是国务院立法权限的宪法和法律基础。其中,国务院提出立法议案是通过参与最高国家权力机关立法活动而行使立法职能。全国人民代表大会和全国人民代表大会常务委员会通过专门决定的形式授权国务院立法,是将原本属于法律规定的事项授予国务院先行制定行政法规。国务院制定行政法规的权限可以具

---

〔1〕 参见李步云、汪永清主编:《中国立法的基本理论和制度》,中国法制出版社 1998 年版,第 299 页。

体归纳为以下几个方面。

1. 为执行法律的规定需要制定行政法规的事项。法律是权力机关意志的集中体现,行政机关的基本职能是执行权力机关的意志,由于主客观因素的影响,包括立法的成本、立法的整体性、简洁性要求以及人制定法律的主体缺陷性,导致法律的制定不可能绝对的细致和具体。法律要在现实生活中更好地实施,需要行政机关根据具体情况将比较抽象的法律条文及规定尽可能地细化,便于执行。在国务院制定行政法规的实践中,为执行法律的规定而制定的行政法规主要包括三类:第一类是已经对某项法律实施中的各种问题作出比较全面且具体规定的行政法规,它通常涉及专有名词术语的解释、处罚或奖励幅度的具体化、行政执法机关职责的具体化、行政执法程序的具体化等。第二类是为实施某项法律中的某一项规定或制度而制定的行政法规,这一类行政法规通常在整体上规定得比较具体明确,便于操作,但由于个别问题受当时主客观因素制约未能具体化,只能作原则性规定,由国务院待条件成熟时制定具体实施办法。这一类行政法规具有针对性的特点。第三类是针对有关法律实施的过渡、衔接问题制定的行政法规,主要目的是保障现存的制度与新法律的衔接,即相应的过渡性规定,以保持社会秩序的稳定性和连续性。

2.《宪法》第 89 条规定的国务院行政管理职权的事项。我国《宪法》第 89 条通过列举的方式归纳了国务院自身十八个的行政职责。通过总结主要包括六大类的职责:第一类是制定规范性文件的权力,即可以根据宪法和法律,规定行政措施,制定行政法规,发布决定和命令。为实现该职责的行政法规例如国务院制定的《行政法规制定程序条例》。第二类是进行立法提案的权力,即向全国人民代表大会或者全国人民代表大会常务委员会提出议案。也在 2023 年修改后的第 49 条中提到了国务院向全国人民代表大会常务委员会提出法律案的权限。[1] 第三类

---

〔1〕《立法法》第 49 条第 1 款规定:国务院、中央军事委员会、国家监察委员会、最高人民法院、最高人民检察院、全国人民代表大会各专门委员会,可以向全国人民代表大会常务委员会提出法律解释要求或者提出相关法律案。

是全国性行政事务的领导和管理权。如规定各部、各委员会的任务和职责；规定中央和省、自治区、直辖市的国家行政机关职权的具体划分；编制和执行国民经济和社会发展计划及国家预算；批准行政区域的划分及自治州、县、自治县、市的建置等。如《地方各级人民政府机构设置和编制管理条例》就是实施该职责的法律保障。第四类是部门性行政事务的领导和管理权。主要涉及经济工作和城乡建设；教育、科学、文化、卫生、体育；民政、公安、司法行政、监察；对外事务，同国外缔结条约和协定；国防建设；民族事务；保护华侨、归侨和侨眷等。这类型下的行政法规包括《关于鼓励华侨和香港澳门同胞投资的规定》《企业名称登记管理规定》《税收征收管理法实施细则》等。第五类是行政机关内部事务的领导和管理权，主要涉及审定行政机构的编制；行政人员的培训和考核；行政人员的任免和奖罚等。第六类是行政监督权，主要涉及改变或者撤销各部、各委员会发布的不适当的命令、指示和规章；改变或撤销地方各级国家行政机关的不适当的决定和命令。

3. 全国人民代表大会及其常务委员会授权的事项。《立法法》第 12 条规定，该法第 11 条规定的事项尚未制定法律的，全国人民代表大会及其常务委员会有权作出决定，授权国务院可以根据实际需要，对其中的部分事项先制定行政法规，但是有关犯罪和刑罚、对公民政治权利的剥夺和限制人身自由的强制措施和处罚、司法制度等事项除外。如前所述，现行《宪法》实施以来，国务院获得了有关利改税、工商税制改革以及有关经济体制改革和对外开放方面的立法授权。在制定行政法规立法实践中，这方面的授权立法主要集中在税制改革方面，如《增值税暂行条例》《消费税暂行条例》等。2015 年修订的《立法法》进一步加强了授权立法的规定。其中在第 10 条中规定了相应的限制措施：第一，授权决定应当明确授权的目的、事项、范围、期限以及被授权机关实施授权决定应当遵循的原则，而因此制定的行政法规要符合上述要求。第二，授权的时间限制，授权的期限不得超过 5 年，但是授权决定另有规定的除外。第三，授权机关的报告义务，即被授权机关应当在授权期限届满的 6 个月以前,向授权机关报告授权决定实施的情况,并提出是否需要制定有关法律的意见;需要继续授权的,可以提出相关意见,由全国人民代表大会及其常务委员会决定。同时《立法法》(2015 年版)第 12 条也规定被授权机关应当严格按照授权决定行使被授予的权力。被授权机关不得将被授予的权力转授给其他机关。2023 年第二次修正的《立法法》未作相应内容上的改动。

(四)国务院部门的立法权限

我国宪法规定,国务院各部、各委员会有权根据法律和国务院的行政法规、决定、命令,在本部门的权限内,发布命令、指示和规章。对于国务院各部门、委员会制定的规章是否属于立法活动所产生的法的范围存在争议。但通过我国《立法法》的规定可以看出,我国认可部门规章属于法规范的一种,其制定部门规章的活动也属于立法活动的一种。这主要是因为在现实生活中很多社会关系的调整都是依靠部门规章进行的,如果不把部门规章认定为法规范的一种,在行政机关履行职责时会于法无据。2023 年修正的《立法法》中规定将 2015 年《立法法》第 80 条规定〔1〕的可以制定部门规章的主体进行了增加,即增加了“法律规定的机构”。〔2〕 该条款的修改也是立足实践的需求,实践中,除之前立法法规定的机构外,有的具有行政管理职能的国务院直属事业单位,如 2023 年 3 月国务院机构改革前的中国证券监督管理委员会、原中国银行保险监督管理委员会,以及列入中共中央机构序列的合署机构,如国家保密局、国家密码管理局,分别依据证券法、银行业监督管理法、保密法、密码法的规定可以制定规章。为进一步规范规章的制定权,根据实践做法,

〔1〕《立法法》(2015 年)第 80 条第 1 款规定:国务院各部、委员会、中国人民银行、审计署和具有行政管理职能的直属机构,可以根据法律和国务院的行政法规、决定、命令,在本部门的权限范围内,制定规章。

〔2〕《立法法》(2023 年)第 91 条第 1 款修改为:“国务院各部、委员会、中国人民银行、审计署和具有行政管理职能的直属机构以及法律规定的机构,可以根据法律和国务院的行政法规、决定、命令,在本部门的权限范围内,制定规章。”

此次修改《立法法》在部门规章制定主体中增加“法律规定的机构”，明确法律才能授予规章制定权，即立法法规定以外的国家机构需要单行法律的授权，才能制定规章。

虽然《宪法》《立法法》《国务院组织法》都规定了国务院部门具有一定的立法权限，但都未对可以立法的具体事项进行列举，只是进行了概括式规定。其中包括的事项有：一是属于执行法律或者国务院的行政法规的事项。在立法实践中，法律直接规定由国务院制定行政法规的居多，直接规定由国务院部门制定规章的较少，但行政法规大部分规定由部门制定实施细则或办法等规章。二是执行国务院的决定和命令的事项。国务院在行使行政管理职权中，经常要根据实际情况作出具有普遍效力的决定和命令，这种决定和命令不属于立法，但属于宪法和法律规定的国务院所具有的行政职权，由于该职权行为国务院只能依据宪法和法律作出，所以由国务院部门制定规章而加以贯彻实施是符合法制统一原则的。国务院部门就这两方面的事项制定规章都必须是在本部门行政管理权限范围内，其立法内容不能超出自身行政管理的职权范围，若涉及两个以上国务院部门职权范围的事项，应当提请国务院制定行政法规或者由国务院有关部门联合制定规章。同时，2015 年修正的《立法法》还进一步对部门规章的制定加强了限制，即规定没有法律或者国务院的行政法规、决定、命令的依据，部门规章不得设定减损公民、法人和其他组织权利或者增加其义务的规范，不得增加本部门的权力或者减少本部门的法定职责。2023 年第二次修订的《立法法》未作相应内容上的改动。

（五）中央军事机关的立法权限

我国宪法中只规定了我国中央军事机关即中华人民共和国中央军事委员会领导全国武装力量。但并未对其立法权限作出明确规定。在《立法法》的附则一章中规定中央军事委员会根据宪法和法律，制定军事法规。中国人民解放军各战区、军兵种和中国人民武装警察部队，可以根据法律和中央军事委员会的军事法规、决定、命令，在其权限范围内，制定军事规章。

（六）中央监察机关的立法权限

2018年的《宪法修正案》确定设置了国家监察委员会。同时，《宪法修正案》规定，监察委员会的组织和职权由法律规定。2018年与《宪法修正案》同时通过的《监察法》，对监察委员会的组织和职权作了具体规定。由于国家监察委员会是新设立的国家机构，是否需要赋予法规制定权，当时还没有深入研究，因此，《监察法》没有规定国家监察委员会可以制定法规。在《监察法》实施过程中，有不少规定需要进一步具体化，需要制定法律的实施细则，为此，2019年10月，十三届全国人大常委会十四次会议通过关于国家监察委员会制定监察法规的决定，明确国家监察委员会根据宪法和法律，制定监察法规，并对监察法规的权限范围、制定程序和备案等作了规定。

当时也有意见提出，授权国家监察委员会制定监察法规，属于立法体制的变化，应当修改立法法予以明确。为此，全国人大宪法和法律委员会关于决定草案的审议结果报告中对此作出安排："在立法法修改前，由全国人大常委会作出关于国家监察委员会制定监察法规的决定，是必要的，符合宪法和监察法的原则和精神。同时，建议对立法法的修改抓紧研究，对国家监察委员会制定监察法规及相关问题作出规定。"因此，2023年《立法法》修改，进一步明确国家监察委员会的监察法规制定权并增加"国家监察委员会根据宪法和法律、全国人民代表大会常务委员会的有关决定，制定监察法规，报全国人民代表大会常务委员会备案"的规定。

除此之外，2023年立法法修改，还确定了国家监察委员会向全国人民代表大会常务委员会提出法律解释要求或者提出相关法律案的权力。[1]

---

〔1〕《立法法》第49条第1款规定：国务院、中央军事委员会、国家监察委员会、最高人民法院、最高人民检察院、全国人民代表大会各专门委员会，可以向全国人民代表大会常务委员会提出法律解释要求或者提出相关法律案。

（七）中央司法机关和中央检察机关的立法权限

对于最高人民法院和最高人民检察院的立法权限就主要体现在提出法律解释要求或者提出相关法律案的权力。2015 年《立法法》规定国务院、中央军事委员会、最高人民法院、最高人民检察院和全国人大各专门委员会以及省级人大常委会可以向全国人大常委会提出法律解释要求。截至 2022 年 12 月，全国人大常委会现行有效的法律解释共 24 件。多数情况下都是由其他国家机关提出法律解释要求，全国人大常委会作出法律解释。也有的是由有关国家机关提出法律解释的议案，比如 2022 年 12 月十三届全国人大常委会三十八次会议审议通过的《关于〈中华人民共和国香港特别行政区维护国家安全法〉第十四条和第四十七条的解释》，是由国务院提出议案的。为适应实践中不同情况，2023 年《立法法》修改，增加规定国务院、中央军事委员会、国家监察委员会、最高人民法院、最高人民检察院和全国人大各专门委员会可以向全国人大常委会“提出相关法律案”。这里的相关法律案，即指相关法律解释案。

三、地方国家机关的立法权限

地方立法，是相对于中央立法的一个概念，即特定的地方立法主体，依据一定的立法职权和程序，制定、修改、补充和废止适用于本地区的具有法效力的规范性文件的活动。中国地方国家机关的立法权限所涉及的主体主要包括省、自治区、直辖市和设区的市的人民代表大会及其常务委员会；省、自治区、直辖市和设区的市的人民政府；民族自治地方的人民代表大会、特别行政区立法机关等立法主体。所能够设立的法律规范主要包括地方性法规、地方政府规章、自治条例和单行条例以及特别行政区法律。

（一）省、自治区、直辖市和设区的市的人民代表大会及其常务委员会的立法权限

2015 年修改的《立法法》将原来的 2000 年《立法法》第 63 条中规定

的地方性法规的制定主体进行了修改,将省、自治区、直辖市和较大的市的人民代表大会及其常务委员会具有制定地方性法规的立法权限改为了省、自治区、直辖市和设区的市的人民代表大会及其常务委员会具有制定地方性法规立法权限。

2015 年修正的《立法法》第 73 条(现为 2023 年修改后的第 82 条)还规定了地方性法规可以就两方面的事项作出规定,第一个是为执行法律、行政法规的规定,需要根据本行政区域的实际情况作出具体规定的事项。这是一种执行性立法的规定,其就是为了保障上位法规定的更好实施,因此,结合本地区的实际,作出执行性的规定,制定地方性法规。这种执行性立法是根据执行法律、行政法规的需要而进行的。只有当法律、行政法规涉及的事项比较原则、笼统或有幅度、留有地方立法余地的情况下,才会产生一定的立法需要,并非每一项法律和行政法规都要求有与之配套的地方立法,否则便容易形成重复立法。修订后的《立法法》对此进行了专门规定,即制定地方性法规,对上位法已经明确规定的内容,一般不作重复性规定。第二个是属于地方性事务需要制定地方性法规的事项。任何地区都有自己地区所管理的独特事务,具有明显的区域性特点,国家不可能将各地区的所有问题做出统一立法,需要尊重各地区的特色,而赋予地方国家机关相应的立法权制定地方性法规。这类具有本地方特性的事项的立法属于自主性立法。但是在实践中并不是所有的事项都完全能够认定为本地区的事项,在这种情况下如果上位法未作出相应规定,地方是否还能作出规定,该条第 2 款也做出了规定,只要涉及的事项不属于《立法法》第 8 条、2023 年《立法法》第 11 条的,那么其他事项国家尚未制定法律或者行政法规的,省、自治区、直辖市和设区的市、自治州根据本地方的具体情况和实际需要,可以先制定地方性法规。在国家制定的法律或者行政法规生效后,地方性法规同法律或者行政法规相抵触的规定无效,制定机关应当及时予以修改或者废止。这样规定既解决了某些地区急切处理问题的难题,也为中央统一立法积累了经验。

2015年修订后的《立法法》也对设区的市的人民代表大会及其常务委员会的立法范围做出了限制性规定，即规定设区的市的人民代表大会及其常务委员会根据本市的具体情况和实际需要，在不同宪法、法律、行政法规和本省、自治区的地方性法规相抵触的前提下，只可以对城乡建设与管理、环境保护、历史文化保护等方面的事项制定地方性法规。之后，在设区的市行使地方立法权的实践中，不少地方就特定的具体事项来函询问是否属于设区的市立法权限，全国人大常委会法工委基本上都作了肯定答复，支持设区的市的立法需求。因此，实践中对“城乡建设与管理”范围的理解和把握是较为宽泛的。在立法法修改过程中，一些地方建议适当扩大设区的市立法权限，以适应实践中地方不断增长的立法需求。考虑到设区的市的特点和地方创新基层治理的实际需要，2023年《立法法》增加规定设区的市可以对“基层治理”事项制定地方性法规和地方政府规章；同时，根据2018年《宪法修正案》有关表述，将“环境保护”修改为“生态文明建设”，进一步适应设区的市制定地方性法规的实际需要。

2015年修订后的《立法法》在第76条中（2023年《立法法》修改为现在的第86条）也对地方人民代表大会及其常务委员会的权限做出了划分规定，即规定本行政区域特别重大事项的地方性法规，应当由人民代表大会通过。这里虽然将“特别重大事项”的地方性法规的制定权确定为由地方人民代表大会行使，只是排除了地方人民代表大会常务委员会的立法权限，但并未排除地方人民代表大会对职权范围内的其他事项行使立法权。由于地方人民代表大会会期制度的限制，在立法实践中，大部分的地方性法规都是由地方人民代表大会常务委员会所制定的。

中国改革开放四十多年来，全国人民代表大会及其常务委员会共六次通过决议对地方进行授权：一是1981年全国人民代表大会常务委员会授权广东省、福建省人民代表大会及其常务委员会制定所属经济特区的各项单行经济法规；二是1988年全国人民代表大会授权海南省人民代表大会及其常务委员会制定法规，在海南经济特区实施；三是1992年全国人民代表大会常务委员会授权深圳市人民代表大会及其常务委员会制定法规，在深圳经济特区实施；四是1994年全国人民代表大会授权厦门市人民代表大会及其常务委员会制定法规，在厦门经济特区实施；五是1996年全国人民代表大会授权汕头市和珠海市人民代表大会及其常务委员会分别制定法规，在各自的经济特区实施；六是按照党中央决定部署，2021年6月，十三届全国人大常委会二十九次会议分别通过了《关于授权上海市人民代表大会及其常务委员会制定浦东新区法规的决定》和《海南自由贸易港法》，授权上海市人大及其常委会制定浦东新区法规、海南省人大及其常委会制定海南自由贸易港法规。[1] 从上述授权立法实践可以看出，我国授权地方立法的对象主要是经济特区所在地的省、市人民代表大会及其常务委员会，其他地区的权力机构并未成为授权立法的主体。而经济特区地方权力机关所制定的经济法规只能够很好地适应经济特区的需要，其他地区执法不能适用。以及例如在一个省，省一级地方权力机关和省辖市的地方权力机关都得到了最高国家权力机关的授权，二者所制定的地方经济法规就极易产生矛盾和冲突。

（二）省、自治区、直辖市和设区的市的人民政府的立法权限

我国现行《宪法》只规定了国务院各部、各委员会可以根据法律和行政法规制定部门规章，并未明确规定地方政府可以制定地方政府规章。现行《立法法》第93条第1款规定了省、自治区、直辖市和设区的市、自治州的人民政府，可以根据法律、行政法规和本省、自治区、直辖市的地方性法规，制定规章。第2款也规定了地方政府规章的具体立法范围，一是为执行法律、行政法规、地方性法规的规定需要制定规章的事项，属于执行性立法。二是属于本行政区域的具体行政管理事项。我国

〔1〕 体现在2023年修正的《立法法》第84条：经济特区所在地的省、市的人民代表大会及其常务委员会根据全国人民代表大会的授权决定，制定法规，在经济特区范围内实施。上海市人民代表大会及其常务委员会根据全国人民代表大会常务委员会的授权决定，制定浦东新区法规，在浦东新区实施。海南省人民代表大会及其常务委员会根据法律规定，制定海南自由贸易港法规，在海南自由贸易港范围内实施。

《宪法》对地方各级人民政府的行政管理职权做了明确的规定。地方政府只能就规定的这些领域中的具体行政管理事项制定规章。

同样,2015 年修订后的《立法法》对设区的市在本行政区域内的具体行政管理事项制定规章也做了明确限制,即设区的市的人民政府制定地方政府规章,限于城乡建设与管理、环境保护、历史文化保护等方面的事项。但从实际考虑,原有作为较大的市的人民政府已经制定的地方政府规章,涉及上述事项范围以外的,则继续有效,尽可能保持原来较大的市已有的立法与新增加的设区的市的立法权限衔接,以适应地方政治、经济、文化、社会发展的实际需要。2023 年修正的《立法法》将其中事项规定限于城乡建设与管理、生态文明建设、历史文化保护、基层治理等方面,更加符合了实践的要求。

(三)民族自治地方的立法权限

根据我国现行《宪法》《民族区域自治法》《立法法》的有关规定,民族自治地方包括两个方面的立法权限:一是一般地方立法权,即自治区和自治州的人民代表大会及其常务委员会有权制定地方性法规;自治区和自治州的人民政府有权制定地方政府规章。二是自治立法权,即民族自治地方的人民代表大会有权依照当地民族的政治、经济和文化的特点,制定自治条例和单行条例。

关于一般性地方立法权。自治区的人民代表大会及其常务委员会制定地方性法规以及自治区人民政府制定地方政府规章的权力与权利限制都同省、直辖市一级的立法权限一样。自治州的人民代表大会及其常务委员会制定地方性法规以及自治州人民政府制定地方政府规章的权力与权利限制是与设区的市立法权限一样。

关于自治性立法权。自治条例和单行条例是少数民族自治地方行使自治权的重要方式。所谓的自治条例是民族自治地方的人民代表大会,依照当地民族的政治、经济、文化的特点制定的全面调整本自治地方事务的综合性立法规范性文件。所谓的单行条例是民族自治地方的人民代表大会，依照当地民族的政治、经济、文化的特点制定的调整本自治地方某方面事务的单项立法规范性文件，它是民族自治地方行使某一方面自治权的具体规定，单行条例应当遵循自治条例的规定。

关于自治地方的一般性地方立法权与自治性立法权，是具有许多方面不同之处的。在立法主体方面，一般性地方立法职权的主体是自治区、自治州以及设区的市的人民代表大会及其常务委员会和自治区所在地的市的人民政府，自治性立法职权的主体是自治区、自治州、自治县的人民代表大会，不包括其常务委员会和地方政府；在立法的要求与限制方面，制定地方性法规要求根据本行政区域的实际情况、属于本行政区域的地方性事务，不得与宪法、法律、行政法规相抵触。制定地方政府规章需要以宪法、法律、地方性法规为依据，属于本行政区域的具体管理事项。制定自治条例和单行条例是在不违背法律或者行政法规基本原则情况下，根据当地民族的政治、经济和文化的特点对法律和行政法规的规定作出的变通规定。在立法程序方面，地方性法规要报全国人民代表大会常务委员会和国务院备案，自治州、设区的市的人大及其常委会制定的地方性法规还需要报省、自治区人大常委会审查和批准，地方政府规章需要报国务院备案。而自治条例和单行条例需要报全国人民代表大会常务委员会批准后生效；自治州、自治县的自治条例需要报省、自治区、直辖市的人民代表大会常务委员会批准后生效，由省、自治区、直辖市的人民代表大会常务委员会报全国人民代表大会常务委员会和国务院备案，其程序要比一般地方立法严格。在立法目的方面，一般地方立法的目的是保障本地方各族人民的共同利益，而民族自治立法体现的是宪法和法律赋予的自治权，其目的是保障本地方少数民族的利益。

在 1984 年《民族区域自治法》颁布之后，自治条例的制定工作也慢慢开展起来。现在已经制定的自治条例主要是由自治州和自治县所制定的，自治区还未颁布自己的自治条例。其中主要规定自治地方的名称、辖区范围、首府；自治地方的自治机关组成的具体安排；自治地方的经济建设、财政管理、教育、科学、文化、卫生事业、民族关系、宗教事务；

自治地方的成立纪念日及条例通过和批准的程序以及条例的解释权等。[1]

单行条例涉及的内容也十分广泛,包括婚姻、继承、资源开发、计划生育、未成年人保护、社会治安、环境保护以及土地、森林、草原管理等。单行条例规定的事项可以分为两个方面:一方面是单行条例对国家法律作具体实施性的规定以及变通、补充规定。这一类单行条例的内容,绝大部分是对法律的具体化,还有一部分是对法律的变通或补充规定。另一方面是民族自治地方根据当地实际需要对国家法律尚未作规定或不需要由国家法律规定的事项作出规定。如自治地方就民族语言问题、自然资源保护、地方经济管理等民族事务特别制定的单行条例。

自治条例和单行条例可以从两个方面对法律和行政法规作变通规定:一是国家法律明确授权可以变通的事项。如《民事诉讼法》等法律中明确规定民族自治地方可以根据该法的基本原则制定变通或补充规定。二是国家立法虽未明确授权,但是不完全适合本民族自治地方实际情况的规定。国家立法是面向全国的,难以完全照顾到民族自治地方的特殊情况,因此,有些规定可能存在不完全适合自治地方的情况。在这种情况下,自治条例和单行条例依法可以对有关规定予以变通。

民族自治地方制定自治条例和单行条例的立法权具有相应的自主性和灵活性,但并非毫无限制,我国《立法法》通过对变通的限制范围进行规定[2],也更好地维护中央集中统一权威,更好地满足民族自治地方的需要。主要包括以下几个方面。

1. 不得违背法律或者行政法规的基本原则。在地方,各级人大担任

---

〔1〕 参见乔晓阳主编:《立法法讲话》,中国民主法制出版社2000年版,第257页。

〔2〕《立法法》第85条规定:民族自治地方的人民代表大会有权依照当地民族的政治、经济和文化的特点,制定自治条例和单行条例。自治区的自治条例和单行条例,报全国人民代表大会常务委员会批准后生效。自治州、自治县的自治条例和单行条例,报省、自治区、直辖市的人民代表大会常务委员会批准后生效。自治条例和单行条例可以依照当地民族的特点,对法律和行政法规的规定作出变通规定,但不得违背法律或者行政法规的基本原则,不得对宪法和民族区域自治法的规定以及其他有关法律、行政法规专门就民族自治地方所作的规定作出变通规定。

着保证宪法、法律、行政法规以及上级人大及其常务委员会决议的遵照和执行的职责。在每一部法律或者行政法规中规定的基本原则，是该法律规范最基本最核心最重要的内容，贯穿着整部法律规范的始终。如果允许自治条例和单行条例对法律或者行政法规的基本原则做变通规定，那就无法再保证对该法律和行政法规的遵守与执行了。例如，《民法典》中规定的平等原则、意思自治原则、公平原则、诚实信用原则、公序良俗原则以及绿色原则。

2. 不得对宪法和《民族区域自治法》作变通规定。宪法是国家的根本大法，它规定国家的根本性问题，具有最高的法律效力和权威，是国家统一和各民族团结的基础，全国各族人民、一切国家机关和武装力量、各政党和各社会团体、各企业事业组织，都必须以宪法为根本的活动准则，宪法的各项原则和规定必须得到全面的遵守和执行。因而宪法的规定不能变通。《民族区域自治法》是为了实施民族区域自治而制定的基本法律，它全面系统地规定了民族自治地方的建立，民族自治地方自治机关的组成和自治权，上级国家机关领导和帮助以及民族关系的处理，是民族自治地方立法的主要法律依据。因此，《民族区域自治法》也不能变通。

3. 不得对其他有关法律、行政法规专门就民族自治地方所作的规定作变通规定。全国人民代表大会及其常务委员会、国务院已经针对民族自治地方的特殊情况，在充分平衡国家整体利益以及民族自治地方利益的基础之上，制定了相应的法律以及行政法规规定。这些规定符合当地民族的政治、经济和文化的特点，因此不再需要进行变通。

（四）特别行政区的立法权限

我国实行“一国两制”制度。在此基础上，香港特别行政区与澳门特别行政区具有立法权限，这种权限是建立在高度自治基础上的，远远超过省、自治区、直辖市在制定地方性法规方面的立法权限，也超过了民族自治地方的自治立法权限。

《香港基本法》第 17 条第 1 款的规定:“香港特别行政区享有立法权。”第 73 条第 1 项规定,香港特别行政区立法会“根据本法规定并依照法定程序制定、修改和废除法律”。因此,香港特别行政区的立法机关是香港特别行政区立法会。

《香港基本法》规定的立法会的立法权限包括两个方面,一方面是香港特别行政区自治范围内的事项。我国的国防和外交属于中央立法范围内的事项,香港特别行政区不可能管理。《香港基本法》也规定了一些属于中央管理的事项,包括负责管理与特别行政区有关的外交事务、负责管理特别行政区的防务、依照基本法的规定任命特别行政区行政长官和行政机关的主要官员、决定特别行政区进入紧急状态。立法会有权针对除了上述事项之外的事务进行立法,例如包括刑事、民事、商事等各方面的法律。另一方面是为保证全国性质法律在香港特别行政区实施的事项。《香港基本法》第 18 条第 2 款第 2 句规定:“凡列于本法附件三之法律,由香港特别行政区在当地公布或立法实施。”因此,列入《香港基本法》附件三的有关国防、外交和按《香港基本法》规定不属于香港自治范围的全国性法律,除在当地公布直接实施外,有些需要立法会立法实施。立法会的立法权限主要是自治范围内的事项,也会涉及国防、外交和按香港特别行政区规定不属于自治范围的事项。但涉及国防、外交和按香港特别行政区规定不属于自治范围的事项,立法会不能自行立法,而只能为保证全国性法律在香港特别行政区实施进行某些适用性立法。

香港特别行政区立法会还具有《香港基本法》的修改提案权。《香港基本法》第 159 条第 1、2 款规定:“本法的修改权属于全国人民代表大会。本法的修改提案权属于全国人民代表大会常务委员会、国务院和香港特别行政区。香港特别行政区的修改议案,须经香港特别行政区的全国人民代表大会代表三分之二多数、香港特别行政区立法会全体议员三分之二多数和香港特别行政区行政长官同意后,交由香港特别行政区出席全国人民代表大会的代表团向全国人民代表大会提出。”

在香港特别行政区，行使立法权是立法会的主要职权，但立法权并不完全由立法会单独享有，行政长官也享有一部分立法权。《香港基本法》第48条规定的香港特别行政区行政长官行使的职权中包括签署立法会通过的法案，公布法律、决定政府政策和发布行政命令。

根据《澳门基本法》的规定，澳门特别行政区享有立法权，澳门特别行政区的立法机关是澳门特别行政区立法会，立法会有权依照《澳门基本法》的规定和法定程序制定、修改、暂停实施和废除法律。其立法权限非常宽泛，有权就高度自治范围内的一切事务进行立法，除外交、国防以及其他属于中央人民政府管理范围的事务外，有关澳门特别行政区社会、经济制度与保障居民的基本权利和自由的制度及行政管理、立法和司法方面的制度的法律，澳门特别行政区的立法机关有权依据《澳门基本法》进行制定。另外，全国性的法律除列于《澳门基本法》附件三之外，不在澳门特别行政区实施，而列入《澳门基本法》附件三的法律，由澳门特别行政区在当地公布或立法实施。列入《澳门基本法》附件三的法律是指《关于中华人民共和国国都、纪年、国歌、国旗的决议》《关于中华人民共和国国庆日的决议》《国籍法》《外交特权与豁免条例》《国旗法》《国徽法》《领海及毗连区法》。

除上述四个方面的地方立法权限之外，2023年修正的《立法法》还区域协同立法，区域协同立法是近年来地方立法的创新做法，从实践来看，京津冀、长三角已经形成比较成熟的立法协同工作机制，山西、福建、山东、江西、湖北、湖南、广西、云南、贵州、重庆、四川等不少地方也进行了积极探索。中央人大工作会议明确提出，建立健全区域协同立法、流域立法、共同立法工作机制。2022年修改的《地方组织法》，对区域协同立法作出了原则规定。[1] 此次修改《立法法》，不少地方建议总结实践中的成熟经验和做法，对区域协同立法作出规定。因此，为贯彻国家区域协调发展战略和中央人大工作会议精神，适应地方实践需要，增加规

---

〔1〕《地方组织法》第10条第3款规定：省、自治区、直辖市以及设区的市、自治州的人民代表大会根据区域协调发展的需要，可以开展协同立法。

定:“省、自治区、直辖市和设区的市、自治州的人民代表大会及其常务委员会根据区域协调发展的需要,可以协同制定地方性法规,在本行政区域或者有关区域内实施。”(《地方组织法》)“省、自治区、直辖市和设区的市、自治州可以建立区域协同立法工作机制。”(《立法法》)

四、完善中国立法权限制度的相关问题

(一)进一步明确立法权限制度中的模糊法律概念及表达

虽然通过我国《宪法》《地方组织法》《立法法》的具体规定,在中央与地方、权力机关与行政机关、地方国家机关之间的立法权限都已经有了明确的原则性的划分。但是由于法律总是通过概念来表达的,而法律概念或多或少都具有不确定性,即具有“模糊边缘”,这就会难免导致国家机关之间立法权限划分产生矛盾。例如,我国《宪法》和《立法法》规定全国人民代表大会制定和修改刑事、民事、国家机构的和其他的基本法律;全国人大常委会制定和修改除应当由全国人民代表大会制定的法律以外的其他法律。这里的“基本法律”“其他的基本法律”的范围是不明确的,所谓基本法和非基本法之间没有一个法定的衡量标准,这容易导致全国人民代表大会与全国人大常委会之间立法职权的混同。立法实践中已出现过全国人大常委会制定的应属基本法律范围的法律。1981 年的《惩治军人违反职责罪暂行条例》、1994 年的《劳动法》、1989 年的《集会游行示威法》等都具有明显的刑事、民事、国家机构和公民基本权利与自由等基本法律的特性,本应由全国人民代表大会制定,而事实上都是由全国人民代表大会常务委员会制定的。在 2023 年对《立法法》的修正之中也对此作出了回应,即规定了“全国人民代表大会可以授权全国人民代表大会常务委员会制定相关法律”。这一规定的增加,使很多由全国人大常委会制定的应属基本法律范围的法律具有了合法性,同时也证实了该问题的重要程度。

再如,根据 2000 年颁布施行的《立法法》规定,全国人民代表大会常委员会没有权力通过决定暂停实施全国人民代表大会制定的法律。之

后,2015 年修正后的《立法法》第 13 条确立了一项新的授权规定,即全国人民代表大会及其常务委员会可以根据改革发展的需要,决定就行政管理等领域的特定事项授权在一定期限内在部分地方暂时调整或者暂时停止适用法律的部分规定。其中“改革发展的需要”“行政管理等领域的特定事项”“一定期限内”“部分地方”都是不确定的概念。2023 年修正后的《立法法》进一步对该条款做出了修改。[1] 其中对于删除了“行政管理等领域”的限定、将“一定期限”与“部分地方”改为了“规定的期限和范围”,一定程度上使该条中的模糊概念变得清晰,使条文能够更好地适用。这既是保障法制统一的重要前提,又是适应改革发展的现实性客观需求。因此从针对该条的变化中也能看出国家对于立法权限相关规定的重视,也一直在努力改进规定的清晰化,以更好地指引立法行为。

因此,在对待类似上述模糊性条文的时候,一定要谨慎对待,采取最合适的解释方式,适应现实需求,以进一步明确立法权限制度中的模糊法律概念及表达。

(二)进一步赋予全国人民代表大会常务委员会修改及补充法律的合理性

中国现行《宪法》第 67 条规定,在全国人民代表大会闭会期间,全国人民代表大会常务委员在不同该法律的基本原则相抵触情况下有法律部分补充和修改的权利。在实际立法中,全国人民代表大会常务委员会在全国人民代表大会闭会期间,对全国人民代表大会制定的法律进行修改的量是比较大的,有些已从根本上修改了该法律。如 1982 年全国人民代表大会对 1979 年制定的《全国人民代表大会和地方各级人民代表

---

[1] 2023 年《立法法》将之前的第 13 条改为第 16 条,修改为:“全国人民代表大会及其常务委员会可以根据改革发展的需要,决定就特定事项授权在规定期限和范围内暂时调整或者暂时停止适用法律的部分规定。暂时调整或者暂时停止适用法律的部分规定的事项,实践证明可行的,由全国人民代表大会及其常务委员会及时修改有关法律;修改法律的条件尚不成熟的,可以延长授权的期限,或者恢复施行有关法律规定。”

大会选举法》和《地方组织法》进行了修正。1986 年和 1995 年全国人民代表大会常务委员会又进行了两次修正,修改补充的条文数分别占了一半以上。之后也进行后续的几次修正。《刑法》也是全国人民代表大会常务委员会修改的次数比较多的法律。这主要由于全国人民代表大会会期制度使法律的修改是有限的。现实的情况要求我们进一步通过修改或者解释立法权限制度的方式来赋予全国人民代表大会常务委员会修改及补充法律更多的合理性。

(三)解决剩余中央层级立法权限范围之外的立法事项归属问题

同时,在全国人民代表大会及其常务委员会与国务院的立法权限划分方面,《立法法》规定了全国人民代表大会及其常务委员会的专属立法权,采用排除式确定了对国务院进行授权立法的范围。《立法法》也对国务院的立法职权进行了原则性的划分,其立法职权的范围是:为执行法律的规定需要制定行政法规的事项。但《立法法》并未对最高国家权力机关和最高国家行政机关立法职权划分之外的剩余事项立法权的归属进行确定,留有立法职权划分的模糊区域。而随着社会的发展,难以避免在原有已划分的立法事项之外产生新的立法事项,剩余立法权的归属需要在立法职权划分中加以解决。除此之外,在其他立法主体之间也存在立法职权界限不明晰的地方。有必要通过立法解释将《宪法》《国务院组织法》《地方组织法》《立法法》关于立法主体权限划分的原则性规定具体化,以便消除歧义并防止立法上的越权和冲突。

(四)适当限制行政立法主体立法权的扩张

行政立法的产生,极大地补充了立法的不足,适应了社会变革的需要。但是行政机关立法权限的划分方面也存在一系列问题。包括:行政机关立法权缺少授权程序、权力行使缺少全面的监督机制,从而导致行政权进一步扩张,以此产生难以避免的弊端,损害国家法治的统一。

我国法律规定国务院具有制定行政法规的权力,该权力是由全国人民代表大会以宪法的形式授予的。制定行政法规必须要以宪法和法律为依据,不得与之相抵触。因此,我国国家权力机关在立法地位上是优于国家行政机关的。但是从立法实践来看,行政机关的立法在事实上是较为强大的。从法律规范产生的数量上看,行政机关的立法数量接近权力机关的2倍之多;从法案的提案数量上看,在国务院具有提案权的基础上,权力机关制定的法律中有2/3的立法议案是由行政机关提出的;从授权立法来看,国务院已经三次接受了全国人民代表大会或其常务委员会的授权;从对行政机关立法权的监督上看,全国人大常委会未撤销一件国务院制定的行政法规;从行政规章的效力发展来看,行政规章逐渐进入中国法律体系,取得了“参照适用”的法律效力。[1]

有人认为,现代西方“行政立法”呈不断膨胀、强化趋势,这是现代行政法治发展的必然要求和重要表现,因此中国也应当强化“行政立法权”。但事实是,西方发达的法治国家从19世纪末开始逐步强化委任立法是与其经济从自由经济向统治经济的转变过程相适应的。而中国经济改革的发展过程与西方发达国家行政法治所依赖的经济发展过程正好是逆向的,这就决定了中国在培育市场、建立社会主义市场经济体制的条件下和过程中,不宜过分地强调“强化行政立法”,尤其是在中国政治体制改革还没有到位,行政职能转变、权限划分、机构精简等问题尚未真正解决的情况下,片面地、笼统地主张强化行政立法,只会把这些需要改革的东西以行政部门立法的方式固定下来。

因此,赋予行政机关以立法权力应该尽量有限度,并且需要周密地规定其立法的范围和目的以及进行全面的监督与控制。

1. 进一步解释法律保留原则限制中央政府职权立法

现在对中央政府职权立法权的限制主要是通过法律保留原则,即《立法法》第11条规定了关于国家主权、国家基本政治制度、犯罪与刑罚、税收制度等十一类事项必须由人大及其常委会制定法律。但是这一

---

〔1〕 参见李林:《关于中国立法权限划分的理论与实践》,载王晓民主编:《议会制度及立法理论与实践纵横》,华夏出版社2002年版,第82页。

规定看似具体,实际上还是不具有操作性。因为《立法法》中的法律概念是模糊化与不明确化的,而现实社会中的问题是复杂化的。法律概念很难完全包含并区分现实中的法律问题。比如在现实操作中如何理解和把握《立法法》第 11 条的"民事基本制度"和"基本经济制度以及财政、海关、金融和对外的基本制度";在民事、经济等范畴内,哪些为"基本制度",哪些为"基本制度"以外的事项,这都需要进一步明确。这项明确工作只能通过对法律保留进行不断的立法解释,才可以完成。因为立法解释是完善立法的重要途径,在沟通立法与执法和司法方面发挥着重要作用。由全国人大常委会对法律保留事项进行立法解释是符合我国的政治体制与立法体制的。因为我国现有的政治体制与立法体制规定了全国人大常委会的立法解释权,即我国《宪法》赋予了全国人大常委会解释宪法与解释法律的权力;《立法法》规定法律解释权属于全国人民代表大会常务委员会。同时,也要解决哪些主体可以申请立法解释的问题。这个问题上,不仅要赋予拥有职权性行政立法权的立法者以申请解释权,还应该赋予其他主体以必要的立法申请解释权。例如现实生活中,法院是最能发现行政立法是否超越立法权限的部门,2023 年修正之后的《立法法》第 49 条规定为:"国务院、中央军事委员会、国家监察委员会、最高人民法院、最高人民检察院、全国人民代表大会各专门委员会,可以向全国人民代表大会常务委员会提出法律解释要求或者提出相关法律案。省、自治区、直辖市的人民代表大会常务委员会可以向全国人民代表大会常务委员会提出法律解释要求。"其中赋予了国务院、中央军事委员会、国家监察委员会、最高人民法院、最高人民检察院、全国人民代表大会各专门委员会不仅具有提出法律解释要求的权力,还具有提出相关法律案的权力,进一步明确有关国家机关可以提出法律解释案。

2. 完善单行法以及授权程序规范授权性行政机关立法

我国《行政许可法》对规章能否设定行政许可的问题作出了具体的分析,规定地方规章可以设定临时性许可,而所有的规章都不可以设定前置性许可,这样就既能使行政立法可以在法律法规缺失的情况下先行作出立法规制,又使行政立法的权限有了明确的规定和立法规范可以遵循;我国单行立法在完善授权性行政立法权限方面相对于一般立法对行政立法权限的规定而言有着很大的优势。因为规定得再详尽的法律也不可能预测到未来社会与经济发展的一切变化。在不同的立法领域与不同的立法时期,对行政立法权限的要求都是不尽相同的。《立法法》对行政立法权限的规定都属于一般性质的规范制度,无法包括所有立法情况。我国目前阶段单行立法对授权性行政立法权限普遍缺少立法规定,因此十分需要重视单行法对立法权限规范的作用。

同时,在我国的授权立法类型中,无论是法条授权,还是单独授权决定,都缺乏相应的程序。因此需要设立专门的授权立法程序,对于法条授权,建立规范性文件制定过程中的单独表决制度,要对授予的权力进行细分,授权机关要对拟授予的权力进行可行性论证。可行性论证既要包括立法时的集中论证,也要包括具体授权时的具体论证。对于单独的授权决定,要确定包括提出授权请求的主体、提出授权请求的程序、负责审查是否可以授权的主体、是否可以授权的论证报告、授权的范围、授权的期限以及针对单独授权决定的表决程序在内。

要切实重视立法预测与立法规划程序的运用。我国《立法法》中并没有注意到这一问题,《行政法规制定程序条例》与《规章制定程序条例》中仅仅有行政法规与规章的立项的笼统规定,也没有将立法预测与立法规划规定成必经的立法程序。立法项目选得准而有特色,法律规范的质量保护就有了一个坚实的基础,因此需要进一步在行政立法权限问题上将立法预测与立法规划制度化。

要促进授权立法程序的公开化,包括依据公开,将授权决定的必要性和可行性报告向社会公开;过程公开,把授权立法的起草、调研、审议、表决过程公开化、授权立法监督程序的公开。

3. 完善对行政立法的监督审查机制

我国人大对行政立法的监督包括事前的监督和事后的监督。事前的监督是指通过严格授权决定限制国务院立法的期限、目的、范围等内容。事后监督包括备案审查和立法抵消解决程序。2023 年修改后的《立法法》第 13 条规定,授权决定应当明确授权的目的、事项、范围、期限以及被授权机关实施授权决定应当遵循的原则等。由此可见,人大的事前监督有所完善,需要的是今后应将这一规定落到实处,防止模糊的授权决定再次出现。人大对行政立法的事后监督同样也在《立法法》的修正之中得到进一步完善。2023 年《立法法》将 2015 年《立法法》第 99 条第 3 款[1]修改后单列一条,规定:"全国人民代表大会专门委员会、常务委员会工作机构可以对报送备案的行政法规、地方性法规、自治条例和单行条例等进行主动审查,并可以根据需要进行专项审查……"这一修改完善了人大的主动审查制度,使人大对行政立法的事后监督效果进一步增强,但是仍需要在具体制度的实施当中落到实处。

目前我国行政机关对行政立法的内部监督主要有上级机关的日常监督、法制机构的审查和备案审查制度三种形式。但是实际上对行政立法的行政监督的效果随着行政领导注意力转移而变化。因而建议加强法制机构的审查能力,依托现有机构设置的同时,增加编制以加强对送审稿的"审查"工作和对行政法规备案后的"审查"工作,避免只"备案"不"审查"的突出问题。

司法机关对行政立法进行审查同样可以起到很好的监督作用。目前,我国法院只对规范性文件有附带审查的权力,对行政法规和规章还不能进行审查。我们认为规范性文件、行政法规和规章同属于抽象行政行为,这三者在性质上是一样的。今后,应该将它们一并纳入法院的司

---

[1] 2015 年《立法法》第 99 条规定:国务院、中央军事委员会、最高人民法院、最高人民检察院和各省、自治区、直辖市的人民代表大会常务委员会认为行政法规、地方性法规、自治条例和单行条例同宪法或者法律相抵触的,可以向全国人民代表大会常务委员会书面提出进行审查的要求,由常务委员会工作机构分送有关的专门委员会进行审查、提出意见。

前款规定以外的其他国家机关和社会团体、企业事业组织以及公民认为行政法规、地方性法规、自治条例和单行条例同宪法或者法律相抵触的,可以向全国人民代表大会常务委员会书面提出进行审查的建议,由常务委员会工作机构进行研究,必要时,送有关的专门委员会进行审查、提出意见。

有关的专门委员会和常务委员会工作机构可以对报送备案的规范性文件进行主动审查。

法审查当中。当然,考虑到法官素质和司法审查对行政机关工作的影响,应在考虑实际情况的前提下进行渐进式改革,逐步将地方政府规章、部门规章和行政法规纳入法院的审查范围。

(五)完善地方立法权限制度

改革开放以来,地方人民代表大会及其常务委员会制定的地方性法规调整的范围随着发展的需求也逐步地扩大,立法速度和立法数量也随之增长。截至2023年地方人大及其常委会已制定的现行有效的地方性法规达到了28000多部,其中省级地方性法规20000多部,设区的市地方性法规6000多部,经济特区法规800多部,自治条例和单行条例共1000多部。此外,享有地方立法权的政府还制定了35000多部地方性规章,数量极其庞大。

地方性法规以及地方性规章的制定,为各地区实施宪法、法律以及行政法规,促进各地区经济社会健康发展都起到了重大的作用。由于对地方立法权限制的要求,以及没有更完善的制度作保障,就使得地方立法功能萎缩,制定出的法,越来越没有实质性内容越来越像一个"倡议书"。[1]

同时,在《立法法》修改之后,对于中央和地方立法权限的划分,仍然存在一些问题。包括:中央专属立法权限过于宽泛、设区的市立法权限不能满足治理需求、原较大的市立法权限收缩、缺少精细化划分等。

对于中央与地方立法权限的划分中存在的具体问题和完善措施如下所述。

1. 进一步明确中央专属立法权限的外延

根据《宪法》和《立法法》等法律的规定,中央和地方国家权力机关依照法定权限行使立法权是卓有成效的,取得了很大成绩,为中国特色社会主义法律体系的形成和依法治国的顺利推进作出了重大贡献。但是这种立法分权模式存在中央立法压力过大、自顾不暇,而地方立法权

---

〔1〕 参见沈广明:《论中央与地方立法权限的划分标准——基于公共服务理论的研究》,载《河北法学》2020年第4期。

限较小，地方的创造性无法得到充分施展的问题。

例如，《立法法》规定，人民政府的产生、组成和职权只能由法律规定。对于人民政府的职权，一概要求由法律规定则是不可行的。从宪法的规定及其精神来看，地方各级人民政府由地方各级人民代表大会产生，地方人大及其常委会当然可以赋予同级人民政府一定的职权。从立法实践来看，各地制定的大量的地方性法规都规定了地方各级人民政府及其有关部门的职责。事实上，应当明确《宪法》和《地方组织法》关于地方人民政府职权的规定，是总体上的要求，是对地方人民政府基本职权的概括性规定。再如，《立法法》规定，税收基本制度、民事基本制度、基本经济制度以及财政、海关、金融和外贸的基本制度，属于全国人大及其常委会的专属立法权。但是，立法法对于究竟什么是“基本”，哪些内容属于“基本”的范围，并没有给予明确的界定。从立法实践看，地方立法越来越多地涉及这些领域，比如，在民事立法方面，一些地方在产权制度、特殊民事赔偿、消费者权益保护、婚姻家庭等方面的立法都有一定的创新措施。因此，对法律在民事、经济等方面的基本制度的一些专属立法权事项还需作进一步的明确界定。《立法法》在列举全国人大及其常委会专属立法权时有个“兜底性”规定，即必须由全国人大及其常委会制定法律的其他事项。“其他事项”的规定在理论和实践中都不好把握，不利于准确理解地方立法权限的范围。

目前各国的央地立法权限划分的标准主要分为两种：按“重要程度”划分和按“影响程度”划分。按前者划分，由中央完全掌握对于国家治理十分重要的事项的立法权，地方掌握次重要事项的立法权，地方立法主要起到对中央立法的细化和补充作用。按后者划分则将全国性的事务划归中央，将依据地方不同会产生不同特点的事项归于地方，将需要央地合作的由中央和地方共享。我国现在采用的是前者的方式，但这种方式下会产生中央和地方立法权与事权不一致的弊端。

在《立法法》对中央专属立法事项的列举采用的是概括总称的方式下，需要进一步通过对中央专属立法事项外延范围的明确解释来进一步区分中央和地方立法权限，尽量避免扩大中央专属立法事项的外延，从而缩小地方立法的空间。

2. 明确全国人大及其常委会部分专属立法事项能否授权地方先行制定规定或者实施办法

《立法法》规定全国人大及其常委会对其专属立法事项尚未制定法律的，可以授权国务院根据实际需要对其中的部分事项先行制定行政法规，并没有规定可以授权地方人大及其常委会先行制定地方性法规。但实践中曾先后多次决定授权经济特区所在的省、市人大及其常委会进行立法。[1] 其实，立法的原意上，并不排斥对地方的授权，只是作为一种基本制度不适合将地方作为被授权主体写进法律当中。[2] 同时，地方制定具体实施办法是否需要有法律的授权规定处于争议当中，事实上，在立法实践中，各地制定了不少未经法律授权的涉及法律保留事项的地方性法规的实施办法，因此应当认可法律没有授权规定的，地方也可以根据实际情况和需要，制定相应的实施办法。

3. 明确中央和地方均可立法的范围侧重点

在我国，中央除了专属立法事项外，其他方面的事项也均可以立法，中央立法事项可以说涵盖各个方面。这一特征，导致了中央和地方立法的大量重合。“照抄上位法，下位法与上位法大量重复”主要就是由我国中央和地方立法权限的重合造成的。解决这一问题除了提高地方的立法技术，其重点还在于明确中央和地方均可立法的事项怎样区分各自的重点。这种情况下，如果需要制定法律，中央可以只着重明确基本原则、基本制度、基本标准，具体的办法、措施等尽可能由地方结合本地实际情况加以规定。

---

〔1〕 改革开放以来，全国人大及其常委会曾先后作出决定，授权广东、福建、海南三省以及深圳、厦门、珠海、汕头、浦东新区、海南自由贸易港等经济特区的人大及其常委会根据具体情况和实际需要，就某些应当制定法律的事项先制定地方性法规，在本地方实施。

〔2〕 参见全国人大常委会法制工作委员会国家法室编著：《中华人民共和国立法法释义》，法律出版社 2015 年版，第 59－60 页。

4. 明确省级以及设区的市级各自立法权限的重点

在我国,立法权分别由中央、省级和设区的市一级行使,除了民族区域自治立法外,在地方,省级和设区的市人大及其常委会都可以制定地方性法规。[1] 我国实行的是“一元三级”立法体制。从宪法以及立法法的规定来看,省级人大及其常委会和设区的市人大及其常委会在地方性法规的制定依据、制定原则、制定范围方面是完全一样的,不同的是立法事项的范围不同,设区的市人大及其常委会可以对城乡建设与管理、生态文明建设、历史文化保护、基层治理等方面的事项制定地方性法规,而省级人大及其常委会的立法事项则不受这四方面事项范围的限制。

其中对于设区的市人大及其常委会立法事项范围的具体边界有待明确。“城乡建设与管理、生态文明建设、历史文化保护、基层治理等”中的“等”是“等内等”,还是“等外等”。可以发现,如果扩大范围,认定为等外等,就不能避免市级与省级立法的重复,更加难以界定设区的市立法范围,实践中更加难以把握和操作。为此,全国人大常委会法工委原主任李适时曾在 2015 年 9 月第二十一次全国地方立法研讨会上就明确提出,这里的“等”,从立法原意讲,应该是“等内等”,不宜再做更加宽泛的理解。[2] 除此之外,如何理解把握“城乡建设与管理”,也是设区的市立法事项范围中争议最大的一个问题。其中,第十二届全国人大法律委员会在《关于〈中华人民共和国立法法修正案(草案)〉审议结果的报告》中做了相应说明,即从城乡建设与管理看,就包括城乡规划、基础设施建设、市政管理等。[3] 立法者确定设区的市立法权限的最初的主观意图是避免重复立法,维护国家法制统一,因此需要限定设区的市地方立法权限和范围。这也应当是我们理解和把握“城乡建设与管理”内涵

---

〔1〕 尽管设区的市人大及其常委会制定的地方性法规须报经省级人大常委会批准,但作为一个层级来说,设区的市享有地方一级立法权。

〔2〕 参见李适时:《全面贯彻实施修改后的立法法——在第二十一次全国地方立法研讨会上的小结(摘要)》,载《法制日报》2015 年 9 月 17 日,第 3 版。

〔3〕 《关于〈中华人民共和国立法法修正案(草案)〉审议结果的报告》:“法律委员会经研究认为,‘城乡建设与管理、环境保护、历史文化保护等方面的事项’,范围是比较宽的。比如,从城乡建设与管理看,就包括城乡规划、基础设施建设、市政管理等。”

的基本依据。同时,全国人大常委会法工委原主任李适时对这个“等”作了阐释,指出“城乡建设”还包括医院、学校、文体设施等公共设施建设,“城乡管理”还包括对城乡人员、组织的服务和管理以及对行政管理事项的规范。[1]

省级与设区的市立法应当侧重哪些方面也是应当明确的事项。在设区的市立法事项范围内,省级人大及其常委会也可以立法,这样在地方省级和设区的市之间就会产生立法的重合,容易产生立法资源的浪费,甚至出现立法冲突。对于进一步研究、明确省级与设区的市立法的各自侧重点十分有必要。第一,省级立法应当侧重“面”,设区的市立法应当侧重“点”。对某一领域进行全方位的规范和调整,宜由省级立法。对某一领域某个具体方面关系的规范和调整,宜由设区的市立法。例如,很多省都已经制定了物业条例,作为设区的市来说,就不适宜再制定一个综合性的物业管理的地方性法规,可以针对住宅物业、商业物业、老旧小区物业管理等某个具体方面立法。第二,省级立法应当侧重“共性”,设区的市立法侧重“个性”。省级立法在全省范围内适用,是所辖各个市都需要普遍遵守的行为规范,适宜由省级人大及其常委会制定地方性法规,如风景名胜区管理条例。对“共性”事项,省级立法主要确定基本原则、基本标准和主要制度等,设区的市应当根据国家和省级立法确定的基本要求和主要制度,针对本地区的特殊需求进行立法,要充分体现本地特色。如《镇江市金山焦山北固山南山风景名胜区保护条例》。[2] 第三,省级和设区的市立法权限划分还需要遵守法律规定但同时也要适应变化进行变革。法律规定主要是有关法律授权省可以就某一事项制定具体办法,[3] 以及有关法律规定只有省级享有对某类事项

---

[1] 参见李适时:《全面贯彻实施修改后的立法法——在第二十一次全国地方立法研讨会上的小结(摘要)》,载《法制日报》2015 年 9 月 17 日,第 3 版。

[2] 这方面的法规还有扬州市制定的扬州古城保护条例、淮安市制定的古淮河保护条例、连云港市制定的海洋牧场保护条例等,这些针对设区的市某一特殊需要立法规范和保护的事项,应当是今后设区的市立法的重点。

[3] 《食品安全法》第 36 条规定,食品生产加工小作坊和食品摊贩等的具体管理办法由省、自治区、直辖市规定,对这类事项设区的市就不能进行立法。

的决定权和管理权的情况。[1] 省级和设区的市立法事项还要体现改革发展对地方立法权限配置的要求。如随着改革的不断推进，需要由省级统筹的社会保障和公共服务越来越多，对省级统筹的社会保障和公共服务，应当由省级统一制定地方性法规予以规范。

5. 明确地方性法规与规章的立法权限划分的相关问题

《立法法》的修改中，特别增加了对规章制定权限的限制性规定。把握这些限制性规定，对我们准确理解和把握地方性法规与规章的权限范围，具有重要的意义。

第一，清晰把握部门规章与地方性法规立法权限的区分。

根据《立法法》的规定，部门规章不能创设公民、法人和其他组织的权利义务关系，[2] 而《立法法》未对作为省级和设区的市人大及其常委会制定的地方性法规设置该限制。这为地方性法规与部门规章的权限划分提供了基本标准和根本依据。但是在《行政处罚法》中存在一个问题，即尚未制定法律、行政法规的，国务院制定的规章对违反行政管理秩序的行为，可以设定警告或者一定数量罚款的行政处罚。对于这个问题，我们认为，《立法法》修改决定颁布实施后，部门规章不再享有该权限。因为“前法”要服从“后法”，《行政处罚法》是 1996 年通过的，《立法法》修改决定是 2023 年通过的，以及《立法法》是产生立法权的“母法”，是立法权限划分的根本遵循。

第二，清晰把握地方性法规与地方政府规章的权限划分。

实践中，出现了不少该制定地方性法规而制定了政府规章，该制定地方政府规章而制定了地方性法规的情况。

《立法法》规定没有上位法依据，不得制定地方政府规章，这一点与

---

〔1〕《价格法》第 19 条规定，地方定价目录由省、自治区、直辖市政府价格主管部门按照中央定价目录规定的定价权限和具体适用范围制定。

〔2〕《立法法》第 91 条第 2 款规定：“部门规章规定的事项应当属于执行法律或者国务院的行政法规、决定、命令的事项。没有法律和国务院的行政法规、决定、命令的依据，部门规章不得设定减损公民、法人和其他组织权利或者增加其义务的规范，不得增加本部门的权力或者减少本部门的法定职责。”

制定地方性法规采用的“不抵触”原则有明显区别。同时，在地方立法中，如果涉及设定减少公民、法人和其他组织权利或者增加其义务的规范且无上位法依据的，应当制定地方性法规。这两个方面，是地方性法规与地方政府规章的权限的关键区别。

同时《立法法》规定应当制定地方性法规但条件尚不成熟的，因行政管理迫切需要，可以先制定地方政府规章。对制定地方政府规章作出了授权性规定。其中要明确“行政管理迫切需要”是什么含义，我们认为应当符合紧迫性、阶段性、普遍性的要求，设定临时行政措施的情形范围应当是比较小的，在具体立法实践中需要结合个案情况严格把握。[1]除此之外，在具体的立法工作中，应当建立相应的沟通协商机制和事后报告制度以防止地方政府滥用政府规章制定权。政府法制机构和政府主管部门应当将需要先行制定政府规章的必要性和具体适用的迫切需要行政管理的事项及相应的措施，与人大有关专门委员会、常委会有关工作机构进行沟通，使人大及时了解掌握相关情况。事后，地方政府应当向人大常委会就先行制定的必要性和创设的权利义务的合理性、可行性作出专门说明，以便人大常委会及时备案审查监督。同时，也要注意不能将《立法法》修改决定中“可以先制定地方政府规章”的规定，理解为“先制定的地方政府规章”可以享有地方性法规的权限。

---

〔1〕 比如，网约车管理就比较适合先行制定地方政府规章。网约车的出现，各方面高度关注，迫切需要加强监督。但由于相应的行业标准和行为准则需要在实践中进行探索和总结，制定地方性法规的条件尚不成熟，就可以由有关地方政府先制定规章进行规范，但条件成熟后就应当在法定的期限内提请同级人大及其常委会制定地方性法规。

第七章　立法程序

第一节　立法程序解读

立法程序从法的创制来说，属于形式的方面，但内容和形式总是相互联系、相互依存的。正如马克思所指出的："实体法却具有本身特有的必要的诉讼形式……审判程序和法二者之间的关系如此密切，就像植物的外形和植物的联系、动物的外形和血肉的联系一样，审判程序和法律应该具有同样的精神，因为审判程序只是法律的生命形式，因而也是法律的内部生命表现。"[1]马克思关于实体法与程序法关系的深刻论述，同样适用于立法内容和立法程序。实际上，严格、合理、健全的立法程序是立法内容民主、科学的必要保证。

立法是一个庞大的社会工程，是一种重大的综合性决策，它涉及社会各子系统及有关元素。在这个工程中，我们的工作必须从"整体性"原则出发，建立优良的立法机制，坚持正确的立法原则，按照科学的立法程序，从而制定出促进社会文明进步的良性法律。

立法的科学性取决于决策的科学化、民主化，而归

---

〔1〕《马克思恩格斯全集》（第1卷），中共中央马克思恩格斯列宁斯大林著作编译局译，人民出版社1956年版，第178页。

根结底取决于决策程序的科学化、民主化。如果忽视这一点,造成法的失误,其社会经济后果是不堪设想的。

一、立法程序的概念

立法程序有多种含义。从广义上来说,立法程序是指中央和地方的国家权力机关与行政机关在制定法律和其他法规方面的程序。从狭义上来说,立法程序专指中央立法机关行使立法权的程序,即中央立法机关在制定、修改和废止法律方面的活动程序。[1] 有的学者侧重于对立法程序的过程和环节进行解释,认为立法程序就是宪法和法律规定的享有立法权的机关或个人制定、认可、修改和废止法律的工作次序、步骤和方法。[2] 有的学者侧重对立法程序的法律化方面进行解释,认为立法程序是有关具有特定效力的规范性文件形成、变更及废止等过程的形式、步骤以及各形式、步骤的顺序和期限的法律规范的总称。[3] 有的学者侧重于对程序的价值方面进行解释,认为立法程序就是指具有立法权限的国家机关创制规范性法律文件所遵循的制度化的正当过程,是限制立法者恣意立法进而使立法者活动彰显和实现程序正义的制度设置,也是国家通过立法手段协调利益冲突、规制社会秩序、配置社会资源的合法路径和正当法律程序。[4] 有的学者从立法行为过程的视角界定立法程序,认为所谓立法程序就是立法主体按照一定的步骤、时序和方式,创制和完善法的行为过程。上述种种解释都存在其合理性与有用性,提供了从不同的视角研究立法程序的方法。笔者认为,在理解立法程序时应注意近现代立法程序所具有的一些基本特性。

---

〔1〕 参见吴大英等:《中国社会主义立法问题》,群众出版社 1984 年版,第 174 页。
〔2〕 参见张根大等:《立法学总论》,法律出版社 1991 年版,第 234 页。
〔3〕 参见马怀德主编:《中国立法体制、程序与监督》,中国法制出版社 1999 年版,第 151 页。
〔4〕 参见刘武俊:《立法程序的法理分析》,载《中外法学》2000 年第 5 期。

（一）立法程序具有严格的方式、步骤、顺序和时限

方式、步骤、顺序和时限是立法程序的基本要素，这些基本要素是立法规律的具体化。立法活动应当遵循一定的规律，立法各个环节和步骤之间应当相互协调，同时又要保持连贯性，所遵循的这种规律或协调性和连贯性一旦遭到破坏或颠倒，立法活动就会受到影响。各国的立法制度关于立法程序的规定不尽相同，但都没有离开一定的程序而进行立法。

（二）立法程序包括法定的立法程序和非法定的立法程序两个方面的内容

立法程序是立法者对立法活动过程的经验总结。其中，有的是通过立法将成熟的、行之有效的立法方式、步骤等予以确认，成为法定的立法程序；有的是将立法的一般方式、方法和步骤通过制定工作规则加以固定化或者是形成惯例，而未通过立法上升为法定的立法程序，从而形成非法定的立法程序。法定的立法程序与非法定的立法程序有一定的区别。前者是经过立法机关的立法，将立法程序法律化；而后者是将立法工作中的一些方式、方法和步骤等规范化，或者等后者在条件成熟之后再通过立法上升为法定的程序。如中国的立法法将立法工作中形成的立法论证会、听证会等一些立法工作程序的一般方式、方法和步骤上升为法定的程序。有些学者强调法定的立法程序，否定或忽视非法定的立法程序，认为“那些并非具有法律效力的工作次序、步骤和方法不属于立法程序的范畴”[1]，但大多数学者在研究立法程序时，既研究法定的立法程序，又研究非法定的立法程序。若从立法制度的全面性和完整性考虑，立法程序应当包括法定的立法程序和非法定的立法程序。

（三）立法程序具有固定性

一方面，立法程序在立法运作中是固定的。立法程序是立法机关立

---

〔1〕 张根大等：《立法学总论》，法律出版社1991年版，第236页。

法时遵循的一定方法、步骤、顺序和时限，它一旦确定就须遵守，不能因人而异。立法主体行使立法权，制定立法性文件，应当严格按照立法程序进行，不可任意超越或颠倒立法程序。另一方面，适用立法程序的主体是固定的。从现代各国立法实践来看，立法主体是多层级的，既有国家这一层级的立法机关，又有地方这一层级的立法机关，有的国家在每个层级上还可再分为不同的立法主体等。但有一点是明确的，这些立法主体均由宪法或宪法性文件明确作出规定。没有法定立法职权的国家机关、社会组织及个人不能行使立法权，因而也就不能成为立法程序的主体。

（四）立法程序具有多样性

立法主体的多层次性和立法效力的多层次性决定了立法程序的多样性，即立法程序除特指制定法律的程序之外，还有制定法规和其他立法性规范文件的程序。研究立法程序时，应从广义上去理解立法。如中国制定的法就有宪法、法律、法规和规章等多种形式，它们分别由不同的立法主体按照相应的立法程序制定。因此，研究立法程序，应当全面研究各种不同类型或不同层次的立法程序。从中国现行立法体制分析，立法程序应当包括制定法律的程序、制定行政法规的程序、制定地方性法规的程序、制定自治条例和单行条例的程序、制定行政规章的程序等，每种立法程序都有特定的要求和具体规则。由于立法程序的多样性，我们在具体分析比较立法程序时，既可以从广义上进行研究，也可以选择特定的立法程序进行研究。

综上所述，从广义上理解，立法程序是指立法主体在立法活动过程中必须遵循的特定的方式、步骤、顺序和时限的总称。

二、立法程序的意义

立法是国家的一项基本职能，立法程序的基本功能之一就是通过其特定的方式、步骤、顺序和时限保证执政者的意志上升为国家意志而为人们所普遍遵守。自有了阶级社会开始,人类便有了立法活动。随着社会的不断发展和各个阶层利益的复杂化,立法的内容不断丰富,立法程序也随之不断改变和加强,以适应不同时期的立法要求。在奴隶社会时期,立法主要表现为对有利于奴隶主统治的习惯的认可,后期发展到制定成文法,立法权主要掌握在奴隶主手中,立法程序则赤裸裸地表现出维护立法权为奴隶主所有这一特征。封建社会时期的立法也有一定的程序性,但其程序性是以君权至上为原则的。如法国国王路易十五曾公开称:主权寄于我身上,立法权仅属于我一个而已。在中国封建社会,"法自君出,朕言法出"是对封建社会立法内容和立法程序的一个典型描述。到了资本主义时期,为了铲除封建社会的特权和保护新兴资产阶级的利益,按照国家分权和主权在民的学说,将立法权交由议会行使,同时还制定相关的立法程序来确保立法权的实现。资产阶级确定的议会方式,其立法无论是否真正体现民意,也无论立法权是否真正掌握在人民手中,仅从立法形式和立法程序上看,它较之奴隶制立法、封建制立法进步得多。如为了使法律在形式上体现民意,在立法过程中,规定了严格审议和辩论程序,实施了立法听证程序,吸收相关组织和公民参与立法活动。有的国家在议会审议通过之后,采取全民公决的方式来通过法律。但资产阶级国家的立法程序也并非十全十美,如有的采取两院制的国家在法案的审议过程中,经常出现审议中由于对法案中的某个问题意见不一致,而导致辩论过程中法案在两院之间的来回穿梭,耗费大量的时间和立法成本,立法效益不高。我们通过对立法程序的研究和比较,应当取其精华,为我所用,不断完善立法程序,努力促使立法朝着民主化和科学化的方向发展。立法程序的意义主要体现在以下几个方面。

一是有利于规范立法活动。立法是一项庞大的系统工程,涉及方方面面,立法活动需要的时间较长,环节较多,如果不提供相应的程序限制,立法活动就会处于一种无序的状态。只有将立法活动纳入规范化和程序化轨道,确保立法活动的各个环节都能相互协调配合,才能够避免立法的无序状态。在美国,以往参议院议员对议案持反对意见的,可通过长时间发言来延长辩论，以阻止议案进入下一个步骤，这就是所谓的“阻碍议案通过战术”。对此，参议院规定，如果有16位参议院议员签名提议并经3/5的参议院议员支持，辩论即可停止，但要在会议干预后的第二天通过点名在符合法定人数的情况下，对该提议进行表决，这一程序被称为引发辩论结束。1986年，参议院对其规则进行了修改，将辩论的时间限制在30小时内，且每个议员的发言时间不得超过1小时。[1]这一程序的时限规定，使无意义的辩论得到了一定程度的制约，有利于立法环节的连贯性和有序性。

二是有利于提高立法质量。立法质量除了与起草的法案内容相关外，还与立法程序直接相关联。法案的起草，只是立法过程中的最初阶段，所体现的是起草人的立法思想，而大量的立法活动却是在正式进入立法程序之后这一阶段进行的，通过立法程序中的沟通与交涉，求同而存异，更好地集中更多人的意志，使法案不断得以修正。如果立法活动没有相应的程序的制约，大多数人的意见就有可能得不到采纳，立法质量就无法得到保证，甚至还有可能使立法成为少数人谋取利益的一种工具。程序的功能之一便是通过规范实体权力的运作而实现控制的目的。立法程序在防止立法专横方面的作用就在于为立法活动设置了一套公正、民主、理性的程序性规则，[2]立法主体必须按照法定的步骤、顺序、方式及时限行使立法职权，程序违法同样会招致立法无效的后果。

三是有利于提高立法效率。各国议会每年都会收到大量的法案，如果将大量的法案都直接提交议会审议，这显然是不可能的。如美国众议院和参议院在1997—1998年这两年间，共收到各种议案7529件，联合提案200件。在提交的总数中，众议院收到的议案为4874件，联合提案为140件；参议院收到的议案为2655件，联合提案为60件。[3] 各州议

---

〔1〕 See Charles W. Johnson, *How Ours Law Are Made*, XIV, Senateaction - charmber Procedure, 22nd edition, http://thomas. loc. gov/homelawsmade, bysec/senate, action. html.

〔2〕 参见易有禄：《各国议会立法程序比较》，知识产权出版社2009年版，第16页。

〔3〕 See Charles W. Johnson, *How Ours Law Are Made*, IV, Forms of Congressional Action, 22nd edition, http://thomas. loc. gov/home/lawsmade, bysec/fomsofaction. html.

会收到的各种议案等加起来则更多。因此,这就需要有一个筛选法案的程序问题。又如在英国,议员每年提出大量的法案,但平民院大会每次年会内只能安排十多个议员法案日。为了缓解这一矛盾,平民院建立了议员提出法案的方式,其中一种就是抓阄方式,即在平民院副议长主持下,由提出法案的议员任意抓阄,抓到1号至20号的议员可获得其法案的优先审议权。享有抓阄资格的不仅限于已提出法案文本的议员,也包括只提出法案名称而无法案文本的议员,后者可在中阄后再着手草拟法案,在规定的时间内提出。英国议会对议员提出的法案采用此种处理方式不一定合理,但面对如此众多的法案,也不失为一种解决问题的办法。其他国家对这种情况采取了一些其他办法,如采取加速审议、特别审议等办法,及时处理法案。

四是有利于增强立法的民主性。从理论上讲,民主是立法程序最高的价值取向,公开是程序民主的基本要求,立法的民主化程度需要立法的公开程序加以保障。在公开的程序环节中,公民便有机会参与其中,这有助于立法决策作出理性的选择。立法程序的主要任务就是要通过立法的程序民主而实现立法权的实体民主,因而现代民主国家的立法过程就是一个充分反映民意的过程,立法程序制度的建立与完善就是为了保证人民的意志在整个立法过程中充分反映出来。在资本主义国家,虽然由于生产资料私有制所决定,立法在本质上必然是少数人意志的反映,但资本主义国家在立法过程中非常重视从形式上充分反映立法者和民众的意愿。美国联邦宪法制定者不仅认同权力部门之间的利益对立与制衡,而且还通过宪法将对立与制衡法定化,以造成沟通与交涉的效果,[1]力求获得选民的认可。在社会主义国家,由于生产资料的公有制决定了立法者反映多数人的意志的必然性,但在实际立法活动中,立法的民主性上仍然存在不足,需要通过制度本身加以完善和解决。

---

〔1〕 参见于兆波:《立法决策论》,北京大学出版社2005年版,第21页。

三、立法程序主要阶段的划分

关于立法程序主要阶段的划分,人们有不同的理解和看法:有的学者认为,立法程序从法案提出开始为其起始阶段,而将法案的规划、准备、调研和起草等排除在立法程序之外。有的学者认为立法应当是一个与立法相关的完整过程,在这个过程中,既要有立法规划、可行性研究、法案的起草,又要有法案提出、审议、通过和公布,这个过程是一个完整的立法锁链,一个环节紧扣一个环节,少了一个环节,就会影响立法的正常进行。笔者认为,要揭示立法程序的规律性就要研究立法程序的全过程,既要研究立法规划、起草等立法的前期阶段,也要研究法案审议、表决、通过及公布等立法活动过程。当然,各国议会体制和立法程序不可能完全相同,就近现代国家的立法程序制度而言,主要的程序阶段可包括下述一些方面的内容。

(一)立法的准备程序

其中包括:(1)制订立法规划;(2)确定立法项目或进行可行性研究;(3)拟定法案的起草方案、方式和确定起草人;(4)起草法案。

(二)法案提出程序

其中包括:(1)法案提出的准备阶段和正式提出阶段;(2)法案登记受理阶段;(3)确定法案列入审议议程阶段。

(三)法案审议和表决程序

各国立法程序的差异主要体现在这一阶段,一院制的国家在这一阶段通常通过若干次审议和辩论后,可直接进入表决程序。而在两院制的国家,其程序要比一院制复杂得多,法案要分别经两院审议、辩论和表决,法案的相关内容经取得一致同意后才可以进入下一个程序,如果对法案有不同意见,还要就法案中的不同意见在两院之间以各种方式进行协调,以求达到一致。这一程序中,为确保立法的民主性和公正性,许多国家采取公开辩论、举行听证会或旁听等不同方式,让不同利益集团或广大公民参与立法活动,使立法充分体现民意。

(四)批准和公布程序

由于各国立法程序、立法习惯各不相同,在法案的批准和公布上也存在不同的程序规定,有的国家的法案在议会通过后,经总统批准即可生效。有的国家仍保留由君主批准的程序,批准后还需要通过一定形式向社会予以公布。有的国家的立法一经立法会议通过则不需要经过批准程序,只需履行公布程序。

第二节　西方国家的立法程序

由于各国议会体制、立法体制、立法权限和立法习惯等不完全相同,相应地在立法程序上也各有特点。本书重点对西方国家的立法程序制度进行分析和比较。

一、法案的准备阶段

法案的准备阶段是指从立法开始的有关准备活动到法案提交之前的阶段,通常包括制订立法规划、拟定法案的起草方案方式和确定起草人、起草法案等。

关于法案与议案,二者既有联系,又有区别。从联系看,两者都是以文本形式向立法机关提出的某种建议、要求和动议等,并都要求立法机关按照一定程序进行审议和表决通过。从区别看,议案所涉及的内容要比法案广泛,有的议案提出是为解决某个专门性问题,不是立法要求,其结果只是由立法机关作出一个决定或决议等,这一类议案不需要通过立法程序。但有的议案则是立法动议,要求通过立法程序进行立法。因此,议案从广义上讲包含法案。但有的国家将未进入立法审议阶段的相关法律提案统称为议案，而将进入立法程序的议案称为法案；还有的国家是将在审议期间的议案称为立法议案，而将通过之后未批准的议案称之为法案。例如，美国是将经过参众两院审议通过的立法议案（bill）称之为法案（act），[1]而不再称为议案。国内的一些专著或论文在涉及国外立法问题时，在议案和法案的表述上也不一致，有的将立法案称为议案，有的则称为法案。因此，本书在具体分析立法程序过程中，一般以法案表述为主，但具体分析各国的立法时，还要考虑各国实际的称谓。法案的准备阶段主要包括以下两个方面的内容。

（一）制订立法规划

立法规划是指立法主体或相关政府部门根据本国的社会经济发展总体规划，结合形势的发展要求，确定和部署今后一段时期的立法工作的目标、措施和步骤。从各国立法实践来看，许多国家为了确保立法活动的有序进行，提高立法质量和立法效益，使立法活动做到科学、合理，往往将需要制定的法律，按照轻重缓急和时间安排，在一定时期内制订立法规划或立法计划。

从西方各国制订立法规划的时限上看，具体的立法规划时限通常分为短期、中期和长期立法规划三种。一般来看，短期立法规划通常为1年，中期立法规划为2～5年，长期立法规划为5～10年。

从立法规划的主体上看，大部分的立法规划是由国家立法机关直接提出的，有的则由政府内阁或总统提出。在英国，绝大部分法案是由政府提出，英国政府主要负责对立法规划的制订。英国于1945年建立了立法规划委员会，由它专门制订立法规划，并将制订立法规划与审定法案分开，使立法规划委员会有更多的精力用于立法规划。为了避免部门利益倾向，立法规划委员会通常由政府负责立法、财政和司法的大臣组成，其他职能部门的大臣不得进入该委员会，在20世纪70年代又恢复

---

〔1〕 See Charles W. Johnson, *How Ours Law Are Made*, XVII, Enrollment, 22nd edition, http://thomas.loc.gov/home/lawsmade.bysec/enrollment.html.

并确立了未来立法委员会。具体在编制立法规划中，由立法委员会负责提前一年编制下一年度的立法规划，通常从每年的11月开始，由内阁办公厅通知政府各部门提前一年申报下一年度的立法选题并报内阁审批，立法规划的编制过程通常在次年3月结束。[1]

（二）起草法案

西方国家法律草案的起草，从无规则发展到有规则，经历了一段较长的时期。英国现行立法起草的规则基本上是由19世纪中期的亨利·斯瑞英所创立的，该规则具体要求语言的准确性、保持内在的一致性和使用高深莫测的法律用语，这一规则也对美国立法起草产生很大的影响。[2] 到了20世纪中期，为增强立法文本的可读性，美国开展了用简明英语起草立法文本的运动，经过多年的努力，美国的一些州要求用简明的语言起草法案和规章，有的则仍继续沿用传统方法起草法案，但从今后的发展趋势分析是要求增强立法文本的可读性。[3]

从具体起草情况分析，有的国家将立法草案交由政府起草，有的国家由议员或立法机关起草，有的则是成立专门的起草小组进行起草，各国具体起草的主体不尽相同。以英国为例，政府起草的法律草案占绝大部分，为了提高政府起草法律草案的质量，克服政府部门起草法案存在的形式不够规范，内容不够协调等问题，在19世纪中期就成立了法案起草室，该室为政府统一的法案起草机构，受内阁的未来立法委员会直接领导。目前，起草室有法案起草师32人，他们均为合格律师，经政府起草室录用后成为文官。起草室具体职责主要是按照立法规划要求将政府各部门提交的相关政策草拟为法律草案，此外还协助部门大臣参与议会对法案的审议等。在法律草案的起草过程中，内阁负责对法律草案工作的统一管理，如只有经未来立法委员会授权，各部门才可向起草室下

---

〔1〕 参见蒋劲松：《议会之母》，中国民主法制出版社1998年版，第456－457页。
〔2〕 参见赵庆培：《国外立法起草理论的研究和发展》，载《中国法学》1996年第4期。
〔3〕 参见赵庆培：《国外立法起草理论的研究和发展》，载《中国法学》1996年第4期。

达起草通知；起草室拟定的法律草案须经内阁的立法委员会统一审定。[1] 在瑞典，大部分法案的草拟是由内阁任命的各种调查委员会承担。这些委员会通常是由执政党、反对党、有关利益集团代表、文职人员及无党派专家组成，这样有利于防止部门利益进入法案起草的过程。

法案起草的质量不仅关系到法案审议能否通过，更为重要的是关系到法律实施的效果。“我们发现，数目惊人的‘新’法律，可能绝大多数，主要是为修补失败的实施体制而制定的。”[2] 和英国传统不同，法国传统中的立法机构制定法律往往只包括了很粗的原则，只有行政部门颁布了实施办法以后，法律才有了可操作性，其更多地依赖行政立法。

二、法案的提出

法案提出即指依法享有提案权的机构、社会团体或个人依照一定程序和形式向立法机关提出的有关制定、补充、修改或废止某项法的规范性文件的活动。法案提出阶段是立法活动中的最基础阶段。

法案提出的主体与立法主体是不同的。立法主体是指享有立法权的国家机关，包括议会或国会，还有国家元首、行政机关等其他立法主体。按照各国宪法或相关立法法律的规定，立法机关及其相关委员会和组成人员一般都有权提出法案。在这一点上，立法主体也是法案提出的主体。但法案提出主体不一定都是立法主体，如许多国家宪法或其他相关法律规定，国家领导人、政府、司法部门、相关社会团体组织或公民个人等也有权向立法机关提出法案。

法案提出不等同于立法，立法是立法主体依照法定程序制定、补充、修改和废止法律法规等规范性文件的专门活动，是重点以立法机关为主体的一种活动。各国宪法通常都对立法主体明确作出规定。法案提出的主体虽然各国宪法或相关法律也作出规定，但由于提出法案的主体有

---

〔1〕 参见蒋劲松：《议会之母》，中国民主法制出版社1998年版，第458－459页。

〔2〕 [美]安·赛德曼等：《立法学理论与实践》，刘国福等译，中国经济出版社2008年版，第155页。

的并非就是立法主体，因而非立法主体提出法案仅仅是立法的一种前期活动。

法案提出必须通过一定的形式表现出来。所谓“案”，是指“关于建议、计划等文件”[1]。对于法案而言，必须是将立法方面的建议通过文字表现为一定的文件形式。一些国家对法案的提出明确规定了一定的格式，从现有的资料看，均没有规定可以提出口头“法案”；相反，许多国家在宪法和相关法律中明确规定了提案形式。如芬兰《宪法》规定：“总统通过向议会提出法案行使法律创制权。法案应由国务委员起草。”意大利《宪法》规定：“人民通过提出拟成条文的提案方式来行使法案提出权。”法案之所以将立法的相关建议等以一定文字表现为文件形式，是表明该法案经过了一个准备、调研和草拟的过程，应具有客观真实性和科学性。

（一）提出法案的主体范围

1. 议院及其领导机构、相关委员会和代表团体

按照有关国家的宪法或相关法律规定，大多数国家都在宪法中明确规定议会机关或其机构和相关委员会享有法案提案权。如俄罗斯《宪法》第104条规定，俄罗斯联邦委员会享有立法动议权。比利时《宪法》规定，行使立法权的议会两院和国王享有提案权。

2. 立法机关的组成人员

大多数国家的宪法或法律都明确规定立法机关成员（有的称议员或代表）有权向立法机关提出法案，如俄罗斯《宪法》第104条规定，国家杜马代表享有立法动议权。但有相当一些国家对立法机关的成员提出法案权附加了一定的限制，如奥地利议员在提出议案时，至少要有7名议员附议。[2] 日本《国会法》规定，日本议员提出的法案在众议院要有

---

[1] 《辞海》（中），上海辞书出版社1979年版，第2345页。

[2] 参见北京市人大常委会、新华社国际部编：《百国议会概览》，北京出版社2000年版，第420页。

20 人以上、参议院要有 10 人以上联名赞同。提出预算法案必须有众议院 50 人以上、参议院 20 人以上联名赞同。美国、法国、德国、意大利、奥地利等许多国家都规定立法机关成员均享有提出法案权。

3. 政府和国家领导人

政府,包括政府有关部门提出法案是世界各国立法活动中的通行做法,并由宪法和相关法律明确加以规定。在日本,虽然内阁和国会议员均享有提案权,但实际立法过程中,国会审议通过的绝大部分法律都是由日本内阁提出的。德国也是如此,每年向联邦议会提出的法案中,联邦政府提出的法案占大多数。联邦政府提出的重要法案一般都是联邦总理在就职之初便在向联邦议院所作的就职报告中提到了的政府规划。在其四年任期中,总理要将每项重要规划落实为法律,把立法计划分配给每个联邦部,由各部制定法律草案。还有许多国家,如加拿大、挪威、俄罗斯、丹麦、芬兰、葡萄牙、瑞典、西班牙、匈牙利、意大利等在宪法和法律中都对政府提出法案做了明确规定。

从当代世界大多数国家的立法实践来看,政府提出法案的权力对法案实际通过的影响很大。这与 20 世纪以来政府逐步扩大介入立法的权限有关。如美国,虽然规定议案主要是由议员提出,但从立法实践看,政府却通过大量的咨文等行政交流形式来影响国会立法。当今,"行政咨文通讯(executive communication)已成为立法提议的主要来源。行政咨文通讯通常是涉及相关立法建议草案的咨文和信件,主要由总统和独立行政机构(independent agency)的负责人提出,或总统直接致信众议院议长和参议院主席。美国《宪法》第 2 条第 3 款对总统规定了'应当时时向国会报告合众国国务情况,并以本人所认为有必要而妥当的政策条陈于国会'的义务。许多这样的行政咨文经总统传递国会,然后,再提交到常设委员会或对主要事务的提议有决定权的委员会,由相关委员会主席或资深议员迅速地按原立法建议提出该议案,或者按其意愿修改后提出议案。当然,委员会或它的其中一个小组委员会也可以对咨文进行审查以决定是否作为议案来提交。总统向国会传送的定期行政咨文中最重要的就是预算年度咨文,总统的预算建议,连同政府相关部门的证明材料提交到众议院拨款委员会,是众议院拨款委员会起草拨款法案的基础”[1]。在英国,立法提案权分别由政府和议会议员享有,但“现代英国国会每年审议的法案中,只有10%左右由未进政府的普通议员提出,80%以上(的法案)都是由政府提出。政府各部提出的法案一律由法案起草室统一起草”[2]。可见,现代英国政府承担领导立法之职责,首先表现于大多数法案的前议会阶段完全置于政府手中。在法国,政府和议员均有立法提案权,政府提案称之为“法律草案”,议员提案则称之为“法律建议案”。依据法国《宪法》,总理自由行使法律提案权,议会不得对其发号施令。实践中,经常是由政府主管部长负责起草相关法律草案,并负责在议会参与辩论、支持政府草案。

相对政府提出法案的数量而言,国家元首或政府首脑提出的法案则要少得多,但国家元首或政府首脑有权提出法案是西方国家立法活动的一个特点。比利时《宪法》规定,国王在享有立法权的同时,还享有立法提案权。在卢森堡,主管行政权的大公和议会议员均享有提案权,但大公提出的议案是以政府议案形式提出的。法国《宪法》第39条规定,法律的创议权同时属于总理和议会议员。也有的国家虽然名曰国家元首提出法案,但实质上由政府首脑提出法案。如荷兰《宪法》第82条第1款规定,法案可由国王或其代表,或议会第二院提出。同时在第2款规定,涉及政府的有关条款需要提交议会联席会议审议的法案,应由国王或其代表,或由议院联席会议提出。但按该国《宪法》第42条规定,政府由国王和大臣组成。

4. 公民

仅有少数几个国家有公民向议会提出法案的规定。如在西班牙立法活动中,50万人以上可以联名提出立法创议。意大利《宪法》第71条

---

〔1〕 Charles W. Johnson, *How Ours Law Are Made*, III, Sources of Legislation, 22nd edition, http://thomas.loc.gov/home/lawsmade.bysec/sourcesofleg.html.

〔2〕 蒋劲松:《议会之母》,中国民主法制出版社1998年版,第458页。

第2款明确作出规定,人民通过提出拟成条文的提案的方式来行使法案提出权,但该提案至少得由50万选民联名提出,提出的法案称为"人民法案"。奥地利《宪法》明确规定20万选民或3个州各一半选民联名,可以提出立法创议。[1] 从上述国家对公民直接提出法案的做法或规定来看,国家在立法活动中虽然重视立法提案体现民意,但由于人员数量上的限制,在立法实践中往往难以做到,实际操作中也不多见。

在美国,公民享有间接提出议案的权利,"按照美国《宪法》规定,美国公民的请愿权要受到宪法保障,通常美国许多公民提出的关于国家立法请愿书(memorials)可以通过其官方代表(presid - ing officers)或由他们代表团体中的参众两院的议员提交至适当的专门委员会"[2]。

5. 司法机关和其他组织

在一些国家中,司法机关和其他一些组织也可以提出法案。例如,俄罗斯《宪法》第104条规定,立法动议权还属于俄罗斯联邦宪法法院、俄罗斯联邦最高法院和俄罗斯联邦最高仲裁法院。俄罗斯《宪法》关于司法机关的立法动议权规定不同于原《苏维埃联邦宪法》的相关规定,司法机关的立法动议主体发生了变化。在原《苏维埃联邦宪法》第108条中,明确规定只有俄罗斯联邦最高法院和俄罗斯联邦检察长享有立法提案权。此外,还有一些联邦制国家的州或邦也可向国家议会提出法案。

(二)提交法案方式

议会在审议通过议案之前,必须要有相关机构或部门提交法案。这是进入正式立法程序的一个重要阶段。由于各国的立法程序不同,在提交法案的方式上也有所不同。

在美国,众议院任何议员可以在众议院举行会议的任何时间提出议

---

[1] 参见北京市人大常委会、新华社国际部编:《百国议会概览》,北京出版社2000年版,第615页。

[2] Robert B. Dove, *Enactment of A Law - origins of Legislation*, http://thom - as. loc. gov/home/enactment/origins. html.

案,提案人简单地将议案放置于议会厅讲演台一边的木制盒中,提案人无须介绍议案情况。办公室工作人员通常将印好的空白议案表格准备好,以备议员随时提出议案。提出议案的议员通常就是该议案的提案人,一定数量的议员可以是议案的共同提案人。在议案提交前为确保议员接受议案,提案发起人必须在提案上签名。在提交议案日期之前的提案附议人称最初共同提案人,后于议案提交的共同附议人称附加共同提案人。一旦议案由最后一个委员会报告和审议,作为议案共同提案人的成员不能再增加或删除。有时,在提案人名字之后可以注明"应邀"(by request),以表明提交议案的方式是基于其他一些人或一些团体的建议。议案标题要编入议事录,同时刊印在《国会议事录》里。众议院的工作人员按立法序号对议案进行编号,然后按照众议院规则要求提交到适当的委员会,或按众议院议长的要求提交给相关委员会。议案编号和委员会提名印发在下一期的《国会议事录》里,然后议案送政府印刷机构印刷。按照议院的规则,所有议案按其领域的不同将分别提交到有管辖权的相关委员会。[1]

在英国,法案主要向平民院(也称下院)提出,凡涉及全国各个地区并与政府政策有关的法案为公议案,大多由政府相关大臣向平民院提出。涉及地方政府、某些团体和个人利益的法案为私议案,主要由某些团体的代理人向平民院提出,议员提出的法案通常要经过一定程序筛选后才可列入议程。当政府向平民院提出法案时,以一读方式提出。具体可采取两种方式:一种方式是当场在平民院大会请求同意提出法案,即在全院大会上,由大臣起立,向议长动议全院大会同意将法案提交,然后大会对该动议举行辩论并进行表决。如能通过,则由大臣提交法案草案,由该院公事法案秘书当场宣读该草案标题。另一种方式是预先通知平民院需要提出法案,再由平民院为大臣安排的一读日中宣读法案。如

〔1〕 See Charles W. Johnson, *How Ours Law Are Made*, V, Introduction And Ref – erral To Committee, 22nd edition, http: //thomas. loc. gov/home/lawsmade. bysec/in – troto-comm. html.

果是议员提出法案，则有若干种具体方式，其中最具特色的是抓阄方式。依平民院《永久议事规则》第9条规定，通常由议长安排抓阄决定。抓得20号以前的议员所提交的法案将获得全院大会的优先审议。议员也可以用普通方式提出法案，在获得通过的可能性上，普通方式比不上抓阄提出的法案。但是，运用普通方式不费精力，所提出的法案照样获平民院刊印，议员可借此对选区或利益集团有个交代。

在法国，法案可向国民议会或参议院中任何一院提出，但财政法案须先提交给国民议会。

在奥地利，有关法案的提出，无论是议员还是联邦政府，都应向国民议会提出。议员法案至少有7名议员附议。联邦议会的提案则需要通过联邦政府向国民议会转交。而政府在转交这些提案时，须向职工协会、农民协会和联邦商会等影响较大的社会团体广泛征求意见。联邦政府提交的法案不经过一读就直接转送相关委员会进行研究，而议员提出的法案则要进行一读，由全体委员会决定是否有必要进行审议。然后进入二读、三读程序。

三、法案的审议和表决

法案的审议和表决是各国立法程序中最为重要的一个阶段，或者说是整个立法程序中的核心。一个法案提交到议会之后和通过之前，必须经过对法案的审议和表决。从各国立法来看，没有不通过审议和表决就能通过的法律。

法案的审议，通常由立法人员直接参与审议，听取提案人的说明，同时还允许社会各方积极参与立法活动，对法案提出意见和建议，在此基础上，议员还要对法案是否具有科学性、合理性、可行性、协调性等，进行深入的辩论和反复的修改，从而有利于达到集思广益的目的。通常情况下，各国立法机关的全体会议、领导机关和专门委员会，都可以通过分工合作参与行使法案审议权。但这几方面的主体所掌握的审议权有大小之分，审议权归属上的差别，形成了多种类别的法案审议程序。第一类是由议会大会直接审议法案的程序，议会不必将法案交付委员会审议，但这种类别数量极少。第二类是由议会大会到专门委员会再到议会大会的审议程序，在这种类别的法案审议程序中，审议权主要由议会大会掌握，如英国、澳大利亚、印度、新西兰、爱尔兰、巴基斯坦等国。在这些国家，法案在议会要通过一读、二读才会交付专门委员会。德国、丹麦、冰岛等国也采用此种程序，但法案只要通过初读就交付委员会。第三类是由专门委员会再到议会大会的审议程序，审议权主要由委员会掌握，如法国、意大利、瑞士、比利时、西班牙、挪威、巴西等国的法案，就是由议长直接交付委员会。美国、瑞典、菲律宾等国虽然是经过议会初读后才交付委员会，但议会初读仅仅是宣布法案的名称和提案人姓名，不对法案进行审议，因而审议权实际上是由委员会掌握，委员会可以在审议过程中根本改变法案的内容。第四类是对不同的法案采取不同的审议程序，有的法案采用由专门委员会再到议会大会的审议程序，有的法案则采用由议会大会到专门委员会再到议会大会的审议程序，日本、苏联和一些东欧国家就采用了这种混合类型的法案审议程序。[1]

法案的表决通过，是对前期立法活动的一种延续和认可，表明立法机关对法案的态度，即经过议会的法定人数的表决。赞同法案的人数在法定人数以上，即表明法案的通过；相反，法案就因不能通过而成为废案。法案表决的时间要比法案审议的时间短得多，通常在很短时间内决定一个法案的命运，大多数国家为了防止在表决过程中出现错误或可能出现的作弊，通常在具体的表决方法和程序上作出严格规定，可分为公开表决和秘密表决两类规定。公开表决是使公众知道表决者对法案的态度，主要包括口头表决、站立表决、举手表决、唱名表决、投票表决等形式。秘密表决是不向公众表明表决者对法案的态度的情况下对法案进行表决，通常采取无记名投票表决方式。此外，各国还在表决的具体计票方式上有具体规定。由于这一阶段在立法程序中具有决定意义，因此法案的表决通过也是重要的立法程序之一。

---

〔1〕 参见周旺生：《立法学教程》，北京大学出版社 2006 年版，第 249 – 250 页。

（一）美国关于议案的审议和表决

如前所述，美国在经议院通过之前的法律提案被称为议案。美国众参两院对议案的审议是最重要的立法程序，在此重点评价众议院的该项立法程序。众议院议案的审议，一般经过初审和正式审议。初审在众议院各委员会或小组委员会进行，委员会往往将议案送交给审计总署（The General Accounting Office），要求其对议案制定为法律的必要性或意愿提出正式审查报告。但审计署提出的这些报告对委员会是否就议案采取行动没有约束力。各委员会对提出的种种议案还要进行充分的审议和组织社会公众听证等，正式审议和表决则在全院进行。

1. 一读和委员会初审

议案提出后，首先要在《国会记录》中记录在案，然后要向全院进行一读，一读仅宣读该议案名称就进行表决，如表决通过，即列入议院的议事日程。一经列入议事日程的议案，首先要在其相关委员会进行初步审议。常设委员会至少每月召开一次例会，对议案进行初步审议。委员会主席也可以另行召集会议，3 名以上常设委员会成员可以向委员会提出书面要求，要求主席召开特别会议，但该要求必须有明确审议的范围或内容。如果在提出书面要求后 3 日内主席未要求召集特别会议，或提出书面要求后 7 日内未能举行特别会议，委员会半数以上委员可以要求召开特殊会议，并由委员会书面明确议案审议的日期、时间、范围和有关内容。委员会会议公开举行，允许新闻媒体进行采访，采访听证和会议的具体办法均由众议院规则作出详细规定。如果认为议案比较重要，可以召开听证会，并在听证会之后，由小组委员会在全体委员会会议上作议案报告。如果委员会表决赞同向众议院报告，委员会可以提出报告议案而不需要提出修正案，如果委员会赞同扩充修正，委员会可决定报告初始的议案以及一个修正案，这个修正案包含所有事前已接受的修正案内容，或仅仅提出和报告一个已将修正案内容合并了的新议案，即清洁议案（clean bill）。新的议案通常由委员会主席提出，委员会可以搁置议案或对议案不采取行动,众议院也有权将来自委员会的议案予以撤销。

2. 向众议院报告议案

如果委员会经表决赞同将议案向众议院报告,委员会的工作人员要向委员会写出书面报告。报告要表述议案的目的、范围和建议同意的理由。报告还应当将议案每一部分所需要解决的问题、被撤销的法律文本等予以说明。委员会修正案必须是在报告的开始提出,其中包括对修正案的说明。

报告要按照提交顺序指定报告编号,并转送政府印刷局进行印刷。在印刷的报告中,委员会修正案新增部分要用显著的斜体表示,删除的部分在文字上直接打横线。在议案上要打印报告的编号,日期编号则打印在议案首页和背页。议案如果是提交给两个或者更多委员会审议的,日期编号只打印在由最后一个委员会提交审议报告的议案上。委员会的每次记名表决,所有投票表决数,以及所有反对公共事务或其他修改事宜的投票表决数,投票表决赞同和反对人的名字等,要包括在委员会的报告之中。提交的报告如果经评估不可行,委员会要在《国会议事录》中刊出评估情况,委员会应当在议案被批准后立即向众议院报告。

众议院偶尔使用这样一种惯例,即在议会厅通过议员的一致同意,允许对未报告到众议院的议案进行审议。为避免推迟对公共议案的审议,有可能将按照顺序排列的某些公共议案从各自日程中单列出来审议。同时,众议院还可根据其议员的动议,中止委员会对议案的审议。当委员会对提出的公共议案留置不审超过 30 日时,议员可以书面形式提出中止委员会对某议案审议的动议。如果众议院的半数以上议员(超过 218 名)签署中止委员会审议动议后,该动议即进入议事录中,所有签名打印在《国会议事录》上,并列入中止委员会审议议案的日程中。如果中止委员会的审议动议获得成功,众议院将立即审议该议案。如果众议院投票反对对公共议案进行立即审议,该议案则按照相应的规定列入适当的日程之中。

3. 众议院全体委员会审议

为了加快对议案的审议，众议院议事规则规定了一种议会运行机制，即由众议院全体委员会审议，全体委员会的法定人数为 100 人。而通常情况下，众议院活动法定人数为 218 人。所有联邦日程的议案，即涉及税收、安排拨款、批准支付已安排的拨款或财产处理等必须首先经议会全体委员会审议。关于议会全体委员会辩论时间的长短，可以按照议案的重要性进行安排。

4. 议案二读和三读

在议案的普通辩论期间，双方辩论的时间都进行了精确的计算，当规定辩论的时间完毕，主席有权中止辩论。在普通辩论之后，议案进入二读。二读是将议案的内容一部分一部分地宣读，在宣读的这一时间，相关的修正案可相对于某一个部分分别提出。依众议院的规则，通常一名议员对提出的修正案的解释和反方议员的辩论时间限制在 5 分钟之内，不允许对修正案作进一步的辩论，目的是防止"阻碍议案通过战术"。

当议案审议结束，众议院全体委员会要向众议院提出并报告已通过的议案和修正案。众议院则围绕众议院全体委员会通过的议案和一些修正案展开活动。

众议院议案的辩论可因建议或命令"先决问题"（对正在讨论的某些议案是否立即投票表决的动议）而中断。如果提议被法定出席人员中的半数以上议员投票表决所赞同，或者"先决问题"是基于众议院全体委员会提出的，那么议案的所有辩论就中断。当议长提出"议案是否将正式书写并进行三读"的问题得到明确同意之后，议案则仅以宣读标题方式进行第三次宣读并投票表决通过。最后，由众议院将全体委员所通过的修正案的议案进行投票表决。

美国《宪法》第 1 条第 5 款规定，议员出席过半数即构成处理一切事宜的法定人数，不满法定人数时，可强迫缺席议员出席会议。自愿出席会议的议员（除非议院另有命令）直接进入议院大厅，可向工作人员报告其姓名。在实践中强制议员出席或者拘留议员的情况很少发生。如果投票表决的人数构成了议会的半数以上,议长则宣布法定人数的组成,未决事宜可经过半数以上投票表决确定。

5. 表决

众议院使用的投票表决方式有两种:口头表决、名表决。口头表决基于同意和不同意音量大小的比较来确定表决结果。如果口头表决结果难以确定,那么经议员要求或经主席提出,可采取分组表决方式。主席说:"赞同的请站立起来。"经过点清同意人数后,再要求反对方站立起来,直至点清人数为止,以此来确定对问题的同意方和反对方的准确人数。

如果有的议员要求记名投票,同时经1/5众议院法定人数支持,或全体委员会中25位议员支持,可通过电子设备进行。每个表决装置安置了一个表决卡槽和四个指示灯,分别标明"赞同""反对""出席""开启"。当进入投票表决程序时,该系统亮灯显示并处于待接受投票状态。每个议员有一个表决身份卡,当议员表决时,首先将表决卡插入电子投票装置之中,再按下议员所选择的恰当表决按钮。

6. 法案移送参议院审议

按照立法程序,众议院通过法案后,要提交参议院进行审议。众议院审议法案期间,通过上百件修正案不足为奇。该院的文字清理人员须将已通过的法案准备正式的誊写副本,然后送交参议院。按照参议院的规则,参议院主席将正式形成的法案提交给参议院中适当的委员会。

参议院委员会对法案的详细审议与众议院一样,可连同修正案一同报告,也可单独报告。当相关委员会成员希望表达个人的意见或议员团体希望提交一个不同意见的报告时,可以在批准该报告前予以通告,以提出补充意见、不同意见或者附加意见。这些意见可以在3日内提交给委员会工作人员,并成为报告的一个组成部分。当委员会报告法案时,该法案由委员会连同修正案再次打印,其修改部分由斜体表示,删除部分在文字上直接打横线。日期编号和报告编号以及参议院议员制作报告的名字,在首页和背页加以注明。委员会报告和一些少数人或个人的意见随同法案一同打印。所有委员会会议,包括听证会等,除规定的六种情形外,都必须对社会公开。

当参议院议员经会议主持人的同意后,其发言时间不受限制。在没有参议院同意的情况下,参议院议员对一些争论的问题,不能在同一个法定日中作出两次以上的发言。当参议院议员放弃会议,同时没有其他参议院议员要求认可的,或者当一致同意限制辩论时间的协议产生后,辩论则结束。

参议院对法案的审议,主要表现为修正案形式。每个修正案包括报告法案的委员会所作的建议被分别审议。修正案审议完结后,法案正式成文并以宣读标题方式进行三读,然后由会议主持人提交表决,通常采用口头投票表决方式。如果出席会议 1/5 的议员提出采取按赞成和反对顺序分别投票表决被获准同意,参议院就可以采用多数投票表决方式。表决结束后,众议院的原始法案,连同正式书写的参议院修正案以及参议院实施活动的咨文说明一并返回众议院。

7. 法案的最后修改和协调

当法案返回众议院后,议长有权将参议院修正案在一定时限内,向有关的委员会提交审议。如果对修正案没有异议,由书记员宣读法案标题和参议院修正案,即宣布同意修正案,法案将清理登记并提交总统批准。若众议院对参议院返回的修正案有争议,众议院可以提出成立两院协调委员会,以便协商解决争议。协调委员会是由参众两院为解决两院法案的争议而专门成立的临时性协调组织,协调委员会的议员由众议院议长和参议院多数党领袖指定,他们往往是有关委员会推荐的资深议员。在提出成立协调委员会时,双方往往讨价还价,如果另一院拒绝,法案则自动作废。如果另一院同意成立协调委员会,相关的文本,如最初法案文本、修正案、两院之间相互传送的不同的意见文本等要送到协调会议的相关协调人手中,协调委员会在就议案文本达成一致意见后,分别向两院提交协商报告,两院对协调报告只能接受或拒绝,不能修改。如果两院都接受了协调,协调委员会便自动解散。

8. 法案的清理登记和签署

清理登记法案的准备工作是一件艰苦而重要的任务，因为这项工作必须准确反映两院对议案(法案)修改、删除、补充或同意等内容。众议院法案清理登记人员对正式书写的最原始法案、参议院正式书写的修正案、签署的会议报告、其他一些来自参议院的议案、众议院最后活动的注释等文本，都要进行清理。有时，审议过程中通过的修正案多达500余项，每项修正案都必须按照通过的内容逐一清理登记。

已清理登记的法案打印在羊皮纸上，同时要经过议院书记员确定说明最初提出法案的议院。最初由参议院提出的法案由参议院秘书进行检查和确定。众议院法案则由该院管理委员会负责检查。当委员会对法案的准确性表示满意，委员会主席附上说明该法案清理登记的真实性证明，然后呈送众议院议长签署。所有法案先由众议院议长签名，然后由参议院主席签名。如果议长和参议院主席未能签署法案，可授权各自议院的议员签署法案。法案签署后，按照宪法规定，属于众议院的法案签署后，再由该院管理委员会提交给总统。属于参议院的法案则由参议院秘书提交总统。

按照美国《宪法》第1条第7项规定，凡众议院或参议院通过的法案，应在其成为法律之前送交合众国总统。在实际中，众议院管理委员会书记员或者参议院秘书将清理登记的法案送到白宫秘书手中签收。送交的事实情况由委员会报告议院。法案送交白宫后，就认为已呈递给总统，总统开始按照宪法规定批准期限(10日)着手活动。通常白宫接到法案副本后，按其主题内容的不同而发至不同的且有利害关系的政府部门，以期他们围绕法案的相关问题提出建议，然后由总统着手对法案履行批准手续，总统一经签署后，即可成为法律。总统也可以否决该法案将其退回国会，但国会两院如果分别以2/3的多数再次通过，即可推翻总统的否决，仍使该法案成为法律。[1]

---

〔1〕 关于美国议案的审议和表决的部分内容，相关部分主要参见Charles W. Johnson, *How Ours Law Are Made*, http://thomas.loc.gov/home/lawsmade.toc.html。

(二)英国关于法案的审议和表决

英国议会实行两院制由来已久,有“议会之母”之称,其相关立法程序也对各国影响较大。无论是对政府提交的法案还是议员提交的法案,也无论是私事议案还是混合议案等,立法程序均以三读为其主要特征。英国的议会体制与美国的议会体制同属二院制,但在对法案的审议方面却有许多不同之处。下面以英国平民院(亦称下院)常设委员会对政府提交的法案实行三读的审议程序进行分析。[1]

1. 一读

一读主要体现和表明法案正式提交平民院。当法案分别发给议员之后,要宣布法案名称及全文,然后法案将交由有关常设委员会进行审议,并规定辩论的日期。政府向平民院提交普通公事案的方式有两种:第一种是由大臣当场请求全院大会同意其提出法案,并由平民院安排一读日。第二种是预先通知,即由大臣预先于某天 12 时以前通知平民院公共消息处,说明要提出法案,并说明其法案要旨,公共消息处随即在平民院的“预约公告”上公布,然后由平民院为该大臣的法案安排一读日。一读主要是为二读做好必要的准备工作,而不作任何辩论。

2. 二读

二读阶段意味着法案的审议进入实质阶段。一读阶段只是将二读的开始时间笼统作出规定,而没有明确具体的时间,二读具体时间的确定则是在周四下午由平民院领袖在全院大会宣布。当二读开始后,由议长宣布该法案责任大臣的姓名,再由该大臣或其代表向全院大会就法案作具体说明。而后,反对方集中陈述对法案的意见,各议员也可就法案发表原则意见。在对法案展开辩论之后,责任大臣提议该法案通过二读,反对方则可根据具体情况或者提出该法案在 6 个月后进行二读,或者提出拒绝通过对该法案的二读。针对不同的意见,全院大会必须进行当场表决,如果政府要求通过二读的法案动议获得通过,便意味着该法

---

〔1〕 参见蒋劲松:《议会之母》,中国民主法制出版社 1998 年版,第 467 - 498 页。

案通过二读;如果表决通过了反对方的提议,则意味着政府的法案被否决。对于争议不大或无争议的法案,平民院则可不进行辩论甚至不经表决而简单通过。在这一阶段,10 名议员联署,可对法案提出修正案,或在二读之前将修正案提交给议长。

对于二读通过的法案,则要进入委员会审议、报告和全院大会审议等阶段。

委员会审议阶段是英国议会审议法案的重要阶段之一。在这一阶段,议员可以针对法案的相关内容提出修正建议,各方不同利益者也在这一阶段为实现各自利益而积极参与对法案的审议和辩论,相关委员会则可以根据要求对提出的法案进行审议。平民院设置了若干委员会,主要由全院委员会和常设委员会负责对相关议案的审议。全院委员会由平民院全体议员参加会议,主要审议一些重要的法案,如宪法性法案、财政法案、应急性法案及一些无争议的法案,对一般性的法案不予审议。而常设委员会则是根据实际法案审议需要而专门设立的委员会,该委员会在不同时期有不同的变化。从立法实践看,常设委员会主要对除全体委员会审议的法案以外的大部分法案进行审议。此外,平民院还设立了其他一些委员会,如特别委员会和联合委员会等。特别委员会的任务主要是为了预测并准备处理在会期中将产生的某些专门问题,研究会期中某些特定事项并向平民院提交报告。联合委员会则是由贵族院和平民院各指派相等人数的议员所组成的两院联席会,它通常不对法案进行审议,只是对某些法案相关的情况进行调查。法案究竟由哪个委员会进行审议,可根据具体内容并按照平民院的具体规定来确定。委员会在审议法案时,采取对法案条款逐条审议的方式,通常先对条款提出的修正案进行审议表决,然后再审议该条款,条款审议完毕,最后再审议议员对法案提出的新的补充条款。

审议过程中,常设委员会注重充分体现民主性,通常针对法案条款的具体内容和议员提出的修正案以及各方的不同意见,组织展开辩论,让各方充分发表意见。对违反议事规则提出的修正案则不提交辩论。

常设委员会根据辩论情况,有权对法案的具体条款进行修正,但不得对法案进行否决,不得改变法案的立法宗旨和原则,也不得针对法案的具体内容开展调查活动。在这一阶段,法案提交方的责任大臣要面对议员的发言或提问进行解答,对议员提出的修正案进行表态,或对提出的反对修正案予以反驳。通常在审议过程中,反对一方如果要阻止法案顺利通过,一方面会采取对法案提出修正案的方式,使法案在具体内容上改变立法初衷;另一方面则采取拖延战术,即在会上以冗长的发言以及提出逐条表决的要求等方式,以阻止法案的通过。而提出法案一方则设法通过全院大会对法案审议的时限作出规定,借此阻止反对方对法案辩论的无限期延长。委员会主席则侧重对双方的协调和平衡。

常设委员会在审议和辩论结束后,应当将法案的审议及法案的修正情况向全院大会予以报告,由全院大会对报告的情况进行审议。报告会通常由议长或副议长负责主持召开,全院大会上,议员还可针对法案的具体内容进一步提出修正案或新条款,但必须由议长决定提交大会辩论和表决。全院大会还要对委员会审议的法案及增加的条款及修正案等进行表决,表决一旦通过,就进入三读阶段。如果全院大会对法案的修改变动很大,就再次交由常设委员会审议。

3. 三读

三读是平民院审议法案的最后一个阶段,相对二读阶段而言,程序上较为简便,时间上较为简短。三读时,由议长负责主持召开全院大会,议员在这一阶段一般不再对法案的具体内容提出修正案和进行辩论,经议员表决,或者通过法案,或者否决法案通过。但涉及法案技术规范方面的内容,如文字错误等可提出修正案,若经 6 名以上议员联名动议,可对法案进行辩论。三读结束后,由全院大会对法案进行表决。表决可视不同情况采用口头表决、举手表决和分门表决方式进行。三读通过法案后,要将该法案按规定的时间送交贵族院进行审议。

4. 贵族院对法案的审理

贵族院收到平民院送来的法案之后,同样按照三读方式进行审议。

如果平民院移送到贵族院审议的法案得以顺利通过，可直接提请英王批准。如果经贵族院审议后未通过平民院的法案，可提出修正意见并将该法案退回平民院，由平民院对贵族院的修正意见进行审议，并作出同意或不同意的表决。同时仍要将该法案送到贵族院进行再审议。如果法案在贵族院再次审议中顺利通过，则可提请英王批准。一个法案要成为法律，必须经两院通过；否则，该法案就不可能成为法律。因此在实践中，两院对法案的某个问题未能达成一致意见的，该法案就可能在两院之间来回进行频繁审议和协商，直至两院对法案达成一致意见。这就是所谓的“穿梭协商”。由于不同意见而使该法案在两院往返穿梭审议，成为两院制国家审议法案的一大特色。

（三）俄罗斯联邦法案的审议和表决程序

俄罗斯现行的权力机关为联邦会议，是由苏联的苏维埃代表大会和人民代表大会演变而来，并在 1993 年全民公决通过的俄罗斯《宪法》中予以明确规定。联邦会议由上、下两院组成，即联邦委员会和国家杜马两院。在立法上，两院共同享有立法权，但在具体立法过程中，两院的权限又有所不同。按照 1993 年俄罗斯《宪法》规定，联邦法案由国家杜马通过，对法案的审议是国家杜马一项基本工作内容，而联邦委员会虽然没有通过联邦法案的权力，但可以参与立法，可对杜马通过的法律表示赞同或不赞同。因此，俄罗斯联邦法案的受理、审议和表决活动过程主要是在国家杜马进行。

1. 法案的初步审议

在法案的初审阶段，当法案正式提出后，一般情况下，先由国家杜马按照法案涉及的内容将法案送交给相关的一个常设委员会，由该委员会进行初步审议。也可根据具体情况将法案同时送交几个常设委员会进行初审，但要指定其中一个委员会主要负责对法案的初审，相关的常设委员会初审后要向杜马全院会议委员会提出初审意见。

2. 法案正式审议

初审后，法案就进入正式审议程序，也称三读阶段。

一读阶段。主要审议该法案的基本原则和通过该法案的可行性报告。在具体审议中，听取提出法案人的报告和初审委员会的初审报告，然后再听取议会党团、议员团和杜马代表、联邦政府及联邦主体代表以及相关人员的建议和意见，再确定修改法案及二读期限。此阶段，相关提案主体可以就法案的具体内容提出修正案。相关委员会负责研究和综合各方提出的意见，并提出附有赞同或反对修正案图表的法案草案，国家杜马机关的法律局则负责审查因通过该法律草案而需要废止、修改或补充的联邦法律文件清单并作出相应说明，然后连同联邦总统对法律草案的结论性意见一起在规定的日期内送提案主体和杜马代表审议。

二读阶段。这一阶段主要是对法律草案或补充的法律草案进行逐条审议和听取有关方的意见。在审议过程中，可以就修改补充的法案进行逐条辩论和发言，然后由大会对委员会的修改草案进行表决。在整个法案的辩论结束后，对二读通过的法案的问题交付表决。通过后，还要根据二读修改的意见对法案再次进行补充修改。

三读阶段。主要是由杜马全体代表投票表决，投票表决在全体代表半数以上，该法律即可通过。

国家杜马通过的法案应当在 5 日内转交联邦委员会审议，联邦委员会对杜马转交的法案如果属于俄罗斯《宪法》第 106 条规定的涉及财政税收、金融货币、批准国际条约和战争等方面的问题的法案等，应当按照规定的程序进行审议。除此之外，则不是联邦委员会必须审议的法案。如果联邦委员会从收到杜马转交的法案之日起 14 日内未作审议，该法案被视为联邦委员会赞成，国家杜马可以在 5 日内将该法案交付俄罗斯联邦总统签署公布。

3. 联邦委员会的审议程序

国家杜马通过并转交的联邦法案如果是俄罗斯《宪法》第 106 条规定范围内的事项，联邦委员会则应当在收到法案之日起 2 日内，将该法案和附带文件一并发给联邦委员会全体代表，并将该法案送相关的专门委员会审议，然后由联邦委员会听取专门委员会的审议意见，最后在联邦委员会或联邦委员会全院会议上表决。如果联邦法案未经通过，则在联邦委员会下次全院会议上继续审议，直到通过赞成或否决该法案的决议为止。通过此决议后，联邦委员会应当在 5 日内将法案送国家杜马，并且联邦委员会应当将该法律文本和赞成决议一并送俄罗斯联邦总统签署公布。俄罗斯联邦总统在收到联邦法案之日起 14 日内应当签署该法案。如果总统在此期间内驳回该法案，两院则要对该法案重新进行审议。如果两院分别以全体代表 2/3 以上多数再次通过，总统则要在 7 日内签署该项法案。

在一院制的国家中，对法案的审议采取三读制的有丹麦、芬兰等一些国家。

此外，有些国家法案经过议院通过后，还须经全民公决才能生效。丹麦《宪法》规定，任何法案经议会通过之后 3 日内有 1/3 的议员提出要求，就应当将该法案提交全民公决。公决日期由首相确定，一般在法案公布后第 12 日至第 18 日。如果否决一个法案，反对者投票必须占大多数，并且还要至少占全国有资格投票公民总数的 30%。丹麦曾就降低选举人年龄以及对欧盟的政策等事项多次举行过全民公决。在日本，对于仅适用于某个地方公共团体的特别法，在国会作出决议后，还须经过该地方公民投票同意后才能成为法律。在奥地利，经过三读表决通过的法案，如果国民议会或其他大多数议员要求举行公民复决时，则应在该项法案得到联邦总统确认前提交公民进行复决，由联邦总统宣布举行。凡在该国国民议会中有选举权和被选举权的联邦公民均可参加投票表决，获得有效票的半数以上赞成即为法律通过。

四、法律的公布

法律的公布是立法程序中最后一个阶段，所谓法律的公布是指有公布法律权的机关或人员按照法定程序，将立法机关已通过的法律内容向社会公开的一种活动。许多国家在宪法或相关法律中,都明确规定法律在通过或批准之后应当以适当的方式予以公布。通常的做法都是由立法机关以外的其他机关或人员公布法律,当然,少数国家是由立法机关自己颁布法律。一般而言,立法机关通过法律之后,法律就应当获得其应有的效力,而无须以公布为立法的必经程序。但各国之所以对通过的法律规定公布程序,其主要原因有:第一,从分权的原则出发,希望通过特殊的法律批准程序和公布程序的途径,实现对立法机关的干预和制衡,因此其批准和公布法律的权力往往由议会以外的机关完成;[1]第二,将通过的法律及时并郑重地向社会告示,表明调整某一方面社会关系的法律已制定或实施,有助于及时告诉人们按照法律规定的行为准则去行为;第三,法律的公布可以表现立法程序的一个完整过程,这也是各国立法传统习惯的一种延续。

从各国实践来看,许多国家对通过的法律都明确规定应予以公布,且公布的方法多种多样,具体有以下几种方式:

一是规定公布法律的主体,即明确规定由谁来公布法律。在比利时,两院通过法案时,由政府主管大臣在法案上副署后送国王签署生效,同时由国王正式颁布。

二是规定法律公布的日期。从各国情况来看,法律公布的日期各不相同。日本规定法案经过两院通过后,由众议院议长、内阁总理大臣上奏天皇,自上奏之日起30日内予以公布。法国是总统收到法案文本后,如果对提交的法案既不要求复议,也不要求委员会进行审查,就必须在30日内加以公布。卢森堡议会通过法案后,由大公(国家元首)批准和公布,其批准决定在议会表决后3个月内公布。

三是规定具体的公布方法。在德国,两院通过法案后,由众议院议长负责将两院通过的法案送交总统签署,并在《法律日报》公布,14日后开始生效。俄罗斯联邦则在总统签署后,送《俄罗斯报》或《俄罗斯联邦

---

〔1〕 参见马怀德主编:《中国立法体制、程序与监督》,中国法制出版社1999年版,第238页。

立法汇编》正式公布，并在公布之日起的第 10 日生效。在美国，法律的首次公布方式较为特别，即采用单行本形式，每部法律单独印刷成小册子，首页标明公法或私法序数、批准日期和法案顺序。公法单行本在首页还要说明在美国法律全文的出处。如果法案是在总统否决的情况下由两院再通过相应程序通过的，法案仍可成为法律，但在这种情形下，该法律则是未经总统签名的，这时印刷的册子中有一个在总统未签名情况下成为法律的说明，并以此代替通常的签名同意。法律单行本由联邦登记办公室和国家档案部门制作，提供有关其他法律方面的详细注脚说明。注脚说明还提供美国代码分类，以便读者能立即确定该法律在哪一代码中出现。每件单行法律还包括法律的立法历史，主要由委员会的报告数量、每个议院委员会的名称、审议和通过日期，以及国会议事录的卷数、年代和日期等组成一个信息指南。法律单行本还发至两院文献室，以方便公务人员和公众查阅。他们还可从政府印刷办公室通过每年征订或个别购买方式获取，也可利用计算机网络获取。〔1〕

第三节　中国的立法程序

2023 年《立法法》强调在立法程序中，全国人大及其常委会要坚持科学立法、民主立法、依法立法，通过制定、修改、废止、解释法律和编纂法典等多种形式，增强立法的系统性、整体性、协同性、时效性。全国人民代表大会与全国人民代表大会常务委员会立法所遵循的程序有共同的特点，即都要经过准备、提出、审议、表决和公布等几个阶段，但在具体的这几个阶段中，特别是在法律案的提出和审议阶段则有不同的程序规定。

一、立法准备程序

立法准备具体包括立法的规划、计划和法律案的起草等几个方面。

---

〔1〕 See Charles W. Johnson, *How Ours Law Are Made*, XIX, Publication, 22nd edition, http://thomas, loc. gov/home/lawsmade. bysec/publication. html.

虽然立法准备阶段不是《立法法》明确规定的法定立法程序，但是立法的准备阶段是法律案正式进入立法程序的前提，法律案的提出、审议、表决和公布等立法程序是否能够顺利进行，依赖于立法准备阶段。完整的立法程序，应当从立法的准备阶段开始。

（一）立法规划和立法计划

1. 立法规划和立法计划的相互关系

立法规划和立法计划是指立法机关以调整各种社会关系的实际需要，根据预测按照一定时间对立法项目进行安排的一种立法前期活动。我国立法法规定，全国人民代表大会常务委员会通过立法规划、年度立法计划等形式，加强对立法工作的统筹安排。编制立法规划和年度立法计划，应当认真研究代表议案和建议，广泛征集意见，科学论证评估，根据经济社会发展和民主法治建设的需要，确定立法项目，提高立法的及时性、针对性和系统性。立法规划和年度立法计划由委员长会议通过并向社会公布。全国人民代表大会常务委员会工作机构负责编制立法规划和拟订年度立法计划，并按照全国人民代表大会常务委员会的要求，督促立法规划和年度立法计划的落实。从全国人大常委会制订的立法规划和立法计划情况来看，前者通常以 5 年为单位安排立法项目，后者则以一年为单位安排立法项目。立法规划和立法计划相互联系、相互弥补，相辅相成。两者既有共性又有个性。所谓共性是指两者都按照客观实际，通过科学预测，合理安排，都是立法事项的预先安排。所谓个性是指两者在预先安排时间上有所不同，立法规划从时间段上要长于立法计划，是由较长时段的若干立法计划组成。而立法计划则在时间上短于立法规划，是立法规划的一个组成部分，没有这若干个立法计划的组成，就没有立法规划实施的可能性和合理性。同样，在制订立法计划时也要按照立法规划的内容逐步落实，以确保立法规划的实现。

2. 制订立法规划和立法计划

自 1980 年起，全国人大常委会就开始着手进行立法规划和立法计划工作,按照全国人大常委会的通行做法,立法规划安排的时间一般与每届人大的期间相同。通常在每届全国人民代表大会即将结束前由全国人民代表大会常务委员会相关工作机构开始着手准备5年立法规划。立法计划则是按年度进行,在每年的全国人民代表大会会议前后期间着手制定。

5年立法规划的具体制定,是在每届全国人民代表大会第一次会议期间,以代表提出的议案和建议、国家行政机关和司法机关提出的立法建议、全国人大及其常委会执法检查、调查研究过程中对存在的问题提出的立法建议以及专家学者提出的立法建议等为基础,经过全国人大常委会工作机构调查研究,广泛听取社会各界的意见,根据社会实际需要、国民经济发展趋向以及今后5年需要通过立法调整某种社会关系,按照轻重缓急原则,研究将立法项目按照年度分解,即将5年中每一年的立法项目作出大致规划,并草拟出5年立法规划草案,经全国人大常委会委员长会议研究并报中央同意后予以实施。

年度立法计划的制订也是由全国人大常委会工作机构具体负责,在已制订的立法规划的基础上,结合形势变化和发展,对当年立法项目进行调研,拟定立法计划草案,经全国人大常委会审议通过后予以实施。

年度立法计划的制订与立法规划有所不同,立法计划的制订主要是依据立法规划,同时还根据当年全国人大议案、建议,其他国家机关的议案以及全国人大常委会执法、调研中提出的立法建议等进行的。由于立法规划时间较长,且制定时是从当时的实际出发考虑的,随着形势的不断变化和发展,立法规划中有的立法项目可能会不适应新的形势发展和变化的需要,因此,有必要根据实际情况调整立法项目。正是基于这一原因,需要制订年度立法计划。制订立法计划既要坚持原则性,又要遵循灵活性,即在按照立法规划项目安排年度立法计划的同时,还要考虑到情势变化的可能,在已制订的立法规划的基础上适当调整年度立法计划。可以说,立法计划比立法规划更具针对性和灵活性。

立法规划和立法计划的制订关系社会关系的规范和调整,其目的是确保社会各项事业的发展沿着法制的轨道顺利进行。如果立法规划和立法计划的制订不能适应社会发展的需要，不能及时调整各种社会关系，就会影响或阻碍社会的发展。因此制订立法规划和立法计划过程中应当注意以下几个方面的问题：

一是制订的立法规划和立法计划应当预测未来5年时期的形势发展，尽可能地使立法项目具有针对性和适应性，选定的立法项目应按照轻重缓急科学合理安排，以满足各种社会关系发展变化的需要，适应不断改革开放的需要。

二是立法规划和立法计划应当注意立法项目的实际可能性，根据社会经济发展的速度和客观实际需要来确定立法项目，既不能过于超前而不切实际，也不能太滞后于社会发展。

三是通过立法规划和立法计划要达到提高立法效率和法律适用效益的目的。制订立法规划和立法计划的目的之一是克服立法的任意性和盲目性，科学合理地安排立法项目和确定起草部门及人员，如是部门起草还是专家起草，是委托起草还是立法机关起草等。一方面，通过合理安排立法项目可以减少不必要的立法活动或立法内容，提高立法效益；另一方面，科学合理地安排立法项目和内容，能使所制定的法律更具合理性和可操作性。

（二）起草法律草案

在中国立法理论研究和实践中，经常出现法案、立法案、立法议案、法律草案、法律案等不同的表述。根据《立法法》的规定，法律案和法律草案不是同一概念。提出法律案是重要的立法程序，提出法律案则应当同时提出法律草案文本及其说明，并提供必要的参阅资料。修改法律的，还应当提交修改前后的对照文本。法律草案的说明应当包括制定或者修改法律的必要性、可行性和主要内容，以及起草过程中对重大分歧意见的协调处理情况。因而起草法律草案是立法准备过程中的活动，修改法律草案通常是在进入正式立法程序中的活动。

起草法律草案既是立法准备阶段的最后一个环节，又是正式立法程序的前奏，它是将立法规划和立法计划的具体内容和需要调整的社会关系按照立法技术规范和一定的法律文本格式，通过文字表现为一定的条款形式的活动。法律草案的起草过程具体有以下几个方面。

1. 确定起草法律草案的主体和具体起草人的基本要求

立法规划和立法计划一经通过就要组织实施。首先是要明确法律草案的起草主体。从目前中国法律草案起草的实践来看，法律草案的起草主体一般是国务院有关部门，但涉及宪法性法律草案及全国人民代表大会自身工作与程序方面的法律草案的起草主体，通常是全国人大常委会的相关工作机构。法律草案的起草主体不等于是法律案的提出主体，但法律草案的提出主体可以是法律案的起草主体。其次，要明确法律草案的具体起草人。法律草案起草的质量好坏，直接关系到法律案正式进入立法程序后能否顺利进行。因此，能否顺利通过立法程序，确定具体起草人十分重要。法律草案的起草人通常应当具备以下条件：一是具备扎实的法学理论功底，即起草法律草案的相关人员应当对法学理论有一定的研究，具有较高的立法理论水平，这是起草法律草案的前提条件。二是具备所立之法的相关专业知识，这是起草法律草案的基础。三是熟悉和了解相关法律法规、政策规定，这是起草法律草案的重要环节。四是具备较好的文字能力，掌握一定的立法技术，这是起草法律草案的重要保障。

2. 开展立法调研，确定法律草案要解决的重点问题

开展立法调研对提高法律草案的质量有重要意义，开展立法调研，一是要了解国家现行法律、政策及相关国家规定和实践的通行做法，以便在起草法律草案时把握方向。二是要了解法律草案重点要确定的权利义务内容。如果相关的权利和义务设定不当，法律作为社会关系调节器的作用就很难实现。三是要研究违反法律所应当承担的责任，做到罚与责相适应。四是要考虑中国加入世贸组织后的一些新的法律问题。立法调研中，应当了解国外对同一立法内容的具体规定，避免在今后的

立法中出现与国际惯例不一致的情况。五是要了解法律草案存在的问题和需要解决的问题，做好有关问题的协调工作。

开展立法调研的形式是多种多样的，既可直接到基层或部门调查研究，也可召开专家座谈会或立法听证会等。

3. 起草法律草案条文和广泛征求意见

根据法律草案的具体内容及起草人员的分工，可确定一人或多人根据调研情况以及法律起草小组讨论和研究的意见草拟法律草案。在起草法律草案的实践中，一是注意与宪法保持一致，不得与其相抵触；二是设定相关权利和义务适当，体现一致性；三是注意与横向法律的相互衔接，避免出现新的法律之间的"打架"现象；四是注意立法技术规范，根据法律草案的具体内容和篇幅来确定法律草案的框架形式，同时注意法律用语的严谨性和文字的规范性等。

法律的制定过程是一个反映民意的过程。因此，在法律起草的实践中，要充分听取广大人民群众的意见和要求，以体现法律草案起草过程的民主性。在初拟法律草案后，通常要广泛征求社会各界的意见，如征求有关部门、专家学者和公民的意见。如果法律草案中涉及多个部门的职能问题以及相关难点问题，要注意在起草过程中及时搞好协调工作和解决立法中可能出现的难点。

在中国，法律草案通常是由法律案提出人以及所属部门或相关工作机构负责起草。如全国人民代表大会主席团、全国人民代表大会常务委员会和全国人民代表大会各专门委员会提出的法律案，一般由全国人民代表大会相关的专门委员会、全国人民代表大会常务委员会工作机构、全国人民代表大会代表、全国人民代表大会常务委员会组成人员以及成立专门的起草委员会等负责起草法律草案。国务院提出的法律案，一般由国务院确定的部门负责起草，通常涉及哪个主管部门的法律便由哪个部门负责起草。重要的综合性的法律草案则由综合部门负责起草。法律草案经国务院法制机构审查后，再经由国务院审议后提出法律案。最高人民法院和最高人民检察院分别起草司法审判工作及审判组织和检察工作及检察组织方面的法律草案。军事委员会各总部负责起草军事方面的法律草案。

在形成正式的法律案后，通常由有提案权的主体向全国人大及其常委会提出。

二、法律案提出程序

法律案提出程序指依法享有法律案提案权的机构和个人依法向立法机关提出的制定、补充、修改和废止某项法律的过程。法律案的提出标志着立法程序的正式开始。

（一）提出法律案的主体

2023年《立法法》第17、18、29、30条对提出法律案的主体已作出明确规定，并且2023年《立法法》增加规定国务院、中央军事委员会、国家监察委员会、最高人民法院、最高人民检察院和全国人大各专门委员会可以向全国人大常委会“提出相关法律草案”，即相关法律解释案。从这些具体规定来看，提出法律案的主体具有广泛性。第一，有权就全国人民代表大会职权范围内的立法事项向全国人民代表大会提出法律案的主体有：全国人民代表大会主席团、全国人民代表大会常务委员会、国务院、中央军事委员会、国家监察委员会、最高人民法院、最高人民检察院、全国人民代表大会各专门委员会、全国人民代表大会各代表团、全国人民代表大会代表。第二，有权就全国人民代表大会常务委员会职权范围内的立法事项向全国人民代表大会常务委员会提出法律案的主体有：委员长会议、国务院、中央军事委员会、国家监察委员会、最高人民法院、最高人民检察院、全国人民代表大会各专门委员会和全国人民代表大会常务委员会组成人员。

从以上提出法律案的主体分析看，由于全国人民代表大会及其常务委员会制定法律的职权范围不同，《立法法》规定的提出法律案的主体也不尽相同，具体分析有以下几个特点。

一是《立法法》明确规定一部分主体既可以向全国人民代表大会提出法律案，也可以向全国人民代表大会常务委员会提出法律案，如全国人民代表大会常务委员会、国务院、中央军事委员会、最高人民法院、最高人民检察院、全国人民代表大会各专门委员会。此外，依照《立法法》第 19 条关于“向全国人民代表大会提出的法律案，在全国人民代表大会闭会期间，可以先向常务委员会提出”的规定，作为向全国人民代表大会提出法律案的主体，同时也可成为向全国人民代表大会常务委员会提出法律案的主体。但是，在全国人民代表大会闭会期间，没有主席团，也不存在代表团的活动形式，因此，全国人民代表大会主席团和代表团实际上无法向全国人民代表大会常务委员会提出法律案。此外，30 名以上代表提出的法律案，往往也只是在召开全国人民代表大会时提出，在全国人民代表大会闭会期间，代表依法进行联名当然是可以的，但法律没有规定代表可以联名向常委会提出法律案，因此，代表如果有 30 人以上联名要求向常委会提出法律案，可以通过常委会委员联名提出。[1]

二是提出法律案的一部分主体只能向一个特定的立法机关提出法律案，而不能同时向全国人民代表大会和其常务委员会提出法律案。如委员长会议和全国人民代表大会常务委员会组成人员只能向全国人民代表大会常务委员会提出法律案，而不能向全国人民代表大会提出法律案。但全国人大常委会组成人员以全国人民代表大会代表的身份向全国人民代表大会提出的法律案除外。

三是提出法律案的主体可以分为两大类：一类是有关国家机关；另一类是非国家机关的组织或个人，即全国人民代表大会代表团和代表。代表团是会议的一种组织形式和议事形式，全国人民代表大会举行会议时，代表团主要是以选举单位为基础而组成的。如第十届全国人民代表大会第一次会议上，共有 35 个代表团，其中各省、自治区和直辖市代表团 32 个，香港及澳门特别行政区各 1 个，解放军代表团 1 个。全国人民代表大会代表是全国人民代表大会的最基本构成，他们来自社会各个阶

〔1〕 参见乔晓阳主编：《立法法讲话》，中国民主法制出版社 2000 年版，第 112 页。

层和各个方面，由他们联名提出的法律案，能最集中代表和反映民意。

四是对某些提出法律案的主体数量上有一定的限定，即提出法律案的主体只能在达到法定数量时，提出的法律案才视为有效。如《立法法》规定全国人民代表大会代表必须有30名以上的代表联名才能向全国人民代表大会提出法律案；全国人民代表大会常务委员会组成人员10名以上联名才能向全国人民代表大会常务委员会提出法律案。如果上述人员未达到《立法法》规定的人数，其提出的法律案则视为无效案。

关于提出法律案的主体需要说明的是享有法律案提出权的主体并非就是法律制定权的主体。从中国《立法法》对提出法律案的主体以及法律制定主体的规定来看，有的提出法律案的主体同时又是法律制定的主体，如全国人民代表大会常务委员会既是提出法律案的主体，同时又是制定法律的主体。而大多数提出法律案的主体则不是制定法律的主体。此外，提出法律案的主体不等于就是法律案提出后直接参与立法活动的主体。从《立法法》的具体规定来看，法律案提出后，具体参与立法活动的相关主体主要是全国人民代表大会及其常务委员会、全国人民代表大会的各专门委员会、全国人民代表大会常务委员会组成人员和全国人民代表大会代表。这些直接参与者的具体活动将直接影响法律的制定过程。而其他提出法律案的主体虽然可以在一定程度上参与立法活动，但他们不是法律案的直接制定者，即不能直接参与对法律案的审议、表决和公布等立法过程。

（二）提出法律案程序

提出法律案应当具备一定的形式要件和遵循一定的方式方法。首先，从法律案的形式要件上讲，提出法律案，应当同时提出法律草案文本及其说明，并提供必要的参阅资料。法律草案的说明应当包括制定或修改该法律的必要性、可行性和主要内容，以便代表们在审议法律案的过程中有针对性，同时也便于规范法律案的提出，提高立法质量。其次，提出法律案应当符合一定的程序，即按照规定的程序提出。中国《立法法》针对全国人民代表大会及其常务委员会立法权限的不同，在立法主体、法律案的提出和对法律案的处理等方面做了不同的程序规定。

1. 向全国人民代表大会提出法律案的程序

依照《立法法》的有关规定，向全国人民代表大会提出法律案的，因提出法律案的主体不同，在处理法律案的程序上也有所不同。具体有以下三种情况：

第一，全国人民代表大会主席团向全国人民代表大会提出法律案的程序。全国人民代表大会主席团是全国人民代表大会会议的主持集体，由党政军及工人、农民、知识分子等各方代表人士100多人组成，具有广泛的民主性，同时也具备提出法律案的条件。当全国人民代表大会主席团提出法律案时，须经主席团会议审议讨论并经主席团会议通过。依照《立法法》的规定，全国人民代表大会主席团提出的法律案，由全国人民代表大会进行直接审议。

第二，全国人民代表大会常务委员会、国务院、中央军事委员会、最高人民法院、最高人民检察院、各专门委员会向全国人民代表大会提出法律案的程序。全国人民代表大会常务委员会是全国人民代表大会的常设机构，在全国人民代表大会闭会期间行使国家权力。由于全国人民代表大会每年一次大会，且会期较短，很难有更多的时间集中行使包括立法权在内的各项国家权力，因此对需要经全国人民代表大会制定的法律，可先由全国人民代表大会常务委员会审议并提出法律案，为全国人民代表大会最后审议法律案打好基础。全国人民代表大会常务委员会提出的法律案，一般由有关提出法律案的主体向常务委员会提出，经常务委员会审议讨论，再由常务委员会提请全国人民代表大会审议。按照《立法法》对常务委员会向全国人民代表大会提请法律案的期限要求，常务委员会应当在会议举行的一个月前将法律草案发给全国人民代表大会代表。

国务院是最高国家行政机关并且为最高国家权力机关的执行机关。中央军事委员会是国家武装力量的最高领导机关。最高人民法院和最高人民检察院分别为国家最高审判机关和检察机关。他们在具体工作中涉及的有关事项，认为需要制定法律的，可以草拟法律案，经各机关首长签署后，可以先向全国人民代表大会常务委员会提出法律案，经常务委员会审议修改后再向大会提出，也可以直接向全国人民代表大会提出法律案。

全国人民代表大会的各专门委员会是全国人民代表大会的常设机构，如第十四届全国人民代表大会共设立民族委员会、宪法和法律委员会、监察和司法委员会、财政经济委员会、教育科学文化卫生委员会、外事委员会、华侨委员会、环境与资源保护委员会、农业与农村委员会、社会建设委员会十个专门委员会。专门委员会的一个最明显的特点就是突出体现在"专业性"上，中国现行《宪法》第 70 条第 2 款规定，各专门委员会在全国人民代表大会和全国人民代表大会常务委员会领导下，研究、审议和拟订有关议案。《全国人民代表大会组织法》也对专门委员会的相关职责做了明确规定。各专门委员会由于对某一方面的事务较为了解和熟悉，提出的法律案一般具有针对性、客观性和全面性。各专门委员会提出的法律案，通常先由各相关专门委员会进行研究、拟定、讨论和审议通过，然后可以先由常务委员会提出，经常务委员会审议修改后再向全国人民代表大会提出法律案，也可直接向全国人民代表大会提出法律案。上述提案人向全国人民代表大会提出的法律案，由全国人民代表大会主席团决定是否列入会议议程。

第三，代表团和代表联名向全国人民代表大会提出法律案程序。代表团是按照选举单位组成的参加大会的临时性组织，按照《全国人民代表大会议事规则》规定，全国人大代表按照选举单位组织代表团。全国人民代表大会组成的 35 个代表团均构成独立的提案主体，尽管组成人数不同，但都享有同等的提案权。代表团向大会提出的法律案，应当由代表团全体代表的过半数通过。

关于代表联名提出法律案的，一是要达到《立法法》规定的 30 名以上代表的法定签署人数；二是代表提出法律案的，要由领衔代表提出，其他代表则签名附议。法律案的签名代表不受代表团限制。

代表团和代表联名向全国人民代表大会提出的法律案在处理程序上与前面所述的程序有所不同，即提出的法律案是否列入会议议程，可采取两种处理方式：一是由主席团直接决定列入或不列入会议议程；二是主席团先不对提出的法律案是否列入会议议程作决定，而是将法律案先交由相关专门委员会审议，由专门委员会提出是否列入会议议程的意见，再由主席团决定是否列入会议议程。专门委员会对主席团送交审议的法律案，在审议过程中，可以邀请提案人列席会议，发表意见。在立法实践中，一般情况下均采用后者的处理方式。[1] 由于立法是一项十分严肃的工作，法律案是否可行，需要有一个事前认真研究审查的过程，因此在立法实践中，向全国人民代表大会提出的法律案，往往是先向常务委员会提出法律案，由常务委员会列入大会议案草案，经大会预备会议通过后，再向全国人民代表大会提出。

2. 向全国人民代表大会常务委员会提出法律案程序

依照《立法法》规定，向全国人民代表大会常务委员会提出法律案的，根据提出法律案的主体不同，在处理法律案的程序上也有所不同。具体有以下三种情况：

第一，委员长会议向常务委员会提出法律案程序。委员长会议是负责常务委员会日常工作的核心机构，由委员长、副委员长和秘书长组成，主要处理常务委员会的重要日常工作，对提交大会和常务委员会的法律案等各种议案都要经委员长会议决定。通常由委员长会议提出的法律案都是经过前期充分准备且比较成熟的。依照《立法法》规定，委员长会议提出的法律案，应当列入常务委员会会议进行审议。

第二，国务院、中央军事委员会、最高人民法院、最高人民检察院、各专门委员会向全国人民代表大会常务委员会提出法律案的程序。上述机关向全国人民代表大会常务委员会提出法律案后，依照《立法法》规定主要有三种处理方式：一是委员长会议认为法律案比较成熟的，可以

[1] 参见乔晓阳主编：《立法法讲话》，中国民主法制出版社2000年版，第114页。

直接决定列入会议，这是立法程序中最通常的做法；二是委员长会议认为法律案基本可行，但法律案中一些问题仍需要进一步研究，则可以将法律案送交相关专门委员会进行审议、提出报告，然后再经委员长会议决定是否列入常务委员会会议议程；三是委员长会议经研究认为法律案不够成熟，一些重大问题仍需要进一步研究，可以建议法律案提出人对法律案不成熟的问题进行研究修改后，再向常务委员会提出。

第三，常委会组成人员向全国人民代表大会常务委员会提出法律案程序。全国人民代表大会常务委员会主要由委员长、副委员长若干人、秘书长和委员组成，这些人员统称常委会组成人员。如第十届全国人民代表大会第一次会议选出的常务委员会组成人员共有 175 人，其中委员长 1 人，副委员长 15 人（其中 1 人同时任秘书长），委员 159 人。[1] 依照《立法法》规定，常务委员会组成人员 10 人以上联名，可以向常务委员会提出法律案。法律案提出后，委员长会议可根据不同情况作出以下几种不同的处理：一是认为法律案比较成熟，可以决定列入常务委员会会议直接进行审议；二是认为法律案不够成熟或者需要进一步研究的，可先交有关专门委员会进行审议，专门委员会在对法律案进行审议时，可以邀请提案人列席会议，并对法律案的相关问题发表意见，有关专门委员会经审议后，应当向委员长会议提出审议意见，再由委员长会议作出是否列入常务委员会会议进行审议的决定；三是认为法律案不成熟或者还需要进一步研究的，可以决定不列入常务委员会会议议程，对此，委员长会议应当向常务委员会会议报告或向提案人作出说明。

三、法律案审议程序

法律案一经列入议程后，便进入法律案的审议程序。在这一阶段，要通过立法主体的充分酝酿、讨论和发表意见，使法律案充分表达民意，并切实可行。因此，法律案的审议程序是立法程序中最重要的一个阶段。

---

〔1〕 参见中华人民共和国中央人民政府网，https://www.gov.cn/test/2006-02/05/content_178434.htm。

（一）全国人民代表大会审议法律案的程序

全国人民代表大会对法律案的审议过程，主要包括全体大会听取提案人对法律案的说明、代表团审议、专门委员会审议、法律委员会审议和主席团召开团长会议等内容。

1. 全体大会会议听取提案人的说明

列入全国人民代表大会会议议程的法律案，在进行审议之前，大会全体会议要听取提案人对法律案的说明，了解制定法律的意义以及起草法律案的过程、存在的问题和解决问题的难点等。通过提案人对法律案的说明，使大会全体代表对法律案的基本情况有一个基本了解，以便今后进一步地审议。

2. 代表团审议法律案

大会全体会议在听取提案人的说明之后，由各代表团对法律案进行审议。代表团审议法律案，是全国人民代表大会审议法律案最基本的形式，由各代表团团长或副团长负责主持审议，有的代表团代表较多人时，还可以将代表团再分为若干小组，由代表小组推荐若干人为小组会议召集人，负责对法律案进行审议。如十届全国人大常委会第一次会议上，将35个代表团分为118个小组，审议法律案等有关事项。

在审议法律案的过程中，为了使代表团对法律案有进一步了解和更深入地审议，《立法法》作出了以下两点具体规定：

一是法律案在审议过程中，提案人应当派人到代表团听取意见，并回答代表们对法律案相关问题的咨询，这是对提案人所作的一项义务性规定。这里所说的提案人主要是指国家机关和代表团。如果是30名以上代表联名提出的法律案，在法律案的审议过程中，由于许多客观上的原因，这些联名代表很难集中听取代表团审议法律案的意见和回答代表们对法律案相关问题的咨询，可采取提案人分散到各代表团听取意见和回答相关问题的方式。

二是根据代表团的要求，有关机关或组织应当派人介绍情况。“这里的有关机关或组织，包括起草法律案的有关机关、组织，也包括法律通过后实施时可能涉及的机关、组织，或者有关法律研究机关、组织，介绍情况是指与法律的制定和执行有关的情况。”[1]有关机关或组织派人介绍情况与前述中的派人参加听取意见有所不同：第一，前者是针对提案人，后者则除提案人外还包括其他机关或组织；第二，前者是法律规定的直接性义务，而后者则为附条件性的义务，即当代表团提出要求时，才产生相关机关或组织“派人介绍情况”的义务。

3. 专门委员会审议法律案

专门委员会是全国人民代表大会的常设机构，全国人民代表大会各专门委员会在全国人民代表大会领导下，负责研究审议、草拟议案、开展立法、监督等日常工作。由于全国人民代表大会每年召开一次大会，而通常情况下其常务委员会每两个月召开一次会议，难以对各种问题进行专题研究、讨论以及对法律案进行审议，设立专门委员会能较好地解决这一问题。《立法法》第 22 条规定，列入全国人民代表大会会议议程的法律案，由有关的专门委员会进行审议。由于各专门委员会知识结构突出体现在“专业性”上，因此在审议涉及专业性较强的法律案时，可以充分发挥相关专门委员会的作用，避免外行立法所造成的种种弊端，从而保障立法质量。各专门委员会对法律案审议后，须向主席团提出审议意见，并将审议意见印发常委会会议。

4. 宪法和法律委员会统一审议法律案

法律委员会统一审议法律案的制度是由 1982 年 12 月五届全国人大五次会议通过的《全国人民代表大会组织法》所确定的。1982 年该法第 37 条第 3 款规定：“法律委员会统一审议向全国人民代表大会或者全国人民代表大会常务委员会提出的法律草案；其他专门委员会就有关的法律草案向法律委员会提出意见。”随后 1987 年六届全国人大常委会第二十三次会议制定通过的《全国人民代表大会常务委员会议事规则》对统一审议做了进一步的明确规定，其中第 16 条规定：“列入会议议程的

[1] 张春生主编：《中华人民共和国立法法释义》，法律出版社 2000 年版，第 88 页。

法律草案,常务委员会听取说明并初步审议后,交有关专门委员会审议和法律委员会统一审议,由法律委员会向下次或者以后的常务委员会会议提出审议结果的报告,并将其他有关专门委员会的审议意见印发常务委员会会议。有关法律问题的决定的议案和修改法律的议案,法律委员会审议后,可以向本次常务委员会会议提出审议结果的报告,也可以向下次或者以后的常务委员会会议提出审议结果的报告。”2018 年宪法修正案将法律委员会更名为宪法和法律委员会。

宪法和法律委员会是全国人民代表大会下设的九个专门委员会之一,从专门委员会性质上讲,宪法和法律委员会审议法律案也同于其他专门委员会审议法律案,但 2023 年《立法法》第 23 条关于“列入全国人民代表大会会议议程的法律案,由宪法和法律委员会根据各代表团和有关的专门委员会的审议意见,对法律案进行统一审议”的规定,使得法律委员会又区别于其他专门委员会。宪法和法律委员会既是专门委员会,又是法律案的统一审议机构。宪法和法律委员会在各代表团和专门委员会审议的基础上,要对法律案进行统一审议,并向主席团提出审议结果报告和法律草案修改稿,对重要的不同意见应当在审议结束的报告中予以说明,经主席团会议审议通过后,审议报告要向全国人民代表大会会议印发。

5. 主席团召开代表团团长会议

主席团根据法律案审议的具体情况,可由常务主席召开各代表团团长会议,就法律案中的重大问题听取各代表团的审议意见,同时还应当将讨论的情况和意见向主席团报告。对于审议中的有关重大问题需要进一步研究的,经主席团提出,由大会全体会议决定,可以授权常务委员会根据代表的意见进一步审议,作出决定,并将决定情况向下次大会报告,也可授权常务委员会根据代表的意见进一步审议,提出修改方案,提请下次大会审议决定。

6. 法律案的撤案

列入全国人民代表大会会议议程的法律案,在交付表决前,提案人要求撤回的，应当说明理由，经主席团同意，并向大会报告后，对该法律案的审议予以终止。但是，向全国人民代表大会提出的法律案，在列入会议议程之前，提案人有权撤回该法律案。

7. 法律案的终止审议程序

2000 年制定《立法法》时，根据当时的实践情况，规定了法律案的终止制度，即列入常委会会议审议的法律案，因各方面对制定该法律的必要性、可行性等重大问题存在较大分歧搁置审议满两年的，或者因暂不付表决经过两年没有再次列入常委会会议议程审议的，由委员长会议向常委会报告，该法律案终止审议。这一制度是解决有的法律案因分歧较大、长期搁置问题而作出的规定。对于有的需要继续审议的法律案，在搁置审议两年到期前启动审议，然后再视情况适时审议通过。这样的例子不少，如监督法草案、行政强制法草案、资产评估法草案、证券法修订草案等。近年来也出现个别法律案，因出台时机不成熟又不宜终止审议的情况。为适应立法实践中的特殊情况，2023 年《立法法》修改，增加规定“必要时，委员长会议也可以决定延期审议”。

（二）全国人民代表大会常务委员会审议法律案的程序

按照《立法法》的规定，全国人民代表大会常务委员会审议法律案一般要实行三次审议，即经过三次常务委员会会议审议后再进入表决程序：第一次审议，要在常委会全体会议上听取提案人的说明，并由分组会议进行初步审议；第二次审议，听取宪法和法律委员会关于法律草案修改情况和主要问题的汇报，汇报内容主要是法律委员会根据一审过程中对法律案的意见以及有关部门、专家和地方对法律案的意见等，同时在修改一审法律案的基础上，提出二审法律草案稿，由分组会议进一步审议；第三次审议，在全体会议上听取宪法和法律委员会关于法律草案审议结果的报告，该报告主要介绍法律委员会根据二审意见以及其他相关方面的意见对法律案进行修改的情况，并提出三审法律草案，由分组会议审议。每次法律案的具体审议程序主要包括：法律草案发给常务委员会组成人员；常务委员会全体会议审议；分组审议；联组审议；专门委员会审议；宪法和法律委员会统一审议。列入常务委员会会议议程的法律案，各方面意见比较一致的，可以经两次常务委员会会议审议后交付表决；调整事项较为单一或者部分修改的法律案，各方面的意见比较一致的，也可以经一次常务委员会会议审议即交付表决。2023 年《立法法》修改，考虑到如有特殊情况，需要紧急立法，因此规定列入常委会会议议程的法律案，“遇有紧急情形”的，也可以经一次常委会会议审议即交付表决。

1. 法律案发送常委会组成人员

法律案经列入常务委员会会议议程后，为了使常务委员会组成人员对法律案的相关内容有一个提前熟悉的过程，并在较短的会期内对法律案进行充分的审议，因此应当在法律案审议之前的一定期限将法律案发送到常务委员会组成人员手中。按照《立法法》的规定，法律草案要在常务委员会举行会议的 7 日之前发送给宪法和法律委员会的组成人员。但是在特殊情况下，如常务委员会决定临时召开会议时，则不受此规定限制。

2. 常委会对法律案的审议

全国人民代表大会常务委员会对法律案的审议主要有三种具体形式：全体会议审议、分组审议和联组审议。并且常务委员会会议审议法律案时，应当邀请有关的全国人民代表大会代表列席会议。

全体会议审议，指常务委员会全体组成人员参加常务委员会议并对法律案进行的审议。全体会议对法律案进行审议是审议法律案最常见的且必须具有的一种形式。每次对法律案的审议，都要在会议开始或结束时召开常务委员会全体会议，听取提案人对法律案的说明、专门委员会对法律案审议意见的报告以及宪法和法律委员会对法律案修改情况的说明或法律案审议结果的报告等。可以说，没有全体会议的审议，就无法集中常务委员会组成人员的意见，也就无法制定出法律。

分组审议，指将常务委员会的组成人员按照一定的比例分为若干小组,分别对法律案进行的审议。分组审议的目的就是在每次较短的会期内能使常务委员会的每个组成人员有充分的时间对法律案提出意见和进行讨论。每次常务委员会全体会议召开后,对提交审议的法律案都要安排一定的时间进行分组审议,如第九届全国人大常务委员会组成人员共分为六个小组。常委会分组审议法律案时,提案人应当派人听取意见,回答询问。同时,有关机关组织还可根据小组的要求,派人介绍情况。

联组审议,是指根据审议需要将若干个小组的常委会组成人员临时召集在一起并对法律案进行审议的会议。联组会议不是全体会议。

3. 专门委员会的审议

将列入常委会的法律案进行审议,是专门委员会的职责之一。《立法法》第 35 条明确规定,列入常委会会议议程的法律案,由有关的专门委员会进行审议,提出审议意见,印发常委会会议。根据《立法法》的规定,专门委员会在审议法律案时,可以邀请其他专门委员会的成员列席会议,发表意见。根据需要,还可要求有关机关、组织派有关负责人说明情况。通常情况下,专门委员会对法律案的审议有以下几个特点:第一,专门委员会对法律案的审议是指与专业相关的专门委员会对法律案的审议,而不是所有的专门委员会对每一部法律案都进行审议。第二,从实践操作来看,专门委员会对法律案的审议通常在宪法和法律委员会对法律案进行审议之前,一般情况下是在常委会闭会期间召开。这样一方面便于及时将审议意见和建议印发常委会,另一方面也便于法律委员会在统一审议法律案时吸收专门委员会的意见和建议。同时还可以确保专门委员会有充分的时间对法律案进行调查和研究,广泛听取各方意见,以确保立法质量。第三,从专门委员会对法律案的审议的内容上看,其主要审议法律案是否可行,是否与宪法相抵触,文本结构、文字以及立法技术上是否存在问题等。

专门委员会对列入常委会的法律案的审议与对列入全国人民代表大会的法律案的审议,在审议方式上基本相同,但在具体细节上有所不同。一是前者对法律案提出的审议意见印发常委会会议,而后者对法律提出的审议意见要向主席团提出并同时要印发全国人民代表大会会议。二是《立法法》在专门委员会审议的规定上有所不同,根据《立法法》第35 条第 2 款的规定,有关的专门委员会在审议列入常委会的法律案时,可以邀请其他专门委员会的成员列席会议,发表意见。而对专门委员会审议列入全国人民代表大会法律案的,没有作出上述规定。但是按照全国人民代表大会议事规则的有关规定,专门委员会审议方案和有关报告涉及专门性问题时,可邀请有关方面的代表和专家列席会议,发表意见。这一规定,也可适用于专门委员会对列入全国人民代表大会的法律案的审议。

4. 宪法和法律委员会统一审议法律案

列入常委会会议议程的法律案,由宪法和法律委员会根据常委会组成人员、有关的专门委员会的审议意见和各方面提出的意见,对法律案进行统一审议,提出修改情况的汇报或者审议结果报告和法律草案修改稿。宪法和法律委员会统一审议法律案,应当召开全体会议,通常会议不定期召开,且大多在常委会闭会期间召开。但是在法律案准备交付表决的当次常委会会议期间,宪法和法律委员会要召开会议,因为宪法和法律委员会要根据常委会组成人员对法律案修改稿提出的意见,进行及时修改并提出法律草案表决稿,以便当次常委会会议表决通过。宪法和法律委员会根据常委会审议法律的不同阶段,提出不同文件材料。在一审后,宪法和法律委员会要向常委会提交法律草案二次审议稿及修改情况和主要问题汇报。二审后,宪法和法律委员会要向常委会提交法律草案三次审议稿和审议结果的报告。三审期间,宪法和法律委员会要向常委会提交法律草案表决稿和修改意见的汇报。在具体操作方式上,是与全国人大常委会法制工作委员会共同进行的。人大常委会法制工作委员会是全国人大常委会的日常工作机构,它的办事机构也是宪法和法律委员会的办事机构。宪法和法律委员会审议法律案时,与人大常委会法制工作委员会一起负责以下几个方面的工作:第一,认真整理常委会组织人员对法律案初审意见,准备常委会下次会议审议该法律案时在会上印发。第二,根据立法的需要召开有关地方、部门、专家、利害关系人等参加的座谈会、论证会、听证会等,以广泛听取各方面的意见。第三,将法律草案印发各地有关部门征求意见,并要求各部门按规定时间书面反馈意见。第四,重要的法律案经委员长会议决定,向社会公布,以广泛征求意见。第五,根据常委会组成人员、专门委员会和各方意见,由人大常委会法制工作委员会对法律草案进行修改,提出法律修改稿,再由法律委员会召开会议,综合各方意见,对法律草案逐条修改。[1]

宪法和法律委员会审议法律案时,可以邀请有关专门委员会的成员列席会议,发表意见。其目的是宪法和法律委员会与其他专门委员会之间在审议法律案时对有关问题进行沟通,交换意见,消除矛盾。专门委员会之间对法律草案的重要问题意见不一致时,应当向委员长会议报告。委员长会议可针对有关不同意见听取相关专门委员会介绍情况,进行研究,并提出解决的办法。法律案经常务委员会三次审议后仍有重大问题需要进一步研究的,由委员长会议提出,经联组会议或全体会议同意,可以暂不付表决,交宪法和法律委员会和有关的专门委员会进一步审议。在全国人民代表大会常务委员会的立法过程中,法律案超过三次审议的情况并不罕见,如《行政强制法》经过常委会审议六次,《证券法》的审议次数达到了五次,《食品安全法》《国家赔偿法》《社会保险法》《侵权责任法》等都经过了四次审议。因各方面对制定某部法律的必要性、可行性等重大问题存在较大分歧而将其搁置满两年的,或者因暂不付表决经过两年没有再次列入常务委员会会议议程审议的,由委员长会议向法律委员会报告,终止该法律案的审议。

5. 关于法律案的撤案

列入常务委员会会议议程的法律案,在交付表决前,提案人要求撤回的,应当说明理由,经委员长会议同意,并向常务委员会报告后,对该

---

〔1〕 参见张春生主编:《中华人民共和国立法法释义》,法律出版社2000年版,第120－121页。

法律案的审议即行终止。但是,向常务委员会提出的法律案在列入会议议程之前,提案人有权撤回该案。

四、法律案的表决和法律的公布程序

(一)法律案的表决程序

法律案经过审议程序之后,就进入表决程序。法律案的表决,就是立法机关的组成人员对法律案是否赞同的表态过程。对列入全国人民代表大会会议的法律案,由全国人民代表大会的代表行使表决权。对列入常务委员会的法律案,则是由常务委员会的组成人员行使表决权。在整个立法程序中,表决程序虽然比其他程序的时间要短,表决过程也比较简单,但是这一程序直接决定了法律案的命运,因此,表决程序的规定是十分严格的。按照《立法法》的规定,对于列入全国人民代表大会的法律案,法律草案修改稿经各代表团审议,由宪法和法律委员会根据各代表团的审议意见进行修改,认为法律案已成熟,提出法律草案表决稿,由主席团提请大会会议表决,由全体代表过半数通过。对于列入常务委员会的法律案,法律草案修改稿经过常务委员会审议,由宪法和法律委员会根据常务委员会组成人员的审议意见进行处理,若认为法律案已成熟,提出法律草案表决稿,由委员长会议提请常务委员会全体会议表决,由常务委员会全体成员的过半数通过。这里所说的过半数,是指法定的全国人民代表大会代表或常务委员会组成人员的应到人数,而不是指实际参加的人数的过半数。在中国立法实践中也曾发生过交付表决后未获通过的法案,如第九届全国人民代表大会常务委员会第九次会议上,国务院提交的《公路法修正案》因未获得超过常委会组成人员的半数赞成票而未得到通过。

(二)法律的公布程序

法律修改草案经过表决通过后,即成为法律的文本形式,但法律正式生效和实施,还须经过法律的公布程序,这也是立法的必经程序;否则，通过的法律不能正式生效。法律一经公布，主要有四个方面的意义：一是表明法律的正式生效；二是明确法律的施行日期，有的法律是在公布之日起开始施行，有的法律是在公布后规定一定的时期方可施行；三是意味着立法程序的结束；四是通过法律的公布，使全社会都知晓该法律，以便有关机关、组织和个人自觉地遵守和执行。

依照《立法法》的规定，全国人民代表大会及其常务委员会通过的法律，经由国家主席签署主席令后予以公布实施。国家主席签署的主席令中应当载明该法律的制定机关、通过日期和施行日期。法律签署公布后，应当及时在全国人民代表大会常务委员会公报和在全国范围内发行的报纸上刊登。

第四节　中西方国家立法程序制度比较

一、西方国家立法程序制度的若干特点

在国外，随着各个政党及利益集团相互间的利益之争和经济、社会及科学技术的发展，议会在立法主体、立法权限、与其他国家机关的制衡、内部制约和立法实践方面也随之发生变化，这些变化可通过各国的立法程序反映出来。从各国立法过程的变化以及立法程序的具体规定和实践来分析，主要表现在以下几个方面。

（一）立法程序中三读的意义随着社会的发展而逐渐弱化

立法程序中“读”的方式最早源于英国，受其影响，许多国家相继效仿，如德国、加拿大、澳大利亚、奥地利等在立法程序上都采用三读形式。在20世纪80年代后期，一些国家议会在立法程序上仍采用三读的方式。有的国家在审议法案过程中采取二读制，如法国。有的则采用了四读制。

上述采取“读”的国家中，以三读程序最典型，但随着社会的变迁和形势的发展，现代国家立法中的“读”的立法程序的原意已发生了改变。

关于“三读”的由来，西方一些学者做过一些解释：“据议会学者哈维、巴泽分析，读法案的程序大概出现于印刷术发明之前。在印刷术发明之前，苦于抄写艰难，平民院不能使每一个议员都看到法案的内容，只得向全院宣读，使议员们听法案而了解法案内容，每审议一回，首先得宣读一次，一读、二读、三读的说法由此形成。麦克多纳德则认为，时至 16 世纪，平民院每审议一回法案都必须由院秘书向全院宣读一遍，这是因为大多数议员尚缺乏阅读能力。”[1] 现代西方国家立法中的三读程序，并非从头到尾地宣读法案的全部内容，而是表明议院法案审议和讨论的次数。在立法实践中，由于法案文本很容易印刷出来，许多国家为了提高立法效率，规定法案审议之前的一定期限内必须将法案送交议员手中，因此在议会立法时大多没有将法案在大会上进行全文宣读，有的仅仅宣读法案标题或者简单阐明法案内容而已，这表明以“读”为标志的立法程序已开始淡化。尽管如此，英国等国家仍注重以三读方式来体现其立法的程序性。有的国家在三读过程中还增加了具体的审议程序，如在二读后还规定了委员会审议程序。大部分国家则将三读作为立法程序具体步骤的代名词，如美国在立法程序上虽然仍保存三读，但并非表明立法的实质性程序，在对法案的审议中已淡化了三读，而更多地注重各党派在国会立法中利益的权限分配和权力的相互制约。由此可见，传统立法中具有典型程序特征的“读”已发生了改变。

（二）许多两院制国家通过立法程序的规定逐步改变两院平衡的局面

从两院制形成的历史来看，两院制是不同利益阶层权力划分的结果。英国的贵族院和平民院就是英国资产阶级与封建贵族妥协的产物。前者是非通过民选产生的立法机构，而后者则是通过民选产生的立法机构。20 世纪以前，两院平均享有立法权等重要权力，但随着形势的变化发展，特别是 1911 年通过《议会法》以后，平民院的权力逐渐增强，而贵

---

〔1〕 蒋劲松：《议会之母》，中国民主法制出版社 1998 年版，第 475 页。

族院势力则转向衰退。如贵族院再无权提出有关财政方面的法案,对平民院通过的法案只具有搁延否决权。贵族院"已无力扼杀(法案),但还能干涉一下"[1]。日本众议院对参议院作出的不同决议,可请求召开两院协调会,参议院不得拒绝众议院的请求。当众议院否定参议院送交的法案时,参议院提出召开两院协调会,众议院可以拒绝。经两院协调后意见仍不一致的,以众议院的决议为国会的决议。[2] 在比利时,以往法律的生效须经过参众两院一致通过,而现在立法实践中却是众议院拥有最终决定权。一项法案在众议院通过后,参议院无论是否通过或提出修改意见,都必须在60日内作出决定,然后再次提交众议院作最终裁决。一般性法案经出席议员的过半数即可通过。在法国,二读阶段如两院对政府提出的法案意见不一致,可由两院各出7名议员组成混合委员会,负责就问题拟定同一文本;若仍未能达成一致,国民议会有权作出最后裁决,参议院可将问题提交宪法委员会裁决。

此外,还有许多国家规定某些公议案如财政税收等方面的法案只由其中一院(通常为众议院或下院)审议,而另一院无审议权。在美国,宪法明确规定仅众议院有权提出税收方面和拨款方面的法案。从整体情况看,多数国家通过赋予下院在立法程序上更多的权力而达到实体权力的扩大,使传统的议会两院平衡局面逐步改变。

(三)通过立法听证扩大公民和社会不同利益集团广泛参与立法的途径

听证制度在西方国家普遍适用,最初的含义是司法审判过程中的司法听证,是在审判程序中为确保司法公正,在法官的主持下,广泛听取证人和案件当事人意见并依客观事实处理案件的一种体现现代民主的公开活动,其目的在于体现司法活动的公正、公平和合理。之后,听证作为一种制度被广泛应用于立法程序和行政程序之中。

---

[1] 唐晓等:《当代西方国家政治制度》,世界知识出版社1996年版,第137页。
[2] 日本《宪法》第59、60条和《国会法》第84条。

立法听证是指立法机关为了确保立法活动的顺利进行和法律的公平合理,以多种方式组织利益相关人和社会各方人员(政府官员、立法专家、学者)或有关议员在议会相关的委员会发表对法案意见的一种活动。立法活动中引入听证制度是近代民主和立法实践发展的结果。在近现代,人们对民主化的追求越来越广泛,人们普遍认为,立法涉及社会各方利益关系的调整,应当充分体现公正合理的原则,尤其是一些利益相关者在立法方面充分表达意见的要求越来越强烈。另外,立法本身是一项十分复杂的工程,随着社会政治、经济、文化、科技等不断发展,立法内容也越来越丰富,立法技术也有更高的要求,而各国议会中相关专业方面的人员缺乏,难以应对日益复杂的立法活动,因而需要相关专业人员参与立法活动。再加上每年各国立法数量不断增加,单依靠现有议员的力量往往无法承担大量的调查论证活动。基于上述原因,立法逐步采用了听证制度。

在美国,国会各委员会在初步审议过程中,如果议案非常重要,可以组织公开听证会。美国立法听证主要有以下特点:(1)在一般情况下,先由委员会至迟在听证前一个星期将日期、地点、听证内容向公众发布通知。公告通知一经作出和通过媒体发布后,尽可能在《国会议事录》中的《每日文摘》中公布。个人听证的通知通常以书信形式,适时传送有关个人、组织和政府部门及代理机构。(2)听证过程中,由委员会和小组委员会具体组织听证会,要向社会公开。除非在半数以上议员出席的公开会议上,委员会或小组委员会通过记名投票确认当天全部或部分剩余的听证内容因公开证明、证据或其他事情可能会危及国家安全,或者违反法律或议会议事规则。委员会或小组委员会通过相同程序可以投票表决听证结束日期。(3)对听证提出具体要求。经主席或委员会中相当于主席地位的少数议员或者其他委员会成员作简要介绍,第一见证人开始作证。政府中内阁官员和较高职位的文职及军事官员以及有利害关系的公民个人,或者通过自愿或者通过传票出席听证。只要可行,委员会可要求证人在出席作证之前提交一个书面形式的说明,同时委员会还要对他们的口头陈述加以限制,要求对其争论内容作简明扼要的陈述。委员会中少数党议员有权至少在听证的一天中就议案事项要求他们自己的证人提出证言。每个委员会的议员意图对每个证人提出问题时,只有5分钟时间的质问机会。另外,一个委员会可以通过一个规则或提出建议允许委员会成员在不长于1小时的特定时间内询问证人。委员会工作人员也允许在不长于1小时的特定时间内去询问见证人。(4)媒体可以报道委员会公开听证的情况。(5)梳理听证内容。听证结束后,小组委员会通常会召开会议。会上要对听证双方的意见进行认真研究,经过深思熟虑之后通过投票确定小组委员会的下一步活动。小组委员会可以决定向全体委员会作出报告,也可以建议委员会将议案搁置,或不定期地推迟对议案的审议活动,小组委员会的每个成员,均有投票表决权。〔1〕

依照日本《国会法》第51条的规定,在审议程序中,委员会就普遍关心和关注的重要议案,可以召开听证会,听取真正有利害关系的当事人或学者的意见。关于总预算和重要财政收入的法案必须召开听证会。众议院和参议院则依照各自的议事规则为审议议案召开公开意见听取会。如依照众议院规则规定,为了审查法案,可以召开听证会,委员会为了预备审查也可以召开听证会。但委员会召开听证会时必须取得议长的同意,经同意后,委员长要公告听证会的日期、时间和所要听取的法案。众议院规则还规定对于重要的法案,希望召开听证会或出席听证会并将陈述意见者,必须事前以书面形式向委员会提出理由以及表示对听证会赞同与否。在听证会上听取利害关系人或有学识经历者(称公述人)的意见,委员会应从事前申请者及其他人员中确定,并将其听证意旨告知公述人。在事前申请者中对议案有赞成者和反对者时,选择公述人不得偏于一方。公述人在听证会上发言,必须经委员长批准,发言不得

---

〔1〕 Charles W. Johnson, *Houe Ours Lane Are Made*, *VI*, Consideration By Com – mitee – public Hearings, 22nd edition, http://thomas. loc. gov/home/lawsmade. bysec/considbycomm. html.

超出听证范围,委员长如果认为该公述人的言行不妥时,可禁止其发言或命令其退场。委员可以向公述人提出疑问。公述人在取得委员会的同意时,可以由代理人陈述意见或提供书面意见。[1] 现代西方国家大多建立了立法听证制度。

（四）两院制国家加强了立法过程中两院之间的立法协调

一院制的立法机关法案审议及通过的程序比两院制的立法机关要简略一些,如果对法案有不同意见,会在一院内通过辩论及表决方式加以解决。而两院制的国家,对法案的审议要分别经过两院的立法程序进行审议,审议中如果对法案有不同意见,法案就难以通过,需要设置一定的协调程序加以解决,以避免议会长时间陷入无意义的争论之中。具体方式有以下几种。

1. 规定一院的权力大于另一院。在日本,根据立法程序的规定,众议院通过的法案必须送参议院审议,如被参议院否决,经众议院出席议员 2/3 以上的多数再次通过,即可成为法律。同时也不排除众议院可以通过协调方式来解决两院之间对于法案的分歧意见。在俄罗斯,国家杜马通过的法案在联邦委员会遭到否决后,两院可以通过调解委员会来解决分歧,并由国家杜马进行复审,对该法案再次表决并有超过国家杜马 2/3 的代表赞成时,该项法案即为通过。此外,爱尔兰、法国等也有类似的一些程序规定和做法。

2. 将争论的问题在两院之间进行反复协商。当两院在审议法案或修正案过程中意见不一时,经过两院之间对法案或修正案反复交换意见,直至达成一致意见为止。如果经反复协调仍未将法案或修正案达成一致意见的,则以废案处理。如瑞士的议会两院具有同等立法权,所有讨论的问题由两院分别审议并在取得一致意见的情况下,法律才可生效。如果其中一院通过的法案在另一院未获通过,该法案则要返回一读议院重新审议;如果最终仍未获得另一院通过,该法案即被否决。

---

〔1〕 日本《众议院规则》第三节“听证会”第 76—85 条。

3. 成立两院协调机构专门协调两院之间的不同意见。在美国,对两院有争议的修正案,可在两院指定协调人,同时成立协调委员会以解决两院之间的不同意见,议长可从一个以上的委员会中指定协调人,也可从众议院和参议院签到名册中指定协调人,参加对法案的具体协调。参加协调人员的数量按实际情况由议长确定,参众两院委员会不必要求在规模上的同等。协调委员会通常被称为"国会第三议院"。两院的协调人员共同召开会议,但表决分开进行,协调活动要通过半数以上议员表决确定。协调会议参加人被严格限制在对两院之间不一致事务的审议上,不可撤销或修改未经另一议院修改的法案的任何部分。对提交到协调委员会的具有代替特性的修正案有不同意见时,另一议院协调人员可提出修改意见并建议提出另一个代替性质的修正案。一般情况下,议院规则要求协调会议应当公开进行,议院通过记名投票表决。在大多数情况下,协商结果是一个折中的产物。如果协商不能达成一致,协调会议参加人要向各自所在的委员会报告,并可通过提议方式来处理修正案。当协调会议参加人已达成了完整的协议,或者他们认为可以对个别有限的修正案相对部分而不是全部达成一致时,便可在已作出的报告副本中提出建议。协调报告需要在两院打印,同时必须附上由两院部分会议参加人共同准备的解释性说明。若协调委员会对不同意见经协调无法达成一致,则该项法案即为废案。日本、法国等在审议过程中也采用这一方式。

(五)政府进入立法程序参与议会立法活动的权力逐渐扩大

政府提出法案在世界各国立法活动中是一个惯例,许多国家在宪法和相关法律中作出明确规定,在立法程序中,政府介入立法的重要方式是提出法案。在日本,虽然内阁和国会议员均享有提案权,但实际立法过程中,国会审议通过的绝大部分法律都是由日本内阁提出的。德国也是如此,每年向联邦议会提出的法案中,联邦政府提出的法案占大多数。爱尔兰的立法程序明确规定由政府提出法案。还有一些国家规定某些法案只能由政府提出。许多国家如加拿大、挪威、俄罗斯、丹麦、芬兰、葡萄牙、瑞典、西班牙、意大利等在宪法和法律中对政府提出法案做了明确规定。美国虽然规定议案可由议员提出,但在立法实践中,政府以提供大量的咨文性文件来影响国会立法。在英国,立法提案权虽然分别由政府和议会议员享有,但公议案多数由政府有关大臣向下院提出,私议案一般由某些公共团体的代理人向下院提出。如果是议员提出的公议案,还要经过特别委员会筛选方可列入立法程序。在英国议会每年审议的法案中,有80%以上都是政府提出的。从当代大多数国家的立法实践来看,政府提出法案的权力以及对法案通过的影响很大,政府介入立法方面的权限有扩大的趋势。

(六)政府首脑参与立法活动并在一定程度上制约着议会立法

一方面,许多国家规定国家首脑有权向议会提出法案;另一方面,国家首脑还对议会表决通过的法律行使批准权,并在宪法或相关法律中明确规定。有的国家首脑甚至可以通过一定方式来直接制定法律。关于政府首脑通过批准权制约议会的立法活动,各国具体情况不完全一样。具体制约主要表现为对议会表决通过的法案以搁置或拖延方式来阻止法案的通过,并由此影响议会立法的进行。在美国,当两院通过的法案呈送总统后,总统表示同意的,在法案上签名,并写上“批准”和日期。但按照其《宪法》的规定,法案提交总统以后,如果总统在10日内(除星期日)未将法案连同反对意见返回,该法案则无须总统签名而成为法律。总统签署法案的通知通过咨文方式发送到提交签署法案的议院,再由该议院通知另一议院。这一活动也记录在《国会议事录》中。法案从批准或通过之日起成为法律,除非法案明确规定了不同的生效日期。按照其宪法规定的期限,如果总统不予批准法案,他应当将该法案连同该项异议书(Objection)返回提出该项法案的议院,该院应当将该项异议书载于该议事录中,然后进行复议。如果复议后该院2/3的议员同意通过该项法案,则将法案连同异议书送交另一院进行复议,若另一院也经2/3的议员认可，则该法案即为法律。在法国，两院通过的法律在提交总统后，总统根据具体情况作出不同的处理，如果总统同意两院通过的法律，可以在 15 日内予以公布；如果总统对提交的法律持不同意见，可以要求议会复议，也可送宪法委员会审查是否合宪。法国议会虽然是最高立法机关，但它却不是唯一行使立法权的机构，因为总统还可以通过行使公民投票权将总统的意志和政策变成法律，同时还可以行使紧急状态法将采取的措施或颁布的法令变成法律。

（七）议会的相关委员会在立法过程中对法案处理的权限有扩大的趋势

随着社会、经济、科学技术和文化的迅猛发展，议会立法事项也逐步增加，由于处理这一事务对相关专门人员的要求也越来越高，议会对具体事务的处理也要求按照一定的分工原则进行，因此议会中各专门委员会也随之产生。从世界各国议会来看，大多数议会中都设有相关的专门委员会，由它们来承担议会或议院相关的具体工作，并由此使相关委员会在议会或议院的活动中发挥越来越重要的作用，其中之一就是对法案的审议。按照传统，提交的相关法案应当由议会大会进行审议，而由于上述原因，大量的法案便送交给相关的专门委员会进行初审。因而在很大程度上，委员会决定着法案的命运，所以，有人称委员会为议会或议院的"小议会"。美国"国会的立法工作主要是在委员会而不是在全院大会上进行，因此委员会在立法过程中发挥着极其重要的作用"[1]。目前美国众议院中有 19 个常设委员会，参议院有 16 个常设委员会，同时还设有一些特别委员会。众议院也可以设立特别委员会，主要是对一些特别的问题进行研究并向议会报告。按照议院的规则，每个委员会对特定事务享有管辖权，所有议案按其在法律领域的不同影响，分别提交到对特别事务有管辖权的委员会。例如，通常众议院中司法委员会所享有的

[1] 北京市人大常委会、新华社国际部编：《百国议会概览》，北京出版社 2000 年版，第 732 页。

职权涉及司法程序以及宪法修正案、移居入境、归化、破产、专利、版权和商标等 17 项职权。众议院和参议院按相关规则对提交委员会的议案共划分出 200 多个种类。[1] 1975 年以前，众议院议长只能将一个议案提交给一个委员会。而现在议长可以按照每个委员会的职权范围将已提出的议案提交多个委员会审议。议长对提交多个委员会的议案必须指定其中一个主要委员会负责审议，对其他委员会可以规定审议时间。委员会可根据对议案审议的实际情况向众议院作出赞同议案的报告，或者搁置议案或对议案不采取行动，借此阻止议案的下一步活动。[2] 由于委员会在初审阶段的审议权关系到一个议案的命运，因此各有关利益集团都力图通过各种手段来影响委员会的审议和决定。为了制约委员会对议案的处理，众议院可通过免除委员会审议程序，让议案进入议院直接进行审议。俄罗斯的联邦委员会（上院）中设有 11 个委员会，国家杜马（下院）设有 20 多个委员会，分别处理各院具体事宜。采取一院制的芬兰议会也设立了 13 个专门常设委员会，负责处理各方事务。

（八）立法评估制度化

立法后评估制度兴起于 20 世纪 70 年代末、80 年代初的英国、德国和美国，是随着政府规制改革而出现的新型制度。20 世纪 90 年代末，立法后评估制度在欧美各国及日本、韩国等国家和地区得到发展，现已成为其立法程序中的重要制度。[3] 它与政府确立“顾客至上”的服务理念以及采取规制改革措施密切相关。

美国在立法评估方面形成了较为成熟的制度框架，1981 年时任美国总统里根签署了第 12291 号行政命令，规定对重大规制（经济影响超

---

〔1〕 美国参众两院对其各专门委员会的设置及职责划分可参见 U. S. House of Representative on Rules, http://www.house.gov/rules/rx.htm; Standing Rules of TheSenate, http://rules.senate.gov/senaterules/rule25.htm。

〔2〕 Charles W. Johnson, *Honw Ours Lano Are Made*, *V*, Introduction And Referral To Committee, 22nd edition, http://thomas.loc.gov/home/lawsmade.bysec/introtocomm html.

〔3〕 参见王斐民：《找准我国立法后评估的定位》，载 https://news.sina.com.cn/o/2013-08-05/055027862805.shtml。

过1亿美元)必须进行立法成本效益评估。1995年,克林顿政府发布了第12866号令,根据该法案规定,美国行政立法的成本效益评估由拟制定规章的联邦政府部门进行,且“重大立法行为”须经联邦管理和预算办公室审查,并要经过公众评论的检验,以达到以最低的管理成本取得最大成本收益的目的,或以最少负担的管理方法来达到立法目标。[1] 1996年预算管理办公室发布了评估方法指引。2011年1月,奥巴马总统发布第13563号令《改进规制和规制审查》,重申了第12866号令确定的对拟定规章的影响进行评估的制度,以保证规章的成本有效性,减少对社会经济的负担。美国立法评估制度具有以下特点:(1)评估主体多元。采用的是国家机关(含立法机关及其附属机构、行政机关)、民间机构、公众参与的主体模式。(2)评估依据以联邦法律、总统行政命令为主,部门命令和司法命令也是立法评估的依据之一。各州的评估依据主要是地方性法规和行政命令。(3)评估对象侧重于政府规章。(4)标准和指标。20世纪60年代运用“3E”标准,即经济(Eeonomy)、效率(Efficiency)、效果(Effectiveness),后来在此基础上又加入公平性(Equity)、环境性(Environmentality)的标准,成为“5E”标准,作为审查政府项目及执行结果的标准,对法律或政策进行评估,还明确了与具体立法项目相联系的指标。(5)评估方法采用以定量方法优先、定性方法作为补充的评估方法。评估程序明确。《美国法典》第194条规定:“国会和国会各委员会的工作程序是分析、评价和研究国会颁布的法律的适用、实施和执行情况,然后提出、审议和通过对国会颁布的法律的适当或必要的修改和变更,提出、审议和通过适当或必要的补充立法。”行政机关和部门多是通过行政命令或部门手册的方式确定程序。(6)评估结果具有效力,即通过立法后评估确定法律法规的未来效力或施行效力如何,并作出修改、废除、变更及补充立法的决定,评估结论也是相关人员的归责

---

〔1〕 参见刘宇:《浅议立法后评估》,载《法制与经济》(中旬刊)2009年第10期。

依据。[1]

英国在 20 世纪 80 年代以前，立法后评估只在个别公共部门应用，撒切尔首相上台执政后，立法评估开始受到广泛关注，并通过一系列事件完成立法后评估制度化。英国政府于 1985 年颁布的《放松负担白皮书》和 1986 年颁布的《促进商业发展而不设障碍白皮书》，要求政府部门制定规章或政策进行规制时，都要考虑企业的成本，进行必要的评估，加强对政府规章的约束。此后，英国开始全面推行立法效果评估。1994 年通过的《减少国家干预经济和执行法案》使英国修改或废止立法质量较差的法律更为容易实现。1998 年英国政府制定的《良好规则原则》以及 2001 年生效的《规制改革法案》标志着该国立法后评估制度开始趋于稳定和成熟。[2] 英国和美国的立法评估比较相似，立法评估主要是针对政府所进行的行政立法，除了立法机关或行政机关参与评估外，也非常重视公众参与，让更多的利益相关者表达自己的意见。在评估内容方面，两国都比较侧重立法的成本与收益，如财政支出与经济效益。在评估标准和方法上，也是围绕评估对象造成的实际成本效益同预期成本效益的差异进行的。当然，涉及健康影响、气候影响、乡村的可持续性、政策公平等方面的评估也举足轻重。通常，立法后评估的结果可能直接导致现有规制效力的维持或改变，有的评估也可能仅在形式上对规章制定者产生一些压力。

欧盟自 20 世纪 80 年代中期开始逐步运用立法效果评估的相关工具。2001 年，欧洲理事会在持续发展战略中提出，为了改善欧盟规制质量，所有涉及政府与市场的重要的立法、条例、规章、指令等议案，都要进行对经济、社会、环境的潜在影响的评价。2009 年欧洲理事会修订了 2005 年的《影响评估指南》，一是扩大了影响评估的范围，包括所有立法动议文件；二是强调加强公众参与，确保相关人对新制定的方案及其影

[1] 参见郭惠杰、武红宇：《为地方性法规“体检”——大连市人大常委会立法后评估综述》，载《中国人大》2013 年第 12 期。

[2] 参见俞荣根：《地方立法质量评价指标体系研究》，法律出版社 2013 年版，第 71 页。

响能够提出评估意见，有些复杂敏感的方案至少提供8周的评论时间，并且对公众意见明确给出反馈。评估方法上，强调基本权利保护。社会影响评估包括就业和劳动力市场、就业平等、非歧视公共卫生和安全等，小企业是否被排挤，以及如何提供备选机制帮助小企业遵守规制，在竞争影响、行政负担遵守实施成本等方面，更加强调量性评估，包括二氧化碳甚至非市场如环境、健康影响的数量化和货币化。〔1〕 西方其他发达国家在制度和实施层面也非常重视立法评估，德国联邦政府内政部于2001年发布了《立法效果评估手册》，立法评估适用于法律、法规以及规章。日本于20世纪90年代中期开始开展的“事业评估”“行政评价”“政策评估”也都包含了政府立法的评估，虽然也涉及政府立法的预评估的内容，但也注重政府立法的后评估。日本立法后评估兴起于地方，在试点成功后，中央政府逐渐采纳，最后于2002年4月通过《行政机构实施评估政策有关的法律》，确立了中央行政立法后评估。〔2〕 尽管日本在理论上认为立法评估的对象应该涵盖法律、条例，但从其立法后评估制度的实际运作来看，主要是以政府行政立法确定的政策为评估对象，有一定的局限性。在评估中，一般围绕立法的必要性、有效性、效率性以及实施状况等来设计评估指标，并综合运用文献调查法、调查问卷法、访谈法等多元化方法。

综合来看，西方国家的立法评估包含了立法前评估和立法后评估，评估对象既有议会制定的法律，也有政府制定的规章，更多的是侧重对行政立法进行评估，无论是立法前评估还是立法后评估，都非常强调广泛听取多方的评价和意见。在立法前评估中，影响性评估报告往往与立法项目同步进行，特别注重运用成本效益分析方法。通常会结合评估所涉及的法律规范的层级，谨慎分配影响性评估报告的审查权限和适用不完全相同的程序，对于影响重大的立法，评估程序更为严格。立法后评

〔1〕 参见李向东：《行政立法前评估制度初探——从新交通法规“闯黄灯”条款谈起》，载《中国行政管理》2013年第3期。

〔2〕 参见汪全胜：《日本的立法后评估制度及其对中国的启示》，载《中州学刊》2009年第5期。

估不同于立法前评估，它对已生效的规范性文件具有一定的监督功能，评估的内容侧重于该项立法实施的状况，除了评价其实施绩效之外，还要分析其存在的问题及原因，并提出修改和完善的建议，甚至是废止的建议。由于立法评估是一个全面的、连续的、复杂的、专业性极强的分析和评价过程，因而西方国家的立法评估制度也存在一定的缺陷，比如过分偏重对行政立法的评估，对议会立法的评估不够；有的国家强调立法前评估，有的国家强调立法后评估。虽然建立了多元的评估主体制度，但对第三方评估主体意见真正地进行采纳还十分有限。在评价指标体系方面，无论是定性评估还是定量评估仍然存在不足。

二、中西方国家立法程序制度的主要差异

立法程序是立法主体在立法活动中须遵循的操作规程，"同立法具有多样性一样，立法程序也是多样化的。立法有成文法立法与判例法立法、宪法与普通立法、一般立法与特别立法、自主立法与授权立法、立法机关立法与政府和其他立法主体立法等之分，立法程序也有与之相应的不同"〔1〕。就立法机关制定法而言，中西方国家关于立法程序主要阶段的划分大体是相同的，即包括了立法规划、起草和提出法案、审议和讨论法案、表决和通过法案、公布法律等主要阶段。在不同的阶段中，也有不少的程序规则、步骤、方式等是相同或相似的，如由国家元首对通过的法进行公布。又如在中西方国家立法过程中，政府往往是立法提案权的最主要和最重要的立法主体，绝大多数法案都是由政府或政府部门提出，并且由它们提出的法案容易得到通过。中国宪法和相关法律虽然规定了多方面的组织和人员具有立法主体提案权，但在立法实践中，政府是绝大多数法案的提出者，"在权力机关制定的法律、条例中，由国务院提出的立法议案占总数的70%多"〔2〕。中西方国家在立法机关制定法的

---

〔1〕 周旺生主编：《立法学》，法律出版社1998年版，第254页。

〔2〕 李林：《关于中国立法权限划分的理论与实践问题》，载王晓民主编：《议会制度及立法理论与实践纵横》，华夏出版社2002年版，第83页。

程序方面所具有的共性是由立法规律的客观要求所决定的，由于各国立法活动必然受到本国国情的制约，因而在共性之外还存在许多差异，下面就中西方国家立法程序的主要差异进行比较。

（一）在立法准备阶段中的程序差异

中西方国家立法程序的立法规划是立法准备阶段的重要步骤，它是立法主体对一定时期内拟完成的立法项目所进行的策划和安排，以便有效地调控立法供求关系。中国《立法法》在立法程序的规定中未对立法规划这一环节作出明确规定，因而立法规划不同于提出法案、审议法案等，属于非正式的立法程序。中国的立法规划是从20世纪80年代开始出现的，全国人民代表大会及其常务委员会的立法规划，一般由全国人大常委会的工作机构研究拟定，由常委会委员长会议讨论认可，必要时报中共中央发布实施。如1988年6月七届全国人大常委会第二次会议讨论同意了全国人大原法律委员会《关于五年立法规划的初步设想》；1998年中共中央下发18号文件公布了《九届全国人大常委会立法规划》。[1] 由此可见，中国最高立法机关的立法规划作为国家立法过程的准备阶段，其程序规则是相当薄弱的。执政党中央不是国家机关，不具备立法主体的资格，由其直接发布实施立法规划与宪法确定的立法体制不相适应，而应由制定法律的主体编制、公布实施立法规划。从西方国家的立法规划来看，有由立法机关制订立法规划的情况，也有由政府（总统或内阁）负责提出立法规划的情况。按照英国的立法规划编制程序，立法规划由内阁负责制订。按理说，英国是奉行议会至上的国家，议会是专职的立法机关，制订立法规划应该是议会立法重要的基础工作，但自从19世纪末起，英国政府就开始探索建立负责制订立法规划的组织。而第二次世界大战结束以来，英国的立法规划完全由政府负责，议会不予介入，并在内阁下设立法规划委员会专司立法规划之职责，权衡各部的立法选题，进而确定列入立法规划的选题。在立法规划的程序方面，

---

〔1〕 参见乔晓阳主编：《立法法讲话》，中国民主法制出版社2000年版，第105页。

有具体的步骤、方式和时限规定。形成这种立法规划程序的主要原因还是英国宪政体制。在熔权制下,“政府不仅享有权力;而且负有责任向议会的每次年会提出准备妥当的立法规划”[1]。在中国,国家立法规划的制订由全国人大常委会负责,政府只是制订自身的行政立法规划,但都缺乏具体而严格的程序规范。

在起草程序方面的差异。起草法案是立法准备阶段中的又一重要步骤,起草的法案是法律的雏形,法律是否能够提交审议并获得通过,很大程度上取决于起草法案的质量。在起草法案的程序方面,中西方国家存在不少差异。首先,西方国家设立了专门的立法起草机构,它们存在于议会和政府之内,即委托起草立法。如英国的法案起草由议会律师处(The Parliamentary Counsel Office)统一进行。中国没有专门的立法起草机构,通常由权力机关,或者政府及其部门内的法制机构或其他机构承担法案的起草任务,也吸收专家学者参与。一般情况下,如涉及哪个行政主管部门的行政管理事项,就由其负责起草。如涉及国家制度、刑事、民事、国家机构等方面的法案则由全国人大专门委员会或全国人大常委会工作机构主持起草。多个部门协调配合,能够统筹各方面的资源。同时,我国立法也逐渐探索委托第三方起草法律法规草案,各方参与立法工作,不断提高立法质量和效率。其次,西方国家和中国的法案起草审查环节也有所不同。如日本内阁法制局对省厅起草的法案进行审查的权力是相当大的,“在那里,各项议案条款由参事官牵头以读会的方式反复审议。审查的内容包括与现行法律的关系、内容的法律价值、议案名称与内容的一致性、条文的逻辑等。这项工作本着力求完美的精神对议案逐条审议修改,有时一项议案除题目外,未加修改之处几乎所剩无几”[2]。中国《立法法》坚持并强调对立法活动进行事前、事中、事后全过程合宪性审查。不仅明确法律案起草和审议过程中的合宪性审查要求,还明确备案审查工作中的合宪性审查要求,同时对存在合宪性、

〔1〕 蒋劲松:《议会之母》,中国民主法制出版社1998年版,第542页。
〔2〕 [日]岩井奉信:《立法过程》,李薇译,经济日报出版社1990年版,第43页。

合法性问题的，还规定了处理的主体和程序。

（二）正式立法阶段的程序差异

提出法案是法案成为法律的重要起始步骤，它由法定的有提案权的机关、组织或个人提出。当今各国在立法中享有提案权的主体概括起来大约有如下一些机关、组织或个人：（1）议会；（2）议员；（3）国家元首；（4）政府及政府有关部门；（5）政府首脑；（6）司法机关；（7）政党；（8）社会团体；（9）一定数量的选民；（10）地方政权机关等。上述立法提案权的主体在不同的国家有不同的具体规定，并非都是立法提案权的主体。比较而言，中国法定的立法提案权的主体比西方国家更为广泛一些，如《立法法》规定的可以向全国人民代表大会提出立法提案的主体有：全国人民代表大会主席团、全国人大常委会、国务院、最高人民法院、最高人民检察院、全国人大各专门委员会、全国人大代表团、全国人大代表（需30名以上代表书面联合）。这些立法提案权主体既涉及各类国家机关和组织，也涉及作为全国人大代表的个人，但非人大代表的公民不享有提案权。在美国，虽然大部分法案是由政府部门倡议或起草的，但政府并无立法提案权，只有国会议员有立法提案权。法国的立法提案权属于总理和议员。在意大利，政府、议员、依法享有法律创制权的机关、5万以上的选民均享有立法提案权。在英国，提案权可以由政府行使，也可以由议员个人行使。从法律规定来看，中国享有立法提案权的主体较为广泛，但在立法实践中，法律案主要来自全国人大和国务院。[1]

审议法案是正式立法阶段中最重要的步骤，如前所述，西方国家议会的全体会议、领导机构、专门委员会都可以通过分工合作来参与审议法案，行使审议权。

表决和通过法案是审议法案结束之后的步骤，中西方国家立法机关大会表决法案的基本方式通常采用公开表决和秘密表决两种，并实行多数表决原则。相较而言，表决法案多采用公开表决的方式，而选举则多

---

〔1〕 参见乔晓阳主编：《立法法讲话》，中国民主法制出版社2000年版，第115页。

采用秘密表决的方式。在西方许多国家中,除法案由立法机关表决外,还设立了公民表决法案的制度,也称公民公决制度,即由公民以直接投票的方式表示对某一法案赞成与否的态度。具体分为两种形式:一种是在立法机关审议法案、表决之后再由公民对法案进行表决;另一种是立法机关无权审议而由公民直接进行表决。公民表决的法案通常属于重大立法事项,丹麦、爱尔兰等国家规定修改宪法条文须经公民公决。法国《宪法》规定共和国总统在议会会期中,在总理的建议下,或在两院的联合建议下,可以将一切有关公共政权组织的法律案提交公民公决。中国目前尚未建立由公民表决法案的制度,立法实践中也未有过这方面的具体做法。在法律案通过程序中,西方国家通常以少数服从多数为原则,即法案须获得法定多数赞成票才能通过。但在赞成票与反对票相等的情形下,法案能否通过则有不同的规定,如英国、美国、瑞士、日本等国可由议长决定是否通过;瑞典、芬兰等国以抽签方式决定。[1] 但这种非多数表决的规定只适用于普通法案的表决,而不适用于宪法、宪法性法律以及其他重大事项的法律案的表决。中国立法机关通过法案只适用于多数表决原则,全国人民代表大会审议的普通法案由全体代表的过半数通过;宪法的修改由全体代表的2/3以上多数通过;全国人民代表大会常务委员会的法案由常务委员会全体组成人员的过半数通过。如瑞士、奥地利法案获得通过之后还须经过公布程序。西方国家公布法律的权力多数由国家元首行使,也有由立法机关的领导机构行使公布权的情形。有些国家由国家元首公布法律不仅仅意味着法案转变为法律,导致立法程序的终止,而且意味着行政对立法实施制约,总统如行使了否决权,可以要求议会再审议,议会不得拒绝。中国现行《宪法》规定,法律由国家主席根据全国人民代表大会和全国人民代表大会常务委员会的决定公布,不存在行政对立法的制约问题。

---

〔1〕 参见周旺生主编:《立法学》,法律出版社1998年版,第281页。

三、中国立法程序制度的完善

中国《立法法》的颁布实施，标志着中国立法活动特别是立法程序有法可依，但从立法实践中来看，立法程序制度仍然需要加以完善。中国共产党十八大报告提出全面推进依法治国，要求推进科学立法，完善中国特色社会主义法律体系，加强重点领域立法，拓展人民有序参与立法途径。中国共产党十八届四中全会进一步强调法律是治国之重器，良法是善治之前提。建设中国特色社会主义法治体系，要抓住提高立法质量这个关键，要把公正、公平、公开原则贯穿立法全过程。完善立法程序是提高立法质量的重要保障。

（一）进一步完善立法规划

立法规划是立法工作的基础，其目的是按照一定时期内立法工作的总体情况和调整各种社会关系的实际需要，根据预测和按照一定的时间对立法项目进行事先安排。制订好立法规划对提高立法质量和效益，确保社会政治、经济制度改革的顺利进行以及国家经济建设持续、稳定和协调发展，都具有重要意义。在实际工作中，立法规划仍然存在以下几个方面的问题：一是立法规划项目的申报主体单一。按照《立法法》的规定，在全国人民代表大会会议期间向大会提出法律案以及在大会闭会期间向全国人民代表大会常务委员会提出法律案的主体非常广泛。但从立法规划的情况分析，往往申报立法规划的主体主要是政府部门。项目来源的单一化趋势不利于发挥其他立法主体特别是代表参与立法的积极性，立法视角的全面性受到限制，同时也造成了立法规划对政府工作的依赖性，削弱了人大对立法规划的主导性。二是立法规划项目难以顺利完成。立法规划由于内容比较具体且5年时间跨度太长，加上其他种种因素，在实际过程中规划的项目实现率不高。三是立法规划原则性与灵活性的关系处理不够协调，造成年度立法计划可变动性增大。计划变动的原因往往是在制订立法计划时，只考虑当时的紧急需要，而未对项目进行充分论证。有的计划变动还有主观原因,一些部门以现实紧急需要为托词,要求将一些内容不尽合理的项目挤入计划。变动性较大致使计划的规范性和法规自身的质量难以得到保证。

笔者认为,在制订5年立法规划时,一要扩大法案来源渠道,要将目前单一的由政府提交法案改为多方面提交法案,在接受政府部门申报立法项目的同时,向社会公开征集立法建议项目,鼓励社会团体、自治组织、公民积极提出立法项目建议;要增加社会综合性规范方面的法案,减少部门管理性法案。二要考虑因年限跨度时间长所带来的诸多不利因素,增强立法规划的宏观性、灵活性和可变性,避免立法规划因太具体而造成难以执行的情况。三要做好立法规划的可行性研究,对一些难以把握的规划项目可作抽象规划,而具体项目内容则可在年度立法规划中作补充。四要注意协调好5年立法规划和年度立法计划的关系,5年立法规划是一个总的目标,需要年度计划来逐步实施。另外,年度立法计划又是5年立法规划的补充和调整,年度立法计划可在5年规划的基础上,根据实际情况进行调整,使5年立法规划和年度立法计划相互补充和相互衔接,从而有效实现5年立法规划。

(二)为公民提出法案动议提供渠道

按照中国《立法法》规定,作为个人有权提出法律案的,仅仅是全国人大常委会一定数量的组成人员和全国人大代表。非全国人民代表大会代表的公民个人则无权提出法律案。从全国人民代表大会代表的组成看,代表来自不同的阶层和领域,具有较为广泛的民主性和代表性。但是由于种种原因,公民很难与代表直接沟通,公民个人想参与民主政治活动,缺乏参与的渠道。因此,笔者认为,在规定全国人大代表享有提出法律案的权利的同时,还要考虑到如何实现宪法赋予公民的建议权,公民的建议权包括提出立法动议的权利,这是公民行使民主权利的一种具体表现。在国外,公民提出立法动议,可通过一定的渠道提交到议会机关,如前面介绍的美国公民有间接提出法律议案的权利,并明确了议案提交到议会以及议会进行处理的程序。结合中国的具体国情,有必要在有立法权的人大常委会或政府法制部门设立一个负责受理法案动议的机构,由该机构负责对公民提出立法动议的受理及审查。经受理审查认为立法动议有必要形成法案的,可交至适当的机关进行立法调研和法案的起草工作,由具有提出法案权的主体向相关的人大及其常委会提出法律案或法规案,并将所提出的立法动议的处理结果转告法案动议的提出人。

(三)进一步克服政府部门起草法案的局限性

在中国立法实践中,多年以来法案的起草,特别是地方法案的起草,主要都是由政府部门完成的。虽然部门起草法规草案可以调动其参与立法的积极性,有利于发挥政府部门的专业特长,但由于部门在起草法案的过程中不可避免地会站在部门立场上考虑问题,因此法案文本中具有明显的部门利益倾向,加之缺乏起草法案的立法技术和经验,法案质量不高的现象普遍存在于起草法案的过程中,扩大职权范围的现象也有出现。如有的增加编制和机构,有的扩大了行政权、财权,有的大量设置行政审批权,有的随意增设处罚权,有的则随意增加行政相对人的义务,等等。为了尽可能避免起草过程中法案部门利益化的问题,笔者建议:一是应当加强立法机关立法工作人员的力量,尽可能地由立法机关组织法案的起草,涉及综合性、全局性的法案,应当由人大常委会的相关专门委员会或者常务委员会的工作机构组织起草。二是吸收专家参加法案起草,可由立法机关委托专家起草法案,委托的专家不仅限于法律专家,还应包括与法律案内容相关的业务专家。律师作为法律职业的从业者,与现实生活中的法律适用最为紧密,也应成为相关法律案起草委托的对象。三是建立人大提前介入制度,即在部门起草法案的过程中,人大要重点介入,一方面可以把握法案的质量,另一方面也可提前熟悉和了解法案的重点难点等相关内容,为后来提交人大进行审议做好基础性准备工作。四是围绕政府工作重心开展其他一些立法前期工作。五是保障立法机关的工作机构必要的立法经费,立法经费的紧张是立法机关依赖部门起草法案的重要原因之一。一部法律法规的组织专班、起草、调研、审议到通过,需要耗费一定的人力、物力和财力,如果没有一定的经费作支撑,立法工作是难以完成的。

政府法制部门作为政府的专门机构应负有对部门起草的法案把关的职责,确保法案的质量。在地方立法实践中,政府法制部门由于以下几个方面的原因,存在对提交审议的法案把关不严的情况。一是政府法制部门普遍存在编制紧张,人员力量不够的情况。二是政府法制部门一般没有专门的机构负责法案的起草和审查工作,实际工作中,许多机构既要承担法案的审查工作,又要承担制定政府规章的工作。因此,不可能在时间上投入更多精力对法案进行审查。三是政府法制部门承担着相关行政案件的复议及部门的职能协调工作等。笔者认为,政府法制部门应当成立专门的法案审查机构,承担相关法案审查的具体工作,以确保提交人大审议的法案的质量。

(四)完善立法听证程序

《立法法》颁布实施后,立法听证逐渐在地方性立法中推行。由于《立法法》对立法听证会的规定比较原则化,各地在立法听证的实际操作中不尽相同,各地听证活动还存在一些需要完善的地方:第一,听证规则比较简单。由于立法听证还处于探索阶段,没有实践经验和现成做法可供遵循,许多地方的听证规则还较为简单,内容不够周全。第二,有的听证会没有发布公告,而是直接向有关人员发出邀请,也没有公开举行,听证时间比较短暂,与立法座谈会没有多大区别。第三,听证人和听证陈述人的权利义务欠明确。不少地方没有对听证人和听证陈述人的权利义务作出明确规定,有的实际上变成主持人一个人听证,其他听证人没有发挥实际作用。第四,听证意见没有得到应有的尊重。有的听证会在会后只是对听证记录作简单整理,缺少应有的归纳与概括。有的听证归听证,法规规章草案该怎么修改还是怎么修改,对听证意见没有给予应有的尊重和考虑，有使听证流于形式之嫌。[1] 从立法程序完善之考虑，全国人民代表大会常务委员会应当制定立法听证的具体规则，对立法听证作出规定，其内容具体包括立法听证会的程序、听证人和听证陈述人及其他参加人的权利义务、听证意见的处理等内容，这样可以对各地制定立法听证规则提供基本指导，也便于各地召开立法听证会时参照执行，使立法听证活动更加科学、合理和有效。在完善立法听证制度方面，我们可以借鉴西方国家立法听证制度的成熟经验，如美国环境法在很大程度上是公开听证会的产物，该法在通过之前，美国参议院污染小组委员会主持了一系列听证会。有的听证会召开时间达 30 多天。召开听证会的目的是听取和形成公众观点，以及收集科学和技术数据，并且将听证记录存档，以供日后立法者、项目执行人参阅，并且帮助法院理解那些随后通过的法律基础。[2]

(五)立法审议过程中就关键条款应当实行逐条表决制度

关于立法中的逐条表决是对法案进行审议的一种形式，即对法案中重要的条款在审议过程中进行逐一表决通过。逐条表决在国外立法中是常用的一种表决形式。如美国、英国、俄罗斯、欧洲议会等许多国家、地区及组织根据实际需要，在立法中采取对法案逐条表决的形式。以美国通过的《贸易促进授权法案》为例，2001 年 12 月美国众议院以赞同 215 票、反对 214 票的微弱优势通过了《贸易促进授权法案》后，将该法案移送参议院审议，由于参议院对该法案提出许多反对意见，为此专门对该法案提出了十条修正案，并采取逐条表决的方式，最终以 66 票赞成、30 票反对表决通过了《贸易促进授权法案》。[3] 在中国的立法例中，法案的最后表决阶段基本上没有采取逐条表决的形式，但在法律草

---

〔1〕 立法听证课题研究组：《地方立法听证调查报告》，载《中国人大》2002 年第 1 期。

〔2〕 参见[美]莱昂·比林斯：《立法听证在美国的运用》，彭亚楠译，载蔡定剑主编：《国外公众参与立法》，法律出版社 2005 年版，第 28 页。

〔3〕 参见中国法院网：《布什签署贸易促进授权法案》，载 https://www.chinacourt.org/article/detail/2002/08/id/9689.shtml。

案审议过程中,对个别法律案的审议曾经采取过逐条表决的方式。近年来的立法实践中,单项表决和逐项表决的方式开始在立法表决程序中得到运用。如《湖北省城市市容和环境卫生管理条例》在审议时,委员们对有关占道经营违法行为是否可"暂扣物品"意见不一,第一次启动对该条款进行单项表决,并根据多数委员意见删除该条款之后,再对该条例草案进行整体表决。[1] 笔者认为,立法机关在审议法案的过程中,应注意把握立法动态,重点解决争议较大的问题。如果仅对法案中个别条款有不同意见的,即可在审议过程中,采取重点条款逐条表决的方式,这样一方面可以就重要的条款集中研究,突出审议的重点;另一方面还可提高立法审议的效率,避免因对个别条款的争议而陷入无休止的争论之中,同时也可避免因个别条款的争议而对整个法案进行否定的情况。此外,笔者还建议在《立法法》中增加单项表决和逐项表决的方式,并规定具体的适用条件,完善立法表决程序。

(六)完善立法评估机制

《立法法》对立法监督制度做了一些具体规定,如立法批准、立法备案、立法审查、立法改变和撤销,但未对立法评估制度作出具体规定。但是在有些单行法律中有涉及立法评估的条款,如《行政许可法》第 20 条规定了对行政许可的设定实行立法后评估。设定行政许可是一项非常重要的立法权限,根据该法的规定,行政许可的设定机关应当定期对其设定的行政许可进行评价;对已设定的行政许可,认为公民、法人或者其他组织能够自主决定的,市场竞争机制能够有效调节的,行业组织或者中介机构能够自律管理的,行政机关采用事后监督等其他行政管理方式能够解决的,应当对设定该行政许可的规定及时予以修改或者废止。行政许可的实施机关可以对已设定行政许可的实施情况及存在的必要性适时进行评价,并将意见报告给该行政许可的设定机关。公民、法人或

---

[1] 参见乔余堂主编:《湖北省人大常委会理论研究课题集(2013 年卷)》,中国民主法制出版社 2014 年版,第 81 页。

者其他组织可以向行政许可的设定机关和实施机关就行政许可的设定和实施提出意见和建议。该规定为行政许可设定的立法后评估提供了明确的依据和要求。

立法机关需要总结中国立法评估的经验,及时将立法评估制度化,使立法评估制度的基本内容尽快在法律层面得到固定。在完善立法评估机制方面,要根据中国法治发展的内在需求和立法的基本规律,将立法评估原则、评估主体、评估方式、评估范围和内容、评估程序、评估效力等形成科学合理的体系,使之得以有效地运作。立法评估不是一个单独的立法程序环节,按照立法评估的阶段和时限,有学者将立法质量评估分为立法前评估和立法后评估,并结合这两类评估的不同特点,进行了系统的、有价值的评价指标体系研究。该项研究认为,立法后评估重在检验已制定实施的法律法规的立法质量,立法前评估侧重在提升即将制定或正在制定的法律法规的立法质量。立法前评估是将把控立法质量的关口前移,有利于事先遏制过度的立法政绩冲动,节约立法资源,慎用立法手段,降低立法泡沫,防止不良之法出台。

从中国已有的立法评估实践和西方国家立法评估制度的经验来看,立法前评估、立法中评估和立法后评估都有许多共同的规律、价值取向和要求,在完善具有共性的立法评估制度的同时,还需要根据不同类别的立法评估特性,完善不同类别的评估机制。在评估主体方面,需要构建多元化的立法评估主体体系,除了立法主体、行政主体、司法主体的内部组织之外,为求得立法评估结果的客观性与公正性,需要扩大外部评估主体的范围,除了吸收利益相关者参与评估以及扩大公众参与评估的范围,还要从制度层面培育独立第三方评估主体,并规定立法评估的启动机制。在立法评估程序和评估方法上,立法前评估除了是一个收集信息、反映问题的过程,同时还是不同利益主体诉求的博弈过程。因而“立法前评估必须与立法项目同步进行。如果等法案起草完毕再来做立法前评估报告,那么前评估原本所含的可行性研究报告就会变成当行性报告,这样的前评估无异于一场走秀,失去任何正面价值”[1]。立法质量应该从源头把关,从立法规划或立法计划制订起始就应该对每一个立法项目进行评估筛选。作为立法后评估而言,它是面对数量众多的已经生效的法律、法规或规章进行评估,无论采用“定期评估”还是“不定期评估”,在评估程序上需要有选择评估对象、确定评估主体、制定评估方案和明确评估范围的准备阶段。在立法评估具体实施中,构建细化且具有科学性的立法评估指标体系极为重要。立法前评估是在立法还未产生和适用之前进行的,没有个案的经验,其评估通常应该侧重于立法的必要性与可行性、合法性与合理性、成本与效益等具体化的指标体系,在评估主体和评估程序方面应当充分保障评估的民主性。在建立科学的评价指标体系基础上,地方立法还可以探索立法前评估的“一票否决”评价指标,如果在“一票否决”指标上所得分值在其应得分值的50%以下,该地方性法规的立项申请很难说是达到合格标准的。立法后评估指标体系的侧重点不同于立法前评估,立法后评估偏重法实施一定期间后的执行、适用、遵守的情况,通过对其实效性进行检验而判断法本身的优与劣,确定是否需要修改或废止,因而法的实效性评估指标体系的细化尤为重要,除了评估法在实施中的合法性、合理性、协调性之外,更为重要的是评判法在实施中是否具有可操作性,是否产生了立法所预期的实际效益。在立法后评估完成后,对形成的评估结论及评估报告需要有明确的回应机制来保证立法后评估的效力,加强立法后评估与法律、法规、规章的修改或废止的结合。若立法主体启动了立法修改或废止程序,应当将合法有效的评估报告作为修改或废止法律、法规或规章的重要依据。

---

[1]　俞荣根主编:《地方立法质量评价指标体系研究》,法律出版社2013年版,第6页。

第八章　立法效力

第一节　法律效力和立法效力

一、法律效力的概念

法律效力泛指法的约束力。从广义上讲,法律效力指法律文件对人们行为所产生的约束力,主要涉及三个方面:一是规范性文件对人们行为产生的普遍约束力,二是非规范性文件对特定的人和事产生的法律约束力,三是因双方、多方协议或单方行为如遗嘱而产生的对特定人的法律约束力。法律效力是法的基本属性,其构成要素分为适用对象、适用时间和适用空间,即法律对什么人、什么时间、在什么地方有效。法律的对象效力,亦称法对人的行为的效力,或法对人的效力。法律的时间效力是指法的效力起始和终止的期限以及有无溯及力的问题。法的空间效力即法的效力的地域范围。法的空间效力直接体现国家主权,就是说它适用该国主权的一切领域,既包括领陆、领水、领空及底土,也包括延伸意义的领土,如驻外使领馆、该国的境外飞行器和停泊在外的船舶。

二、立法效力的内涵和外延

（一）立法效力的内涵

从词义上来说，立法效力由“立法”与“效力”两个词构成。因此，只有对“立法”和“效力”有一个基本的界定才能明确立法效力的内涵。立法通常是指“法的制定，即有关国家机关在其法定的职权范围内，依照法定程序，制定、修改、补充和废止规范性文件的活动。”[1]立法的准备阶段和立法的确立阶段构成了完整的立法活动，使立法从动态的过程发展为静态的结果。其中，立法的确立阶段主要是立法者的专属活动，是包含提出法律草案、审议法案、表决和通过法案、公布法律的过程和结果的正式立法活动。效力由“效”与“力”的含义共同构成，“效”与“力”是密不可分的，没有“效”，没有合法性、正当性，“力”就失去了依据，就不可能真正地产生功效；而没有“力”，“效”就得不到维护。在法理学领域中，法的效力通常是指法的约束力或强制力；在宪法学与行政法学领域，狄骥将法律行为的效力解释为事物的法效果，他同时将法效果解释为“依法申诉，指的是任何一种旨在用直接或间接的一切形式对违反的法律予以制裁的手段。”[2]法效果即是法律的一种保护；在民法学领域，民事行为的“效力”被解释成为法律的评价和保护。[3] 单就其表面而言，这些认识缺乏一致性，但从本质上讲，它们是统一的。为了保护一种事物或行为，法律必须首先对其进行评估，被评估为有效的事物或行为才能受到法律的保护，只有这样才会被赋予各种约束力或强制力。因此，“效力”一词包括“效”（有效性）和“力”（作用力）。

那么，什么是立法效力呢？首先，立法活动的实质是统治阶级根据社会发展的规律，对社会各种利益进行权威性调控，以实现和维护自身的利益。为了维护政治统治，维护和实现法律对利益的调控结果，保护

---

〔1〕　朱力宇、张曙光：《立法学》，中国人民大学出版社2009年版。

〔2〕　[法]莱翁·狄骥：《宪法论》（第1卷），钱克新译，商务印书馆1959年版。

〔3〕　参见董安生：《民事法律行为》，中国人民大学出版社2002年版。

国家的立法活动势在必行。这种保护可以通过国家法律或命令的形式给予。这种保护可以表现为保护力、公定力和确定力,也可以表现为约束力、执行力和强制力。无论是哪种力,都可将其统称为作用力,都是事物之间的一种相互作用。其次,如果统治阶级想要实现立法活动的目的,仅仅赋予立法活动以强制力是不够的,长期依靠暴力的统治也是不可能的,立法还需要反映社会发展的客观规律和需求才能在现实中发挥作用,这就必须从各个方面对立法活动提出规范性要求,以控制立法权的恣意。最后,现实中的立法活动并不都符合规范性的要求,这将涉及对各种立法活动的评估和判断。立法活动的有效性问题也就是法律要选择肯定或否定哪些立法活动。国家应首先评估各种立法活动的有效性,对符合规范要求的立法活动给予肯定性的评价,保护并赋予其权力;对不符合规范性要求的立法活动作出否定性的评价,使其归于无效。

根据以上分析,立法效力的内涵可以概括为被国家认可的制定、修改、补充和废止规范性文件活动所产生的作用力。

(二)立法效力的外延

立法活动的效力必然是在一定的时间和空间范围内对特定对象发生的,立法效力的外延涵盖立法效力的空间、时间和对象范围。

立法效力的空间范围应界定为立法活动在哪些地域发生效力的范围。立法活动的空间效力的不同取决于立法主体的不同。在一国领域内,我们可以进行如下划分:(1)中央立法主体立法效力的空间范围。中央立法主体立法效力的空间范围从一般意义上讲与一国的领土范围相关,但是各国由于在政治制度、立法体制上的差异,该范围也呈现出不同的态势。如在我国,中央立法机关的某些立法对于特别行政区——香港、澳门地区没有效力,在全国大多数地方具有普遍效力的立法对民族自治地方而言则可能部分地发生效力等;在美国,联邦政府立法活动的效力受到了更大的限制,这涉及联邦立法与各州立法适用效力的问题。(2)地方立法主体立法效力的空间范围。在考虑地方立法主体立法效力的空间范围,需要明确两个方面:第一,地方立法主体立法活动主要是在本地方范围内发生效力。第二,地方立法主体立法活动在本地方以外也并非没有效力,其具有完整的公定力与确定力,地方内和地方外的主体均要予以尊重,即使是上级立法主体也不得无故变更或撤销它;但是,它的保护力与约束力、执行力与强制力则是受到限制的,该地方之外的主体并无执行该立法活动结果的义务。

立法效力的时间范围涉及三个方面,即立法活动何时开始生效、何时终止其效力以及有无溯及力的问题。(1)立法活动的生效时间。法的制定活动使法案成为法律,赋予其效力,其中表决和通过法案是关键一环。法律草案一经通过,该立法主体以及其他立法主体不得在本法律失效之前提出此类提案。正是因为立法活动在交付表决前还未生效,提案人因此有权撤回;但是提案人可以在法律案经过表决但未通过的情形下重新提案,因为此时立法活动尚未生效。表决和通过法案的活动并不为公众所知,为了使立法活动对更多的对象发生效力,需要开展公布立法活动结果的活动。(2)立法活动的失效问题。有效的立法活动与其产生的规范性文件的效力持续时间相同。立法活动会随着规范性文件在完成历史使命、期限届满、被撤销或宣布无效、被新的立法活动推翻时的失效而失效,其在此之前都是有效的,即有效的立法活动有存续性。(3)立法活动的溯及力问题。法的溯及力,是指新法可否适用于其生效以前发生或正在发生的事件和行为;如果可以适用,是指该法有溯及力,如果不能适用,则指该法没有溯及力。出于对社会秩序的维护以及对人权的保护,新的立法活动应对先前的立法活动予以充分的尊重,这也是法的安定性原则的内涵。先前的立法活动与新的立法活动相同都是具有一定的效力范围的,二者的效力各自在其特定的范围内产生作用。法不溯及既往原则肯定了新旧立法活动立法效力的存在,从本质上讲也是肯定立法活动不溯及既往的体现。

立法效力的对象范围是指立法活动对哪些人产生作用力。其效力对象包括:(1)立法主体。首先,立法主体要对其自身立法活动的效果予以充分的尊重，恣意地撤销和废止已经完成的立法活动都是不被允许的。对以往立法活动效力的尊重更是表现在不得重复立法。其次，同级的立法主体之间应对彼此立法活动的效力给予相同的尊重，其均无权否定各自立法活动的效力。最后，下级立法主体要尊重上级立法主体的立法活动：下级立法主体就不得就上级立法主体已立法事项再进行内容相同的重复立法，而只能就此事项进行相应的细化的立法等。(2)其他主体。其他主体包括司法机关、行政执法主体、公民个人和社会团体。首先，其他主体要充分尊重立法主体的活动，在未被撤销之前均不得否定该活动的效力，而无须考虑该立法是否存在瑕疵。其次，其他主体对立法活动的结果即规范性文件要认真地执行，行使和履行法律规定的权利和义务。

根据立法效力的内涵和范围的分析，立法效力应界定为：被国家认可的立法活动在一定的空间和时间范围内对特定对象所产生的作用力。

三、立法效力与法律效力的联系和区别

法律效力是法理学的基本概念，立法效力与法律效力极易混淆，理论界认识不一。只有在研究立法效力与法律效力关系的基础上，才能界定清楚二者的内涵。

(一)立法效力与法律效力的联系

立法效力既包括制定、修改、补充和废止规范性文件活动本身的效力，也包括其所产生的规范性文件的效力，制定法的效力则属于法律效力的范畴，从这个角度来讲，二者关系紧密，但是也极易混淆。首先，法律效力通常指的是制定法的效力，制定法的效力是立法效力的一部分，常常有学者将二者予以混淆。其次，修改、补充和废止规范性文件的立法活动的效力关系着制定法的效力。有效地修改和补充规范性文件的活动会改变原制定法效力；有效地废止规范性文件活动则会终止原制定法效力。再次，立法效力与制定法效力价值取向一致。国家以利益分配

为导向进行立法活动,通过法律确认这种利益分配的秩序和格局,要想实现立法的最终目的,就要通过有效的立法活动产生有效力的制定法。最后,立法效力的实现需要法律来维护,只有得到国家法律的保护,立法活动才能产生作用力,法律要规定立法活动的效力,并制裁侵犯此种效力的行为,则只有实现法律的效力,才能更好地维护立法效力。

（二）立法效力与法律效力的区分

首先,立法效力与法律效力本就是两个不同的概念,其内涵自然不同。立法效力既包括制定规范性文件活动的效力,也包括修改、补充和废止规范性文件活动的效力,而法律效力指的是一切法律规范的效力,前者侧重的是活动本身的效力,后者则侧重活动所产生的规范的效力。其次,二者产生的效力并不一致。通常,修改法律的立法活动的效力才刚刚产生就使得原来制定法的效力发生了变更;废止规范性文件的立法活动符合立法主体、程序、事项的有效性要件,该活动就是有效的,但废止法律活动的生效却使该法律完全或部分地失去效力。再次,法律效力还包括各种法的渊源的效力,而不局限于制定法的效力,尤其是在一些国家或地区,民间法、习惯法发挥着十分重要的作用。而立法活动的效力则主要产生制定法的效力。最后,由于我国不存在判例法和民间法,立法效力不仅包含立法活动的效力,也包含此项立法活动产生出的法律的效力。总之,二者既有联系,又有区别,不能简单将二者割裂或是混淆。人类的任何一种活动都包括活动的过程以及这一活动产生的结果,立法活动也不例外。

第二节　中西国家的立法效力比较

一、法的效力位阶和立法效力的裁决比较

（一）法的效力位阶比较

法的效力位阶是由立法体制所决定的不同国家制定的规范性文件

在法律渊源体系中所处的效力位置和等级。各种规范性文件因其在法律渊源体系中所处的效力位置和等级不同,由此产生了上位法、下位法和同位法的关系。上位法是指在法的位阶中相对于其他规范性文件处于更高效力位置和等级的那些规范性文件。下位法是指在法的位阶中相对于其他规范性文件处于更低效力位置和等级的那些规范性文件。同位法是指在法的位阶中处于同一效力位置和等级的那些规范性文件。

奥地利法学家梅尔克(Adolf Merkl)认为,法律是一个有等级秩序的规范体系,即一个由一些条件性规范和附条件规范组成的体系。除最高位阶的法律规范之外,每一个规范的效力至少取决于一个其他的规范。他把依赖于其他规范才能生效的每一个规范称为附条件规范,而能够创建其他规范或法文件的那些具有优先创制效力的规范称为条件性规范,这些规范之间存在的关系习惯于被称作法定条件。这种从高级秩序到低级秩序复归的形式表明位阶制度的创建总是一个具体化和个别化的进程,可描述为法律秩序的"楼梯井结构"〔1〕。这种位阶学说由奥地利另一位法学家凯尔森加以发展并继而成为通说。凯尔森认为,法律制度是一个有层次的体系,下级规范之权威来自上级规范,层层上溯,最后止于最高级的"基础规范"——宪法。法律规范之所以有效力是因为它是按照由另一个法律规范决定的方式被创造的,因此,后一个规范便成了前一个规范的效力产生的理由。这两种规范之间的关系,用空间比喻来说,可以表现为高级和低级的关系——决定另一个规范的创造的那个规范是高级规范,根据这种调整而被创造的规范是低级规范,即法律秩序是一个不同级的诸规范的等级体系〔2〕。从梅尔克-凯尔森法律位阶理论模式可知:(1)位阶维持了整个法律渊源体系的有序性和整体性,解释了一个法律体系内不同法律规范之间的关系,即这些规范依照等级秩序排列的。在法体系的金字塔中,位阶高低不同的法规范构成了

---

〔1〕 Zoran J. ,*A Note on Adolf Merkl's Theroy of Administrative Law*,*The Scientifics Journal Facta Universitatis*?,Series:Law and Politics,February1998,p. 149 - 150.

〔2〕 参见[奥]凯尔森:《法与国家的一般理论》,沈宗灵译,商务印书馆2017年版。

上下井然有序的金字塔,从而确保了法律秩序的稳定性及安定性。(2)位阶提供了法律适用上的依据。在统一的法秩序内,高位阶法的效力高于低位阶法,这也就是"上位法优于下位法"规则的理论基础和逻辑起点。(3)位阶学说的本意并未把位阶与效力等级直接等同起来,而是表现在高位阶法对低位阶法在法秩序的控制上,高位阶的法控制低位阶的法意味着它可以改变或撤销低位阶的法。

1. 西方国家的法的效力位阶

(1)美国

美国是联邦制的普通法系国家。美国现行法律体系由判例法和成文法共同构成,形成5种法律渊源:宪法、制定法、条约、行政法律法规和普通法。

在美国的法律体系位阶中,美国的《联邦宪法》具有最高法律效力,且美国存在直接适用《宪法》的审查制度。《宪法》规定美国国会通过的法律、参议院批准的条约、行政机构颁布的行政法规及联邦司法机构作出的判例法组成了美国联邦法律体系。美国国会是美国联邦法律的立法机关。联邦法律及国际条约不得与《宪法》相冲突,其法律效力高于美国州法及附属领地法。

每届国会通过的新法均会在此届国会卸任之年汇编入美国成文法律大全,继而进入《美国法典》这一每6年刊印一版的对美国一般制定法进行汇编和法典化的官方出版物。美国政府行政机构根据诸多联邦法律的明确立法授权制定行政法规,并由联邦法律登记处出版进行发布并编入每年更新的《联邦法规汇编》。各联邦行政机构除制定行政法规外,亦颁布了大量的规则、手册、政策陈述、函、决定等,但此类规范性文件仅作为发布机构对法律法规的机构性解释,在案件审判中仅具有说服力而非强制适用性。

美国公民日常适用的法律大多为各州州法,比如州合同法、侵权法、财产法、刑法、家庭法。20世纪以前,美国联邦法律主要集中在由《宪法》明确授权的军事、货币、外交事务及国际条约、关税、知识产权(尤其专利与版权）等领域立法。但 20 世纪以来，随着对《宪法》商业与费用条款的广义解释，联邦法律立法范围扩展至航空、远程通信、铁路、医院、反垄断及商标等领域。在航空与铁路等领域，联邦法律效力完全排斥各州州法的适用；在家庭法等领域，州法占主要比例，联邦制定法仅存有关跨州及国际婚姻等法律规定；在保险法等法律领域，美国国会颁布了关于只要存在该法律领域的州立法，则联邦不予立法的法律规定。

美国的判例法包括普通法的判例法、衡平法的判例法以及制定法的判例法。它们在美国法律体系中的地位并不完全相同。普通法的判例法是典型意义上的判例法，即完全按照普通法的传统由法官通过判例制定出来的法律。在历史上，普通法曾经优于制定法，但是立法权优先于司法权的观念逐渐被人们所接受，所以在当代美国的法律体系中，普通法的判例法实际上属于效力较低的法律。衡平法的判例法起源于英国的衡平法，是通过一系列法院判决实现的。判例法是美国衡平法的基本形式，其本身是由判例构成的。由于美国目前只有少数几个州保留了独立的衡平法院，而在联邦和绝大多数州的法院中，传统的衡平法诉讼都由普通的民事法庭审理，所以衡平法的判例法已经在很大程度上融合在普通法的判例法之中了。制定法的判例法的主要作用是解释制定法，同时也会在一定程度上增加制定法的内容。无论增加的内容多少，在性质上都属于“法官造法”，其并不能改写成文法，法院对成文法的解释对立法机关并不具有约束力。

（2）英国

英国的法律体系由普通法和法律法规两部分构成，包括三个重要的法律来源：议会法、普通法和欧洲人权公约。

议会法是指在英国议会制定的法律，是英国法律体系的基石和最高形式。议会法由议会的上下两院投票通过后，经过皇家同意后成为法律。议会法可以通过法律程序或者证明程序被修正或者取消，具有最高的法律效力。议会法有广泛的适用范围，包括现行的英国犯罪法、刑法和诉讼法等各种法律。普通法是指由各级法院以往的裁判案例和司法惯例形成的法律,是英国法律文化的一部分。普通法的特点在于依据判例法的判决进行相似案件的解决。普通法相对独立,公正、不偏不倚,可以有效地防止过度的立法。普通法是一种基于时间的法律进程,但是,如果议会法与普通法不一致时,议会法会优先适用。普通法也适用于英国的民法和商业法。欧洲人权公约由欧洲委员会起草,旨在保护个人基本的人权和自由。英国是公约的创始成员国之一,并将公约中的所有规定写入英国国内的法律体系中。公约中规定的一些条款已经成为英国法律中最优先的法律影响力,包括公正、自由、安全和言论自由等。如果遇到与人权法相关的问题,英国的法院可以参考公约来进行决策,此外,该公约还设立了基于欧洲人权法院,用于处理公约问题。

英国于 2019 年 3 月 29 日正式脱欧。2022 年,英国特拉斯政府曾提出《2022 年保留欧盟法(撤销与改革)法案》,计划 2023 年年底废止全部未明确保留的欧盟法律。现任保守党首相苏纳克此前也表示,将继续推进该法案,并承诺将在上任百天内废止全部欧盟法律。英国不再受欧盟法律约束,但是欧洲人权公约对英国仍具备约束力。英国退出的是欧盟 28 国集团,而不是欧洲委员会(覆盖了除白俄罗斯以外的欧洲,并吸取了美、加、墨、日、以和教廷作为观察员国)。二者条约基础不同,欧洲委员会框架与欧盟是完全不同的两个体系。

综上所述,英国的法律效力体系包括议会法、普通法和欧洲人权公约三个部分。其中议会法具有最高的法律效力,普通法是英国法律体系的一部分,并可替代议会法,欧洲法和欧洲人权公约仅在受到欧洲委员会审查和批准后,其条款和要求才能适用于英国的法律体系中。每一项法律效力范围各自独立,却又相互呼应,形成一个相对完整的法律调节体系,使英国的法律进程具有良好的秩序和稳定性。

(3)俄罗斯

俄罗斯从历史上看,属于大陆法系,根据既定立法程序通过的成文法是主要的法律渊源。俄罗斯每年通过约一万项法律、法规和其他法律文件。

在俄罗斯的法律体系中,宪法在俄罗斯全境具有最高法律效力、直接作用并适用。它确立了法律渊源制度中的宪法至上原则。法律不能与宪法相抵触。所有其他法律文件,如总统法令、政府条例、部委和其他联邦执行机构的法律性文件以及俄罗斯各联邦主体通过的立法都不能违反宪法。所有法律均由联邦议会通过,禁止授权性立法。

联邦宪法性法律与组织法相似。只有俄罗斯联邦立法机构才会通过它们。由于它们的重要性,俄罗斯宪法规定了其采用的复杂程序。俄罗斯联邦总统不能否决联邦宪法性法律。联邦法律在俄罗斯具有第二效力等级的法律效力。宪法保护整个俄罗斯境内联邦法律的优先性以及联邦法律的直接适用。如果联邦法律与俄罗斯联邦主体的立法之间发生冲突,则以联邦法律为准。联邦议会通过后,联邦法律被转交给俄罗斯联邦总统签署和颁布。总统有权拒绝一项联邦法律并将其送回联邦议会重新审议,但如果联邦法律由两院议员的大多数批准,则总统必须签署。俄罗斯联邦签署的国际条约和国际法公认的原则是俄罗斯法律制度的一部分。如果俄罗斯联邦的国际条约规定了国内法规定以外的规则,则以国际条约的规则为准。

俄罗斯总统的法令和指示建立了一个单独的法律类别,不属于下属立法。如果有效的联邦法律没有规定某个问题,总统可以通过关于这个问题的法令,除非宪法明确规定这个问题需要通过联邦法律立法。联邦政府、各部委、委员会和其他联邦机构也会发布大量的规范性法律文件。所有这些具有约束力的文件都要服从法律,通常他们的目的是实施更高效力等级的法律。联邦行政机关的规范性法律文件发展、补充和明确现有的法律规范。这些规范性法律文件有不同形式:法规、命令和指示,因其内容和程序而异。

俄罗斯遵循民法法系传统,司法机关只能适用和解释法律,司法先例不能成为法定的法律渊源。根据俄罗斯的法律原则,法官只能适用法典、法规或法规中包含的成文法来判定案件;然而,实践中,宪法法院先前的决定应被遵循。当俄罗斯国内立法缺乏针对某个问题的法律时,如果苏联法律不与任何现有的俄罗斯法律相冲突,苏联的法律和法规是可以适用的。目前,苏联法律具有过渡功能,直到俄罗斯立法机关通过这些领域的法律。

(4)德国

德国的法律体系是欧洲最为庞大和复杂的之一,由联邦宪法、联邦法律、州法律和行政法规等多个层次组成。这个法律体系能够保障所有德国公民的权益和法律制度的正常运转,同时也能维护国家的公共利益。

德国《基本法》是德国宪法,具有普遍适用和直接约束力,并且是德国最高的法律。德国《基本法》制定于 1949 年,具体规定了德国的政治体制、立法和司法机构、居民权利和义务等方面,其内容涉及国家的方方面面,因而具有至高无上的地位。

在德国法律体系中,宪法法律是处于最高位阶的法律,其下一级为国家行政法规。国家行政法规是联邦政府制定的法令,具有严格的行政执行力和法律约束力。国家行政法规通常分为条例和法令两种,其中法令需要德国联邦理事会同意后才能生效,其级别高于条例。国家行政法规的形成需要遵循明确的程序,并且依据宪法和联邦法律授权而产生的。德国联邦各州的立法机关制定州法律,其制定过程是遵循十分明确和具体的程序,并在制定和时效之前就得到公开审议和讨论。州法律的效力位阶则低于宪法法律和国家行政法规,但是其在德国法律体系中仍具有相当重要的法律效力。此外,这个法律体系的最低一层由各个局部部门和县级律所制定的规章和条例构成。这些规章和条例虽然是在法律框架内制定的,但是它们的效力位阶要低于宪法法律、国家行政法规和州法律。这些规章和条例是针对具体问题制定的,其内容和领域比较局限,但它们在保障地方自治和公众福祉方面具有一定的作用。

总的来说,德国法律体系极为复杂,但通过明确的程序和严格的规定,确保了法律的平等性和公正性。无论是联邦宪法、联邦法律、州法律还是行政法规等,都有着严格的制定和监督程序,并且在执行和审判中都需要严格遵循原则和程序。在德国法律的执行和遵守过程中,重视权利保护和公正原则,这是德国法律体系能够持续地运行和维护公共秩序的根本保障所在。

2. 我国法律效力位阶

我国现有的法律规范中虽然还没有直接提到法律位阶这一概念,但在我国《宪法》、《民族区域自治法》、《地方组织法》和《立法法》等法律法规中都在一定程度上表述和揭示了位阶关系的本质,即层级性监督和合法性控制。主要表现为:(1)上位法制定机关有权监督下位法的实施;(2)上位法制定机关可以改变或撤销下位法;(3)下位法不得抵触或违反上位法;(4)下位法在报上位法的制定机关批准后才能生效;(5)上位法之效力不被普遍性优先。

根据以上原则可得出我国法律体系的位阶关系有以下几个方面:

(1)宪法在法律位阶中具有最高的地位。宪法在一国所有法律渊源中永远居于上位法的位阶。《立法法》第98条规定:宪法具有最高的法律效力,一切法律、行政法规、地方性法规、自治条例和单行条例、规章都不得同宪法相抵触。(2)人大制定的法高于人大常委会制定的法。《宪法》第62条规定:全国人大有权改变或撤销全国人大常委会不适当的决定。《立法法》第108条规定:全国人民代表大会有权改变或者撤销它的常务委员会制定的不适当的法律,有权撤销全国人民代表大会常务委员会批准的违背宪法和本法第85条第2款规定的自治条例和单行条例;省、自治区、直辖市的人民代表大会有权改变或者撤销它的常务委员会制定的和批准的不适当的地方性法规。(3)法律高于行政法规、地方性法规。《宪法》第67条规定:全国人大常委会有权撤销国务院制定的同宪法、法律相抵触的行政法规、决定和命令以及省、自治区、直辖市国家权力机关制定的同宪法、法律和行政法规相抵触的地方性法规和决议。《立法法》第108条规定:全国人民代表大会常务委员会有权撤销同宪法和法律相抵触的行政法规,有权撤销同宪法、法律和行政法规相抵触的地方性法规,有权撤销省、自治区、直辖市的人民代表大会常务委员会批准的违背宪法和本法第 85 条第 2 款规定的自治条例和单行条例。（4）上级人大及其常委会制定的地方性法规高于下级人大及其常委会制定的地方性法规。《宪法》第 104 条规定：县级以上的地方各级人大常委会有权撤销下一级人大的不适当的决议、《地方组织法》第 50 条规定：县级以上的地方各级人大常委会有权撤销下一级人大及其常委会的不适当的决议。《立法法》第 81 条第 1 款规定：设区的市的人民代表大会及其常务委员会根据本市的具体情况和实际需要，在不同宪法、法律、行政法规和本省、自治区的地方性法规相抵触的前提下，可以对城乡建设与管理、生态文明建设、历史文化保护、基层治理等方面的事项制定地方性法规，法律对设区的市制定地方性法规的事项另有规定的，从其规定。设区的市的地方性法规须报省、自治区的人民代表大会常务委员会批准后施行。省、自治区的人民代表大会常务委员会对报请批准的地方性法规，应当对其合法性进行审查，认为同宪法、法律、行政法规和本省、自治区的地方性法规不抵触的，应当在 4 个月内予以批准。（5）行政法规高于地方性法规和规章。《立法法》第 108 条规定：全国人民代表大会常务委员会有权撤销同宪法和法律相抵触的行政法规，有权撤销同宪法、法律和行政法规相抵触的地方性法规，有权撤销省、自治区、直辖市的人民代表大会常务委员会批准的违背宪法和本法第 85 条第 2 款规定的自治条例和单行条例；国务院有权改变或者撤销不适当的部门规章和地方政府规章。《宪法》第 89 条规定：国务院有权改变或撤销各部、各委员会发布的不适当的命令、指示和规章，改变或撤销地方各级国家行政机关制定的不适当的决定和命令。（6）地方性法规高于本级政府和下级政府规章。《地方组织法》第 74 条规定：省、自治区、直辖市的人民政府可以根据法律、行政法规、本省、自治区、直辖市的地方性法规制定规章；第 11 条规定：县级以上的地方各级人大有权改变或撤销本级政府不适当的决定和命令。（7）上级地方政府规章高于下级地方政府规章。《地方组织法》第 73 条规定：县级以上的地方各级人民政府有权改变或撤销下级人民政府制定的不适当的命令或决定；《立法法》第 108 条规定：省、自治区的人民政府有权改变或者撤销下一级人民政府制定的不适当的规章。(8)授权机关立法高于授权立法。《立法法》第108条规定:授权机关有权撤销被授权机关制定的超越授权范围或者违背授权目的的法规,必要时可以撤销授权。(9)法律、行政法规高于自治条例和单行条例。《立法法》第108条规定:全国人民代表大会常务委员会有权撤销同宪法和法律相抵触的行政法规,有权撤销同宪法、法律和行政法规相抵触的地方性法规,有权撤销省、自治区、直辖市的人民代表大会常务委员会批准的违背宪法和本法第85条第2款规定的自治条例和单行条例。《宪法》第116条、《立法法》第85条规定:民族自治地方的人民代表大会有权依照当地民族的政治、经济和文化的特点,制定自治条例和单行条例。自治区的自治条例和单行条例,报全国人民代表大会常务委员会批准后生效。《立法法》第85条第2款规定:自治条例和单行条例可以依照当地民族的特点,对法律和行政法规的规定作出变通规定,但不得违背法律或者行政法规的基本原则,不得对宪法和民族区域自治法的规定以及其他有关法律、行政法规专门就民族自治地方所作的规定作出变通规定。(10)上级自治条例和单行条例高于下级自治条例和单行条例。《宪法》第116条、《民族区域自治法》第19条规定:民族自治地方的人大有权依照当地民族的政治、经济和文化的特点,制定自治条例和单行条例;自治区的自治条例和单行条例报全国人大常委会批准后生效;自治州、自治县的自治条例和单行条例,报省或者自治区的人大常委会批准后生效,并报全国人大常委会备案。(11)省、自治区的地方政府规章高于设区的市的地方性法规。《立法法》第81条第2款规定:省、自治区的人民代表大会常务委员会在对报请批准的设区的市的地方性法规进行审查时,发现其同本省、自治区的人民政府的规章相抵触的,应当作出处理决定。由此可推定,在地方制定机关中,上级行政机关的立法可优于下级立法机关的立法。综上所述,在我国复数立法主体的立法体制中,法源之位阶关系是一个多元的位阶制度,即法律体系中的位阶排序是一个复合金字塔形。

综上所述,本书选取大陆法系和英美法系的代表性国家的法的效力位阶与我国进行比较。无论各国法律体系有何差异,凡是制定宪法的国家,宪法均具有最高的法律效力,由国家最高立法机关制定。其他法律的效力位阶则由于国家的法律体系设置的不同而存在相当的差异,但根本上都取决于立法机构的位阶高低。法律位阶的等级划分有助于各国进一步准确地适用法律,维护法律体系的权威性和完整性。

(二)立法效力的裁决比较

立法效力裁决是指当各种规范性文件之间出现不一致,而根据现有的规则不能确定如何适用时,需要对立法效力进行裁决。

1. 西方国家的立法效力裁决

(1)美国

在美国,国会行使联邦立法权,各州议会行使州的立法权。美国宪法对联邦和州的立法权限的事项做了比较明确的划分,联邦和州分别在各自的立法权限范围内进行立法。美国《宪法第十修正案》规定,"宪法未授予合众国、也未禁止各州行使的权力,由各州各自保留,或由人民保留"。该条修正案规定了联邦和州立法权限划分的准则:联邦拥有"授予的权力",州拥有"保留的权力"。关于美国联邦法则与州法则冲突时如何处理的问题,需要了解一下美国宪法中的两个准则:一是"Supremacy Clause":大致是说,假如联邦法和州法则冲突,联邦法更高,州法作废。因而美国国会具有极大的权利。二是"Enumerated powers":意思是国会的权利不是无限的,它在宪法赋予的权利范围内立法。一旦国会手伸过界,创建的联邦法侵犯了州权或民权,那这条法则就无效。所以,当美国联邦法则与州法则冲突时,一般会由最高法院做裁判。最高法院能够经过判别联邦政府行为是否违宪,来决议联邦政府是不是手伸得太远了。而最高法院是依据宪法来判定哪条法则胜出的。

(2)英国

英国的立法效力裁决模式与大陆法系的立法效力裁决模式有很大

的不同。英国实行的是普通法制,最高法律效力的裁决权由最高法院行使,立法法律和普通法并列而非区分次序,而立法效力的裁决主要基于先例法和司法解释。

首先,英国的政治体系中并不存在一部单一的宪法文件,而是一些以约定俗成的形式存在的法律、法规和惯例。因此,英国的法律效力和法律权威不是由宪法文件所赋予的,而是由政府和律师界对普通法的认可和遵循所决定的。这也是英国实行普通法制的原因。其次,在英国,最高法律效力的裁决权由最高法院来行使。最高法院是英国司法体系中的最高级别法院,负责解释法律和法规的含义和适用。在最高法院的判决中,常常会引用先例法、惯例法和判例法等法律原则。这些法律原则强调的是司法判决对立法文件的影响,而不是立法法律本身的效力。再次,英国的法律体系中,立法法律只是其中的一个组成部分,不是最高级别的法律文件。如果立法法律与普通法不一致,就会受到限制。这也是英国立法法律的效力特点之一。最后,英国的立法效力裁决往往基于先例法和司法解释进行。在判定某一立法法律效力的问题时,最高法院会参考之前的类似案例和相关先例,在此基础上作出裁决。如果某一立法法律被判定为违反常规法或是未能与常规法达成一致,那么其法律效力会受到限制或废除。

(3)德国

德国是一个联邦制国家,德国的立法体制主要是联邦与州的分权。同时,德国又是一个实行三权分立体制的国家,立法权、行政权和司法权分别由三个不同的机关行使。与美国三权分立体制不同的是,德国的国家立法权主要是集中在联邦,而行政权和司法权的大部分则主要由各州行使。由于立法权集中在联邦,就可以保证国家大政方针的稳定协调,保证国家法制的统一;行政权和司法权分散给各州,可以保持地方的活力,充分调动地方的积极性,发挥地方的创造性,使联邦与州的关系更加融洽稳定。德国立法体制,强调立法权应当服从宪法秩序;行政权和司法权受法律和正义的制约。在联邦与州的立法权限划分上,可以分为联邦的专有立法权,联邦和州共同享有的立法职权和州的立法职权。在法律体系的位阶关系上,联邦法律超越于各州法律之上。德国《基本法》明确规定了联邦享有某些专有立法权。所谓联邦的专有立法权,是指在某些领域只有联邦才能行使的立法权,各州只有在法律明确授权的情况下,并且在授权范围内,才享有立法职权。共同立法权是指联邦和州都享有的立法职权;但是在此范围内,联邦拥有优先立法权:如果联邦在某项事务上还没有立法,则州有权立法;如果联邦已有立法,则各州不得重复立法;如果州在这一领域中已有立法,一旦联邦就同一事项也做出立法,则以联邦立法为准。德国《基本法》虽然规定得十分详细,但是也难以对千变万化的现实事先就给出完美答案。德国的联邦与州的关系调节,同样也要依赖司法的实践,而与美国不同的是,德国成立了联邦宪法法院来保护和促进宪法的实施。

德国的联邦宪法法院具有至高无上的地位,它负责在联邦和州等政治机构之间出现宪法争议时作出最后决定。德国《基本法》第93条规定联邦宪法法院负责审理:“关于联邦与各邦之权利义务,尤其关于各邦执行联邦法律及联邦对各邦行使监督,发生歧见之案件”,以及“关于联邦与各邦间、邦与邦间或一邦内之其他公法上争议,而无其他法律途径可循之案件”。联邦宪法法院还可以对于联邦与各州颁布的各项法律,以及其他的法律规范和决定是否符合宪法作出裁定;同时联邦还对于保护民主原则和法制国家的实行手段是否符合宪法作出决定。这些职责赋予使得德国的联邦宪法法院不仅可以就某一具体涉及宪法的案例做出最高司法裁决(如同美国的联邦最高法院),而且还可以就某一抽象的法律规范进行合宪性裁决。

(4)俄罗斯

俄罗斯的立法效力裁决模式与其他国家的模式也有所不同。俄罗斯的宪法给予立法者和法院适用不同类型法律的权力,而且法院对于这些法律的有效性也有着不同的认可。这种权力分配带来了一些特殊的法律效力问题。

首先,俄罗斯的法律效力位阶比较独特。俄罗斯的法律效力分为宪法、联邦法律、规章和本地法律四个层次。宪法是最高级别的法律,而联邦法律的法律效力高于规章和本地法律。联邦和地方法院可以审理和判断与联邦法律和地方法律的合法性问题,而地方法院不能。这种层级结构保证了法律系统的统一性和完整性。

其次,俄罗斯的法律体系中包含两种类型的法律:一种是联邦法律,另一种是规章和本地法律。联邦法律是由俄罗斯联邦议会制定的法律,是全国性的法律,而规章和本地法律是地方政府制定的法律,只适用于特定地区。

最后,俄罗斯的法院有权对不同类型的法律进行不同的裁决。对于联邦法律的有效性问题,俄罗斯最高法院负责审理和做出裁决;对于地方法律和规章的有效性问题,地方法院和上级法院有权审理和判断。这些法院在进行裁决时,需要同时考虑宪法、联邦法律和本地法律。

总之,俄罗斯的立法效力裁决模式具有以下特点:法律效力位阶比较独特,包括宪法、联邦法律、规章和本地法律;法律体系中存在两种类型的法律:联邦法律和规章、本地法律;最高法院负责审理联邦法律的有效性问题,而地方法院和上级法院负责审理和判断地方法律和规章的效力问题。

2. 我国的立法效力裁决

我国的立法效力的裁决与上述国家存在明显的差异。《立法法》第105条规定:"法律之间对同一事项的新的一般规定与旧的特别规定不一致,不能确定如何适用时,由全国人民代表大会常务委员会裁决。行政法规之间对同一事项的新的一般规定与旧的特别规定不一致,不能确定如何适用时,由国务院裁决。"第106条规定:"地方性法规、规章之间不一致时,由有关机关依照下列规定的权限作出裁决:(一)同一机关制定的新的一般规定与旧的特别规定不一致时,由制定机关裁决;(二)地方性法规与部门规章之间对同一事项的规定不一致,不能确定如何适用时,由国务院提出意见,国务院认为应当适用地方性法规的,应当决定在该地方适用地方性法规的规定;认为应当适用部门规章的,应当提请全国人民代表大会常务委员会裁决;(三)部门规章之间、部门规章与地方政府规章之间对同一事项的规定不一致时,由国务院裁决。根据授权制定的法规与法律规定不一致,不能确定如何适用时,由全国人民代表大会常务委员会裁决。"上述规定实际上涉及两种裁决:一种是法律、行政法规对同一事项的新的一般规定与旧的特别规定不一致时,或者同一机关制定的地方性法规、规章的新的一般规定与旧的特别规定不一致时,不能简单地适用"特别法优于一般法"或"新法优于旧法"的原则。因为在这些情况下,适用上述两个原则得出的结论是互相矛盾的,所以需要由制定机关根据具体情况作出如何适用的裁决。另一种是地方性法规与部门规章对同一事项的规定不一致,不能确定如何适用时;部门规章之间、部门规章与地方政府规章之间对同一事项的规定不一致,不能确定如何适用时;根据授权制定的法规与法律规定不一致,不能确定如何适用时,也需要由有关机关进行裁决。这是因为地方性法规、部门规章、地方政府规章分别是由同一级别的不同类型的机关或者经过授权的机关制定的,所以要分别由全国人大常委会和国务院来决定如何适用。同时,由于全国人大及其常委会是国家最高立法机关,所以当国务院认为应当适用行政机关的规章时,能否适用的决定权理应由全国人大常委会掌握。而在部门规章之间、部门规章与地方政府规章之间对同一事项的规定不一致,不能确定如何适用时,要经国务院裁决适用,这是因为这些规章是由同一级别的不同行政机关分别制定的,理应由他们的上级机关即国务院作出如何适用的裁决。

3. 我国与西方国家立法效力裁决的比较

西方国家的立法效力裁决模式主要采用普通法制和法院制度,司法判决在整个法律效力裁决中占有重要地位。西方国家的法律效力位阶包括宪法、法律和司法判决等不同层次。普通法制下,法官的判决案例经过反复地引用和解释,形成了一定的法律效力。法院通过司法解释以及法律规定对法律进行具体翻译,并根据这些解释和规定对案件进行判断。总的来说,司法判决在西方国家的立法效力裁决模式中具有很大的权威性,可以影响立法并对其进行解释。

我国法律效力位阶包括宪法、法律、行政法规、地方性法规、部门规章和地方性规章等六个层次,而西方国家的法律效力位阶包括宪法、法律、司法判决、社会习惯等不同的层次。另外,我国采用的是大陆法系立法效力裁决模式,主要以法律和行政法规为主,法律效力由最高人民法院行使。而西方国家主要采用普通法制,在立法效力裁决模式中更加强调司法判决的重要性,如英国最高法院的司法解释和裁决可以对立法产生直接的影响。

无论是我国还是西方国家,都有一个最高级别法院,负责对法律效力的裁决和判断。在我国,最高人民法院是最高级别法院,在立法效力裁决中具有重要的作用;而在英国,最高法院则是最高级别法院,负责对普通法的解释和落实。

总之,我国和西方国家在立法效力裁决模式上存在较大的差异,主要表现在法律效力位阶和立法效力裁决模式的不同。但双方在法律实施和裁决中都会考虑到社会和公众的利益,保证司法公正和法律权威的有效性。

二、立法中的法的溯及力差异

法的溯及力,亦称"法律溯及既往的效力",是指新法生效后,是否可以适用于其生效前发生的事件和行为;如果可以适用,则该法律有溯及力,如果不能适用,则该法律没有溯及力。关于法的溯及力,现代国家一般采取的原则是:首先,法律不溯及既往,这是法治原则的体现。国家不能用现在生效的法律对其生效前的行为和事件进行规范,更不能以新法对人们过去进行的某种当时合法而新法生效后违法的行为去进行追究和处罚。其次,为了补充"法律不溯及既往"原则,许多国家在法律上还规定新法如果要适用于既往行为必须符合一定的条件,即实行"有利追溯"原则。制定溯及既往的法律时,立法机关不应过度扩张权力而侵犯公民的权利,而应在一定范围内严格遵守相关原则。当然,若要保证溯及既往符合法治要求,既要靠立法机关的自律是保证溯及既往法律制定的适当性,又要靠其他机关对立法机关的活动进行监督。

1. 西方国家法的溯及力

(1)美国

由于美国曾是英国殖民地,其法律在建国后大部分受到英国法的影响,在立法上反对制定可以溯及既往的规定。同时,在美国建国初期,布莱克斯通的理论对制宪影响极大,他主张法律应当不溯及既往,这种主张被制宪者们作为美国宪法的一项基本原则[1]。美国《宪法》第1条规定:联邦及州立法机关不得制定追溯既往的法律,将"法不溯及既往"原则规定在最高位阶的宪法中,这在世界范围上都是具有里程碑的意义的。美国《宪法》对溯及既往使用了拉丁语"ex post facto",对于该词语就形成了狭义论与广义论的两派论战。广义论的学者认为宪法中溯及既往的法律是中性的,既包括刑事的法律,也包括民事的法律;而狭义派则主张其仅限于刑事的法律。直到1798年联邦最高法院的Calder v. Bull案采取狭义说,争论才结束。Calder v. Bull案确定了刑事法律不得溯及既往,也明确了溯及既往的民事法律并不属于宪法规定的"ex post facto"(溯及既往的法律),不能据此认定其违宪,这无疑为美国联邦及州立法及司法明确了方向。在美国法律史上,可以溯及既往的民事法律也并非无例外地被许可,依据不同历史时期的社会发展需求,再加上法官的态度,不同时期法的溯及既往有着不同的界限。而刑事法律也不是绝对地禁止溯及既往,存在例外的情况。

(2)英国

根据英国法律体系的基本原则,法律通常不会具有反应追溯力,即法律只对未来发生的行为或事项生效。但英国的立法习惯是允许立法在某些情况下向过去追溯,被称为法的追溯力(retrospective effect)。追

---

〔1〕 See Dennis R. Nolan, *Sir William Blackstone and New American Republic Study of Intellectual Impact*, 1N. Y. U. L. Rev. (1976):731,731 -32.

溯性法律有时会使人感到不公正,因为它们有时会导致一个人受到严重的不公正待遇。尽管如此,英国法在某些情况下仍允许使用追溯性法律,但必须符合以下条件:第一,法律规则在追溯到过去之前必须公布,以使相应的当事人有机会在行动之前了解追溯性法律的影响。第二,追溯性法律只能被用来解决以前法律体系下存在的缺陷、违法行为或未知的法律问题。第三,追溯性法律必须被合理地解释为与被修改的法律并不相矛盾。第四,追溯性法律不应违反人权和公正原则,也不得给任何人带来不合理的不利后果。例如,在某些情况下,英国政府可以通过立法改变现行法律并追溯到过去,以便弥补先前的法律漏洞或处理一些法律先前所未考虑的新问题。但在实际操作中,这种做法的使用非常有限,并且必须符合上述四个条件。

总的来说,在英国法体系中,法的追溯力是一个敏感的问题。虽然法律通常只对未来的行为或事件生效,但在某些情况下,符合上述条件的法律可以对过去的事件或行为产生影响。这种情况只能在符合特定条件的情况下使用,以保证公平和公正。

(3)德国

与美国宪法中明确规定立法机关不得制定溯及既往的法律不同,德国宪法中除了规定罪刑法定原则之外,并没有对溯及既往有相关的任何规定,虽然德国《基本法》没有对法律的溯及既往有单独的条款,但是《基本法》的整体价值判断以及人权保障体系使法律的溯及力问题被提高到宪法的层次上来讨论。[1] 在《基本法》颁布之前的历史时期,德国并没有将溯及既往的立法纳入违宪审查的范围,19 世纪以前,德国在立法上坚持绝对的法不溯及既往原则。随着德国历史法学派的兴起,学者开始怀疑法律溯及既往会引起法律混乱这一观点,认为溯及既往的法律并非绝对禁止的,对于关于权利存在的法规,是许可立法者作溯及既往

〔1〕 参见陈新民:《德国公法学基础理论》(下册),山东人民出版社 2001 年版,第 546 – 547 页。

的规定的。[1] 进入20世纪后，随着法律实证主义的兴起，法不溯及既往的绝对性进一步被打破，学者认为法律不得溯及既往的规定，只是对立法政策的要求。20世纪30年代，由于纳粹对法治的破坏，废除了宪法中的罪刑法定原则，立法者可以制定溯及既往的法律，甚至是溯及既往的刑事法律。第二次世界大战后，由于拉德布鲁赫的法治国家理念的提出，引申出了法律安定性和信赖保护理论，这就作为法不溯及既往原则的理论基础，立法者制定溯及既往的法律再次受到禁止。但此禁止并不是绝对的禁止，在现有的法律对社会利益造成不利的后果时，立法者便有责任变更，去制定对公共利益有利的法律，此时溯及既往并不与宪法的信赖保护原则相矛盾。[2] 1960年5月31日费用修正案的判决首次采纳了溯及既往概念的二元划分，将溯及既往进行二元划分，分为真正的溯及既往和不真正的溯及既往。在德国，就真正的溯及而言，立法者原则上是不能制定此类法律的，但真正的溯及既往的法律并不必然抵触法治国家原则而为宪法所不容许，在例外的情形下可以制定，尤其是基于正义的理由，这有可能是宪法上所必需的。不真正的溯及，是法律仅对现在的、尚未终结的事实以及法律关系面向将来发生影响，因此根本不发生溯及力的问题。所以德国联邦宪法法院采取"原则—例外"的模式，认为不真正溯及原则上具有合宪性，只有例外时才违宪，禁止不真正溯及的理由主要是公共利益考量没有超过对私人信赖利益保护的要求、人民信赖利益更优越、更加值得去保护时，例外地否认其合宪性。[3] 德国联邦宪法法院在区分真正溯及与不真正溯及的基础上，加上刑法绝对不得溯及既往原则，总共构成溯及既往法律的"三阶论"，就是在刑法上是绝对不得溯及既往的，真正溯及是原则上禁止、例外时许可，不真正溯及是原则许可、例外禁止的。

---

〔1〕 参见陈新民：《德国公法学基础理论》（下册），山东人民出版社2001年版，第536页。

〔2〕 参见陈新民：《德国公法学基础理论》（下册），山东人民出版社2001年版，第545－592页。

〔3〕 参见城仲模主编：《行政法之一般法律原则（二）》，台北，三民书局1997年版，第296页。

(4)俄罗斯

俄罗斯法的溯及力是指法律效力在时间上的适用范围。根据俄罗斯宪法和立法规定,通常情况下,法律只能在未来情况下发生作用,即不具备溯及力。不过,在俄罗斯的立法规定中,也允许法律在某些情况下向过去或者现在追溯,称为溯及力(retrospectivity)。

在俄罗斯法律规定下,法律分为宪法、联邦法律、联邦宪法法律、政府法令和其他规范法规等不同层级,不同级别的法律效力具备不同的溯及力。在不同级别的法规定中,溯及性法律通常会有一定限制,并必须遵守以下一些原则:第一,《宪法》和基本权利的保障不受干扰。在《宪法》规定下,没法对某些固有的基本权利(例如,言论自由、人身自由等)做出追溯性的裁决。第二,追溯性法律必须符合比法律更高层级的基本法律原则。第三,必须有重大的公共利益。比如,一些犯罪的司法判决有可能被追溯性地改变,以维护公正和承认某些新的证据和事实,这是基于重大的公众需求和利益。第四,追溯性法律必须符合罪责不能溯及子孙的规定。

总之,俄罗斯的法律溯及力比较灵活,但是要符合以上几个条件。由此可以看出,法的溯及力在俄罗斯法律中并没有一个具体的制度框架或标准的判断依据,因此,对于一些案件或事件是否具备追溯性带来了一定的争议,俄罗斯政府需要谨慎处理,保证法律效力的公正和稳定。

2. 我国的法的溯及力

我国宪法没有规定法律不溯及既往原则,但是在法理中对这一原则进行了肯定。刑法对这一原则也有相关具体规定,《刑法》第 12 条第 1 款规定:"中华人民共和国成立以后本法施行以前的行为,如果当时的法律不认为是犯罪的,适用当时的法律;如果当时的法律认为是犯罪的,依照本法总则第四章第八节的规定应当追诉的,按照当时的法律追究刑事责任,但是如果本法不认为是犯罪或者处刑较轻的,适用本法。"但是,刑法要求的不溯及既往是"从旧兼从轻"原则,与其他法律的要求不尽相同。我国在刑法中关于法的溯及力实行的是"从旧兼从轻"原则,也就是新法原则上不溯及既往，应当适用旧法，即“从旧”；但是新法不认为是犯罪或处刑较轻的，应当适用新法，即“从轻”。《立法法》第104条规定：“法律、行政法规、地方性法规、自治条例和单行条例、规章不溯及既往，但为了更好地保护公民、法人和其他组织的权利和利益而作的特别规定除外。”《立法法》不仅确立了除刑法以外的其他法律规范所要求的在法律溯及力问题上的“从旧兼有利”原则，而且也从更大的范围上涵盖了刑法的“从旧兼从轻”原则。这一原则的确立，同样对立法实践有重要意义。因为从法律发展的进程看，总是要不断地以新法来取代旧法的，所以新法可否适用于其生效前发生的行为和事件的问题是经常出现的，也是正常的，《立法法》在此问题上采取的是有利于私权利的原则，因为私权利与公权力相比，私权利处于弱势地位，所以理应保护。这也符合民主和法治国家的立法理念。立法中出现法的溯及力的情形有以下几种：(1)新法取代旧法。新法取代旧法而生效，可能出现新法对于旧法失效前效力范围内的事实即事件和行为是否适用的问题。这时，会产生是用新法还是旧法来解决未决事实的问题，如果是适用新法，则产生新法的溯及适用，即新法有溯及力。(2)新法将某类社会关系纳入法律调整范围。一部新法或法律修正案中一个新的条文，往往将以前不属于法律调整范围的事项纳入法律规制的范围。(3)新旧法并存时。在一个国家，并不是所有新法生效之日就是旧法失效之时，实践中存在“新旧法并存”的局面。一般而言，当新法与旧法都具有效力时，应该适用“新法优于旧法”的原则，而不是溯及力原则。但是新法对未决案件的适用客观上造成了法律溯及适用的效果，因此也存在法的溯及力。值得提出的是，在法的历史类型更替时，其基本精神是“废旧立新”。[1] 随着法的历史类型更替，新法全面规范社会生活，不存在旧法延续适用于某些法律事实的情况。因此在法的历史类型更替的情况下，新法通常是有溯及力的。

---

〔1〕 参见朱力宇、叶传星：《立法学》，中国人民大学出版社2015年版，第147－149页。

3. 我国与西方国家法的溯及力的比较

在西方国家的法律体系中，法律一般不具备追溯性，即法律规则只对未来的行为或事项生效，而不对已经发生的事情进行影响。但在某些情况下，西方国家的法律体系也允许追溯性法律的存在，比如在一些刑事案件中，对于新发现或新认定的证据或行为，有可能对以前的判决进行追溯性的修正。在这种情况下，西方国家通常会制定一些规定和制度，以确保追溯性法律的公正性和合理性，包括：一是犯罪罚则不能溯及既往；二是在修正判决时保证新证据充分可靠；三是保障受害者或被告人的合法权益；四是保证法治和司法公正性。

中国和西方国家在法的溯及力方面的基本立场是相似的，即法律通常只具有一定的追溯性，追溯性法律应该被限制和规范。但是在具体的实践中，不同的法律体系在法的溯及力的方面存在一些不同。中国的法律体系普遍存在更多的法律溯及力，这反映出中国在历史上对法律的应用是较为灵活和广泛的。比如，在中国的合同法中，法律允许合同具有追溯性，以解决过去的合同纠纷。这一政策并没有导致司法的混乱或法律的不稳定。但中国的法律也规定了一些限制和条件，以确保追溯性法律的公正性和合理性。这些限制和条件包括：法律使用追溯性时必须为公共利益服务；追溯性法律不能违反宪法规定的基本权利；追溯性法律应当符合人权和公正原则；追溯性法律必须公布并有明确的法律规范依据。

在不同的法律体系中，法的溯及力通常受到限制和规范，这体现了对法律应用的谨慎和稳定有利的发展趋势。然而，在具体的实践中，中国和西方国家对于法的溯及力的应用有所区别，这反映了二者在文化和社会背景方面的差异。

第九章　立法预测、立法规划和立法决策

第一节　立法预测、立法规划和立法决策概述

法律不仅应当适应已经发生的事实，更要面向未来。为了使立法更加民主化、法律化，越来越多的国家开始重视立法预测。通过对未来可能发生的信息进行收集、预测和总结，实现立法的效果最大化。

一、立法预测概述

（一）立法预测的概念

立法预测，就是在立法过程中，通过分析社会、经济、政治等多种因素来预测立法结果的可能性和影响，运用科学的方法和手段，对立法的发展趋势、未来状况进行考察、推测的方法、过程及相应的结果。古今中外的立法实践表明，社会和法律的发展都是有规律的。认识、掌握并遵循这些规律，不仅可以预测立法的发展趋势和未来状况，而且能使立法健康发展，使法律满足社会需要，规范和促进社会和谐发展。

预测是一种对于未来发生事物的推定。这与我国古代出行或者动土之前的“占卜”不太相同，预测往往根

据现有的趋势和方向,相比起占卜更加客观。在《礼记·中庸》也有“凡事预则立,不预则废”的论断。立法预测也是一门古老的学问,但直到20世纪40年代才真正成为一门专门的科学为大众所知。20年之后,预测学获得了更大的发展,开始从纯理论研究发展到应用研究。随着预测学的发展,产生了一些分支学科,如社会预测学、经济预测学、军事预测学等。

(二)立法预测的作用

立法预测作为法律预测的一种,在立法实践中具有十分重要的作用,主要表现在三个方面。

第一,立法预测为立法机关科学立法提供重要依据。立法具有盲目性和滞后性。在立法过程中,立法者应依据一定的理论、原则和方法,对未来社会的发展趋势、社会生活的变化情况进行预测,然后据此作出判断和抉择,从而制定出合乎实际需要的法律。如在制定经济法时,立法者通过对社会经济发展趋势的预测,来决定立法工作所要采取的法律制度和原则;在制定刑法时,立法者通过对犯罪和刑罚的预测来决定制定什么样的刑罚体系。这种预测既包括对社会发展过程中出现的新情况、新问题进行预测,也包括对立法机关所制定法律可能发生的变化进行预测。当然,立法机关所采取的具体立法行为,必须以预测为依据。如果不能准确地预测未来社会发展中出现的各种新情况、新问题,那么立法工作将会失去正确目标,甚至会影响法律制度和原则的制定。

第二,立法预测为立法者确定立法工作方向,从而有效地指导立法工作。立法预测就是立法者对未来一定时期内社会发展和立法工作可能遇到的问题及其解决办法所作的预测和分析。这种预测和分析,直接为立法活动提供了方向,使立法者在制定法律时避免可能发生的问题。例如,我国正处于改革开放的关键时期,许多新问题、新情况需要通过立法加以解决,而在过去很长一段时期,立法机关在对一些问题进行讨论、研究和调研时,往往都是先提出一些原则性意见,然后再根据这些原则性意见去制定相应的法律。这种情况，一方面使立法工作在一段时间内缺乏明确的方向和指导原则，另一方面也影响了立法工作质量和效率。而预测就能对这一现象进行有效的改变。

第三，立法预测有助于协调法治系统的内部关系。开展立法预测，将立法、执法、司法、守法置于一盘棋中，考察和测算立法与执法、司法、守法的协调程度、经验成就、病根病由、相互需求，考察和测算立法、执法、司法、守法诸方面的人员素质、物质条件等因素，无疑有助于立法者找到如何使它们和谐发展从而也使整个法治系统协调发展的钥匙。

（三）立法预测的分类

1. 短期预测、中期预测、长期预测

从时间上看，立法预测可以分为短期、中期、长期。

短期立法预测通常指对3年以内立法的发展前景和趋势进行考察和测算，也称近期立法预测，是确定近期立法工作方针、规划或计划对近期立法进行决策的重要依据。短期立法预测包括年度立法预测。短期预测的时间短，覆盖面不大，但预测验证较快，预测结果应当具体、明确、详尽和尽可能完备。短期立法预测是中长期预测的基础和据以修正的重要依据。短期立法预测一般更适合于由地方或有关部门进行。

中期立法预测通常指对5～10年时间内立法发展前景和趋势进行考察和测算。它是确定中期内立法工作方针、规划、任务的重要依据。其覆盖面和容量大小，线条粗细、详略和明晰程度，介于长短期预测之间，处于中等状态。它既以短期立法预测为基础，又作为短期预测的指导；既以长期立法预测为指导，又是长期预测的基础。它是联结短期预测和长期预测的纽带或桥梁。从中国情况看，中期立法预测更适合于由国务院进行，也可以为全国人大及其常委会采用。

长期立法预测通常指对较长时期的立法，如10年、20年甚至更长时间内立法的发展前景和趋势进行考察和测算。它是确定长时期内立法工作方针、规划或任务的重要依据。长期预测的覆盖面大、容量大，是粗线条、较笼统、较模糊的预测。它是中短期预测的指导。一般适合于由国家立法机关来用。

2. 宏观预测与微观预测

从预测的具体程度上分类，立法预测可以分为宏观与微观。

宏观立法预测是从总体上对国家或某个地方、某个部门的整个立法发展的前景和趋势，进行考察和测算。包括对国家或这些地方、部门的整个立法原则、制度、技术的未来发展前景和趋势，进行考察和测算。例如，预测现行立法体制、法的体系、法所确定的人民代表大会制度等，在未来可能或应当呈现什么状态，哪些应当坚持，哪些应当发展等。宏观立法预测对确定和保持整个国家的立法在相当长时期内的性质和任务，充分发挥立法的社会作用有重大意义。宏观预测是基于对社会某一历史阶段的基本矛盾和国家根本任务及其对立法的基本要求等情况，进行分析研究而进行的。它对微观预测起指导作用。

微观立法预测指对某个单项立法或法的规范的未来社会效果、状况、发展趋势，进行考察和测算。如预测现行法定婚龄、游行示威条件今后是否合适，如不合适应当作何修改，何时修改等。微观预测为具体的部门法、单项法律、法规的诞生、变动提供决策根据，影响它们的兴衰。它主要是基于对立法实践和司法实践的大量材料的分析研究而进行的。它可以是宏观预测的补充。

（四）立法预测的步骤

理论界关于立法预测的步骤存在不同的意见。主要有七步骤说和四步骤说。七步骤说为周旺生教授所主张。他认为，大多数立法预测都是按照七个步骤进行：一是作出立法预测决策；二是落实立法预测班子；三是确定立法预测的目标；四是选定立法预测的类别；五是选择立法预测的方法；六是正式进行预测；七是将立法预测报告及时转到立法决策方面。

四步骤说认为，立法预测要经过四个步骤：一是确定立法预测的目标;二是收集立法信息;三是分析立法信息;四是立法预测报告。另一种四步骤说则可分为:一是确立立法预测的目标;二是设立立法预测的组织;三是收集并处理立法信息;四是形成立法预测报告。

二、立法规划概述

(一)立法规划的概念

立法规划,又称立法计划,是指享有立法权的机关根据国家的方针政策、国民经济和社会发展计划,是保障立法质量、提高立法效率、规范立法程序的重要手段。在科学的立法预测基础上作出的立法目标、措施、步骤等,是保障立法质量、提高立法效率、规范立法程序的重要手段。从我国和其他国家的立法实践来看,制订立法规划并执行规划,是必要且可行的。

(二)立法规划的分类

根据不同的标准,对立法可以作不同的分类,常见的分类有以下几种。

1. 长期规划、中期规划和短期规划根据立法规划的时间长短为标准,可以将立法规划分为长期规划、中期规划和短期规划。长期立法规划的规划期限为 10 年以上;中期立法规划的规划期限为 5 年以上 10 年以下;短期立法规划的规划期限为 5 年以下。值得注意的是,对于立法规划期限的长短,国家并没有严格的规定,主要参照国家经济和社会发展规划的制定期限而定。

2. 中央立法规划和地方立法根据制定立法规划的主体的级别不同为标准,可以将立法规划分为中央立法规划和地方立法规划。中央立法规划,是指中央立法主体根据立法实际制订的立法规划,主要针对全国的具体立法实际而制订。地方立法规划,是指地方立法主体根据地方立法需要制订的立法规划,针对某一地区的地方性事务而制定。

3. 专项立法规划和综合立法规划根据立法规划的内容不同为标准,

可以将立法规划分为专项立法规划和综合立法规划。专项立法规划，是指立法机关为调整某一方面的社会关系而制订的立法规划，如经济、科技、教育、能源等专项立法规划。综合立法规划，是指立法机关针对社会生活的各个领域而制订的立法规划，如全国人大常委会制订的立法规划。

（三）立法规划的意义

立法规划能够引导立法工作的方向和重点，保障立法程序的规范和透明，提高立法效率和质量，为实现国家法治化和现代化提供制度保障，具体表现在：

第一，有利于分清立法工作的轻重缓急，在立法工作中突出重点，确保经济社会生活迫切需要的法律得到优先出台。

第二，有利于法治的统一和法律体系的完善与和谐。立法规划对于未来一定期限内要做的立法有所规定，因此可以避免立法过程中的混乱和冲突，促进法律的一贯性和系统性，有利于建立起完善的法律体系。

第三，有利于科学立法，统筹立法力量，调动社会各方参与立法的积极性，减少和避免立法工作中的重复工作。

三、立法决策概述

（一）立法决策的概念

立法决策是指在制定法律时，政府和立法机构通过多方面的参考和分析，最终作出决策并制定出具体的法律条文和政策措施的过程。当立法问题呈现在立法者面前，需要由他们就解决这些问题作出定夺时，立法决策就应时而生。20 世纪 70 年代在美国开始出现、现已在世界范围受到普遍重视的新兴学科——决策学是立法决策的主要理论基础之一。在迅速发展的社会实践和日新月异的科学技术的综合作用之下，人们对社会生活和国家生活的诸多领域作出决策，不仅要注重传统的定性分析，也要注重运用现代科学方法对事物做定量分析，要注重计算，注重分析需要和可能、目标和条件、成本和效益这类范畴之间的数量关系。这样，经验型的决策行为，逐渐为科学型的决策行为所取代。

立法决策具有下列特征：

1. 立法决策的主体是立法主体，主要包括有权立法的国家机关和这些机关的负责者。没有合法授权，非立法主体或立法主体中的一般人员，没有成为立法决策主体并就立法问题作出决策的资格。这是因为，立法决策作为一种至关重要的立法行为，只能由立法主体进行。实践中有些非立法主体对立法往往也能起至关重要的作用，但类情形所表现的是有关主体对立法起何种作用，不是表现为立法决策。立法决策概念强调的是一种立法行为而不是对立法的作用。即使非立法主体对立法往往起决定性作用，也不算正式的立法决策。

2. 立法决策要根据法定职权作出。立法主体只能在法定立法权限范围以内，亦即在自己有权立法的事项（法的形式和法所调整的内容）范围以内对立法问题作出决策，而不能就除此之外的任何立法问题作出决策，如地方立法主体不能就国家法律的制定或变动问题作出决策。

3. 立法决策是一种具有实在性、旨在解决立法实际问题的行为。立法问题都需要解决，但只有立法实际问题而不是所有立法问题，才需要通过立法决策获得解决。立法理论、观念、方法论之类的问题，通常就不是立法决策所要解决的问题。处理立法实际问题通常需要或离不开立法理论、观念、方法论的指导，但解决理论、观念、方法论问题本身并不是作出立法决策。

4. 立法决策是就立法实际问题作出对策性决定的行为，不是仅就这些问题作出考虑或加以讨论、研究的行为。作出某种决定，需要考问题，往往离不开讨论问题，但考虑、讨论问题，不属于立法决策范围。立法决策要产生确定的结果，这种结果就是对处理某种问题所作的对策性决定。

（二）立法决策的原则

在旧时候，立法通常为帝王、贵族、专制者所把持，立法决策权力的运用，通常覆盖在神秘的或专制之下。在现代社会，随着政治的民主化和社会的法治化，立法决策才蜕去神秘、专制的外壳。在一些先进的国家，立法决策研究和立法决策实践日渐现代化；在另外一些国家，立法决策的现代化也在实现。现代立法决策的这种特征表现在它所遵循的原则方面，首先便在于它同整个立法活动一样，必须以法治、民主、科学为原则。而在遵循这些原则时尤需注意以下具体原则。

1. 尊重法定制度。立法决策和其他立法活动的一个重要区别，是立法决策者处于有权决策的地位，而其他立法活动的实行者是处于实施者的地位。决策者的这种地位使他们往往容易丢掉或忘记法定制度而作出立法决策。因此，对立法决策者来说，坚持立法的法治原则要牢牢记住并做到：决策应当有法的根据或不与法相抵触。有些决策本身是以改革完善现行法的制度为目的的，这类立法决策，也不能背离一国整个法治的基本精神。

2. 注重综合作用。立法决策的直接根据首先应当是法的规定和经验，而其更深刻的根据则应当是主要国情的综合作用。一国确立何种立法体制，形成何种法的体系，采取何种立法措施，都有特定原因。是由于清醒地、科学地并从历史发展的角度认识到具有稳定性、根本性的因素的需要，而选择了何种体制、体系、措施，还是仅迫于当时形势、当时条件不得已而为之；是基于各种因素的综合作用，还是基于部分因素或某个因素的综合作用；都没有固定模式。但历史和现实的立法实践反复表明：如果是基于上述肯定性的因素作出决策，这种体制、体系、措施必然是科学的、成功的、有长久生命力的；如果是基于上述否定性的因素作出决策，则情况往往正相反。中国立法过去长时期中之所以曾经或兴或废、大起大落，主要原因之一正在于并非以具有稳定性、根本性的因素的综合作用，而仅以适应当时形势需要和调动有关方面的积极性作为决策根据。

3. 重视集体智慧。立法决策应当具有科学性和民主性，这一点在现代立法过程中尤其重要。立法决策者往往处于有权地位，这容易使他们陷入专断的、任性的视角。在决策过程中重视发挥集体智慧，正有助于避免立法决策者陷入这一泥沼。在当代中国，人民代表大会制度让有权机关得以集思广益，听从人民群众最根本、最迫切的需要，从而提出改变的意见。而在一些涉及面广、与人民生产生活关联紧密的立法制定前，往往会通过网络行使征求人民意见，实现集体智慧的凝聚。

（三）立法决策的程序

根据实践经验，立法决策通常需要经过四个基本步骤：

第一，明确立法问题。这一步主要是确定通过立法所要解决的问题，即通常所说的法律的调整对象问题。对于立法决策者而言，明确立法问题重点需要考虑拟调整的问题有无通过立法解决的必要、有无通过立法解决的可能、调整范围是否明确等问题。

第二，明确解决问题的程度。这一步的重点是确定通过立法将拟解决的问题处理到何种程度。任何事物都不可能一蹴而就，立法也不例外。对社会关系的调整不可能"一法就灵"，因此，决策必须根据社会发展的实际、立法技术的成熟程度和现有条件决定通过立法解决社会问题的程度。

第三，确定调整社会关系的基本方案。通过立法解决社会问题，实现既定的目标，只是立法者的良好愿望，为了防止出现事与愿违的情况，调整社会关系的基本方案就显得十分重要。通常而言，如果方案切实可行，则实现目标的可能性就越大，反之，则有可能背道而驰。因此，立法决策机关确定好调整社会关系的基本方案，在此前提下具体起草的人员才好设计具体的法律条文，提高法律条文起草的效力和质量。否则，必然会出现事倍功半的后果。

第四，作出科学抉择。对立法过程中出现的多种方案进行抉择，既是立法决策中最后，也是最重要的一个环节。立法决策机关的抉择如果是科学的，则立法的科学性、针对性都十分强，否则，立法工作必然会走弯路，甚至出现事与愿违的不良后果。

第二节 中西国家立法预测、立法规划与立法决策比较

作为代表不同社会制度的国家，中国与西方国家在立法预测、立法规划和立法决策方面均存在区别。

一、西方国家的立法预测、立法规划与立法决策

（一）西方国家的立法预测

在西方国家，立法预测已经成为制定法律的重要工具和流程。

1. 西方国家立法预测的发展历程

西方国家立法预测的发展可以追溯到20世纪初。在美国，立法预测被广泛应用于环境、交通、财政、医疗等领域的立法过程中。20世纪60年代，美国政府开始建立专门的机构和团队，负责立法预测和政策评估工作。随着时间的推移，立法预测在西方国家得到了广泛应用，并逐渐成为制定法律的标准流程和要求。

2. 西方国家立法预测的方法

在西方国家，立法预测的第一步是进行数据分析。数据分析通常包括收集和整理社会、经济、政治等各种数据，并使用统计方法和模型来对这些数据进行分析和预测。数据分析的结果可以帮助立法者了解立法的背景、目的和影响，从而制定更加科学和合理的立法政策。例如，在美国，政府机构、立法机构和研究机构都设立了专门的立法预测和政策评估部门。第二步是进行社会调查。社会调查是西方国家立法预测的另一个重要方法。通过对公众、利益相关者、专家和学者等人群的意见和建议进行调查和分析，立法者可以了解各方的意见和诉求，从而调整立法方向和政策措施，使立法更加符合社会需要和法律目的。第三步是模型构建。模型构建是西方国家立法预测的核心方法。立法预测模型通常基于数学模型和统计模型，并结合社会、经济和政治等多方面的因素

来进行预测。模型构建需要考虑立法的目的、范围、影响因素、数据来源和预测精度等因素，以确保模型的可靠性和有效性。

（二）西方国家的立法规划

20 世纪 60 年代末期，许多国家普遍地开始推行立法规划。比如，罗马尼亚的《规范性文件草案的制定和系统化的立法技术总方法》第 15 条规定："立法规划草案由立法委员会根据中央国家机关和社会团体以及地方机关的建议拟定，并由立法委员会将其提交党和国家的最高领导批准。"保加利亚的《规范性文件法》也规定，立法工作必须按计划进行，依照该法第 19 条的规定，只有国民议会常设委员会和议员，才有权向国民议会提交不在法律草案工作计划之内的法律草案。

英国开始制订立法规划的时间是 1892 年，最初时是由内阁来负责，但是由于内阁任务的加重，便由内政委员会草拟立法规划，再报内阁修改、确定。这一局面一直持续到 1945 年。随着英国政府对立法规划的实施已经有了较为成熟的认识，最终确立立法规划委员会具有专职负责立法规划制订工作的权利与责任，内阁具有最后审批权的工作机制。英国的立法规划委员会通常在第一年的 11 月到第二年的 3 月开展此项工作。针对各部门上报的立法选题，经内阁委员会的批准后，立法规划委员会根据两个立项标准——全局平衡的标准和财政开支情况，来权衡利弊，最终确定哪些选题能进入立法规划。[1]

苏联于 1978 召开了社会主义国家立法规划的国际会议，并向各参会国代表充分论述了实行立法规划的必要性与可行性，拉开了东欧社会主义国家建立立法规划制度的大幕。苏联以及东欧社会主义国家的立法人员认为普遍同意这样一种观点：立法规划应仅包含 5 年之内的可能立法，但凡超过 5 年的，都只能看作对立法毫无根据的揣测。例如，罗马尼亚共和国的远景计划不受时间约束。他们还认为，关于立法规划（计划）是否被遵从，最重要的是考察计划是否有充分的根据而不是看批准

---

〔1〕 参见蒋劲松：《英国的立法规划》，载《人大工作通讯》1996 年第 2 期。

计划通过的国家机关。社会上存在诸多关于现存法律有什么缺点以及应当如何修改的建议,将立法计划与它们相比较,是保证计划充分根据的方法之一。

从各个国家立法规划的实践来看,有的国家的立法规划由最高国家权力机关通过,有的由最高国家行政机关通过,有的则由最高国家权力机关和最高国家行政机关联合通过。如罗马尼亚国务委员会制定的《1976~1980 年立法工作纲要》和匈牙利部长会议制定的《关于 1976~1980 年立法任务决议》,就是由国家行政机关制定的。

制定立法规划的重要问题之一是确定什么是规划的最佳期限。从一些国家的立法规划实践来看,有年度规划(短期规划)、2~3 年的规划(中期规划)、5~7 年的规划(长期规划)。有些国家如保加利亚《规划性文件》规定:立法规划应包括远景规划和年度规划。虽然各国的立法规划的期限不同,但存在这样一种趋势,即立法规划同国家经济和社会发展规划相一致。如罗马尼亚《规范性文件草案的制定和系统化的立法技术总方法》第 14 条规定:立法规划应根据全国社会经济发展计划所规定的各项基本任务而确定。

(三)西方国家的立法决策

西方国家的立法决策需要政府、议会、利益相关者和社会公众等多方参与,通过广泛的讨论和分析,最终作出科学合理的决策并制定出具体的法律条文和政策措施,以达到维护社会稳定、保护公民权利和促进经济发展等目的。其过程通常包括立法倡议、立法草案、立法辩论、立法表决和立法实施五个步骤。

立法倡议可以来自政府、议会、利益相关者和社会公众等方面。基于立法倡议,政府和立法机构会形成立法草案,对需要解决的问题进行阐述,提出法律条文的内容和政策措施的建议。例如,在美国,立法权属于国会,又受到总统和法院的制约,但总统有权否决国会立法,并有立法倡议权。立法草案经过初步讨论后,政府和议会将进行正式的辩论,各方可以就立法草案的内容和细节进行讨论和辩论，并就不同的立场和观点进行辩论。在辩论结束后，政府和议会就立法草案进行表决。如果草案被通过，它将成为法律，被纳入国家的法律体系中。立法通过后，政府和立法机构需要制定相应的法规和政策，确保法律得到有效的实施和执行。在实施过程中，还需要进行监督和评估，确保法律实施的效果和成效。再如，爱尔兰政府基于公民的立法倡议，于2021年4月1日通过了一项有关劳动者的《离线权实务守则》。

二、中国的立法预测、立法规划与立法决策

（一）中国的立法预测

新中国成立后的30年立法进展缓慢，许多社会问题亟待解决。改革开放后，我国社会快速发展，中国社会在经济、文化方面发生翻天覆地的变化，民主和法治建设需要发展，现存之法存在种种不足难以应对变化的社会发展，因而需要经常加以修改、补充或废止，因此立法的任务非常繁重。如何分别轻重缓急、有计划有步骤地进行法的制定、修改、补充和废止，如何使立法同社会需求相协调，如何使立法同法的实施相协调，如何使立法内部相协调等，是中国立法亟待解决的问题。发挥立法预测的作用，可以从一个很重要的方面帮助科学地回答和解决这些问题[1]。

目前中国立法预测存在以下问题：缺乏对立法预测的理论、方法、技术、条件的研究；没有立法预测的专业队伍或专业人才；在立法实践中少有人涉猎立法预测问题。总体上看，立法实践没有参照立法预测的科学成果进行，许多立法工作者还不知何为立法预测，有必要加紧立法预测研究，注重立法预测实践。

（二）中国的立法规划

制订立法规划，是人民代表大会加强立法工作的一个重要举措。实

---

〔1〕 参见周旺生：《立法学》，法律出版社2009年版，第418页。

行计划立法，可以使立法工作突出重点，使立法活动适应改革开放和现代化建设的需要；不仅提高了立法工作的主动性，而且避免在立法过程中出现反复，避免了不必要的工作，有助于各部门之间的协调和有准备地参加立法活动，提高立法质量。

我国立法规划的实践开始较早，可以追溯到新中国成立之初，但在改革开放以后，立法规划的重要性更加凸显，立法规划的制订和实施成为国家立法工作的重要组成部分。20 世纪 80 年代初，我国开始逐步重视并制订立法规划。1981 年，经国务院批准，制订了 1982 年至 1986 年经济立法规划。1986 年，国务院又批准了"七五"期间立法规划，并按年度制订了每一年的立法规划。1988 年，七届全国人大常委会第二次会议印发了《七届全国人民代表大会法律委员会关于五年立法规划的初步设想》。1988 年，全国人大常委会制定的常委会工作要点中就 5 年的立法工作做了规划，并据此对立法工作进行具体安排。1991 年 11 月，七届全国人大常委会制订了 1991 年 10 月至 1993 年 3 月的立法规划。第八、九、十、十一届、十二届全国人大常委会也都制订了立法规划。

我国立法规划的内容一般由三类项目组成：第一类项目是本届内审议的法律草案；第二类项目是研究起草、成熟时安排审议的法律草案；第三类项目是立法条件尚不完全具备、需要继续研究论证的立法项目。立法规划有时根据经济社会发展的需要有所调整。比如，十二届全国人大常委会的立法规划在 2013 年制订，2015 年 8 月公布的新规划对原规划有所调整，立法任务由 68 件增至 102 件。从 1993 年开始，全国人大常委会开始制订年度立法计划，此后一直坚持了这一制度。年度立法计划主要是贯彻五年立法规划的原则要求，落实立法规划确定的立法项目审议安排，同时也对立法规划进行必要的补充和调整。目前，除了全国人大常委会外，国务院及其部门，多数省、自治区、直辖市等人大常委会也制订年度立法计划，有的地方还制订立法规划。经过多年实践，立法规划和年度立法计划已经成为我国一项独具特色的立法制度，是立法科学化、系统化的重要方式。从其实施情况来看，立法规划有助于建立法律供给与社会需要的良性平衡，减少立法的盲目性，实现科学、民主、有序、高效立法。2015 年修改的《立法法》肯定了立法规划和年度计划的经验，不仅对全国人民代表大会常务委员会对于立法规划对统筹安排作出确认，而且规定了立法规划和年度计划的主体、程序等。

根据权力机关的立法规划和行政机关的立法规划根据制订立法规划的机关的性质不同为标准，可以将我国的立法规划分为权力机关的立法规划和行政机关的立法规划。权力机关的立法规划是指由享有国家立法权的国家权力机关制订的立法规划。行政机关的立法规划是指由享有行政立法权的行政机关编制的立法规划。根据我国《立法法》等法律规定，有立法规划制定权的权力机关包括全国人大及其常务委员会，省、自治区、直辖市的人民代表大会及其常务委员会，设区的市的人民代表大会及其常务委员会；有权制订行政立法规划的主体包括国务院制定的行政法规立法规划，国务院各部门制订的行政章立法规划，省、自治区、直辖市的人民政府和设区的市的人民政府制订的行政规章立法规划。

（三）中国的立法决策

在我国，立法决策中，最重要的是决策主体。

根据《宪法》《全国人民代表大会组织法》《立法法》《全国人民代表大会议事规则》《全国人民代表大会常务委员会议事规则》等，我国在中央国家权力机关的立法层面的立法决策主体包括主席团、委员长会议、辅助立法主体三个部分；国务院行政立法的决策主体是国务院，国务院各部门行政规章立法决策权的主体是国务院各部门。地方立法决策主体包括享有立法权的本级政府和享有立法权的地方人民代表大会常务委员会。笔者将从狭义的立法决策主体的角度，论述在中央享有中央国家权力机关立法的决策主体。

《宪法》第 61 条第 2 款规定，全国人民代表大会开会过程中，首先选举主席团负责主持会议。凡向全国人民代表大会提出属于全国人民代表大会职权范围内的议案，要交给主席团决定交各代表团审议，或者并交有关的专门委员会审议，提出报告，再由主席团审议决定提交大会表决。全国人民代表大会主席团可以向全国人民代表大会提出法律案，由全国人民代表大会会议审议。全国人民代表大会常务委员会、国务院、中央军事委员会、最高人民法院、最高人民检察院、全国人民代表大会各专门委员会，也可以向全国人民代表大会提出法律案，由主席团决定列入会议议程。《立法法》第18条还规定，一个代表团或者30名以上的代表联名，可以向全国人民代表大会提出法律案，由主席团决定是否列入会议议程，或者先交有关的专门委员会审议、提出是否列入会议议程的意见，再决定是否列入会议议程。专门委员会审议的时候，可以邀请提案人列席会议，发表意见。

而在全国人大闭会期间，全国人民代表大会各专门委员会、国务院、中央军事委员会、最高人民法院、最高人民检察院均可向常务委员会提出属于常务委员会职权范围内的议案，由委员长会议决定提请常务委员会审议，由委员长会议决定是否列入常务委员会会议议程，或者先交有关的专门委员会审议，提出报告，再提请常务委员会审议；常务委员会组成人员10人以上联名，也可以向常务委员会提出法律案。

在实践中，全国人民代表大会常务委员会法制工作委员会作为全国人民代表大会常务委员会的工作机构，虽不是权力机关，但在立法决策过程中常常起很大作用，是辅助立法决策主体中的一个重要组成部分。此外，我国辅助立法决策主体还包括政府工作部门和地方人大，中国人民政治协商会议，工会、妇联、青联、残联等人民团体，以及公民个人和组织等。但在这里需要特别注意，辅助立法决策主体不具有立法决策权，并不能直接对立法作出决定。

第十章　立法协商

第一节　立法协商概述

立法协商是指在立法过程中,针对立法中的重要争议问题,立法主体、各类利益相关者沟通、商谈、协调、寻求各方最大共识的活动过程。立法协商机制的发展有助于提升立法质量、强化政协职能,从而形成立法新常态。在我国的语境下,立法协商主要是指在立法事务的过程中,人民政协发挥参政议政职能的活动,其既能够保证在立法过程中吸纳多方意见,从而在此基础上谋取最大共识,也能使政治意见的表达更加合理化,有效地将意见共识转化为法律的价值目标,有机统一民主立法与科学立法。

立法协商的提出极具开创性,推动了立法事业的长足发展,各国对立法协商展开了尝试与探索。立法协商是协商民主的重要形式之一。协商民主的主要形式包括政党协商、政治协商、立法协商、行政协商、民主协商、社会协商、基层协商等。但要看到,协商民主诸形式是相互关联的。比如,立法协商过程中实际上就蕴含着政党协商、政治协商、民主协商、社会协商等各种协商的因素。因而,从主体的角度看,立法协商又可以细分为政党的立法协商、人民代表大会立法协商、政协立法协商、行政立法协商、社会立法协商、公民立法参与等。立法协商应当在立法之前展开,也应在立法过程之中展开。因而,立法协商又可分为立法规划与决策过程中的立法协商、立法起草过程中的立法协商和立法审议阶段的立法协商。立法过程中的协商民主建设是一个逐步探索和不断发展的过程。要通过各种途径、各种渠道、各种方式在多层次、多主体之间进行广泛的立法协商。从协商的具体做法上,立法协商的方式可以具体划分为提案协商、会议协商、座谈会协商、论证会协商、听证会协商、公示协商、评估协商、咨询协商、网络协商、公开征求意见协商、民意调查协商等协商方式。

(一)立法协商与协商民主

协商民主理论对明晰立法协商内涵有重要意义。西方的自由主义理论和共和理论组成了西方协商民主的基本构架。协商民主理论吸收了自由主义和共和主义民主理论的合理因素,破解了其中的局限性,大力融合民主程序与规范内涵,对公民参与政治生活的肯定与赞赏,又明确了国家权利和社会权利之间的界限,力争使用和平民主的模式,扩大民主立法参与程度的模式解决当下社会环境中存在的冲突,维护社会各界公众的基本,对当前民主制度中存在的缺陷进行弥补[1]。就其动力机制而言,协商民主可以解释为一种通过公开讨论作出决策的民主体制[2]。"协商民主是以公共利益为基础,社会内部的公民通过各种方式提出有利于自身的社会制度建议并充分考虑其他公民的意见,从而完整有序地参与社会的政治修正进程。社会公众对利益的不断妥协,以及转换,充分地展示了,协商民主策略的合法性以及适用性。"[3]政治决策过程具有民主性,以公开对话和平等辩论展开"协商"。在"咨询"过程中,所有

---

〔1〕 参见[美]卡罗尔·佩特曼:《参与和民主理论》,陈尧译,上海人民出版社 2018 年版,第 11 页。

〔2〕 参见陈家刚:《协商民主概念、要素与价值》,载《中共天津市党校学报(天津)》2005 年第 3 期。

〔3〕 张梦涛:《中国特色协商民主发展研究》,人民出版社 2016 年版,第 29 页。

的参与者都能对决定自由表达其意见,还可以听取和考虑反对者的意见,咨询过程是舆论碰撞和聚焦的过程。通过这一过程实现的谈判结果除非以充分的民主为基础,否则必须是假设的。协商民主作为一种治理形式,以承认社会多样性和多元化为先决条件,其目的是通过充分的沟通和平等对话实现最低限度的社会共识,这是治理形式是十分可取的。就其运作方式而言,协商可以解释为一种共同的社会活动,其主要目的是通过对话实现理性交流[1];所谓协商民主,是一种基于成功地交换这种理由的决策形式,其意义是寻求利益相关者的"偏好的改变",而不是卢梭的"公共意义"的"偏好聚合"。

1980 年约瑟夫毕塞特第一次在学术意义上使用协商民主概念,他在《协商民主:共和政府的多数原则》一文中首次使用"协商民主"(deliberative democracy)一词。目前,国外的协商民主概念有以下几种含义:第一,作为政府形式的协商民主。第二,作为决策形式的协商民主。第三,作为治理形式的协商民主。在美国著名政治分析学家约翰罗尔斯、英国著名社会政治理论家安东尼吉登斯、德国思想领袖于根哈贝马斯等人的积极倡导之下,协商民主被逐渐重视起来,成为当代西方民主理论研究的热点问题。尤其是哈贝马斯以话语理论为基础,将偏好聚合的民主观念转换为偏好转换的理论,从而使协商民主真正地成为 20 世纪末最引人瞩目的民主理论。此后,越来越多的学者开始参与到协商民主的应用领域和渠道的研究之中。西方学者普遍认为,协商民主具有规范和工具两方面的价值,具体体现为五个方面:一是提升立法和决策的质量,形成合法决策;二是培养公民精神,推动政治共同体的形成;三是矫正自由民主的不足;四是制约行政权的膨胀;五是协商民主能够充分发挥理性的作用。

在筑造中国特色社会主义法律体系时,协商民主在立法层面具有积极作用,以立法协商的形式吸纳更多的民心民意,对推进合法立法、民主

---

〔1〕 参见[美]詹姆斯·博曼:《多元主义、复杂性与民主》,黄相怀译,中央编译出版社 2006 年版,第 29 页。

立法、科学立法意义非凡。当今时代，广大人民群众都强烈渴望着通过法治实现社会公平公正。法律质量的高低已然取决于其能否反映客观规律，能否解决发展过程中的实际问题，以及是否符合当今社会。随着立法制度的不断提高和完善，科学立法、民主立法的不断推进，坚持公平、公正、公开的原则已然贯彻在整个立法过程之中，立良善之法，立管用之法成为立法的终极目标。从党的十三大提出"建立社会协商对话制度"构想开始，2007 年《中国的政党制度》白皮书第一次确认了选举民主与协商民主的概念，到党的十八大第一次把协商民主从一种民主形式上升为一种制度形式，再到党的十九大明确提出七大协商渠道，社会主义协商民主从国家层面拓展到基层和地方，从政治领域拓展到社会领域。党的十九大报告中，习近平总书记系统阐述了协商民主的地位和重要作用，指出协商民主是实现党的领导的重要方式，是我国社会主义民主政治的特有形式和独特优势，为推动协商民主广泛、多层、制度化发展指明了方向。中共中央于 2015 年 2 月印发《关于加强社会主义协商民主建设的意见》，提出要"深入开展立法工作中的协商"，并且提出了多项具体的立法协商措施。

习近平总书记在党的二十大报告中强调，协商民主是实践全过程人民民主的重要形式，并对全面发展协商民主作出战略部署。因此，坚定不移走中国特色社会主义政治发展道路，全面发展协商民主，对于发展全过程人民民主，健全人民当家作主制度体系，发挥中国共产党领导的政治优势和中国特色社会主义的制度优势，把全党全国各族人民的智慧和力量凝聚到新时代、新征程党的中心任务上来，全面建设社会主义现代化国家，以中国式现代化全面推进中华民族伟大复兴，具有重大而深远的意义。

（二）立法过程中的立法协商

哈贝马斯的法律商谈论以"交往理论"为基础，阐述了主体的权利并非与生俱来这一观点。因此，无论是基于个人中心还是国家中心来理解主体权利都偏离了正确方向,权利的最终来源应当基于主体之间的相互承认与互动,也就是通过论辩协商的方式来达成法律的可接受性。法律主体间法律言语行动交往有效直接关系法律商谈的有效性,这一理论为构建立法协商程序在一定程度上提供了理论借鉴。

立法的完善离不开立法协商发挥其效能,立法协商价值的实现有赖于良好的制度设计和良性的运行机制。立法过程中的立法协商尤为重要,而立法协商本身又是贯穿在立法每一阶段与环节的一个过程。程序是制度运行的内在要素也是制度化的重要基石和保障。立法协商制度的意义在于,在制度发展的过程中显示立法协商程序的独立价值,同时,立法协商程序发挥着对利益关系的发现和概括的功能,从而提升法律创制的质量。立法协商工作多在立法起草和审议阶段进行。

1. 立法起草阶段的立法协商

法律草案的起草在一定程度上影响着法律制定是否成功。在立法过程中,立法起草阶段是一个必经的、至关重要的环节。为适应当今社会发展,唯有经过立法起草这一环节,才能产生相匹配、相适应的法律法规以及规章。将立法协商制度引入立法起草的过程中,在与各个方面协商讨论的基础上,可以增加法律的公共性和适用性。立法起草极具系统性和复杂性,对起草者的专业法律素养提出了严格的要求,同时了解起草法案的相关情况也不可或缺。哈贝马斯认为,在"理想的沟通情景"之下,要使人们能够就某些问题达成共识,必须遵循两个方面的原则:第一,确保协商者能够处于共同的、平等的话语(discourse)体系之中;第二,参与协商者能够遵循规范正确、意愿诚实以及陈述真实的原则要求。[1] 参照这两个原则,可以将立法草案的讨论设置在一个"共识性"的平台上,即参与协商的主体在草案提交立法机构之后,或采取议会商谈的方式,或采取公共领域的商谈方式,以确保草案讨论的整个过程出

---

〔1〕 参见[德]哈贝马斯:《交往行为理论》(第1卷),曹卫东译,上海人民出版社2004年版,第291页。

现哈贝马斯所说的“沟通过程的参与者必须处于同一‘生活世界’之中”[1]。

2. 立法审议阶段的立法协商

立法审议阶段指的是立法机关就已经列入会议议程的法律案进行审查讨论的过程。在立法过程中,法案的审议是最为关键、最为重要的环节。对列入会议议程的法案,有权主体运用法案审议权进行审查讨论。作为法律案到法的最重要的形成环节,又因为草案很有可能就是成文法案的前身,这一阶段尤为强调中立性原则。保持审议法案时的中立原则,首先要求在论辩逻辑当中蕴含的正义要优先考虑善的原则[2],即首先是保证法律善的问题,其次才是考虑良好生活的问题。将立法协商制度纳入立法审议阶段,在各方意见相互交融的基础上,法案才能实现最大程度的合理审议,形成既考虑各方利益、又契合社会现实的中立之法。

(三)公民立法参与和立法听证

1. 公民参与立法概述

在立法领域中,公民参与立法公共对政策决策民主化、科学化发挥着积极作用。公民参与立法,以政府与公民之间、社会成员之间的互动,促进彼此相互理解、相互尊重、友好合作,培育了公民美德、促进了民众的团结互助,在此基础上推动和谐社会的长治久安。

(1)西方国家公民参与立法

美国的州议会享有国会之外而宪法又未禁止的立法权,这使公众有较多机会参与立法。实践中,美国的法案一般要在外界力量推动下才能通过,立法机关很少主动立法,而是对公众提出的立法意见或建议进行判断,对合理化的意见或建议予以采纳,并通过法定程序上升为法律,立

---

[1] [德]哈贝马斯:《交往与社会进化》,张博树译,重庆出版社1988年版,第2－3页。

[2] 包亚明主编:《权力的眼睛——福柯访谈录》,严锋译,上海人民出版社1997年版,第32页。

法机关在立法过程中往往只起着“评审团”的作用。美国的立法理念及其立法的制度设计均体现了公众的参与。美国公众有丰富的途径参与立法规划的制订。首先,美国的选举制度,为公众参与立法提供了契机。两党为了争取主政的机会,在大选之前到处游说,或以其他方式加大与公众之间的交流,以争取民意,获得更多的选票。其次,美国公众可以通过参加政党、结社及著书立说参与立法规划的制订。最后,美国的传媒十分发达,公众可以通过传媒参与立法规划的制订。美国的立法信息公开制度十分完善。美国国会及州议会的议事都以公开为原则,不公开只是例外情况。立法会议的日程向全美公众提前公布,立法会议公开举行,允许新闻媒体全程报道,一般情况下,立法会议均设有公众旁听席,允许公众全程参与旁听。立法听证会向公众开放,全美有 50 个州的议会的委员会会议向公众开放,其中,科罗拉多州及佛罗里达州的规定最早亦最为严格,该两州的“阳光法”均规定,凡两个以上的议员参加的与本州事务有关的会议,应当向公众开放。立法过程中的各立法信息,除涉及国家安全等重大事项不宜公开的除外,一律向公众公开。为此,美国通过了一系列的法律、法规对立法信息公开予以明确的规制。同时,美国充分利用其发达的传媒系统,切实保障公众能真实地获取立法信息,以便于公众的积极参与,及时地提出自己的立法意见或建议。大多数立法会议均会出版一本专门的介绍本次立法过程中方方面面信息的小册子,使公众能更为充分、透彻地了解立法信息,形成自己对本次立法的见解,然后以适当的途径向立法机关提出自己的意见或建议。

英国的公民可以通过多种途径参与立法,这反映了英国法律体系中重视民主和公众参与的特点。以下是英国公民参与立法的几种方式:一是投票选举议员。英国议会由国会和众议院组成,其中众议院成员通过选举产生,公民有权去投票选举自己认为合适的议员代表他们参加众议院的辩论和表决。二是参与公民咨询。英国政府鼓励公民通过各种公民咨询机制参与立法决策。例如,政府或议会可能会邀请公民向他们提供意见和反馈意见,或者开放讨论和意见征集的渠道,以便公众可以直接参与政策制定过程。三是提议立法。英国公民可以提交法律草案或议案给议会来推动立法。他们需要通过一定的程序将自己的议案提交给当地议员或众议院议员,并在草案中详细阐述自己提出立法建议的背景和理由。四是公众听证会。英国立法过程中的公众听证会是公民参与立法的重要途径之一。在听证会中,政府和议会通常会邀请公众组织、个人和专家参加,就某一特定议案或法律进行有针对性的讨论和反馈意见。听证会可以促进更加公平和公正的法律决策,其意见和建议往往会被纳入立法决策中。这种公民参与立法的机制体现了英国法律体系中重视民主和公众参与的特点,也是保障公民权利和利益的一种重要手段。

德国是一个以议会制为基础的国家,其立法过程主要由联邦议会和地方议会进行,它们的议员代表着德国整个的政治光谱。然而,在德国法律体系中,公民也可以通过多种方式参与到立法过程中。一是公民倡议书。德国的公民倡议书是一种典型的民主工具,它使得公民能够在立法过程中持有更主动的角色。公民可以提交公民倡议书来促进新的法律、法规或议案的制定。一份公民倡议书需要包含其所处的州以及所有签名人的居住地址,同时签名人必须是选民,并对公民倡议书的内容给予同意和支持。在一份公民倡议书中,签名者需要就特定的议题表达自己的意见,例如基建、教育、医疗等方面的改革。如果支持该倡议书的签名人数超过德国人口总数的0.5%,意见支持的议题将被送交德国联邦议会,如果议会通过该议案或法规,它将变成德国法律。二是公共咨询。公共咨询是德国另一个公民参与立法的方式。在德国,政府在制定新的法律或法规前,通常会先开展一系列听证会和研讨会,邀请公民、各头行业协会、专家机构等来参与讨论。通过这种方法,公民有机会向政府和议会提供自己的意见和建议,并直接参与到对某项法规的修改和完善中。除了参加公共咨询,德国的议会议员们通常也会与公民或当地社区进行面对面的交流和沟通,以便更好地了解公众意见,并相应地作出改动和产生新的法规。三是行政诉讼。在德国的法律体系中,行政法院是较为独立的,它负责审理关于政府行为是否合法的纠纷。因此,公民也可以通过行政诉讼来维护自己的人权,并通常需要道出政府如何限制了他们的权利和自由。在行政诉讼中,公民需要向法院提出事实陈述和证据,并且证明自己的权利是否正在被侵犯。行政法院的判决和裁定通常对政府和社会有一定的影响力,能够推进相关的法律和法规的改良和完善。四是直接民主投票。德国在某些地区和州开展过直接民主投票制度。通过发起一项公民意见纪律以表达对某项法规或计划的争议,提倡与政府独立的投票程序。例如,某些城市的市民可能会通过提交起草文件,强制要求市政府在一个特定议题上将责任交给市民进行决策。直接民主投票通常采取外部投票或网上投票等方式,在特定的规定期限内,全体公民有权对特定的议题进行投票表决。如果投票结果得到一定数目的认可,投票议题进入政府的日程,进而会消极地影响国家的法规制定和执行。这些机制体现了德国法律体系中对于民主和公民权利的重视,帮助公民更主动参与到立法过程中,从而有更大的机会影响法律与规定的核心选项。

日本制定了详细规范公众参与立法的程序及方式,对地方立法公众参与的规定,在行政程序法中做了统一的规定,这一点迥异于我国地方立法公众参与的规定散见于各地方性法规的做法。日本的这种方式,既有利于公众严格依法参与立法活动,也有利于立法机关立法活动的顺利开展。日本公众可以通过咨询程序及公众评议程序参与立法活动。咨询程序是指立法机关在立法活动中应听取合议制机关建议的程序,咨询机关是被征求意见的机关。咨询程序的目的在于使利害关系人及专家、学者等的意见在立法活动中得到充分的反映。与公听会相比较,咨询程序征求的意见更富理性色彩,更具代表性,同时也更加方便群众的参与,有助于降低公众参与立法活动的成本。公众评议程序调整的范围包括内阁命令、总理大臣办公室制定的条例、各省制定的条例及通告、各地方制定的法规及规章。日本的公众评议程序不仅调整的范围广,而且还规定了详细的评议细则。该程序要求中央相关省厅及地方相关立法机关就立法规划应预先发布公告,给公众30天左右的时间对立法规划进行评议。且公告应充分体现该次立法规划的目的及其他相关信息,在评议期满之后,相应的立法机关应采用适当的途径及时公布公众的评议。日本公众还可以通过审议会参与立法,不过审议会一般是针对专家、学者而设立的,公众的范围比较狭窄。其具体运作程序为:由立法活动的负责人聘请政府以外的社会公众组成。其成员主要包括专家、学者、已退休的政府工作人员、行业代表等,其目的在于对这部分社会精英人士意见进行广泛征询,促成社会各方对拟立法律、法规内容的认同,最终使所立之法获得全社会的普遍支持。

(2)我国公民参与立法

2022年10月16日,中国共产党第二十次全国代表大会报告指出"人民民主是社会主义的生命,是全面建设社会主义现代化国家的应有之义。全过程人民民主是社会主义民主政治的本质属性,是最广泛、最真实、最管用的民主。"[1]在我国立法实践中,公民参与立法协商有多种多样的形式。概括起来,主要有以下几种:①公开征集立法项目建议或法律法规草案稿。这实际上是实行立法预告制度,即将立法项目规划草案公开或在社会上对立法项目建议和法律法规草案稿进行公开征集。②立法调研。常委会和专门委员会组成人员以及常委会的有关工作机构,为更好地审议好法律案,针对列入常委会会议议程的法律案或法规案,深入基层、深入群众,实地进行立法调研,有时进行调查还以电话或者委托有关单位进行抽样的方式展开,掌握与立法相关的第一手材料。③书面征求意见。《立法法》第39条第4款规定:"常务委员会工作机构应当将法律草案发送相关领域的全国人民代表大会代表、地方人民代表大会常务委员会以及有关部门、组织和专家征求意见。"④座谈会。有立法提案权的国家机关如全国人大常委会或国务院,在法律草案或法规草案的起草阶段通常可召开各种类型的座谈会,征集有关单位、群众和专

[1] 《振奋人心!党的二十大报告速览》,载中工网,https://www.workercn.cn/c/2022-10-16/7195775.shtml。

家学者的意见,然后根据这些意见起草或修改法律草案,再到基层去讨论、征求意见,最后形成正式法律草案才向立法机关提出。全国人大常委会在法律案或法规草案的审议阶段,也会根据实际需要经常召开座谈会。⑤论证会。邀请有关方面的专家针对法律草案或法规草案中专业性、技术性较强且分歧较大的问题对其科学性和可行性进行研究论证,以征求比较权威的意见,供常委会审议时参考。⑥列席和旁听。邀请各省、自治区、直辖市人大常委会负责同志以及与常委会审议的法律案有关的全国人大代表,在全国人大常委会会议审议法律草案时列席常委会,通过他们的汇报反映出基层公民的声音。⑦公布法律草案征求意见。立法机关公布列入人大常委会会议议程的法律草案,向社会广泛征求意见。

中国和西方国家公民参与立法主要有以下区别:

一是参与途径。在中国,公民可以通过提交意见建议、参加听证会、署名反对、会审会等多种途径参与立法。国家和地方政府通常会在制定法律、法规等政策时,开展征求意见、公众听证等环节。此外,中国还有一个重要的途径是舆论监督,通过网络和媒体等方式督促政府和议会制定合理的法律政策。西方国家在公民参与立法方面开展较早,积累了诸多经验,公民可选举代表进入国家和地方议会,并对法律、法规进行表决,从而参与立法。但是西方国家与我国民主制度和立法传统不同,西方国家的政党利益往往高于民众意愿,“党鞭制度”影响并决定着立法者的最终决策。

二是参与模式。中国和西方国家在公民参与立法上的模式和思路也存在巨大差异。在中国,政府和立法机构在公众参与立法时,通常采取一种“自上而下”的模式,即政府制定政策,公众给予意见和反馈。这种模式下,政府在立法过程中的主导权较为强大,广大公众往往相对被动,其角色也相对被动。在西方国家,公民参与立法常常采取“自下而上”的方式,即立法机构和政府向公众征求意见和建议,倾听公众的声音和诉求,选民可以通过选举和投票方式影响立法机构的决策,更为直接而且也更为公开透明。

三是成效。在中国,公民参与立法对于改进法律和政策有一定成效,公众的声音逐渐被立法部门所倾听。在西方国家,公民参与立法的效果还有待提升,不同选区之间的利益分配还无法得到更好的平衡。

综上所述,中国和西方国家在公民参与立法方面并不存在固化的差异。虽然立法方式和模式有所区别,但都带有重要的公民参与成分,旨在保护公民利益和权利。因此,正视存在的差异和问题、探求可能出现的改进和发展方向,对于有效推动公民参与立法、促进全民素质提升、深化民主法治建设、构建最适合中国实际的公民民主制度、促进良性互动、促进社会和谐发展,都是十分重要的。

2. 立法听证概述

立法听证也是公民参与立法的主要途径之一。但是,立法听证尤为重要,也具有一定的复杂性,在此单独阐述。立法听证制度是指立法机关在立法过程中,为了收集、获取与立法有关的资料、信息,邀请有关政府部门、专家学者、当事人及与法律法规有利害关系的公民等到会陈述意见,为立法机关审议法律法规提供依据与参考的一种制度。

(1)西方国家立法听证

在美国,市、郡立法机关在不与州宪法和法律相抵触的情况下,可以自行制定适用于本地方的法律。为了保证立法的民主性、科学性,其往往通过听证来广泛听取本地方人民的意见。实践中,几乎所有市、郡地方法律的制定都经过了听证程序。立法机关听证通常采取“公听”形式,对有关事项进行公开评论和检验。根据听证事项和听证程序严格性的不同,立法机关举行的公听可以区分为立法公听和准司法公听。立法公听的目的在于获取公众对立法方面政策问题的意见和建议。立法公听处理的事项往往影响很大区域的居民,有时甚至是该立法机关管辖的整个地方,但不涉及针锋相对的若干个特定私人团体的法律权利问题,因而通常不如准司法公听正式。与立法公听不同,准司法公听直接涉及特定团体的法律权利,受宪法上正当法律程序条款的约束,立法机关的决定应当基于准司法公听中形成的听证记录,因而要遵守比立法公听更为严格的程序。不同的立法机关听证类型,具有不同的法律效力。

日本的立法听证分为狭义的听证与公听证,前者是指影响特定公众权利义务的行政处分行为;后者是指影响不特定的多数人利益的立法行为,其目的在于立法机关广泛听取公众的意见,进而促进立法的民主化、科学化。就日本的公听会而言其没有统一的程序规则,完全取决于具体的法律法规的规定。但一般来说,公听会和美国的正式听证程序比较类似。

英国的立法听证是公众参与立法过程的一种方式。立法听证是英国议会全体委员会(Committee of the Whole House)在立法草案提出后的一种程序,其主要目的是让公众、利益集团和行业协会等各方发表意见和建议,并且为议员们提供更多信息,从而改善草案的制定。在英国,立法听证主要有两种类型:一是公共听证会。英国议会的立法听证会通常公开和透明,人人都可以参加。公共听证会是议会委员会或下院辩论署列表按照特定议题组织的集体听证。公众可以通过提交书面材料或者亲自到现场提出建议,很多公众团体、利益集团和单一利益集团会参加这种立法听证会。议员通常会据此拟定论点、追问细节,并据此修订草案。据悉,英国的公共听证会吸引了众多的参与者,从学者到普通公民,覆盖多个主题领域,包括但不限于儿童保护、环境、食品和药品安全、道路安全、死刑、移民等议题。二是利益相关方的会谈。利益相关方的会谈,是议员为了深入了解某一特定领域、行业所需而组织的听证会。参加此类听证会可能需要资格审查,通常只有行业专家、学者、行业协会等有发言权。其主要目的是在特定行业内进行深入研究,了解行业的内部运作和规则,听取专业人士的见解,从而更好地制定相关的法律和政策。在利益相关方的会谈中,各种组织和个人都能得到表达自己观点的机会。这里的观点可能是实证主义的,也可能是理论方面的。通常,看法的最后结果是一个报告或建议,期待进一步的草案或监管政策的改善。总之,英国的立法听证是公众参与立法过程的一种重要方式。它为民意提供了广泛范围的表达空间，并将公众、利益集团和政府等多方的想法、观点和建议汇集在一起，使立法草案更加切合实际，有效地促进立法质量的提高。

在德国，立法听证是公众参与立法过程的一种方式，公民可以通过它向政府机构和政治决策层直接反映问题和提出建议。立法听证的目的在于提高立法品质，确保公民的利益得到充分考虑。德国的法律规定，每项法案必须首先经过公众讨论和立法听证，以确保法案不仅适用于政府和企业，更适用于普通民众。在立法听证的形式上，德国采用多种形式，如会议、专题研讨会、视频会议等。除此之外，德国政府还会在互联网上发布法案草案，并邀请公众提出意见。目前，公民可以在政府网站上查看所有发布的法案，参与合适的讨论，直接对法案草案提出问题或建议，政府也会根据公众反映对草案进行必要的调整和修正。在立法听证的范畴上，德国的立法听证涉及广泛的领域，包括经济、环境、社会政策、外交等方面。德国的立法听证还包括针对个别群体而开展的专题研讨，如针对残疾人的立法听证、针对老年人的立法听证等。在立法听证的参与者上，除政府官员和议员之外，德国立法听证的参与者包括专家学者、利益集团、公民团体、企业等。法案草案的起草单位可以邀请相应领域专家，公民团体则可以代表公民群众的利益发言。其中，代表公民的利益团体是德国立法听证的独特之处之一。这些团体有时会成为立法进程中最有效的反馈机制之一，既可代表个别利益，同时也能代表普遍的公民利益。在立法听证的影响上，德国的立法听证是公开公平的，反映了公民对法律的期望和需求。政府和议员通过听取公众的意见和建议，加深了对各利益集团和行业协会的认识。在公众的参与下，法案草案可以更多地符合社会各方的期待，减少政府犯错的机会。尤其是在敏感的领域，如生态、公共安全等，德国立法听证更起到关键性的作用。总之，德国的立法听证是公众参与立法过程的一种重要方式。它不仅可以推动立法的民主化，同时可以改善立法品质，让法规更符合广大人民的利益。

(2)我国的立法听证

我国在法治建设中探索立法公开逐步建立起了听证制度,推进公民有序参与立法活动,听证制度也是人大常委会接受广大人民群众监督的重要形式。自 1996 年国家确立行政处罚听证制度、1997 年确立价格决策听证制度后,在参考国外做法和我国听证实践经验的基础上,2000 年通过的《立法法》将听证制度引入立法程序,作为推进立法民主化和科学化的重要措施。《立法法》引入听证制度,是有宪法依据的。我国《宪法》虽没有明确规定听证制度,但却包含了实行听证、维护和保障公民权益的要求。《宪法》第 2 条第 3 款规定"人民依照法律规定,通过各种途径和形式,管理国家事务,管理经济和文化事业,管理社会事务。"在我国宪法体制下,立法听证是基于公民的宪法性权利(力)而产生的,国家的一切权力属于人民,国家机关作出任何涉及公民权利和义务的规定都要向人民征求意见,体现人民的意志。立法听证是听取人民意见的有效形式,更是人民参与国家管理的重要途径。《立法法》确立关于立法听证的规定,是我国立法听证的制度最主要的法律依据,同时也标志着立法听证制度在法律层面上正式确立。2015 年修改的《立法法》确定了立法听证的适用范围,但只是做了一种纲领式的规定,而这样的规定可以说还没有达到详细且明确的程度。2023 年《立法法》对立法听证制度未做修改,但是对基层立法联系点制度的规范,为立法听证制度的进一步优化开辟了道路。

通常在涉及以下几类立法问题时,举行立法听证的效果比较好:一是为社会所普遍关注的、涉及公民的权利义务的立法事项。就直接涉及公民利益的立法事项组织听证会,将会吸引公民的广泛地参与到其中。公民的陈述和意见对相关问题更具有针对性,对分析研究立法事项的民意基础有重要意义。相较而言,在规范国家机关内部工作程序的相关规定上举行听证会,公民关注度较低。二是涉及不同利益群体且有明显利益冲突的立法事项。这类立法举行听证会有其自身的必要性。当立法事项涉及两个或者两个以上不同利益主体的利益调整和分配时,听证制度能够为当事双方提供一个公平的陈述意见的机会，客观公正地听取利益主体之间的陈述和意见。三是有重大不同意见的立法草案。基于不同利益的要求、不同理念的认识、对情况和事实的不同判断，总会产生不同的意见，可以通过听证陈述、辩论取舍对立双方的意见。四是所涉及的情况、问题需要进一步予以澄清、明确的立法草案。听证可以有效地获取重要信息。立法草案所设计的制度、条文，所依据的事实、情况和社会关系不清楚，或者在通过其他渠道获取相关信息被质疑时，听证获取重要信息发挥了重要作用。

美国、日本的立法听证，一般由议会委员会组织举行。根据我国《立法法》的规定，列入常委会会议议程的法律案，由法律委员会、有关的专门委员会和常委会工作机构采取多种形式听取意见。因此，全国人大常委会立法听证的机构为法律委员会、有关的专门委员会和常委会工作机构。按照立法法的规定，它们既可以单独，亦可联合作为听证机构，组织举行听证。在我国地方立法中，根据地方人大制定的听证规则或者办法，听证机构的层次比较多，包括常委会、主任会议、专门委员会、常委会工作机构四类机构。但是，从地方举行听证会的实践来看，组织举行听证的机构多为法制委员会。

总之，立法听证会具有公开、透明，充分、客观，规范、有序等特点，是立法过程中充分发扬民主，扩大公民的立法参与，提高立法质量的有效形式，已成为各国立法制度的有机组成部分。

(3)西方国家和中国立法听证评析

西方国家的立法听证制度是其民主化进程的重要组成部分，具有诸多优势。具体包括：第一，多元性。在西方国家的立法听证中，参与者的范围非常广泛，包括了专家学者、利益集团、公民团体、企业等各类群体和个人。这种多元化的参与方式，使立法听证的过程能够更充分地考虑到各方面的利益和观点，从而产生更客观和符合实际情况的立法草案。第二，民主性。西方国家相对较为注重民主原则与价值，立法听证也是民主化制度的一部分。在听证过程中，公众有权利表达观点、提出意见，并且有权利对立法草案进行反馈和评价。专家和政府代表给予公众提出的问题和意见充分的回应,并考虑在最终法规中纳入这些意见。这种听取公众意见的过程,充分体现了民主的精神和实质。第三,公众参与性。在西方国家的立法听证中,公众是一个重要的参与主体,政府必须听取公众的反馈和建议以制定具有代表性的法律。作为一个民主的体现,公众能够直接参与立法制定的过程,为法律制定提供力量支持。这样的立法过程可以加强政府的透明度,提高政府对公民的责任感和公信力,增加公众信任政府的程度。第四,透明性。西方国家的立法听证过程相对较为透明,具有明确、公开、全面的标准。立法听证的安排、时间、场所、规范等均可以通过媒体官方网站或其他渠道公布,让整个听证过程都成为一个公开透明的过程。同时,听证的结果、意见和建议也必须在政府网站或立法机关官网上进行公布,让公众随时借助这些信息评估政府的工作和立法的质量,从而提高立法质量和透明度。

与之对比,中国在立法听证方面也有其优势。作为特殊的社会体制,中国的立法听证也应该结合中国的实际情况,避免盲目照搬西方国家的模式,同时发挥自身优势以深化立法工作。一是强调中央领导的定向引导。中国政府组织听证时,往往会强化中央领导的定向引导,避免立法工作产生偏颇。如果听证的过程总是处于平衡状态,意见的倾向变得越来越无法决断,领导者不能很好地指导和决策,这极有可能对组织立法工作产生负面影响。二是优先考虑专家和利益集团的参与。中国在立法听证方面更注重专家学者和各利益方的参与,立法草案中可以集中反映各利益方的要求和观点,使之更具代表性。三是在执行过程中注重实效。中国在立法听证中执行的重点在于实效。中国政府更加强调在执行立法听证时,要注意把听证的结果手续化、程序化、目标化、考评化,而不是注重立法听证本身对民主制度的体现。这样的执行方针,能达到更加精确、高效的目标。

第二节　西方国家的立法协商

一、西方国家参与立法协商的主体

在美国国会的立法程序中,美国国会委员会扮演十分重要的角色。委员会首先采取的行动是向相关部门及机构获取法案的信息与反馈。通常法案也会提交至美国政府问责署以获取官方报告。在法案足够重要的情况下,委员会将举行公众听证并确定听证会的日期。在听证会结束后,委员会相关小组将在会议上对法案进行评估,即进行审议会议。各方的观点将得到小组成员的研究和讨论,审议完成后,将以投票方式决定小组的结论以及即将采取的行动。立法协商强调公民对公共利益和公共事务的参与,涉及公民、私人团体和公共机构的互动与协调。其中,利益集团是立法协商机制中的重要组成部分。利益集团是美国公民向民选官员表达他们的想法、需要和见解的一个重要机制。利益集团产生的根源在于三权分立,政治权力的分散导致政党制度的削弱,在政治权力分散的体制下,公民团体发展为国家性的组织,即利益集团得到蓬勃发展。利益集团参与立法协商、影响立法进程的主要方式是游说国会。

在英国,在法案起草阶段,英国内阁委员会会要求对提议的议题组织公众协商与咨询。在立法审议过程中,上议院与下议院定位各自角色与职能,通过协商平衡其利益冲突,合力审查法案。立法协商中的外部主体主要包括利益团体、媒体、公民个体以及参与公共协商的主体等。

日本主要通过咨询程序与审议制度和公听制度等将个人、利益集团与技术专家共同吸纳到协商过程中。日本听证会通过自上而下的方式召集,国会议员和非国会议员都可以召集。日本《众议院议事规则》第61条明确指出,“非国会议员而要求召开听证的人,可以去信委员会主席申明其理由”[1]。日本也通过公众评议制度和咨询程序吸引大众参与立法协商。审议会在中央到地方各级行政单位都有设置。目前，日本共有90个审议会，其范围涉及日本社会的方方面面[2]。审议会将信息征集主体从普通民众转移到技术专家领域。审议会的咨询对象是学者、专家、退休的政务官或其他行业代表，由负责法规起草工作的部长聘请专业领域有知识技能与研究深度的专家来发表意见。部分委员必须得到参议两院的批准、内阁的认可或是相关团体的推荐。一个人可以同时担任最多不超过4个审议会委员，任期两年[3]。

在西方国家的立法协商中，各种主体的参与是非常重要的，其能够有效提高立法的多元性和民主性，同时也能够充分反映出不同群体、利益和意见。通过以上西方典型国家立法协商主体的分析，我们可以将西方国家立法协商的主体归纳为以下几类。

1. 政府机构。政府机构在立法协商中的作用非常关键，不仅承担制订和修改法律建议的重要职责，更重要的是为协商过程提供技术和法律专业知识的支持，从而成为协商的关键参与者之一。政府机构包括行政部门、司法机关和立法机构，每个部门都有其自身的职责和角色。例如，在美国国会立法协商中，政府机构可以为协商过程提供有利的立法环境，其中相关部门官员会根据需要提供旨在解决问题的财务和技术建议，并为立法本身提供法律背景和相关研究。

2. 民间团体。民间团体在立法协商中的作用也非常重要。它们通常代表着特定的社会利益，能够通过各种方式对立法进行反馈和影响，从而实现其利益和目标。例如，绿色环保组织通常会针对环境保护相关的法律或政策提出建议和意见，人权组织会就社会正义、平等和自由等问题发表立场和建议，而商业协会和制造商则会关注经济利益和法律对

---

[1] 陈刚、赵家坤：《发达国家在立法协商方面的有益经验和启示》，载《汉江师范学院学报》2017年第2期。

[2] 参见薛澜、彭志国：《论合作主义视角下政策咨询机制构建与完善》，载《科学研究》2005年第5期。

[3] 参见周初：《日本的审议会制度》，载《政治学研究》1986年第1期。

其产业和财产的影响。在德国和法国等国家,利益团体通常是由商业协会或其他行业组织代表出席,在立法过程中通过发言和游说政府表达其声音。

3. 利益集团。利益集团也是立法协商中的重要参与者,它们代表着特定经济利益,如商业协会、商会、制造商等,其立场往往与民间团体存在冲突。利益集团利用自己的影响力、资源和人力,参与立法协商过程,以保护自己的经济利益。例如,制造商组织会在讨论与制造企业相关的法规时,提出他们所面对的问题和需要解决的问题等。通过与公司代表互动,规则制定者可以对立法对企业的影响有一个更加全面的认识。

4. 个人。在西方国家,个人也可以通过各种方式参与立法协商,如公开会议、公开听证会、思想领袖的发言等,从而将他们的立场、观点和建议带入协商过程中。例如,在美国,公开听证会提供了一个表达个人意见和立场的重要机会。听证会通常由有关立法的委员会开立,公众可以发表意见,提交证据或向委员会提问,倡导或反对特定的立法或政策。听证会也为在某些问题上取得公共代表性提供了一个重要的媒介。通过听取普通公民的声音和利益,决策者能够理解并反映出不同的立法利益和权益。

综上所述,在西方国家的立法协商中,政府机构、民间团体、利益集团和个人等多种主体都能充分参与,带来诸多意见和建议,从而实现立法的多元化和民主化。这为法律、政策的有效性和公正性提供了良好的基础。

二、西方国家立法协商的主要方式和渠道

美国两院制的立法机构和三权分立的政体本身就被视为一种充分协商的制度。其中,美国的立法协商实践集中体现在其复杂的立法程序上,主要阶段包括:根据诉求采取立法行动(包括修订、废止、订立新法)→立法提案的提出及确定立法提案的类型→立法提案分流到委员会进

行论证→委员会进行论证并书写报告→将议案登记在国会作业日志→国会议员对法案进行辩论、议案三读并得到法案通过的最少赞成票→将众议院通过的法案递交给参议院→两院召开协商会议并对条文完全一致的两院法案进行登记→总统签署或行使否决权而导致两院再次表决。在立法过程中,参议院和国会的协商和审议是最为漫长的过程,需要考量各方利益诉求,进行多次的听证、辩论和协商。

在英国立法协商实践中,公众参与尤为突出,具体表现在立法程序中通过咨询协商文件、外部主体参与的广泛性和参与方式的多样性三个方面。在法案起草阶段,英国内阁委员会要求要对提议的议题组织公众协商与咨询。咨询文件(consultation documents)将会广泛分发至利益方,并公开发布在互联网。当决定推进法案时,必须要获得相关内阁委员会的批准。立法项目委员会记录咨询协商的进度,确认争议的存在以及争议是否通过咨询协商而得到了解决。在法案起草阶段,对咨询协商的重视是十分必要的,因其可以起到加强透明度的作用,从而加强公众对咨询协商程序的信心。在立法审议过程中,上议院与下议院定位各自角色与职能,通过协商平衡其利益冲突,合力审查法案。立法协商中的外部主体主要包括利益团体、媒体、公民个体以及参与公共协商的主体等。在英国立法过程中,一个显著的变化表现在外部主体越来越多地参与到立法协商中,具体表现在:在法案起草过程中,议会通过立法前审议主体的扩展以及给予委员会额外时间等方式,确保更多的特定利益相关者知晓草案内容。在法案通过过程中,采取取证调查方式,研讨会以及其他非正式的程序形式,尽可能让利益相关方更大限度地参与立法过程。相较于传统的交流方式,网络等现代交流方式越来越多地应用在立法协商机制中。公众可以通过网络获得更多关于议会的信息以及议会中进行的事项的信息,包括议会中法案的文本、附注以及附在法案之后的修正案。未经修正的委员会听证副本也会及时地在网上传播。网站上有大量关于议会的资料,其中不仅包含正在进行的议会程序,而且包括未来要进行的程序。网上平台的创新为公众提供了直接接触立法过程并对其产生影响的机会，为更加广泛的公众参与提供了实实在在的平台和基础。

日本的立法协商程序有完备的规定，就制度设计而言，主要通过咨询程序与审议制度和公听制度开展。听证会包括听证与公听会。狭义的听证指针对个人权利义务的行政处分行为。公听会则要求所立法案辐射与影响程度深远，通过立法机关广泛收集民意来完善法案。日本公听会不存在辩论环节，方便听证会主席和其他委员能够集中注意力听取问题，无须就内容进行争辩，在召集程序上更加自主。立法公众评议制度调整的对象广泛，包括内阁的命令、总理大臣办公室制定的条例、各省制定的条例和通告，以及地方立法制定的法规和规章。该程序要求中央与地方立法机关就立法规划提前30天发布，给予公众足够时间对相关立法机关的决策进行讨论，并说明立法规划的目的与其他相关信息。评议期结束后，相关立法机关对公众的意见进一步修改拟议法案。咨询程序在意见采纳上更加聚焦和有针对性。咨询机关一般代表特定社会群体的利益，比如最低工资审议会、私立学校审议会、自然环境保护审议会等。通过咨询程序，审议会的意见成为政府有关部门制定政策法规的重要依据，同时有针对性地吸取建议，避免了公众参与造成的效率低下等弊端。

在西方国家的立法协商中，存在多种方式和渠道，不同西方国家采用的立法协商方式和渠道略有差异，但总体来说，这些方式和渠道都是以公开、透明、公正为原则，并保障各利益方具体权益和利益的争取。同时，这些方式和渠道也为各种利益主体和公民参与到立法协商中提供丰富的机制支持，进一步保证了立法的科学性、民主性和公正性。

1. 公开会议。公开会议是最基本的立法协商方式之一。在公开会议上，委员会成员可以在公共场合下就立法问题进行讨论，并就提出的建议进行投票表决。公开会议通常是面向公众开放并严格遵守规定程序，这使得公众有机会观察委员会的讨论和决定，并针对所讨论的立法问题提出自己的想法和意见。

2. 公开听证。公开听证是立法协商的一种重要方式，主要是为委员会成员听取各方观点和意见以及提供建议。公开听证会主要由政府机构、立法者组织，通常为了了解公众意见而开设。听证会可以邀请任何感兴趣的人、组织或团体发言。听证会对公众开放，之后由委员会成员对听证人所提供的证据和信息进行评估。公开听证会为公众提供了一个致力于影响立法者决策的机会。

3. 准公开会议。准公开会议通常指的是一种较私密和封闭的立法协商方式，只有受邀请的政治和社会代表团体的代表可以参加会议。会议主要聚焦于专业学术方面的讨论。这种方式的优势包括可以保障团体代表的权益，也能避免传统立法协商程序中的摩擦和争议，强化立法的实务含义。

4. 有代表性会议。有代表性会议是一种重要的协商方式，尤其适用于代表性组织的会议。会议由一些代表性团体成员组成，并由委员会召开。代表性会议对于保障公众利益是至关重要的。它们被特别指定为代表某个特殊利益或行业、人口或地区的机构，因此在协商过程中拥有推动立法和政策的重要能力，也能确保代表本地和特殊利益的组织代表将他们的利益和需求代表到协商中。

5. 在线交流平台。随着网络智能科技的飞速发展，在线平台正逐渐成为立法协商及公众参与的主流方式之一。在线平台通常包括网络讨论板块、在线咨询、社交媒体等各种途径。这些平台可以为公众提供交流和互动的支持，让远程参与的公众领域更广泛，让立法者能够很快了解公众对其立法和政策的观点和建议。

综上所述，西方国家的立法协商涉及多种方式和渠道，每种方式和渠道都有其适用范围和适切性，这为充分发挥公众和各类利益方的职能和能力，进一步推动政策和立法操作提供了多元化的机制保障。

第三节　中国的立法协商

一、中国参与立法协商的主体

(一)人民代表大会及其常务委员会

人民代表大会制度是保障人民当家作主的根本政治制度。有立法权的人民代表大会及其常务委员会在立法决策、立法起草和审议过程中要根据实际需要进行充分协商,更好汇聚民智、听取民意,凝聚更大的社会共识。人民代表大会既要在立法过程中发挥主导作用,也要在立法协商过程中发挥主导作用。《立法法》第 54 条规定:“全国人民代表大会及其常务委员会加强对立法工作的组织协调,发挥在立法工作中的主导作用。”具体而言,如人民代表大会及其常务委员会在政治层面上与民主党派、工商联、政协委员、无党派人士、人民团体、社会团体等各界积极沟通,就立法规划、立法草案等多方协商,或者向社会公开征求意见和建议。在法律法规的起草过程中,要加强人民代表大会专门委员会、工作委员会与相关方面的沟通协商,更好地发挥人大代表在立法协商中的作用,如法律、法规、规章的起草要更多地征求人大代表意见,要增加人大代表列席人大常委会会议人数,提高代表议案建议的质量,加强有关方面与代表的协商沟通等。人民代表大会及其常务委员会还应通过诸如论证会、咨询会、听证会、座谈会等各种方式,多方倾听其他有关部门、专家学者、社会团体、公民等各方面的意见和建议。

(二)人民政协

人民政协以中国共产党领导的多党合作和政治协商制度为保障,集协商、监督、参与,合作于一体,是社会主义协商民主的重要渠道。人民政协要发挥作为专门协商机构的作用,把立法协商民主贯穿履行职能全过程,推进更好地协调立法中的各种重大利益关系,汇聚力量、建言献策、服务大局。政协有关专门委员会和政协委员,可以对有关法律法规草案进行论证、协商,发表意见和建议。这是实现政协在立法过程中利益表达、民主监督、立法咨询等功能的重要途径。在具体方式方面,比如,要提高政协立法提案的质量,对人民代表大会及其常务委员会审议的法律案、法规案等积极建言;更加灵活、更为经常地开展立法专题协商、对口协商、界别协商、提案办理协商等:利用政协广泛联系各界的优势,广泛反映各界对立法的意见和建议;加强政协立法协商与党委和政府工作的有效衔接。

(三)行政机关

行政机关在法律、行政法规规章的过程中发挥着重要作用。完善政府的立法协商功能对于提高立法质量非常重要。涉及经济社会发展重大问题、重大公共利益或重大民生的行政立法,尤其要重视听取社会各方面的意见和建议,吸纳社会公众特别是利益相关方参与协商。涉及特定群体利益的相关行政立法,加强与相关人民团体、社会组织以及群众代表的沟通协商。提高政府的立法协商能力需做好的几项重要工作包括,要做好政府信息公开工作,为各方面参与政府协商创造条件;要完善立法项目、法规规章草案的意见征集和反馈机制,广泛听取意见,及时反馈意见采纳情况;要进一步完善立法听证机制和程序,让立法听证会切实发挥实效:要建立健全立法决策咨询机制,完善咨询程序,提高咨询质量和公信力;要完善人大代表议案建议和政协提案的办理联系机制,办理结果逐步向社会公开等。

(四)人民团体

人民团体作为党和政府联系人民群众的桥梁和纽带,在立法协商中有发挥其积极作用的巨大空间,可以增强立法协商的广泛性和代表性。对涉及群众切身利益的,特别是事关特定群体权益保障的重要立法议题,有关立法部门要加强与相关人民团体的立法协商。

（五）社会组织

随着中国社会建设的不断推进，社会组织在社会管理和社会自治过程中的作用会不断增强。在法治框架下，多样性的社会团体和组织能够及时、有效地收集、表达其组织所代表的公民、组织或人群的利益，并与其他的利益相关群体进行对话、沟通和协商，以寻求利益诉求的整合与协调。近年来，我国各类社会组织和团体不断发展。因而，在立法协商过程中，社会团体和组织能够发挥其重要作用。要在立法项目、立法草案的公开征集意见、立法论证、立法听证、立法评估等过程中，完善机制和程序，使有关国家机关、社会团体等之间有稳定、畅通的沟通渠道，通过健全工作机制，使对立法中涉及的重大利益调整的论证咨询和协商切实发挥实效，也引导社会组织有序开展立法协商，更好地为社会服务。

（六）人民

人民群众是社会主义协商民主的重点。要按照协商于民、协商为民的要求，大力发展基层协商民主，重点在基层群众中开展协商。凡是涉及群众切身利益的决策都要充分听取群众意见，加强议事协商，通过各种方式，在各个层级、各个方面同群众进行协商。要更好地保障人民群众的知情权、参与权、表达权、监督权，要推进权力运行公开化、规范化，完善党务公开、政务公开、司法公开和各领域办事公开制度，让人民监督权力，让权力在阳光下运行。立法协商以法律法规规章公开征求意见、公众意见采纳情况的及时反馈为重要形式，实现协商与决策的相互衔接，提高立法质量。通过建立健全代表联络机构、网络平台等方式，密切人民代表与人民的联系，切实做到“人民代表为人民”。还有一类“特别的”公民，这就是各类的专家学者等专业人员。这些专业人员中有些是法律方面的，也有其他各个行业的。当然，这些专家学者也往往是归属于各类社会团体、专业研究机构等事业单位的。他们也往往以这些组织或机构的名义发声。鉴于这类专业人员的专业技能、协商经验以及拥有若干与有关国家机关的沟通的便利资源等因素，他们对提高立法协商质量、进而提高立法质量可以发挥重要作用。

二、中国立法协商的主要方式和渠道

在中国，立法协商展开的主要形式为会议协商、书面协商、网络协商等形式。各协商主体在立法协商制度的运行过程中，以高度的政治责任感和历史使命感，积极参与到立法协商之中。一方面为提高协商的针对性和实效性，提高立法的质量和效率，充分利用多种形式的协商；另一方面为不断丰富协商实践，按照制度要求和中国共产党一起进行探索。通过有效的立法协商形式，完善中国特色社会主义法律体系，为中国特色社会主义道路自信、理论自信、制度自信、文化自信提供法律保障。

会议协商主要包括以下几种形式：(1)立法协商座谈会。座谈会作为最常用的立法协商形式之一，是立法过程中定性的调查方法。座谈会是在主持人的引导下对某个主体或者概念进行深入探讨和意见交换的会议协商方式。座谈会源于20世纪50年代政治协商会议全国委员会组织的“学习座谈会”，是一种邀请有关人员交谈某一或者某些问题的会议。在我国，座谈会作为一种传统的政府听取民意的方式，具有形式灵活，对象具有针对性等特点。(2)立法协商联席会议。立法协商联席会议，就是由来自不同部门的协商主体就立法协商项目而联合召开的会议。在我国，对就本年的立法协商工作通过召开人大、政府、政协三方联席会议做好计划和规划，并在此基础上充分进行沟通交流，再就进一步优化和改善立法协商工作进行商讨，同时还根据当时的社会发展实际状态来对下一个年度的立法协商工作提出意见。(3)人民政治协商会议。人民政协内部的协商形式发展了专题协商会、双周协商座谈会、对口协商会、提案办理会等协商民主形式，富有一定的创新性。一般情况下，专题协商都是利用政协组织所提供的渠道，通过以会议为主要的形式，来和政府单位以及相关部门的负责人来进行直接沟通和协商议政的一种形式[1]。立法协商专题会针对立法过程中的困难点，以会议为主要形式，由党政高层领导出席，“一事一专题”形成对话和互动的机制，从而提出比较成熟的意见建议。从协商主体来看，全国政协主持全国专题协商会议，参加对话协商的主体有中共中央、国务院的主要领导人、各个民主党派、人民团体还有国务院其他部门的负责人等团体或个人，而地方政协专题协商的协商主体则相对更广泛，除了政府部门的相关负责人，各个民主党派、社会团体等协商主体之外，当地的政协还积极主动地邀请普通的社会大众参会议会，鼓励和激发群众表述出其真实的意愿，并以合法的形式来表达出其利益需求，借助协商交流沟通来解决问题[2]。

书面立法协商是协商主体之间即立法机关和人大代表、以下立法机关以及其他有着相关的部门、单位、学者、普通的社会公众们针对法律法规等立法进展程度、具体事项以书面往来进行意见交流的模式，通过书面文字方式来对立法事项达成统一的认识，来为立法机关提供一个有效的参考意见的协商手段。我国的《立法法》《行政法规制定程序条例》均对此作了明确的规定，两者都明确规定法律法规草案要以书面协商的方式来吸取社会各界各阶层的意见。书面立法协商模式的主要形式通常是包含了如下几点：第一，立法机关和人大代表之间进行书面协商；第二，上下级立法机关之间的书面协商；第三，立法机关和其他的国家机关单位之间的书面协商；第四，立法机关和一些科研、教育机构之间的书面协商；第五，立法机关和具体领域里的学者专家、具体工作执行者之间的书面协商；第六，立法机关和普通的社会公众之间的书面协商，也就是普通的社会公众对立法事项是将意见形成书面文字形式去向立法机关反馈情况，立法听证过程中因为陈述人因为一些合理的特殊缘由不能到场亲自反馈而提出书面意见，立法旁听后再将结果形成书面文字形式进行协商的现象。

---

〔1〕《政协专题协商方式的探索与启示》，载中国政协新闻网，http://www.cppcc.people.com.cn/n/2014/0423/c34948-24931458.html。

〔2〕参见王晓：《专题协商制度的基本理论问题研究》，载《社会科学辑刊》2014 年第 6 期。

在我国,网络表达日渐成为一个非常重要和热门的形式。在当今时代,互联网已经是公众表达自己意愿的主要媒体。例如,可以通过网络媒体在人大常委会审议法案时,对常委会审议的全过程进行现场直播,让老百姓通过网络旁听审议全过程并发表对法案的意见建议等;及时将委员们的审议意见在每次常委会会议审议之后在网络上发布;为更广范围征求意见,提高法规的公众参与度和社会影响力,在重视在立法机关的网站上发布立法动态的同时,还要探索通过新浪、搜狐等大型门户网站公布法规草案。微博在网络立法协商中发挥了重要作用。传统媒体对立法议题的报道会成为新媒体报道的来源,新媒体所呈现出的喧哗的众声,反过来也为传统媒体提供了报道素材。因此,立法协商要重视网络微博客、轻博客等新兴平台的作用,充分发挥其优势,丰富立法协商的内容。

第十一章　立法评估

第一节　立法评估概述

一、立法评估的概念

通常意义上，立法评估是指由一定的组织或个人依据一定的标准、程序和方法，对立法的价值大小或高低、趋势或发展的预测、评价、判断的活动。

二、立法评估的类型

立法评估根据评估时间的不同，可以分为立法前评估和立法后评估。

（一）立法前评估

立法前评估，是指法律法规公布实施前，法的制定机关的法制机构对制定过程中的法律法规质量和实施效果，进行有组织的测量、分析、评价并作出结论的预测性活动。我国的立法前评估工作，是根据第十二届全国人大常委会为提高立法质量，增强法律的可执行性和可操作性的要求而展开的，最早是2013年4月，全国人大常委会法工委对《旅游法》进行的评估。2014年8月，全国人大常委会法工委召开《安全生产法修正案（草案）》出台前的评估会，使立法前评估更加为人们所熟知。《立法法》第56条第1款规定全国人民代表大会常务委员会通过立法规划和年度立法计划、专项立法计划等形式,加强对立法工作的统筹安排。编制立法规划和立法计划,应当认真研究代表议案和建议,广泛征集意见,科学论证评估,根据经济社会发展和民主法治建设的需要,按照加强重点领域、新兴领域、涉外领域立法的要求,确定立法项目。立法规划和立法计划由委员长会议通过并向社会公布。其中对立法前评估进行了明确的规定。

(二)立法后评估

立法后评估,俗称"立法回头看",理论界有多种称谓,诸如立法评价、法律评价、法律实施效果评价、立法跟踪评估、立法跟踪问效制等。[1] 其是指法律法规公布实施后,法的制定机关的法制机构对实施中的法律法规质量和实施效果,进行有组织地测量、分析、评价并作出结论的活动。立法后评估的目的是为法的立、改、废提供依据的活动。[2] 根据这一定义,立法后评估具有如下特征:

第一,立法后评估是针对已经实施的法进行的评价。

第二,立法后评估是根据一定的标准对立法评估对象进行评估。

第三,立法后评估具有相对规范的程序。

第四,立法后评估的目的在于提高立法质量。

立法后评估是从西方国家发展起来的一项制度。在德国,立法成本效益分析与评估包括法律实施前的预评估、伴随性评估、法律实施效果

---

〔1〕 参见侯淑雯主编:《新编立法学》,中国社会科学出版社2010年版,第327页。

〔2〕 《厦门市规章立法后评估办法》第2条规定:"本办法所称规章立法后评估(以下简称立法后评估),是指市人民政府制定的规章实施后,根据其立法目的,结合经济社会发展情况,对其立法技术、立法内容、实施绩效等情况进行调查和评价,并形成评估报告的活动。"《苏州市规章立法后评估办法》第2条规定:"市人民政府规章(以下简称规章)的立法后评估,适用本办法。本办法所称的规章立法后评估,是指规章实施后,根据其立法目的,按照法定程序,结合经济社会发展实际,对规章的立法质量、实施绩效、存在问题等进行调查、分析、评价,提出继续执行、修改或者废止等意见的制度。"

评估三个阶段；在英国，分为立法预评估和立法后评估两种。[1] 我国的立法后评估是伴随我国改革开放和经济社会持续快速健康发展，法治国家建设取得长足进步，特别是在形成中国特色社会主义法律体系的过程中，从过去的数量型立法向质量型立法转变的过程中提出来的。山东省自2000年开始对地方性法规的实施情况进行评估，在我国较早开展了立法后评估工作。作为一项制度创新，立法后评估的现实意义正逐渐得到各级各地立法机关的认同。立法后评估写入国家的正式文件，是2004年国务院发布的《全面推进依法行政实施纲要》确定的一项制度。《全面推进依法行政实施纲要》要求："规章、规范性文件施行后，制定机关、实施机关应当定期对其实施情况进行评估；实施机关应当将评估意见报告制定机关；制定机关要定期对规章、规范性文件进行清理。"中国共产党中央政法委员会提出："要重视立法评估建设，建立健全法律法规实施效果评估机制，并使之规范化、制度化。"[2]我国的行政立法后评估试点，启动于2006年。2013年3月23日发布的《国务院工作规则》（国发〔2013〕16号）纳入了此项内容，该规则在第18条第3款中明确规定："行政法规实施后要进行后评估，发现问题，及时完善。"虽然我国的立法后评估现阶段还处在积极探索时期，但已经取得了一些成果。如自2006年至2012年，天津连续几年开展立法后评估工作，并组织完成29个试点评估项目。[3] 2008年11月广东省人民政府发布《广东省政府规章立法后评估规定》、2010年9月国土资源部发布《国土资源部规章和规范性文件后评估办法》、2011年4月重庆市人民政府发布了《重庆市政府规章立法后评估办法》。同时，立法后评估已在立法中明确规定。即在《立法法》第67条规定了全国人民代表大会有关的专门委员会、常务委员会工作机构可以组织对有关法律或者法律中有关规定进行立法后评估，评估情况应当向常务委员会报告。

---

〔1〕 参见侯淑雯主编：《新编立法学》，中国社会科学出版社2010年版，第327页。
〔2〕 中央政法委：《社会主义法治理念读本》，中国长安出版社2012年版，第130页。
〔3〕 参见李培传：《论立法》（第3版），中国法制出版社2013年版，第374页。

三、立法评估的功能

第一，有效提高立法质量。立法后评估为社会直接参与立法开辟了新的渠道，使立法工作从关注有法可依，转变为更加重视立法的科学化、精细化，是立法的自我完善和发展。通过立法后评估能使更多的人关注立法、并积极参与到立法中来，这使得除了传统的立法部门、执法部门能参与立法过程之外，社会公众也可以在立法过程中发表意见，集思广益，群策群力，这种立法参与的广泛性，使立法更具民主性、科学性。同时，通过立法后评估，采取一定的方式和手段对法律法规执行的效果进行检验和评价，能够全面总结立法经验，及时、准确地发现法律法规在设计上的问题和不足，进而提供修改、废止的科学依据，积极推进地方性法规的适时修改，提高地方性法规的质量。

第二，提高法律实效。立法后评估以法律的实效性作为其价值评价标准，促进立法、执法、守法之间的良性循环，以保障人们的活动有法可依。法律的生命在于实施，立法部门制定出来的法律只有被人们作为行为准则，转化为实际交往中的权利与义务的相关内容，才能使其从纸上的法变成真正的法，才能有效地维护社会秩序和保障人们的自由权利。开展立法后评估，通过对法律实施的基本情况、所取得社会反映等进行评估，分析地方性法规中各项条款设计的合理性、合法性、有效性和可操作性，客观地评判其综合效益，增强地方性法规的实效。

第三，保障和促进法律法规的实施。立法后评估成果是人大开展相关法律法规执法检查活动的重要依据。评估报告是在对大量数据、案例分析和调研论证的基础上形成的，是对某一地方性法规的全面检查，以此而提出的意见和建议都是来自执法一线的真实反映。同时，立法后评估还能发挥举一反三的功效，通过立法后评估，发现立法中具有普遍性、规律性的问题，在今后的立法中予以避免，从而指导立法工作。

第四，提高立法工作水平。通过开展立法评估，及时对立法工作实行回头看，全面认真回顾和总结立法工作经验，努力查摆立法工作中存在的问题和不足，为今后更好地开展立法工作奠定良好的基础。

第五，推进普法教育。通过向社会征求意见和民意调查等民主方式，向社会和公众普及相关法律、法规知识，能有效提升公民学法、执法、守法意识，能够在社会上营造良好的法治氛围。

四、立法评估的原则

立法评估的原则是指立法主体进行立法评估时遵循的一般原则。除此之外，立法评估主体进行不同阶段、不同性质的评估活动时还需遵循针对特定评估对象所决定的具体原则。根据立法评估的性质和目的，立法评估主体进行立法评估时至少需要遵循以下原则。

（一）客观公正原则

客观公正原则，是指立法评估主体在收集、分析评估信息，作出评估结论的整个过程中应当深入调查全面了解各方面的意见和建议，准确把握法律实施的真实情况，公平听取各方的意见和建议，运用科学的方法和技术手段分析和评估相关资料，实事求是地得出评估结论。

（二）公开性原则

公开性原则，是指立法评估工作的方案、程序和评估结论，除涉及国家秘密、商业秘密或者个人隐私外，立法评估主体都应当增加透明度，以一定方式向社会公开，不得搞秘密评估。当然，评估主体及其工作人员也应当注意对评估工作中涉及的国家秘密、商业秘密和个人隐私依法保密，不得外泄。

（三）民主参与原则

民主参与原则，是指立法评估主体在立法评估过程中应当为公民、法人和其他组织发表意见和建议提供便利条件，依法保障社会各方面主体，尤其是广大公民、法人和其他组织广泛参与立法评估的权利。对于公民、法人和其他组织通过各种方式提供的评估信息资料、意见和建议，评估主体应当进行研究处理并及时予以反馈。

（四）科学规范原则

科学规范原则，是指评估主体的立法评估方案、立法评估标准、具体指标的设计、收集和分析、立法评估信息及有关资料的搜集方法和技术，应当具有理论和实践依据，以便保证信息收集的真实性、数据统计的准确性和分析结论的正确性。

（五）中立性原则

评估主体易受自身利益的左右，而具有一定局限性和主观性。因此，立法后评估主体制度的设计，必须贯彻中立性原则，努力消除各种先入为主或者主观偏见。开展立法后评估时得到有权机关的明确授权，评估结果应经授权机关通过一定民主决策方式形成意见或建议。地方性法规的立法评估，应当由有权机关授权，立法后评估报告应提出法规或存或废或修改或重新制定的意见和建议，并提请立法机关书面审议。

第二节　西方国家的立法评估

西方的立法评估制度是近 30 年才逐步发展起来的。经过 30 多年的发展，美国和英国等西方发达国家的立法评估制度已经取得了长足的发展。最近 10 余年，西方立法评估制度的发展更是非常显著，这不仅表现在开展立法评估的国家越来越多，而且还表现在立法评估制度不断得到系统化。美国和英国可以说是世界上最早开始系统立法评估实践的国家，也属于立法评估实践做的最好的国家之列，其经验值得借鉴。

一、西方国家立法评估的主体

（一）美国

根据美国总统制作的《监管计划与审查》的规定，评估的主体主要是负责起草和制定行政规章的各联邦政府机构（agencies）。这种评估实际上就是规章制定者自身的评估。除此之外，该法也规定了监督联邦政府各机构监管行为的机构，即管理和预算办公室（The Office of Management and Budget）。《监管计划与审查》明确规定，"管理和预算办公室将履行审查职能"，它负责审查联邦政府机构制定的规章或指导性文件是否与法律、总体考虑的优先事项、监管原则相一致，审查它们是否与其他机构制定的规章或指导性文件相冲突，同时它对各政府机构也提供有关监管事务方法论和程序方面的指导。在此机构内，专门设立了具体负责审查职责的信息和监管事务办公室（Office of Information and Regulatory Affairs）。

（二）英国

与美国单一的评估机制不同，英国存在一个多层次的立法评估组织机制。具体说来可以分为三类：行政机关内的评估组织，议会内的评估组织以及与政府有紧密联系的独立机构。

行政机关内的评估组织可以分为以下几个类型。

1. 监管责任专门小组

这个小组的目的在于全面了解政府监管计划的影响，并改进监管体系和独立部门的绩效。这个专门小组通常每个月都要举行由内阁办公室主任主持的会议，其主要成员有贸易工业大臣、财政首席秘书以及内阁办公室议会秘书、小企业服务局的首席执行官以及更好监管任务小组的主席。

2. 监管影响小组

监管影响小组设在内阁办公室内，它主要负责监控、汇报和支持整个政府监管改革的进展。它也负责对有关国内法律和欧盟法律的监管影响评估进行指导,并且审查这些评估。它还负责有关政府监管改革政策的外部交流,制定可以尽量减少公共部门监管成本的实用方案。此外,它也是独立的更好监管任务小组的秘书处,支持该任务小组开展工作。

3. 部门监管影响小组

英国行政机关的政府部门都设有部门监管影响小组,监管影响小组处于这一系统的中心。部门监管影响小组执行协调日常监管活动并为监管者提供建议。部门监管影响小组的职权也担当了独立的过滤器角色,它将剔除那些成本过高的监管措施以及低质量的成本评估。

4. 监管改革部长

每个关键的监管部门都有一个特定的部长对监管改革负责。他们负责清除过时的或成本过高的监管措施,并确保引入的新监管是必需的,给企业施加的成本是最小的。各个部门向内阁办公室报告监管情况,而监管改革大臣则向监管责任任务小组报告监管问题的进展。

5. 小企业服务局

小企业服务局成立于 2000 年 4 月,其主要目标是代表小企业发出强有力的声音,确保小企业利益在尽可能早的时候被适当地考虑。小企业服务局在监管影响评估中具有一定的发言权,它有权要求影响评估机关将自己的观点记录在监管影响评估中。

6. 议会顾问办公室

议会顾问办公室起草政府一级立法,也审查那些修正一级立法的所有次级立法。议会顾问办公室雇用律师专门研究政府法案的起草。办公室负责确保立法具有较高的质量,即与现有法律相一致并能够有效地执行政策。但起草者并不负责设计政策,立法所要执行的政策由大臣和部门提供指导。议会协商办公室也在法案的议会操作方面为部门和大臣提供建议,并且在必要时还为其提供法律建议。

在英国,与政府有紧密联系的独立机构就是更好监管任务小组。它的前身是放松监管小组，1997 年它更名为更好监管任务小组。更好监管任务小组的成员由首相根据其个人能力予以任命。18 个成员都没有工资，并且来自各种不同背景，包括大小型企业、公民和消费者组织、协会、志愿组织和那些负责执行监管规则的组织。任务小组的成员和出版物对设定监管改革议程具有很强的影响力。内阁办公室监管影响小组负责支持任务小组的工作。任务小组的一个主要成绩就是规划了“良好监管的原则”并为政府所接受，现在所有的政府监管都必须符合这些原则。更好监管任务小组也从事特殊问题的研究，这些问题往往由任务小组自己选择，但在有些情况下也基于政府的要求进行选择。任务小组的所有报告提交给相关的官员后，有权要求他们作出回应。首相指示各部部长在更好监管任务小组报告公布的 60 天之内必须作出回应。任务小组一般也会对政府部门及其部长们听取其建议的情况进行审查。

议会内部机构主要是以下两类。

1. 议会委员会

英国议会中设有许多专门的委员会，其中立法文书联合委员会负责考虑各行政机关制定的所有立法文书是否存在诸如法律基础不牢固、起草存在瑕疵等问题。委员会一年几次发布关于法律起草错误的报告。另外两个议会委员会即下议院的放松监管委员会以及上议院的授权和放松监管委员会根据 1994 年的《放松监管和外包法》审查部门提案，2001 年以后则根据《监管改革法》审查部门提案。

2. 国家审计署

英国国家审计署可以调查广泛的问题，并且可以自由决定调查的方式。在监管影响评估方面，国家审计署的一个重要职能是发布对监管影响评估的评论，并且就监管影响评估中存在的广泛问题提出意见和建议。

二、西方国家立法评估的对象

（一）美国

在美国，原则上联邦政府机构所制定的规章都必须进行评估，但是根据《管制计划与审查》第3条的规定也存在例外情况,下列规章就明确不属于需要评估的对象:(1)根据《美国法典》第5篇第556、557条正式规则制定条款所颁布的规章;(2)关于美国军事或外交事务的规章,但采购规章或者涉及非防务商品和服务进出口的规章除外;(3)界定政府机关组织、管理或人员事务的规章;(4)被信息和监管事务办公室行政负责人豁免的其他种类的规章。

《管制计划与审查》对"重大监管行动"的规章和"重大指导性文件"的评估给予了特别大的关注,并且也需要遵循更为严格的评估要求。"重大监管行动"是指规章所包含的这样一些监管行为:(1)年度经济影响在1亿美元以上的监管行为,或实质上会对经济、企业部门、生产力、竞争、就业、环境、公共健康、安全,或州、地方和部落政府、共同体产生负面影响的监管行为;(2)会与其他机关已采取或将要采取的行动产生严重冲突,或者会干预其他机关的这类行为;(3)会实质性改变资格条件、费用许可、使用费或贷款项目及福利接受者的权利和义务方面的预算效果;(4)提出了源于法定职权、总统优先事项或本行政命令所确定的原则的新的法律或政策问题。"重大指导性文件"也是指可能产生上述效果的分发给受监管对象或者公众的指导性文件。它们也存在免于评估的例外情况,这些情况基本与规章的例外规定类似。

(二)日本

政策评估法律施行令(2001年政府命令第323号)第3条第6号规定:规制新设或者修订、废止为目的的政策,必须进行事前评估。因此,对于"国民"不起作用的、对限制权利或赋予义务不起作用的规定,其性质不适合进行事前评估的规定不需要进行事前评估。

下列举出的具体事例,除此之外也应该根据作用内容的性质进行判断。

(1)对于与行政机关之间,拥有与一般国民和行政机关之间关系不同的关系人起作用的规定。(2)对于犯罪及其刑罚一体化的规定(被行政机关劝告和处分的构成犯罪为了实现一定的行政目的行政机构策划并确立的，该部分除外）另外，在处罚中，只有规定刑罚内容的部分不属于限制国民的权利义务的作用（在确定行政处分的规定中，确定处分内容的部分也相同）。(3)确定市民社会中对等的私人之间规则的规定。(4)实质上不具有限制国民权利、赋予国民义务作用的规定。(5)社会的常识中明确不属于行政目的内容的规定

除此即使非必须进行事前评估的规制，也应该根据基本方针，积极主动地进行规制的事前评估。

三、西方国家立法评估的标准

(一)英国

英国在《监管评估影响指南》中确定了监管影响评价的五项原则：(1)透明——公开、简单易懂；(2)责任明确——无论是对部长、议会还是使用者和公众；(3)适度——监管具有的风险适度；(4)一致性——具有可预测性；(5)目标明确——针对问题，副作用最小。

在监管影响评估过程中需要考虑的问题大致包括以下几类。

第一，关于目的与拟议措施的后果，其中工作包括阐述草案的目标和受影响群体、总结目前所存在的问题以及已有的法律框架、确定可能导致损害的因素，产生风险的可能性。

第二，列出各种方案，包括列出所有可能方案以及各种方案与目标的关系、方案中必须包括“什么都不做”的方案，必须列明每种方案的风险、发生风险的可能性以及减少风险的方法。

第三，关于成本与收益的问题，具体工作包括：列出草案影响最大的部门，包括数量、规模分布以及部门中企业类型、进行假设，所有的假设都必须明确予以说明，检验最重要或最具猜测性的假设，说明假设变化情况及其对成本和收益可能带来的影响；审查每个方案的收益，收益产生的原因和方式，收益应尽可能量化，应考虑环境和社会收益以及对分配的影响；计算成本，如果存在不确定性，就进行估计或确定大致范围，

对政策成本与实施成本进行区分，考虑环境和社会成本以及对分配的影响、确定一个典型企业，解释活动的类型以及它们必须承担的责任，对这些活动予以量化并计算成本。

第四，关于平衡与公平问题，对于每个方案都应该界定可能会不合比例地受到影响的主要人群。

第五，关于小公司影响标准问题，要考虑每个方案对小公司可能会产生的影响，描述每个阶段的影响评估在此方面的细节，谨记应征求小企业服务局的意见。

第六，关于竞争评估问题，对每个方案对于企业竞争力的影响都进行评估。

第七，关于执行与制裁问题，说明草案将要执行的方式以及执法主体。

第八，关于咨询问题，包括政府内部咨询，其中要列出经过咨询的政府机构和部门，还包括公众咨询，要说明公众咨询的结果及其对最后决策的影响。

第九，关于监督与审查问题，考虑如何衡量立法的有效性，何时衡量？主要的新规章必须在生效后 3 年内就予以审查。

第十，关于概要与建议问题，建议选择哪个方案？为什么选择这个方案？用表格罗列出就每项方案所收集的信息概要。

（二）其他国家

虽然一些国家的评估模式是不尽相同的，但是相同的是，政策和法律立项后，都要进行事前或立法前评估，评估政策和法律对经济、社会和环境的影响，评估的方法包括影响分析、成本收益分析、成本有效性分析和风险分析，衡量的标准是政策、监管和法律的收益能够证明为其支付成本的正当性。具体例如美国的评估标准为从欲要监管的收益证明为其支付的成本是正当的、欧盟成员国的评估标准是政府从干预所预期的净收益是正当的、经合组织成员的评估标准是监管产生的收益证明为其支付成本的正当性。[1]

四、西方国家立法评估的方法

（一）美国

《改善监管法》草案是美国一部试图系统规定行政立法评估制度的法案，但最终却得不到国会的多数支持。尽管如此，了解该法案的基本内容以及争论内容对于我们了解美国的立法评估制度还是很有意义的。该草案比较详细地规定了很多进行立法评估的方法，具体说来包括以下几种。

1. 成本收益分析（cost－benefit analysis）

除了某些例外情形，1998 年的《改善监管法》草案要求对所有拟议的和最后制定的重要规则（major rules）进行成本分析。重要规则是指对经济可能产生 1 亿美元影响的规则，哪些规则构成“重要规则”由行政机构或者管理和预算办公室的负责人决定，但管理和预算办公室的负责人有权自由将他认为可能会对经济构成实质负面影响的某项规则确定为重要规则。对于重要规则，原则上在制定之前就必须进行成本收益分析，但也有例外。根据该法案规定，如果政府机构发现在规则生效之前进行这种分析是不现实或者与一项重要的公共利益相冲突，就可以在不经过事前监管分析的情况下采纳一项规则。但在这种情况下，该政府机构必须在规则通过后尽快进行成本收益分析，除非管理和预算办公室的负责人认为这么做明显不合理。

在确定属于重要规则之后，有关政府机构必须进行初步的监管分析。它必须对拟议的规则和其他合理的替代方案进行收益和成本分析，对替代方案还必须对监管方案的灵活性进行评估。政府机构还必须解释拟议的规则为什么会具有收益或产生成本，并且描述收益或成本的承受者或承受人群。在重要规则的最后内容完全确定之后，必须对规则进

---

〔1〕 参见席涛等译：《立法评估：评估什么和如何评估——美国、欧盟和 OECD 法律法规指引》，中国政法大学出版社 2012 年版。

行最后的监管分析。它必须指出最初的监管分析的组成要素,并且指出自对规则进行初步分析以来有关的成本收益分析或风险评估的内容发生了哪些重要的变化。最后的监管分析还必须表明它如何处理针对拟议规则和最初监管分析提出的重要评论。在最后的监管分析中,政府机构还必须作出成本收益的分析决定。它必须陈述该规则可能产生的收益是否足以压倒对成本的考虑并且获得的净收益要大于其他合理的可供选择方案的净收益。如果政府机构认为最后制定的规则并不符合成本效益原则,它就必须指出采纳此种规则的理由,必须指出是哪些国会立法条款要求其采取这种规则的。

2. 风险评估(risk assessment)

该法案规定对有关规则进行风险评估,其目的就在于促进理性的决策过程,既让公众理解,也让其有机会参与这个过程。该法案确认有关政府机构在进行风险评估时有义务告知公众,并且在风险评估的过程中从公众那里获取可靠的相关资料。对有关健康、安全或者环境的风险的拟议的和最后确定的规则必须进行风险评估。

风险评估必须遵循一系列旨在促进规则制定过程透明和掌握充分信息的公开程序。在评估过程中必须考虑所有相关、可靠和合理的现有科学信息,必须解释信息选择的根据。任何有关假设的重要选择必须提供科学或者政策的依据,可以证实假设或者与假设相矛盾的经验数据必须予以公开。风险评估也必须描述可供选择的其他合理假设,并且说明不选择这些可能会严重影响风险评估结果的方案的依据。

风险评估的实际内容应该对下述内容进行描述:(1)危险;(2)作为风险评估对象的人口或自然资源;(3)受危险影响的情形,包括对遭受危险的人口或自然资源数量的估计,以及出现这种危险情形可能性的估计;(4)从受影响到危险产生的损害的性质和严重性;(5)风险评估每个要素存在的主要不确定性以及对评估结果所具有的影响。

3. 同行审查(Peer review)

《改善监管法》草案还规定了同行审查制度,它规定在一定条件下,对一项重要规则应该进行独立的同行审查。这些条件就是:(1)政府机构或者管理和预算办公室的负责人预计该项规则在可以合理量化的代价基础上每年可能会对经济产生5亿美元的影响。(2)经过风险评估。在这些情况下,在拟议的规则制定通告前,只需进行一次同行审查即可。法案对同行审查机制规定得并不详细。法案允许"专门研究小组、专家机构或者其他正式或非正式的机构"凭借其相关的专业知识、独立性在考虑所有因素的情况下进行审查,但同行审查的形式应该与主题的重要性和复杂性相适应。

4. 司法审查(judicial review)

根据《改善监管法》草案,对于有关行政机构是否遵守了该法有关评估的规定这个问题可以由法院进行司法审查,只要该审查针对的是政府的最后行为,符合本法的规定,并且符合本法对进行司法审查的时间、地点和审查范围所施加的限制。例如,政府机构或者管理和预算办公室的负责人有关确定一项规则是否属于一项重要规则的决定就不属于司法审查的范围。一个政府机构未能进行法律规定的成本收益分析、风险评估、同行审查或者作出成本收益决定的行为都可能构成宣布某项规则无效的理由。对于这些活动的充分性问题,只有在它们与确定一个最后确定的规则是否"任意、多变,构成对自由裁量权的滥用或者没有受到实质性证据的支持"相关时才属于司法审查的范围。

5. 对风险问题的强制性研究(mandatory study of risk based priorities)

《改善监管法》草案还规定了一种强制性的立法后的科学评估制度。根据该法案的规定,在该法案通过一年之后,管理和预算办公室的负责人在与科学技术政策部门负责人协商之后应委托一个可靠的科学机构开展与风险问题有关的研究。该项研究必须包括对风险的比较分析,即对人的健康、安全或者环境具有风险的程度和严重性进行系统的比较。它也必须研究比较不同风险的方法,并且就比较风险分析的使用问题提出建议。该项报告将在该法通过3年内被提交到国会和总统;在该法通过4年后，所有的相关政府机构都必须在预算和战略性计划方面都充分使用该报告的结果。

（二）日本

日本在评估基本方针中列举了“事业评估方式”“实际成绩评估方式”“综合评估方式”三个标准的评估方式。

1. 事业评估方式

通过评估对象政策的实施，探讨是否能够获得与成本相符的效益。为此，尽可能对可预测的效果及所需要的成本进行估计和测定，并对这些进行比较。此时，要尽可能确定关于效益的受益归属范围和对象，进行定量化。另外，关于成本，除了与评估对象政策相关的直接支出外，还应尽可能包含随之发生的直接支出外的成本。探讨实现更高的目的是否能够获得必要的效益。通过实际效益来判断是否获得预期效益，具体判定其状态。以及通过实施评估对象政策来特别指定为了事后进行评估及验证是否获得预期效益的方法和时期，并预先予以明确。

对实施了事前评估的政策和现行的政策中给国民生活和社会经济带来很大影响的政策及需要巨额成本的政策，应该进行事后政策效益评估和验证。应该注意是否确实获得预期效益，如果未能获得，是何种原因造成的，由此得到的数据及意见应该在今后的政策评估和政策的规划方案中灵活运用。

2. 实际成绩评估方式

关于评估对象政策，应该以简洁易懂的形式告知国民“截至何时、关于何事、希望实现什么目的”。应设定着眼于成果的目标，如果该目标难以实现或不适用时，则设定了眼下实际成绩的目标。对于难以展示具体实现水平的基本目标，采用与之相关的、可以检测的指标，设定显示各指标实现水平的具体目标。预期目标应该尽可能采用能够客观检测实现程度的定规或定性指标。设定目标时，应该不断以外国事例的调查研究成果和各行政机关的举措为参考，在具体指定预期目标的同时明确实现目标的期限。另外,应该预先具体明示判定目标实现程度的基准。另外,如果难以指定预期目标时,则应该不断斟酌在评估中所要求的必要因素等,探讨使用与政策特性等相应的更加恰当的评估方式。

为了高效、灵活采用实际成绩评估方式进行评估,应每年对所设目标的完成度进行实际成绩测定,也应考虑在一段时期后进行综合评估,不断斟酌并调整业务量、紧急性。当制作评估报告时,要使其易于使用、理解,并实现对国民的说明责任,确保各行政机关之间的统一性及一览性,基本原则是使用统一的标准格式。另外,该评估报告应兼备摘要。

3. 综合评估方式

从多角度具体明确评估对象政策效益的状况时,应根据政策的直接效益、因果关系、情况对外部因素进行挖掘分析。根据需要对波及效果(二次效应)的发生状况及其发生的过程等进行分析。把握评估对象政策相关的问题,分析其原因。探讨评估对象政策的目的是否依然合适。根据需要,比较、探讨政策的效益及其所需成本(含负效益和间接成本)。探讨对于国民来讲,是否有更加高效且高质量的代替方案。探讨与相关政策之间是否具有整合性。根据情况,探讨是否有必要优先于其他政策予以实施。

(三)其他组织

关于欧盟的影响评估模式,欧盟从法律和规范性文件上规定,欧盟对立项有关市场失灵和监管失灵的重大政策、二级法律和规章,都要进行立法前评估。但欧盟强调的是政策、法律法规的影响评估,包括经济影响、社会影响和环境影响,积极影响和消极影响,直接影响和间接影响,欧盟之内影响和欧盟之外影响,并就经济影响、社会影响和环境影响制定了具体的一级评估指标和二级评估指标,欧盟委员会以 COM(Proposal)文件提供政策和立法建议,以 SEC(Impact Assessment)文件提供该政策和立法对经济影响、社会影响、环境影响的评估。因此,欧盟模式称为影响评估模式。其中评估的方法包括市场失灵与监管失灵方法、成本收益分析、成本有效性分析、风险分析、宏观经济模型分析、地区模型分析。

另外一种是经合组织的评估方式，其中包括市场失灵与监管失灵方法、问题排序分析、监管影响分析、成本收益分析、成本有效性分析。

五、西方国家立法评估的程序

（一）美国

《管制计划与审查》特别规定了对监管行为进行评估的一些程序。根据该法第6条第3款规定，行政机构在采取监管行动时应遵循的程序包括：（1）任何行政机构都应在信息和监管事务办公室规定的时间和方式向其提交其拟采取的监管行动的清单，并且指明哪些属于该行政机构认为的重大监管行动。不属于重大监管行动的规章不用接受审查，除非信息和监管事务办公室负责人在收到清单10个工作日内明确通知该监管机构该规章属于本行政命令规定的重大监管行动。（2）对于任何被指定或者被信息和监管事务办公室负责人确定为重大监管行动的事务，提交清单的机关应该给信息和监管事务办公室提供如下文件：①监管行动草案的文本、对监管行动需要比较详细的说明以及对监管行动如何满足这种需要的解释；②对监管行动潜在成本和收益的评估，其中需解释它与其他法定职权、法律是否一致，是否与总体的优先事项相符，并且是否会不当地干预其他政府部门。（3）对于属于重大监管行动的事项，有关机关还须提供如下决策信息：①包含监管行动可预期收益分析以及这些收益的数量（如果可量化的话）的评估；②包含监管行动可预期成本分析以及这些成本的数量（如果可量化的话）的评估；③对该机构或公众确定的潜在有效和可能可行的其他方案的成本和收益的分析评估以及对为什么优先选择计划中的监管方案的说明。（4）在紧急情况下或者法律要求其以超过通常审查程序许可的速度行动时，应该尽早通知信息和监管事务办公室。（5）监管行动在《联邦公报》公布或者其他方式公布后，有关机关应让公众易于获得，应用简单、清晰的方式向公众说明最后公布的规章内容与之前提交给信息和监管事务办公室的草案存在多大的实质性变动，并且说明哪些变动是基于信息和监管事务办公室的意见或建议。(6)提供给公众的所有信息都必须通俗易懂。

信息和监管事务办公室在对各机关提交的监管行动进行审查时也要遵循一些规则和程序。(1)它只能审查属于重大监管行动的规章。(2)它必须在规定的时间内用书面的方式放弃审查或者通知有关机构其审查的结果。(3)如果信息和监管事务办公室负责人要求制定机关对某些条款进行进一步考虑，它应该用书面阐明理由；如果制定机关负责人不同意信息和监管事务办公室负责人的意见，也应用书面说明理由。(4)为了确保监管审查程序的公开性、可接触性并明确责任，信息和监管事务办公室须遵守一些披露信息方面的程序性要求，如信息和监管事务办公室人员与来自联邦政府以外的人员就正在审查的监管行动为进行的实质性通信和交流而会面时应邀请制定机关的人员参加，信息和监管事务办公室应将所有有关的通信和交流信息转发给制定机关。

(二)英国

2003 年英国的《制定好的政策：监管影响评估指南》中，将监管影响评估(法律评估)分为三个阶段：(1)初步监管影响评估(initial RIA)。该评估在有关政策提议产生之时即开始，它主要对已经了解的信息进行初步的分析，具体可包括对可能的风险、收益与成本的最初估计。初步监管影响评估有助于评估者了解自己还需要哪些更多的信息。(2)局部监管影响评估(partial RIA)。该评估是经过讨论、资料收集和非正式咨询后在正式进行咨询前进行的评估。(3)完全及最后监管评估(full/final RIA)。它是局部监管影响评估经过正式公开咨询程序以及集体讨论后最后确定的评估，如果评估对象是监管立法草案，它将提交给议会。上述指南分别用三章阐述了三个阶段监管影响评估的内容和应注意的事项以及应遵循的程序。三个阶段的监管影响评估大致的流程如下：

监管意愿——初步监管影响评估(说明赞成、反对声音及方案）——部长原则同意——提出草案——局部监管影响评估——部长集体达成一致——正式咨询——完全监管评估（包括咨询结果）——部长集体达成一致——最后监管影响评估（部长签署，若监管方案确定提交议会立法）——将最后监管评估公布在部门网站上——安排监督和审查。

在局部监管影响评估完成前，针对利益相关者、小公司、政府部门、执法者的非正式咨询将贯彻始终，在局部监管影响评估完成前，如果提出了重要问题，从而必须修正草案和监管影响评估，则可以返回提出草案阶段，然后重新进行评估程序。在最后监管影响评估完成后还有重要问题提出以至于必须修正草案和监管影响评估时，可以重新交由部长集体讨论。

第三节　中国的立法评估

一、中国立法评估的主体

立法评估的主体组建及运作方式有学者提出了四种具体设想：

第一种方式，由立法机关制定评估内容、标准、程序等规范性文件后，指定委托或招标委托中立的组织进行评估。

第二种方式，采取一体多元主体来开展立法评估。如以立法机关为虚置主体的操作方式，即由立法机关掌握评估的主导权，但将评估内容分割发包交由多个第三方去实施，也可以由立法机关组成课题组或通过课题立项的办法委托其他组织去完成。受委托方可以是评估机构、科研院所等机构。

第三种方式，立法机关自我评估与授权委托中立第三方评估同时进行，各有侧重，交叉结合。例如，法律法规的实施情况调研可以由立法机关牵头组织，吸收中立第三方人员参与，文本评价等相对独立的评估内容则完全交由中立第三方去做。

第四种方式，由人民政协作为评估主体，也采取一体多元的方式进行。

在实践中,“我国目前负责或参与立法评估的主体主要包括:立法机关(其中法制委员会或人大常委会法制工作委员会通常负责牵头实施,其他委员会参加);政府有关部门;高等院校或研究机构;人民代表大会代表;专家学者;公众。但负责实施立法评估的主体主要是立法机关和政府有关部门。”[1]立法评估的主体,应当与法的制定机关相一致,即具有法律效力的立法后主体工作应当由立法机关进行。在实践中,法的制定机关通常将评估工作交由本机关具体负责的法制工作机构负责承担立法评估的组织实施,具体负责的法制工作机构可以根据实际情况自己组织实施,也可以委托其他单位实施,如委托高等院校、科研机构、民间组织组建评估小组实施。但评估小组的评估报告只具有内部评价的性质,评估报告只有经过立法机关的审议通过才能产生法律效力。如2011年6月27日,第十一届全国人民代表大会常务委员会第二十一次会议开始审议《关于科学技术进步法有关制度立法后评估主要情况的报告》和《关于农业机械化促进法有关制度立法后评估主要情况的报告》。

二、中国立法评估的对象

(一)立法评估的法律

目前我国的立法评估工作还处于起步阶段,不可能进行全面的分析评估,只能根据具体情况和实际需要,从现行的法规中有选择地进行评估。立法后评估项目选择,目前尚无统一标准和做法,从目前实践的情况看,被确定为评估对象的主要有三种:第一,内容相对单一、涉及执法部门较少、立法效果容易判断的法律;第二,具有一定代表性,与社会公众利益关系密切、社会各界比较关注的法律;第三,内容比较丰富、矛盾和问题比较突出的法律。

《厦门市规章立法后评估办法》第7条第1款规定:“符合下列情形

---

[1] 侯淑雯主编:《新编立法学》,中国社会科学出版社2010年版,第341页。

之一的规章,应当开展立法后评估:(一)实施满五年的;(二)拟上升为地方性法规的;(三)拟作重大修改的;(四)公民、法人或者其他组织提出较多意见的;(五)市人民政府或者其他有权部门认为有必要评估的。”“因上位法修改或者有特殊情况需要对规章内容作相应修改的,可以不开展立法后评估。”第 8 条第 1 款规定:“负责实施规章的行政主管部门应当于每年的 10 月 31 日前向市政府法制部门申报本部门下一年度的评估项目。”“市政府法制部门也可以根据实际需要,提出评估项目。”

(二)立法评估的内容

在法律评估过程中,应对以下事项进行评估。

第一,制度目标妥当性评估。要对通过授权通过立法建立起来的制度、立法时的指导思想、立法目的等是否正确进行评估。

第二,实施情况评估。对法律实施情况的评估,具体包括:各级人民政府为实施法律采取的措施实施;司法机关在司法实践中对法律的适用情况;人民群众对法律的遵守情况。

第三,实施效果评估。对法律实施效果的评估,具体包括:法律实施后,对经济社会产生的影响;立法的目的是否能够实现,并产生效益和效率;人民群众对法律的认知程度及评价。

第四,对法律存在的问题评估。具体包括:立法本身存在的问题;立法中规定的制度落实情况,相关配套措施是否已经制定;促进法律落实体制机制是否建立。

三、中国立法评估的标准

关于立法评估的标准,学术界有不同的观点。

第一种观点认为,立法评估的标准是“三个有利于”。“三个有利于”是指有利于反映、确认与生产力相适应的生产关系和经济基础,有利于生产力的提高,有利于社会的进步。评估是以对法的功能作用、实施效果为基础和中心的,这就决定了立法评估的标准与法的社会作用有着十分密切的联系。可以说,法的社会作用是确定立法评估标准的基础和根本出发点。法律的作用决定了应当把法律是否反映、确认了与生产力相适应的生产关系、经济基础,进而是否有利于生产力的提高、社会的进步作为立法评估的根本标准。"三个有利于"是检验、衡量各项工作的最根本标准,当然也是检验,衡量我们立法工作的根本标准、立法评估的根本标准。

第二种观点认为,立法评估的标准一般原则有:科学性、导向性、客观性、可比性、稳定性。在进行具体的立法评估标准设定时还可能涉及一些其他原则。同时该观点还认为,对立法后实施效果的评估,因评估对象、考察角度等有所不同,评估的标准也可能有差异,要注意不同类型标准的设定,如一般标准与特殊标准;短期标准、中期标准与长期标准;微观标准、中观标准与宏观标准;最低标准与最高标准。其中一般标准包括:(1)效率标准。立法评估的效率标准是指立法实施效果所达到的水平(收益)与其所投入的人、财、物资源之间的比率关系。(2)效益标准。立法评估的效益主要是关于立法评估标准的研究,认为立法评估标准受评估对象本身、立法的目标和目的、立法评估的制度环境、评估标准的量化与立法实施效果难以量化的矛盾等因素的影响和制约。因此,立法评估标准的设立需要确定一定的原则以确保立法评估标准的可行性。(3)效能标准。立法评估的效能标准是指立法实施绩效所达到的程度或影响,即立法实施绩效与立法所预先设定(立法目的)绩效目标之比。(4)公平标准。是指法律法规实施后所导致的与该法律法规有关的社会资源、利益及成本公平分配的程度。(5)回应性标准。即提倡法律应当具有较强的回应性,使法律能够对社会环境的各种变化作出积极回应。

第三种观点主要是针对地方性法规质量的评估标准而言,认为评判地方性法规质量高低,而且不仅应考量其立法内容、立法程序、立法技术等方面所暴露的质量问题,而且应考量其立法目的、立法原则、立法价值等深层次的质量问题;不仅应考察该法规的内在品质,还应考察法规适用后的社会效果。地方性法规质量的标准划分包括:(1)法理标准。主要是用法的一般原理来评价某一件地方性法规,包括通常所说的合法性和合理性两个方面,这是立法质量评价的首要标准。(2)价值标准。主要考量立法者的立法目的、立法理念和立法的价值取向,包括学者所称的"制衡标准"、"激励标准"、"正义性标准"和"合目的性标准"等内容。(3)实践标准,有的称"实效标准"。主要是对地方性法规实施后果的评价。(4)技术标准,有的称"规范性标准"。主要从立法技术角度,考察法规内部的协调性、完备性和可操作性,评价地方性法规的逻辑结构是否合理,条文设计是否科学、严谨,文字表述是否准确、简练、易懂,标点符号运用是否规范。

第四种观点认为,立法评估标准有宏观标准和具体标准。从宏观上讲,立法评估的标准应当符合"三个代表"的根本要求。首先,立法评估的宏观标准应当着眼于法律法规的制定是否能够代表和有利于维护先进生产力的发展要求。其次,立法评估的宏观标准应当着眼于法律法规的制定是否能够代表先进文化的发展方向。最后,立法评估的宏观标准还应当着眼于法律法规的制定是否能够代表人民群众的根本利益。立法评估应当有更加具体的标准:(1)合目的性标准。评估一部法律法规主要应当考量其立法目的是否科学、合理以及在法律法规的实施过程中是否达成立法目的。其主要内容包括:法律法规的立法目的是否具有科学性、正义性,是否符合社会进步的要求,是否能够代表和反映人民的利益;立法目的是否从实际出发,能否解决实际问题;各方面对立法的期望以及法律法规在实际执行过程中遇到的问题;为达成立法目的所作的特别规定及实际效果;执行部门是否通过立法扩大了自身管理权限及扩大管理权限是否必要;作为地方性法规是否具有地方特色等。(2)合法性标准。主要内容包括:法律依据是否充分,立法主体和立法程序是否合法;与上位法的立法精神和相关原则是否一致,与具体条文是否冲突;同位法之间相关条文的协调性、一致性等。(3)技术性标准。主要从狭义的立法技术角度考察法律法规的协调性、完备性和可操作性。其主要内容包括:法律法规的名称、内部结构和体例形式是否得当;法律法规规范的行为与处罚模式设定是否对应完整;法律语言文字水平等。

第五种观点认为,评估标准的制定应考虑两方面的因素,一是要能客观反映法律法规实施效果和成本的基本评价;二是要能客观反映法律法规中设定的各项制度的合法性、合理性、可操作性、协调性,以及立法技术等方面基本评价。立法评估标准包括:(1)合法性标准。(2)合理性标准。(3)协调性标准。(4)实效性标准。(5)技术性标准。上述五个方面仅仅是制定评估标准的目标定位,尚未具体化,更未作量化。评估主体完全可以根据评估内容,选择其中几项或者全部并制定更具体的可操作的评估标准,还可以根据实际情况确定其他标准。经验证明,评估标准的制定要力求简明扼要、可操作、可量化,切忌繁多、含糊、重定性不重定量。

第六种观点认为,立法评估主要是针对立法活动及其过程以及法文件本身的质量问题进行评估,因此评估标准也应当围绕该评估对象和评估目的进行。立法评估至少需要具备以下评估标准:(1)合法性标准。该标准要求立法主体、立法活动过程等都应当符合国家实体法与程序法的有关规定,制定或变动的规范性法律文件的内容应当与上位法的精神、原则和具体内容相一致,不得抵触。(2)合理性标准。该标准要求规范性法律文件的内容除具有合法性以外,还应当符合一定的理性,如立法的合理化、合规律性、合科学性、合逻辑性等理性状态。(3)技术性标准。该标准要求法文件的语言表达、逻辑结构等应符合立法技术的要求,如立法的结构技术、立法的表述技术等。因此该标准主要用于评估立法技术是否规范;法律规范逻辑结构是否严密;立法语言表述是否准确等。(4)协调性标准。该标准要求法文件的内容应当在与上位法不抵触的前提下,还应注意与同位法规范内容协调,不冲突。因此,该标准主要用于评估法文件与同位阶的其他法文件的内容是否存在冲突,是否相互协调一致或连贯。(5)可操作性标准,该标准要求法文件应符合实际情况,具有实际操作的可行性,便于人们贯彻实施和遵守。

本书同意第六种观点,但认为还应当补充适应性标准。也就是说,在对法律进行评估时,应当充分考虑法律与经济社会发展的适应性,对于已经不适应经济社会发展的法律应当进行必要的立、改、废。因为法律是稳定的,经济社会是发展变化的,当经济社会已经发展变化的时候,法律也必须作相应的变化,否则法律就会丧失其生命力。

值得注意的是,我国的一些地方在地方政府规章中确定了立法评估的标准。如《厦门市规章立法后评估办法》第 11 条规定:“立法后评估主要依据以下标准进行:(一)合法性标准,即规章是否与法律、法规及其他上位法保持一致;(二)合理性标准,即规章是否符合公平、公正原则,是否必要、适当,设定职权与责任是否相统一;(三)科学性标准,即规章是否具有适当前瞻性,是否体现规律要求,是否适应时代需要,是否符合人民意愿,是否解决实际问题;(四)协调性标准,即规章的各项制度之间是否协调一致,与同位阶规章之间是否存在冲突,相关配套制度是否完备;(五)规范性标准,即规章立法技术是否规范,是否影响到规章的正确、有效实施;(六)可操作性标准,即规章的概念界定是否明确,各项制度及其程序是否具体可行;(七)实效性标准,即规章是否得到普遍遵守与执行,是否已达到预期目的。”

四、中国立法评估的方法

中国立法评估的方法包括:第一,文献研究法。评估主体通过查阅和研究与评估对象相关的文献和资料,全面了解评估对象的真实情况和评估对象所调整领域的现状、发展趋势、发展规律。第二,问卷调查法。评估主体通过制定详细周密的问卷并发放给相关主体,要求这些主体据此进行回答以收集评估对象有关资料的方法。第三,实地调研法。评估主体组织人员深入各地进行实地考察,发现评估对象在实施中的真实情况。第四,情况报告。评估主体在评估过程中,听取相关立法、执法、司法部门对评估对象的实施情况的报告。第五,案例分析。评估主体以实际案例为切入点,深入立法、执法、司法部门和人民群众之中,全面了解评估对象的真实情况。第六,听证法。评估主体根据评估工作的需要举行评估听证会,充分听取社会各界对评估对象的意见和建议。

五、中国立法评估的程序

(一)确定评估组织

有人提出,立法评估的主体应当包括高等院校、科研机构、民间组织。还有人提出,为保证立法评估的客观公正,可以委托科研院所等参与部分工作。上述意见和建议,目的和出发点都是把立法评估搞得更好、收到实效。鉴于立法后评估工作还处在探索阶段,从实际出发,根据开展立法后评估工作的实际需要与可能,具体做法可以有所不同。法制机构可以将立法后评估的部分工作委托给高等院校、科研机构、民间组织去做,以便取得经验和改进完善评估工作。但是,受委托单位制定的工作方案或办法,应当征得立法机构的同意,以通过评估活动达到预期目的和效果。

(二)深入调查,了解实情

立法评估项目选定后,对法律质量和实施效果,需要深入调查,了解实情,为与会者进行分析评估提供可靠的事实依据。评估调研工作重点应当围绕立法预期目标的实现程度、法律的合法性及合理性、法律内容的可操作性、法律所规定内容的针对性、法律所设定权利义务和法律责任的适当性、法律宣传与执行及配套制度建设情况、法律文本结构与用语的规范性与准确性、评估对象与其他法律之间的协调性等问题展开。立法后评估调研,主要了解法律在实施中出现的法律质量问题和实施效果,通过分析评估,侧重总结出改进立法工作、提高立法质量的经验教训,为法的立、改、废提供事实依据。

(三)收集各方意见

邀请参加评估的单位和个人应当具有代表性,如行政机关执法人员、司法机关司法人员、专家学者、法律工作者和个人等。为了扩大听取意见的广度和深度，评估机构还可以通过网络方式征求广大人民群众的意见。总之要从不同角度和层面吸取法律的质量问题和实施效果改进意见，保证立法评估工作所提出改进意见或建议的质量，以期收到较好的评估效果。

（四）提出立法评估报告

针对评估中发现的问题，提出合理化建议。这些建议一般包括法律继续有效实施的建议、修改法律的建议、补充法律的建议和废止法律的建议等几种。

评估报告通常包括以下内容：

第一，法律实施效果的基本评价；

第二，对法律中主要制度设计的分析和评价；

第三，评估工作的总结和启示，并提出法规是否需要修改的意见和建议。

需要注意的是，提出相关评价建议只有得到有权机关以法律的方式和程序进行认可后才能产生应有的效力。因此，评估结果往往只是作为立法机关的一种参考意见，这样的评估报告与一般的调研报告没有实质区别。

第十二章　法律解释

第一节　法律解释论说

一、法律解释的含义

关于法律解释的含义,法学界目前已经取得了一些共识,但仍存在许多争议。在法律解释研究问题中,只有进一步厘清法律解释的概念,才可以更深入研究其原则与方法,本书对于法律解释的界定大致有三种思路:一是从“解释”的角度出发,即“法律解释”就是“对法律文本的解释”。比如张志铭教授的观点:“法律解释是对法律文本的意思和说明。”二是从法律适用过程的角度出发,即“法律解释”是法律适用的一个环节。比如疏义红教授的观点:“裁判解释可以定义为裁决者在面临具体法律问题的场景下,为了论证法律推理结论的合理性,通过收集、组织论据、运用特定方法推导法律推理的大前提和小前提的过程。”三是从哲学的角度出发,将“法律解释”界定为揭示法律文本的某种特定意义的活动。比如有些学者认为“法律解释”是立法者意图的揭示。本书主要是从第一种角度出发,即“法律解释”就是有关主体根据立法意图、法律意识和对法的内容和有关术语所作的说明、解答或阐述。

法律解释的基本特征在于:第一,法律解释主体具有不确定性。有解释权的主体可以解释法且具有法律效力，而没有解释权的主体也可以解释法但是没有法律效力。第二，法律解释对象具有多样性。其可以是完整的法律文件，也可以是法律文件中的规定和条文。比如，法律文件的附件或其他附属资讯。第三，法律解释一般与具体案件密切相关。法律解释往往由有待处理的案件引起，所以为了确保法律实施的灵活性，法律解释需要将条文与案件事实结合起来进行。第四，法律解释具有一定的价值取向性。法律解释往往是在解释者的法律意识支配或影响下进行的，是一个价值判断、价值选择的过程。人们以某些基本价值为基础创制并实施法律，以期达到一定目的。而这些目的和价值就是法律解释所要探求的法律意旨。

尽管学术界对法律解释的界定有一定分歧，但是其存在的必要性是毋庸置疑的。主要原因有：第一，法律具有概括性、抽象性的特点，即是针对一般的人或事所制定的行为规则。所以只有经过解释，才可以将抽象的一般的规定与具体的个别的行为相结合。将抽象的规定转化为对具体的行为的指导，才能适用于具体的行为和案件。此外，必须由有关机关统一解释法律，才可以在一定程度上避免法律解释的主观性，以此保证法律更好实施。第二，法律具有相对稳定性。法律一经制定就必须保持相对稳定性，不断修改会导致人们无法根据法律修正自己的行为。但是随着社会的变化，法律又需要适应社会，所以在法律的相对稳定性和现实多变性的这一矛盾中，法律解释就要发挥作用。相对于修改法律来说，法律解释也可以说是一个更为方便的选择。第三，法律制定主体的能力有限。随着社会不断发展进步的过程中，人的能力也在不断提升，所以只有经过不断的解释，法律才能趋于完善。当出现法律条文之间相互冲突、法律条文表述不清等情况时，不可能完全通过修改法律的方式来解决，而法律解释则可以有效解决这一问题。

二、法律解释的分类

(一)正式解释与非正式解释

根据解释的主体和解释的效力不同,法律解释可以分为正式解释与非正式解释,是否具有法律上的约束力是区别正式解释与非正式解释的关键。

正式解释,通常也叫法定解释或有权解释。其是指由特定的国家机关、官员或其他有解释权的人对法律作出的具有法律上约束力的解释。以我国为例,正式解释可根据解释的国家机关的不同,分为立法解释、司法解释和行政解释三种。其中立法解释有两种理解:广义上的立法解释泛指有权制定法律、法规的国家机关或其授权机关对自己制定的法律、法规所作的解释。狭义上的立法解释则是专指全国人大常委会对宪法和法律的解释。两者均有与其解释的法律相同的法律效力。司法解释通常是国家最高司法机关对司法工作中具体应用法律问题所作的解释,主要分为最高人民法院的审判解释和最高人民检察院的检察解释。在司法实践中,对于适用法律时的疑问,司法解释可以统一理解和审理的标准。有时审判机关和检察机关为了更好地协调和配合,统一认识,提高工作效率,对如何具体应用法律的问题,也会采用联合解释的形式,共同发布司法解释文件;行政解释通常指由最高国家行政机关,即国务院及其主管部门对有关法律和法规进行的解释。它主要包括两种情况:一是对不属于审判和检察工作中的其他法律如何具体应用的问题所作的解释;二是国务院及其主管部门在行使职权时对自己制定的法规所作的解释。为了保证法制的统一性,行政解释不可与宪法和法律相抵触。

非正式解释,通常也叫无权解释。其是指由学者或其他个人及组织对法律规定所作的不具有法律约束力的解释。非正式解释一般不会产生权威性和有效性,不可作为法律实施的依据,但是非正式解释在法律适用、法学研究、法学教育、法制宣传以及法律发展方面仍然有着很重要的意义。

（二）限制解释、扩充解释与字面解释

根据解释尺度的不同，法律解释可以分为限制解释、扩充解释与字面解释三种。

限制解释，指为了贯彻立法意图和社会发展的实际需要而在法律条文的字面含义显然比立法原意广时，作出比字面含义窄的解释；扩充解释，指在法律条文的字面含义显然比立法原意窄时，作出比字面含义广的解释。但是，扩充解释不能随意扩大法律内容，必须以立法目的和法律原则为基础，不可以超过国民预测可能性。字面解释，指严格按照法律条文字面的通常含义解释法律，既不缩小，也不扩大。

（三）文理解释、逻辑解释、系统解释与论理解释

根据解释方法的不同，可以将法律解释分为文理解释、逻辑解释、系统解释与论理解释四种。

文理解释，又称语法解释或文义解释，即按照语法规则来分析法律的语法结构、文字排列和标点符号等，以便准确理解法律条文的基本含义。文义解释是法律解释的起点，但是这种解释要防止脱离法律的精神实质而断章取义或陷入形式主义。逻辑解释，是运用逻辑的方法，分析法律规范的结构内容、适用范围和概念之间的联系，以求对法律规范的含义作出确定的解释。法律条文之间必须保证内部统一性、逻辑性。只有在法律之间逻辑联系的基础之上，才能保证法律的确定性，以便进行更深的分析。系统解释，是通过分析某一法律规范在整个法律体系和与其他法律规范的联系，来揭示其中的含义。系统解释一般会从宏观角度寻找可供适用的裁判依据并且维护法律概念内涵的统一性，起到“润滑剂”的功能。论理解释，又称目的解释，即从制定某一法律的目的出发，来解释法律。此处的目的并非简单的立法时目的，更是该法律在当前社会发展中的需要。具体而言，论理解释可以分为以下几种：扩大解释，也称扩张解释。其是指与立法目的和意图相比较，法条的字面含义过于狭

窄时,在可能文义的范围内,对于法律条文所做的宽于其文字含义的解释,但不可随意扩大法律的内容,必须以立法意图为基础,实现法的安定性与妥当性的统一。缩小解释,也称限缩解释。与扩大解释相反,其通常指法律条文规定的文义比法律的真实含义广,与立法者所想要表达的意图不符,于是限制字面含义,缩小其适用范围,使其符合法律的真实含义。当然解释,即法律虽无明文规定,但根据法律的形式逻辑、规范目的及事物属性的当然道理,将该事项解释为包括在该规定的适用范围之内,据此产生了"举重以明轻"和"举轻以明重"两种方法。历史解释,是根据制定法律时的历史背景和源流的考察,或者将这一法律与历史上同类法律规范进行比较,来阐明法律条文真实含义的解释方法。在进行历史解释的过程中,应当参考立法中的记录、文件以及立法动机和社会环境等因素,从而准确把握法律文本的内涵。另外,还有反对解释、补正解释等。

(四)狭义解释与广义解释

根据解释的自由度不同,可以将法律解释分为狭义解释与广义解释两种。

狭义解释,又称严格解释。其指严格按照法律条文的字面含义来对法律进行理解并把握整个法律的精神,拥有较少解释的自由度。西方英美法系国家往往更倾向于狭义解释。广义解释,强调不拘泥于文字的、比较自由的解释。法官一般不会违背法律条文规定,但在一些特殊社会条件下可以对法律作出比较灵活的解释,有时也会作出改变法律字面含义,甚至改变立法原意的解释。一般来说,大陆法系国家较倾向于广义解释。

三、法律解释的原则

法律解释永远是随着法治的发展而发展的,当今法治建设不断进步,其重要性也逐渐凸显出来,所以这也要求法律解释必须合乎法律的要求,受到一定的限制,遵循一定的原则。法律解释的原则是指可以作为法律解释具体方法的基本准则或标准,是法律解释活动的指导思想,贯穿于整个解释活动的始终。关于法律解释的原则,学者们认识不一致,本书将以我国为例,主要论述合法性原则、合理性原则、法制统一原则、主客观相结合原则和历史与现实相统一原则。

(一)合法性原则

合法性原则是法治原则的具体要求,在崇尚法治国家中,所有法律活动必须合法,其中自然包括法律解释活动。所以法律解释的主体、内容和程序都必须符合宪法和法律的规定及基本精神。该原则强调法律解释不可超出固定的范围去解释法律,主要包括三个方面:第一,法律解释应该按照法定程序进行,程序是实现实体权力的保障,任何主体都不可超过法律允许的范围去进行法律解释活动。尤其是法律解释中的正式解释,是一项国家活动,一定意义上说也是"立法"活动,拥有法律效力。因此,解释法律必须依照宪法和法律有关法律解释的程序规定进行,否则解释无效。第二,法律解释主体必须具备相应的法定资格。宪法和法律对哪些国家机关或者其他主体具有何种性质的法律解释权都有相应的、较为明确的规定。有些法律还会专门规定法律解释权的归属问题。因此,在解释法律活动中,解释主体必须严格按照所确定的解释权限来进行解释,不得越权与滥用。第三,对低位阶法律的解释不得抵触高位阶的法律。法律解释原则上必须符合被解释法律的基本精神,对较低层次法律的解释必须符合较高层次法律的规定,所有法律解释最终都必须符合宪法规范、宪法原则、宪法精神。第四,对法律概念和规则的解释与法律原则必须保持一致,尤其是要与宪法原则保持一致。法律是由法律规则、法律原则和法律概念以及法律技术性规定等要素构成的,其中原则贯穿整部法律始终。所以在对法律规则、法律概念、法律技术性规定进行解释时,必须应该符合法律的原则。

（二）合理性原则

合理在此是指合乎情理、公理、道理。合理通常是在合法性原则基础上提出的更高层次的要求，是一种具有普适性的价值判断标准。解释法律活动不仅仅是解释的过程，更是价值判断的过程，法律解释主体必须以法律文本为基础，本着追求公平正义的价值观来进行解释法律，以此作出合情理性的价值判断。合理性原则是对合法性原则的一种补充，坚持合理性原则，首先就要符合社会现实和社会公理。在社会发展与人们交往的过程中，会产生不同的现实问题，人们面临现实问题所形成的社会习惯与社会道德，就是社会公理。法律解释只有符合社会公理，才会更好地实施。其次，要坚持尊重公序良俗。公序良俗即公共秩序与善良风俗，是人们在长期的共同生活与生产的过程中形成的行为规范，有的还是经过长期的历史积淀才确定起来的，已经成为人们生活的组成部分，得到了普遍的尊重和遵守，构成了民间秩序的基本内容，对法律的解释也应该切实尊重这些规范，这不仅关系法律的实效，而且涉及民族传统的延续问题。最后，要顺应客观规律和社会发展趋势。在充分尊重本国传统和现实的基础上，法律解释应具有一定的超前性，能够对社会发展和法律进步起引导作用。法律持久的生命力从根本上说来源于它与社会发展的程度，因此，在本国实际允许的情况下，在法律原则的范围内，法律解释应该具有一定的超前合理性，要从发展的观点来进行解释活动。

（三）法制统一原则

法制统一是法治的一项基本原则，它要求国家必须制定统一的宪法和法律，并保证它们在全国范围内和全体公民中得到统一的遵守和执行。它的具体表现是国家的法律的内容、形式、精神实质应该是一致的，法律的实施及其结果也应该是相同或相似的。而在法律解释领域也需要坚持法制统一原则，具体地说：第一，要将需要解释的内容置于相应的法律、法规和条例中理解和把握,不能把解释活动看作独立、个别的行为,只有将它放到相应的法律体系中去全面把握,才能更好地使法律与法律解释更协调统一。第二,要坚持法律解释之间的已建立的效力等级关系,我国现已形成以全国人大常委会的解释权为核心的法律解释体制,坚持原有的效力等级关系,可以更好地加强对司法和行政解释的约束。第三,尽可能保证法律解释技术统一化。解释者应当在解释法律时,尽可能使用相同的方法和规则,尤其在解释法律概念和文件体例上,要保持统一规范,以此维护法律秩序的统一和安定性。当然,在法律解释中也可以具有一定的创造性,但这种创造性不可对法的安定性造成妨害。

(四)主客观相统一原则

从哲学的角度来说,主观是被人的意识所支配的产物,而客观与之相反,是不依赖于人的意识而存在的一切事物。折射到法律解释领域中,它要求解释者既要忠于法律文本又要充分发挥主观性去进行妥当的价值判断。其中客观性是在解释主体之外形成的一种客观标准,解释者必须忠于法律文本、立法目的和意图,通过正确的解释程序将自己的主观性判断客观化。实现法律解释客观化最重要的就是要忠于法律文本,所以解释者应当抱有谦卑的态度去进行解释法律活动,如果个别条款不合理,解释者也应当通过体系解释、目的解释等方法确定立法者真实的意思,在法律解释方法允许的范围内适当加以修改。法律解释的主观性体现在解释法律的过程是解释者个人主观性价值判断的过程,它体现着解释者的观点和态度。解释者在解释和适用法律中,绝不是机械地操作工作,而是创造性的活动,但也不可随意专断,必须进行正确的价值判断,从法的一般精神和原则出发。

很多学者在论述法律解释原则时,习惯性只强调其客观性原则,但本书认为法律解释是一个主客观相结合的过程。虽然法律解释过程受到法律文本等客观性的制约,但是它更是一个主观创造性的过程。所以正如前文所述,法律解释应当遵循主客观相结合的原则。

(五)历史与现实相统一原则

任何法律法规都是在一定的历史背景下制定的,不同时期的法律都有其各自的时代背景。需要考虑的因素有很多,包括当时的社会经济发展需要、政治关系、某一历史事件等。所以在进行法律解释的过程中需要结合法律制定时的历史背景,这样才能深入了解立法意图,把握立法原意。当然,随着社会不断发展,又对法律提出各种新的现实要求,所以仅仅从历史的角度说明立法当时的原意,是远远不够的。为了法律在现实中更好地实施运用,法律解释工作就必须要将历史与现实结合起来,既考虑法律制定时的历史条件和历史要求,又考虑社会政治经济状况的变化,而现实的需要则是两者统一的基础。坚持历史与现实相统一原则,可以更好地兼顾法律解释的安定性和现实性,最大限度发挥其应有的作用。

第二节　西方国家的法律解释制度

一、西方国家法律解释制度的演变

法律如同人类的语言一样,唯有通过解释才能变得具体有效。在西方国家,法律解释制度经历了一个漫长的历史过程,具有古老的传统。

(一)古罗马时期的法律解释

一般认为,西方国家的法律解释开始于古罗马法时代,即伴随成文法《十二铜表法》出现,法律解释也应运而生。由于《十二铜表法》的条文艰涩难懂,为满足各方面希望了解法律行为及诉讼方式的要求,神官团开始非公开地教授法律知识。随着神官职开始对平民开放,平民也可以参与法律知识的学习,由此也产生了职业法学者和法律解释学。

在罗马共和时期,罗马大法官已经开始采用论理解释方法,甚至根据“公平、正义”等原则修改滞后的法律。到了帝政时期,由伦理解释逐步倾向于论理解释,凡没有法律规定的,常采用类推解释的方式来解释法律。值得一提的是,在帝政时代,出现了解答权制度。《法学阶梯》中写道:“所谓法学家的解答,是指被认许法创造的学者对于案件的判断及意见。当判断一致时,该判断具有法律效力。反之,审判者可以遵从其中自己所同意的判断。”由此可知,法学家对法律的解答逐渐受到重视。虽然起初的法学家的解答并没有法律约束力,但随着法学家个人的威望提高,审判官将会把法学家的解答作为办案的依据。所以,当国家赋予其解答权时,法学家的解释具有法律约束力,它同时也是一种创制法律的形式。在古罗马时期,五大著名的法学家帕比尼安、盖尤斯、乌尔比安、保罗和莫迪斯蒂努斯的著作,以及他们所引用过的其他法学家的著作均被赋予了法律效力。当出现各法学家学说不一致时,则以多数说为准。在不能确定多数说的情形时,则以帕比尼安的学说为准。如果帕比尼安未有意见,则裁判官对于采用何种学说有完全的自由。随着无限君主专制制度越发稳固,法学家也已经沦为皇帝的工具。甚至到 3 世纪末,已不存在拥有解答权的法学者,这也导致了法律解释在一定程度上的衰退。

(二)中世纪时期的法律解释

公元 527 年,东罗马帝国皇帝优士丁尼登基后,命人着手多部法典的编纂工作,最终形成《罗马法大全》,所以中世纪法律解释的对象就是《罗马法大全》,且主要分为注释法学派和注解法学派两个阶段。

1. 前期注释法学派

在 11 世纪末至 12 世纪初,法学家们开始重新审视和解读《罗马法大全》。由于在此时期的神学始终处于重要地位,对法律的解释与对神学的解释也就不可避免地会被联系到一起,所以早期对《圣经》的研究和解释技术都被法学家们所吸收。同时经院主义哲学也对前期注释法学家解释罗马法提供了有效的方法,注释技巧主要以中世纪的三大学科

（文法学、修辞学、辩证法）为基础。最终将《罗马法大全》分为五部分，并加以注释，使其更协调一致。但对于前期的注释法学派来说，他们更偏重从语义学的角度解释法律，而缺少历史的、社会的解释方法。

2. 后期注解法学派

13 世纪中期至 16 世纪初期出现了后期注解法学派，这个时期的法学家主要采用"注解"的著作形式，并且其不再仅仅针对罗马法进行注解，而将注释的重点放在论证和评论方面，更加偏向实务方向，会采取重点针对个别法律问题或者法律案例深入研讨的方式，来解决各种法律情况，赋予了《罗马法大全》更多的弹性，使它更顺应社会的发展。此外，后期注解法学派主要采取辩证法的方法，一分为二地看待法律问题，并通过对文本逻辑结果的分析解释出法律条文的真实含义，为后期法律解释学的发展奠定了基础。

（三）近现代法律解释

从中世纪到 18 世纪，随着法典化运动的开展，法律解释借鉴了启蒙运动中的理性主义思想，仍然以文义解释为主，但是更加强调探求立法意图，并且规定国家内部的任何个人或者团体都不可以创造法律，只有立法机关才能作出权威的法律解释。法官也因此成为机械地适用法律的工具，因此孟德斯鸠也将法官描述为法律的"传声筒"，如《普鲁士普通邦法》中普鲁士国王就明确禁止法官"对于清晰和明确的法律措辞出现哪怕是最轻微的偏离，哪怕是以某些具有逻辑性的推论或者基于解释法律目的为借口"，可见在这个时期，对于法律的解释更加拘泥于文本本身。

19 世纪末期，由于概念法学过于局限于形式，对待现实发生的事情就好像解决数学问题一样，只将各种法律概念代入公式得出结果，并没有考量现实的需要，不符合现代法学的要求。所以，法律需要进一步的变革和发展，自由法运动便由此兴起。在此期间，最主要的两大学派分别是目的法学派和利益法学派。以耶林为代表的目的法学派认为，"法律是人类意志的产物,是社会的产物,是基于特定人群的目的而产生。因此,法律的解释必须先了解法律的目的。任何法律无不具有共同的特征,即所谓实际的意图,法律虽然具有历史的渊源关系,但法又绝大部分都是国家意欲达到某种目的而制定出来的。由于目的是相对的,因而法律必须根据时代的需要和文明化的程度而调整其规则”。目的法学派认为面对社会生活中各种各样的问题或者利益冲突,都必须根据法律目的来进行判断,以此使法律更具有弹性。目的法学派的发展,打破了概念法学派的禁锢,极大推动了自由法学的发展。另一个学派是以赫克为代表的利益法学派。利益法学派的观点是,“法律本质是利益冲突的产物,立法者的目的在于协调这些利益。只有客观认识和衡量这些利益后,才能正确认识法律规范”。它一方面承认成文法存在漏洞,需由法官充任立法者的助手,补充法律漏洞;另一方面又认为不应过分自由地来对法律漏洞进行补充,这是一种折中的立场。就法律解释而言,赫克强调法官受到制定法的拘束,但不是盲目地服从,而是需要被允许补充法律漏洞,可以就现行法探求立法者所欲促成或协调的利益,并对待决案件所显现的利益冲突为利益衡量,来对法律漏洞进行弥补。利益法学派兼顾了安定性和妥当性两种价值,是严格解释和自由裁量的结合。它为法官解释中的能动性提供了理论依据,克服了概念法学的弊端,将法律解释推向了一个新的高度。自由法运动使法律解释活动开始考虑目的和利益等多种因素,使法律解释不再拘泥于法律条文,突破了“概念金字塔”神话的制约,呈现出向多个方向发展的现象。第二次世界大战以来,随着法学观念的逐渐发展,法律解释的方法越发多样,它的范围也逐渐扩大到整个法律体系。值得一提的是,现存两大法系有很大的差异,所以相对应的法律解释规则也有所不同。大陆法系更注重探求法律的目的,而英美法系由于力求将法律文本规定的事无巨细,所以更注重综合考虑法律的经济和社会目标。

纵观西方国家的法律解释制度的历史沿革,可知其整体是由严格解释向自由解释发展而来,越来越强调价值判断,法律解释形式也逐渐多样,这对促进法律的成长具有十分重要的意义,对于我国法制建设亦有不可忽视的重要影响。

二、西方国家的司法解释制度

在西方国家,法律解释一般指的是法院对成文法律或者是具体案件适用法律的解释,解释权一般是属于法院及其法官,所以法律解释体制和司法解释体制基本上是统一的。

(一)司法解释制度概述

从发展历程上来看,大陆法系的司法解释制度经历了一个从禁止法官解释法律到承认法官的法律解释的发展演进过程。随着"无所不包的立法"的幻想破灭,成文法国家意识到再完美的立法也不可能包含所有社会问题,所以有的国家就成立了专门对法律进行解释的部门。比如在普鲁士专门设立了"法规委员会",以解决法官在疑难案件中遇到的法律解释和适用的问题。在法国设立了一个新的政府机构为"上诉法庭",其定位为"类似立法机构的组织",以示与法院相区别。虽然这个组织在设立之初尚无明确的法律解释权,但它有权决定法院的判决是否正确,所以它实际上拥有解释法律的权力。最终承认司法解释权的是德国"复审制度"的确立。德国统一之后创设了一个最高法院,并赋予其可撤销下级法院因错误理解法律而作出的错误判决和作出正确的解释并可以将案件重新进行裁判的权力。而英美法系国家的司法解释制度发展历程要相对简单,与大陆法系不同的是,英美法系国家素来尊重法官解释法律。法官有权对案件所适用的法律进行解释,这里的司法解释更多的是被当作法官适用法律的一种方法,而非一项单独的权力。

从司法解释模式上看,司法解释制度可以分为专门法院解释模式和普通法院解释模式。专门法院解释指的是由宪法法院等专门的宪法监督机构进行法律解释的模式。它起源于违宪审查,这里的司法解释的主要特点有:第一,专门法院解释模式下的司法解释目的在于审查法院与宪法的一致性。[1] 第二,其解释的对象包括在规范性文件发布之前,相应机关对其进行合宪性审查所作出的解释,也包括在法律文件颁布生效后,有关机关对其合宪性产生怀疑,对其审查时所做的解释。普通法院模式是指普通法院在进行法律适用或专门对法律进行解释的模式。与专门法院中宪法法院的司法解释不同的是,普通法院模式更侧重于适用法律,结合具体的案件来作出法律解释。

(二)司法解释制度具体内容——规则和方法

1.大陆法系中的法律解释规则

在大陆法系的法学界,对于法律解释规则一直都是有争论的。如前文所述,在20世纪初的一些欧洲大陆法系国家中,一度流行利益法学派和目的法学派,他们强调可以扩大法官的自由裁量权。而现如今,大陆法系国家法律解释的方法可以总结为四种。第一,文法解释,指的是根据字面含义、语法规则来对法律条文进行解释,其原则上不考虑法条字面含义以外的因素,只需将文本的含义表达出来,对其进行具体化阐述。同时法官也不需要进行价值判断,是最独立的一种法律解释方式。值得注意的是,法律语言不同于日常谈话交流,其中难免会有专业用语,所以在使用这种方法解释时要避免将专业语言当日常语言来解释。[2] 第二,逻辑解释,即将法条放在整个法律体系中去进行阐述。不是仅将其作为一个孤立的材料去理解,而是从整体的角度去探求其中的逻辑,此种方法可以更好地维护法律体系和概念之间的统一,使法律条文之间更好地互相补充,丰富整个法律体系的内涵。第三,历史解释,通过历史资料来探求法律起草时立法者的原意,以便更好把握法律条文的含义。第四,目的解释,通过明确制定法律条文的目的,来阐述法律的含义。荀子曾云:"不知法之义而正法之数,虽博每临事必乱。"[3]意思是,要想理解

[1] 参见董暤:《司法解释论》,中国政法大学出版社1999年版,第210页。
[2] 参见沈宗灵:《比较法研究》,北京大学出版社1998年版,172页。
[3] 《荀子·君道篇》。

法律,必须要明白法律的目的和精神,否则懂得再多也遇事必乱。目的解释通过考察具体法律规则的规范目的,确定其内涵,有利于保障法律规则的准确适用。

2. 英美法系中的法律解释规则

在英美法系中,常常交替使用三种规则。[1] 分别是文理解释、"黄金规则"和伦理解释。

文理解释规则,指的是通过法律条文用词的通常意义来理解并作出解释。阅读法律文本是法官解释法律的第一步,也是最为经常性的活动。这种解释的理论依据是三权分立理论,具体而言是在西方国家中立法权、行政权和司法权相互独立、互相制衡的理论。其中由立法机关制定的法律是至上的,而司法机关则是法律的执行者,在具体的法律案件中实现立法意图。根据这项原则,当法律条文无法适应现实生活的发展,而导致不合理的结果时,法院不需要承担责任。法院没有义务和责任去弥补法律的漏洞,也不可以把自己摆在立法者的位置,篡夺立法机关的权力。面对这种情况的解决办法就是立法机关修改法律,弥补漏洞。文理解释规则在很长一段时间都在英美法院中占主要地位,它促进了法律规则明晰化,最大限度避免人们对法律规则的误解,促使人们更好地达成理解法律规则的共识。

"黄金规则"可理解为对文理解释原则的修正,如果运用文理解释出现荒谬的结果时,法官应当寻求其他含义来避免荒谬结论的出现。布莱克本勋爵在 1878 年的一份判决中指出,"黄金规则就是将整个成文法看作一体,赋予那些字词通常的含义,除非仅仅考虑文字本身会产生很大的矛盾、荒谬或者麻烦并足以使法官意识到不能在通常含义下使用该字词。这时,法官应赋予该字词其他含义。这一含义可能不是对该字义严格解释的结果,但法官相信该字词应当包含这样的含义。""黄金规则"限制了文理解释原则的适用范围,可算是一种中庸之道。但是"黄金规则"也有其本身的缺点,如在案件中什么样结果的不合理或不公正

[1] 参见陈弘毅:《当代西方法律解释学初探》,载《法制现代化研究》1997 年第 3 期。

的程度才算是高的足以排除文理解释的适用，这是一个见仁见智的问题，不容易找到客观的标准。此外，在排除文理解释后，究竟应采用什么准则来给予有关法律条文非文理解释的解释，“黄金规则”并没有提供指引。

伦理解释，原称为“弊端规则”，指法官解释成文法时要充分考虑成文法所欲弥补的法律制度上的漏洞，并努力弥补议会在制定该成文法时所欲弥补的缺陷。这一规则是现代目的解释的起源，即在解释成文法律的过程中，要先了解制定机关制定此条法律的目的，以此目的为指导性原则，来解释法律条文的含义。这就保证了当法律条文出现漏洞时，法院可以依靠司法解释来进行修正。此种解释方法赋予了法官更大的自由裁量权，不仅可以考虑立法目的，还可以考虑更为广泛的因素，比如政治、经济、公共利益等。在 20 世纪美国法制中，此种解释方法较为盛行，英国则是在加入欧共体后，也将这种方法加入自己所考虑的范围内。其中，运用这一规则较为典型的案例有史密斯诉休斯案、阿尔法塞诉伍德沃德案等。

在英美法系中，以上三种是最主要的司法解释规则。除此之外，还有很多其他解释规则，如“个别事项与一般性用语”规则，即条文提及一系列事项，后面是较一般性的词语，法院则将解释这些一般性词语为意指与前面的专项同类者（例如英国 1677 年的某法规规定“商人、技工、工厂工人、搬运工人或任何其他人”不得在星期天工作，法院便解释“任何其他人”为从事类似上述工作的其他人）。再如“消除混乱的规则”，这一规则又称为“海登案规则”。具体应用这一规则，应首先识别和研究四个问题：“第一，在该法律之前适用什么普通法。第二，普通法并未规定的混乱和缺陷是什么。第三，议会已决定用什么补救方法来治疗国家的这种疾病。第四，这种补救办法的真正理由是什么。”为了确定议会制定法律到底要纠正什么混乱，法官应被容许引用法律的序言、标题、立法调查和起草单位的报告以及其他指导立法的资料来对法律进行更为全面可靠的解释。这一规则虽然源于 16 世纪，但迄今仍是英美法系国家广泛应用的法律解释方法。[1]

从历史上看,英美法系国家法官在解释制定法方面的权力是相当广泛的,当他们发现法律在实际生活中会导致不利时就不拘泥于文字。但随着议会权力的增长,特别是议会至上原则的确立,法官在解释法律时的权力和方法日益受到限制。

第三节　中国的法律解释制度

一、中国法律解释制度的演变

(一)中国古代的法律解释

中国古代实行君主专制制度,君主集权的表现之一执政者就是对法律解释活动的垄断和控制。在秦朝时,法律解释就已初见雏形。云梦秦简中发现的《法律答问》是最早的一部比较全面的官方法律解释文本,当时主要通过问答的方式来对法律条文、术语进行解释。两汉时期,私家注律盛行一时,据史料记载,在东汉魏晋时期,张斐和杜预对《晋律》进行了注解,在得到朝廷的批准后,具有了同《晋律》相同的法律效力。此时的解释不再局限于诸儒章句,而是将研究扩大到法律的基本性质,概念定义和法律适用原理等一系列法律理论问题。此外,还有很多著名法学家都对法律进行了注解,观点也都各不相同。在此时期,法律注释得到了空前的发展。唐朝是中国古代法律发展的鼎盛时期。法律解释在此时自然也迎来了其鼎盛发展时期,《唐律疏议》的出现可以说是已经初具现代法律解释的特点,它采用的主要是文义解释,但是也同时注意到了立法目的和历史沿革对法律解释的重要性,例如,《唐律疏议》所称的"无刑之中,十恶尤切,亏损名教,毁裂冠冕,特标篇首,以为明诫",即对立法意旨的说明。宋朝刊版印行的《宋刑统》沿用了《唐律疏议》的方法,同样对法律进行了解释。从傅霖的《刑统赋》到刘筠的《刑法序

---

〔1〕 参见沈宗灵:《比较法研究》,北京大学出版社1998年版,第305页。

略》，都可以看出法律解释在这一时期仍在延续。到了明朝，私人的法律注解变多，但是只是法学家个人解释，性质更偏向于学理解释，并没有法律效力。能够产生法律效力的仍然是官方的法律解释，例如，在《大明令》颁行后不久，朱元璋特命令编撰《律令直解》在各郡县颁行，使百姓都知晓。[1]

纵观中国古代的法律解释发展历程，其中的原则和方法体现了我国古代法学工作者的智慧，其技术含量丝毫不亚于西方法律解释的水平。

（二）新中国成立以来的法律解释

中华人民共和国的成立，给中国社会的发展进步提供了新的历史机遇，为中国实现法治现代化提供了社会制度基础。1949 年 9 月通过的《中央人民政府组织法》（已失效）第 7 条规定：中央人民政府委员会有权制定并解释国家的法律。这个时期的法律解释权归属于中央人民政府委员会，中央人民政府委员会是由当时代行全国人民代表大会职权的中国人民政治协商会议选举产生的国家最高立法机关，它有权制定并解释法律。新中国成立以后，我国越发重视法律解释活动，1954 年《宪法》第 31 条规定，全国人大常委会有权解释法律，据此，法律解释的权力由中央人民政府委员会转移到全国人大常委会。在此之后的一段时间内，我国法制建设进入了曲折发展的阶段，立法以及司法活动都在不同程度上受到打击。1978 年改革开放后，我国法制建设才进入新的历史时期，法律解释体制也随之发生了重大的变化。1981 年，全国人大常委会通过了《关于加强法律解释工作的决议》，这部决议是第一次对法律解释作全面系统地规定，将法律解释权配置给了立法机关、行政机关、司法机关，并明确了各主体的解释范围，还将法律解释权在中央和地方分别进行配置，奠定了我国法律解释体制的基本框架。2023 年，为加强新时代立法工作，我国又对《立法法》进行了修改。如今，现行法律解释制度主要有下列要素构成：

---

〔1〕 参见董暤：《司法解释论》，中国政法大学出版社 1999 年版，第 133 页。

(1)全国人大常委会在一定范围内行使的法律解释权。根据 2023 年新修订的《立法法》第 48 条规定:凡法律的规定需要进一步明确具体含义的,法律制定后出现新的情况,需要明确适用法律依据的,由全国人民代表大会常务委员会进行解释。

(2)最高司法机关可以就司法工作中具体应用法律的问题进行解释。即凡属于法院审判工作中具体应用法律、法令的问题,由最高人民法院进行解释。凡属于检察院检察工作中具体应用法律、法令的问题,由最高人民检察院进行解释。最高人民法院和最高人民检察院的解释如果有原则性的分歧,报请全国人民代表大会常务委员会解释或决定。

(3)国务院及其主管部门的法律解释权。不属于审判和检察工作中的其他法律、法令如何具体应用的问题,由国务院及主管部门进行解释。

(4)省、自治区、直辖市人民代表大会常务委员会的法律解释权。当地方性法规需要进一步明确界限或进行补充时,由省、自治区、直辖市人民代表大会常务委员会来进行解释或作出规定。

随着我国的法制建设从无到有、从幼稚逐步走向成熟,法律解释制度也逐渐科学化、完备化。然而经过几十年的实践检验,我国法律解释制度的局限性也日益凸显出来:第一,法律解释主体权限界限不清,在实践过程中,缺少一套法律解释冲突解决机制,立法解释和司法解释呈现相互倒置的特点,司法解释有立法化倾向。第二,法律解释内容相互冲突,各解释主体在不同语境及主观因素影响下对法律所作的解释必然有所差异。通常情况下,各解释机关在面对解释过程中存在矛盾的情形,没有做到有效沟通。第三,法律解释程序不规范、不统一,而且较为粗疏,不够详尽。目前,我国法律虽然对法律解释程序作出了规定,但是不够具体,细节化规定较少,操作细节不明确,存在流于形式的现象。

二、中国立法解释制度

(一)中国立法解释制度概述

我国法律解释遵循了社会主义制度的特点,形成了以立法部门(全国人大常委会）为主导、各部门间分工负责、部门领域内法律解释权集中行使为基本特点的法律解释制度，立法解释在其中具有举足轻重的作用，其基本构造如下：

首先，关于立法解释的主体。从立法解释主体的角度出发，立法解释就是以立法机关为主体所作出的法律解释。对此，学术界大致有两种观点。一种观点认为，我国立法解释主体主要是全国人大常委会。另一种则是从广义上来理解，即立法机关可以认为是法律制定机关对其所制定之法的解释，故也包括制定行政法规和行政规章的行政机关对其所制定的法律的解释。从理论上来说，虽然有行政立法权的行政机关对其所立之法进行解释同样是根据“谁制定，谁解释”的原则，但本书认为它本质上仍是以行政机关为主体所作出的行政行为，所以行政机关对其本身所制定的法律进行的解释或者是在应用过程中所作出的解释都属于行政解释行为。由此可见，从狭义的角度来界定立法解释主体更具有合理性。

其次，立法解释的权限范围。《立法法》第48条规定，当法律规定需要进一步明确具体含义或者法律制定后出现新情况，需要明确适用法律依据时，由全国人民代表大会常务委员会解释。其中，关于法律规定需要进一步明确的情况主要有三种：第一种是法律界限不明晰。比如《刑法》第30条规定：“公司、企业、事业单位、机关、团体实施的危害社会的行为，法律规定为单位犯罪的，应当负刑事责任。”其中并未规定当出现法律没有追究单位刑事责任时，如何适用刑法等问题。为此，《全国人民代表大会常务委员会关于〈中华人民共和国刑法〉第三十条的解释》中进一步明确规定：全国人民代表大会常务委员会对《中华人民共和国刑法》第30条作出了进一步的明确：“公司、企业、事业单位、机关、团体等单位实施刑法规定的危害社会的行为，刑法分则和其他法律未规定追究单位的刑事责任的，对组织、策划、实施该危害社会行为的人依法追究刑事责任。”对于法律来说，其重要特征之一是明确性。法律规则是否明确，在一定程度上标志着立法技术的高低和法律制度的完善程度。所以当出现法律界限不明时，人大常委会可以对此作出灵活性法律解释，以此保证在适用过程中不出现分歧。第二种是法律规定有轻微不足。比如《香港特别行政区维护国家安全法》第47条规定："香港特别行政区法院在审理案件中遇有涉及有关行为是否涉及国家安全或者有关证据材料是否涉及国家秘密的认定问题，应取得行政长官就该等问题发出的证明书，上述证明书对法院有约束力。"其中法院如何取得行政长官就是否涉及国家安全问题的证明书并未有明确说明。为此，《全国人民代表大会常务委员会关于〈中华人民共和国香港特别行政区维护国家安全法〉第十四条和第四十七条的解释》中进一步明确规定："香港特别行政区法院在审理危害国家安全犯罪案件中遇有涉及有关行为是否涉及国家安全或者有关证据材料是否涉及国家秘密的认定问题，应当向行政长官提出并取得行政长官就该等问题发出的证明书，上述证明书对法院有约束力。"立法者并非全能，当出现法律规定轻微不足，但又无须整体修改时，人大常委会可以作出法律解释，从而保证法律的稳定性和准确性。第三种是各执行机关间对法律的理解出现分歧时，需要立法机关对此进行解释，以此保证法律的统一性。除法律规定需要进一步明确的情况外，人大常委会也可以在现实出现新情况时，作出灵活性法律解释，从而保证立法解释的功能的发挥，更好地满足社会的发展需要。

再次，立法解释程序主要包括以下几个环节。

1. 提出立法解释要求

根据《立法法》第49条的规定，国务院、中央军事委员会、国家监察委员会、最高人民法院、最高人民检察院、全国人民代表大会各专门委员会，可以向全国人民代表大会常务委员会提出法律解释要求或提出相关法律案。省、自治区、直辖市的人民代表大会常务委员会可以向全国人民代表大会常务委员会提出法律解释要求。需要注意的是，立法解释要求与议案有所不同。议案不仅要有理由、依据，还要有具体内容。而立法解释要求一般不需要提出具体解释内容。比如，1999年6月11日国务院《关于提请解释〈中华人民共和国香港特别行政区基本法〉第二十二条第四款和第二十四条第二款第（三）项的议案》，虽然其名称叫"议案”,但没有提出具体的解释内容,只是要求进行解释。

2. 起草立法解释草案

根据《立法法》第 50 条的规定,全国人大常委会工作机构——人大常委会法制工作委员会,会对此进行具体研究,广泛听取包括全国人大常委会其他工作机构、法律执行部门、专家学者,以及有关公民、法人和其他组织在内的各方面意见,最终拟定立法解释草案,由委员长会议决定列入常务委员会会议议程。比如,1999 年 6 月国务院提出解释《香港基本法》有关条款的要求后,人大常委会法制工作委员会即按照《香港基本法》的立法原意,研究拟订了解释草案。明确规定由常委会工作机构(人大常委会法制工作委员会)拟订立法解释草案,有利于立法解释准确体现立法原意,也有利于保持法律解释的统一,避免法出多门,维护法律的权威和尊严。

3. 审议立法解释草案

根据《立法法》第 51 条的规定,法律解释草案经常务委员会会议审议,由宪法和法律委员会根据常务委员会组成人员的审议意见进行审议、修改,提出法律解释草案表决稿。审议过程中,如果立法解释的内容比较复杂,则需要提出说明;如果解释的内容比较简明易懂,则可以不说明。

4. 表决和公布立法解释

根据《立法法》第 52 条的规定,如果常委会成员对于法律解释草案表决稿没有很大的分歧意见,则由委员长会议提请常委会全体会议表决,并以常委会全体组成人员的过半数通过。立法解释最终由常委会发布公告予以公布。需要注意的是,这里并没有由国家主席签署,主要是因为宪法规定国家主席签署公布法律,立法解释属于法律的一部分,而并非一部新的法律,所以由常委会发布。

最后,关于立法解释的效力问题。从法律解释的性质来看,立法解释是对法律原文具体含义或适用依据的释明,是为了使法律更便于适用的一种技术手段。根据《立法法》第 53 条的规定,全国人大常委会发布的法律解释同法律具有同等效力。一方面来说,由于法律解释本身并没有独立的效力,它更像是对法律条文的补充或变通,所以它取决于法律的效力,在对法律作出解释时应当遵从法律生效时的本意。如果面对已经作出终审判决的案件,可以在不严重违背社会公共利益和秩序的情况下,视情况使其不受解释的约束。另一方面,其效力同被解释的法律效力所涉及的空间范围也相同。由于立法解释是我国效力最高的解释,其效力范围具体来说,对行政机关、审判机关、检察机关以及公民、法人和其他组织都有约束力。但遇到具体案件时,它并不提供直接处理方法,具体情况仍由有关执法机关来进行处理。

(二)我国立法解释的主要任务

立法解释制度是连接立法和司法、执法的重要纽带,是伴随法的存在而存在的。只要有法,人们便必然会有对法的理解或看法。国家机关在运用法的过程中,也必然需要对法加以说明或解答,所以它的存在具有重大意义。其任务主要有:第一,阐明法律实施中产生的疑义。也就是需要对法律规定本身不十分清楚、明确的条文进行说明,或者规定本身虽然清楚、明确,但实施法律的人不了解立法者的立法精神,需要立法解释进行阐明。第二,赋予法律规定新内涵,顺应社会发展。当暂时无法对原法律进行修改、补充、废止时,通过赋予法律规定新内涵的方法补充法律,可以让人们更好地理解法律,顺应时代发展的进程。第三,解决法条冲突和司法解释之间的冲突。当出现法条冲突,而不能用法条竞合的一般规则来解释时,需要全国人民代表大会常务委员会进行立法解释。当出现司法解释冲突时,则需要最高人民法院和最高人民检察院报请全国人大常委会作出最终解释。

(三)现行立法解释制度存在的问题及完善措施

1. 现行立法解释制度存在的问题

我国的立法解释制度独具特色,其设立有其合理性,也存在一定的缺陷。

第一,立法解释的虚置化。全国人大常委会的立法解释在新中国成立初期即已经有了实践。但此后,由于历史原因,全国的立法工作陷于停滞,立法解释工作也相应地沉寂。十一届三中全会以后,我国进入了法制建设的快车道,大量的法律被制定出来,但这一时期的立法工作重心在法律的制定上,因而立法解释实践也非常少,且没有采用统一的名称和形式。直到1996年,全国人大常委会才第一次以"解释"之名作出了一项正式的司法解释,即1996年5月15日第八届全国人大常委会第19次会议通过的《关于〈中华人民共和国国籍法〉在香港特别行政区实施的几个问题的解释》。在此之后,特别是2000年《立法法》实施以后,全国人大常委会的立法解释实践逐渐多了起来,又相继作出了十多个立法解释,其内容集中在《香港特别行政区基本法》和《刑法》的有关规定。相比于全国人大常委会的立法解释实践,地方人大常委会的立法解释实践则更为罕见。

第二,立法解释与司法解释的边界模糊不清。由于全国人大常委会在立法解释方面的实践较少,以致司法机关在法律适用的过程中又不可避免地需要对法律进行解释。而在我国,司法人员在适用法律过程中对法律的解释权被严格限制,在制度层面上是由最高人民法院和最高人民检察院统一集中行使,即"两高"通过制定一般化的司法解释文件来解释法律。在司法实践中,"两高"发布的这种类型的司法解释文件相比于立法解释文件具有非常庞大的数量。从这些司法解释文件的内容来看,其是对法律中抽象规定的进一步具体化,但"两高"在制定司法解释文件时,往往不能够严格地恪守立法解释与司法解释的边界,从而构成对代表机关权力的侵蚀,形成司法机关造法的局面。

第三,立法职能对立法解释职能的侵蚀。享有立法解释权的人大常委会同时又是立法主体,承担着重要的立法职能。由于立法解释与立法在主体上的一致性以及在性质上的相似性,使得二者之间的边界模糊不清。

第四,立法解释主体混乱。现行《宪法》和《立法法》将立法解释权明确授予全国人大常委会。但在实践中，我们常常见到的是，一些并非立法解释法定主体的机构如全国人大常委会法制工作委员会和全国人大常委会办公厅等，也对某些法律问题作出解释和答复。按照《立法法》的规定，全国人大常委会的工作部门不是立法解释权的行使主体，其所作出的"问题答复"虽然可能对处理相关法律问题具有指导作用，但严格说来不具有法律效力，同样的问题也存在于地方性法规的立法解释中。

2. 现行立法解释制度的完善措施

首先，要明确立法解释主体。《立法法》虽然对全国人大常委会的法律解释问题作出了规定，但鉴于我国立法解释还包括一定级别的地方人大常委会对地方性法规所作出的解释，在今后《立法法》的修改中，也应对地方性法规的立法解释作出规定，明确地方性法规立法解释的主体和程序。其规定的具体内容可参照现行《立法法》关于全国人大常委会立法解释的规定。其次，要完善立法解释程序。对于立法解释程序的完善，应从以下几个方面入手：坚持程序启动的被动性原则，这样可以以退为进，使该制度的功能能够正常发挥，同时通过权力行使的克制也可使其与其他权力的边界更为清晰；《立法法》应对立法解释的草案拟定、审议、表决通过及公布等程序作出更为具体的规定和完善。例如，在我国现有立法解释程序中，并没设置立法解释审议阶段的听证程序。而既然《立法法》规定全国人大常委会的立法解释与法律具有同等效力，就意味着立法解释在重要性和效力等级上都相当于法律，因此也应该和立法程序一样设置相应的听证程序。在之后《立法法》的修改中，应该增加有关立法解释听证程序的规定。最后，要加强立法解释监督。立法解释在实践中处于一种没有被经常性行使的状态，也使该权力存在被滥用的可能性。除了借助于更为严格明确的程序对其进行规范之外，也需要借助于外在的权力对其进行有效的监督。在我国的全国人民代表大会制度下，这种对立法解释的外在权力监督只能来自全国人大。[1]

---

〔1〕 参见刘桂新、江国华：《中国立法解释制度的困境与出路》，载《学习与实践》2015 年第 5 期。

三、中国行政解释制度

正如前文所述,我国现行法律解释体制由三部分构成,即立法解释、行政解释和司法解释。其中行政解释是法律解释的重要组成部分,指的是由国家行政机关对于不属于审判和检察工作中的其他法律的具体应用问题以及对自己依法制定的法规进行的解释。最早在1955年通过的全国人民代表大会《关于解释法律问题的决议》中,仅明确了立法解释和司法解释两种法律解释类型,并没有规定行政解释的类型。直到改革开放后法制被重新强调;从依法行政的理念出发,行政也被理解为法律、法令具体应用的领域,从而在行政执法过程中也产生了对作为行政执法依据之法律、法规等进行解释的需要。1981年,五届全国人大常委会第十九次会议通过了《关于加强法律解释工作的决议》,确立了我国现行法律解释体制的完整结构。1999年国务院在此基础上又对行政解释进行了进一步的规范,下发了《关于行政法规解释权限和程序问题的通知》,再次完善了行政解释制度。我国现行行政解释制度大致包含以下几个方面:

首先,行政解释的主体是拥有行政解释权限的行政主体,具体包括国务院及其所属各部门,省、自治区、直辖市以及省、自治区人民政府所在地的市和经国务院批准的较大的市的人民政府主管部门。但是在实践中,行政解释的主体既包括行政机关,也包括经法律、法规授权的组织。当然,行政解释不能任意为之,行政解释主体应当拥有解释权限,否则就会造成重复解释、解释冲突、越权解释、滥用解释权等现象。

其次,行政解释的对象有法律、行政法规、地方性法规、部门行政规章、地方政府规章、它们分别由不同的主体依法定职权来进行解释。由此可知,行政解释主要有三种方式构成:

(1)国务院及其所属各部门对法律、行政法规所作的解释。国务院颁布的《行政法规制定程序条例》第31条规定:“行政法规有下列情形之一的,由国务院解释:(一)行政法规的规定需要进一步明确具体含义的;(二)行政法规制定后出现新的情况,需要明确适用行政法规依据的。国务院法制机构研究拟订行政法规解释草案,报国务院同意后,由国务院公布或者由国务院授权国务院有关部门公布。行政法规的解释与行政法规具有同等效力。"

(2)省、自治区、直辖市以及省、自治区人民政府所在地的市和经国务院批准的较大的市的人民政府主管部门,对同级权力机关制定的地方性法规如何应用的问题所进行的解释。

(3)其他制定机关作出的行政解释。《规章制定程序条例》第 33 条第 1 款规定:"规章解释权属于规章制定机关。规章有下列情况之一的,由制定机关解释:(一)规章的规定需要进一步明确具体含义的;(二)规章制定后出现新的情况,需要明确适用规章依据的。"

再次,行政解释的形式,主要包括抽象行政解释和具体行政解释两种。抽象解释是指解释主体对法律文本进行的具有普遍法律效力的一般性规定,是我国法律解释的主要形式。行政解释中有大量的抽象解释,抽象行政解释是国务院及其主管部门针对法律适用过程中的问题制定的抽象性解释文件,具备普遍适用性的法律效力。主要方式包括通过制定实施细则和条例对执行的法律逐条进行解释,其基本特点是通过制定普遍适用的规则而将法律的规定具体化,其解释不是将法律规定适用于案件事实而发生的具体个别解释,而是将不确定的法律概念或者法律条文通过限制或者扩大的方法将之明确和具体化,可以为国家机关反复适用。具体行政解释行为是指行政解释机关并不以立法或者制定一般规范的形式解释法律,而是对法律个别条款的具体适用表达意见。比如,当法律法规不够明确而影响到下级机关执法准确性,或者下级机关在执法过程中对相关法律法规存在异议时,会提请国务院及其主管部门进行解释,有关部门作出的各类答复性文件就是具体行政解释。实践中,具体行政解释主要包括以通知等行政规范性文件和答复两种方式,两者都是国务院主管部门对下级行政机关发出的,其内容主要是针对法律具体应用和适用中可能遇到的问题而作出的解释或者对下级机关请求而作出的答复，目的在于保障法律在全国的统一和准确实施。

最后，行政解释的效力，本书认为行政解释对外产生普遍约束力。尽管有学者认为命令、指示类的行政解释属于内部行政行为，没有对外的普遍法律效力。但是，根据《立法法》、《行政法规制定程序条例》、《规章制定程序条例》以及一些地方的立法条例，立法解释应当对外公布；最高人民法院《关于司法解释工作的规定》、最高人民检察院《司法解释工作的规定》也规定司法解释应当对外公布。因此，作为三大法律解释之一的行政解释也应当对外公布并产生普遍约束力。

四、中国司法解释制度

（一）中国司法解释制度概述

对于司法解释的定义，学术界众说纷纭。本书认为，司法解释是指国家司法机关在适用法律、法规的过程中，对具体问题所作的一种解释或说明。司法解释有广义和狭义之分，具体说来，广义的司法解释，指司法机关及其工作人员在司法活动中对有关法律法规的问题所作的解释。而狭义的司法解释，仅指我国最高司法机关即最高人民法院和最高人民检察院在法定的职权范围内，对具体适用法律时所产生的问题作出的具有普遍约束力的解释，本书主要论述狭义的司法解释。狭义的司法解释又可分为审判解释、检察解释、审判检察联合解释。其中审判解释是指最高人民法院对人民法院在审判过程中具体应用法律时所作的解释。我国的审判解释权由最高人民法院统一行使，地方各级人民法院没有对法律的审判解释权。检察解释是指最高人民检察院对人民检察机关在检察工作中具体应用法律问题进行的解释。如果审判解释与检察解释有原则性分歧，则应报请全国人民代表大会常务委员会解释或决定。联合解释是指在司法实践中，审判机关和检察机关为了更好地协调和配合，统一认识，提高工作效率，对如何具体应用法律的问题，有时采用联合解释的形式，共同发布司法解释文件。

（二）中国司法解释制度演变及其特点

回顾我国司法解释制度建立的历程，它并非随着新中国人民司法制度的建立就出现的，1951 年《人民法院暂行组织条例》和 1954 年《人民法院组织法》均没有涉及司法解释问题。首次出现关于司法解释的规定是在 1955 年 6 月 23 日通过的全国人大常委会《关于解释法律问题的决议》中，其中规定："凡关于审判过程中如何具体应用法律、法令的问题，由最高人民法院审判委员会进行解释。"自此，开启了我国司法解释文化的历史源头，同时也确立了以最高人民法院审判委员会为唯一司法解释主体的制度格局，建立了一元一级模式。但不久后随着"文化大革命"期间中国法制制度遭到严重破坏，司法解释制度也相应受到了重大挫折，直到我国开始实行改革开放，社会进入转型阶段，我国司法解释制度才慢慢得以恢复。1981 年 6 月 10 日全国人大常委会颁布了《关于加强法律解释工作的决议》规定："凡属于法院审判过程中具体应用法律、法令的问题，由最高人民法院进行解释。凡属于检察院检察工作中具体应用法律、法令的问题，由最高人民检察院进行解释。"该决议不仅增加了拥有司法解释权的主体，也部分修正了先前不合理的规定，标志我国司法解释制度进入新的阶段。另外，《人民法院组织法》和《人民检察院组织法》也作了类似规定。这些决议和法律的出台结束了一元一级的司法解释格局，形成了由最高人民法院和最高人民检察院两个司法机关进行司法解释的多元主体解释格局。之后，1996 年 12 月 9 日最高人民检察院出台的《司法解释工作暂行规定》和 1997 年 6 月 23 日最高人民法院出台的《关于司法解释工作的若干规定》从根本上转变了司法解释工作的无序状态，相关的制定和发布程序得到了极大的完善，推动了司法解释工作的规范化和有序化。

我国司法解释制度独具特色，主要有三大特征：一是最高司法机关作出的解释。狭义地讲，司法解释的主体是最高司法机关，其他的任何机关或者个人，包括最高司法机关的职能部门、地方司法机关或者法官、检察官个人都不具有这样的权力。虽然法官、检察官在办理案件时，也会对相关法律条款进行解读和释明，但这并不是此处所称的司法解释。二是立法原意的表达。最高司法机关在作出司法解释时，必须在准确把握立法目的的基础上，严格按照法律规范的文义表达，对被解释法律的条款、概念、术语予以准确地阐释说明。解释不能背离法律的基本精神和立法本意，不能超出法条文义所允许的最大范围，更不能够直接创设新的法律规则。三是对法律的事后解释。在实现法律事实与法律规范的联系时，可能会对法律条文、术语产生不同的理解，为了解决司法机关或者办案人员对法律适用问题所产生的争议、明确裁判的标准和尺度，才会出现司法解释的问题。这种事后解释的特点，实际上是由司法的被动性所决定的。其目的是统一司法裁量标准，保证法律有效实施。司法解释制度对推动我国法制进程起到了举重若轻的作用。当法律“缺位”时，需要司法解释起到明确法律规定的具体内涵和弥补漏洞的作用，从而为司法审判工作提供裁判依据。在中国社会不断发展过程中，我们需要司法解释来对法律制定后新出现的情况提供法律依据，以此来解决立法所不可避免欠缺的前瞻性问题。

（三）中国司法解释制度具体内容

1. 司法解释的主体

在绝大多数的西方国家，司法就是指法院的审判活动，司法机关就是法院，所以司法解释自然而然就是法官对于法律的解释。尤其在英美法系国家，判例不仅可以对成文法律所进行解释，甚至可以创制法律规则，所以只有法官才有解释法律的权力。在大陆法系国家，虽然曾一度出现禁止法官解释法律的现象，但最终还是逐渐承认、重视法官对法律的解释。

而在中国，法官并不是司法解释的主体。相对于西方来说，我国拥有司法解释权的主体是一个集体，即国家最高司法机关。新中国成立后，我国的司法解释主体逐渐由最高人民法院的审判委员会扩大到最高人民法院和最高人民检察院，司法解释的主体由一元扩大到二元。最高人民法院颁布司法解释是通过立项、起草、报送、讨论、发布、实施、备案等几个主要环节来完成的。在司法实践中，最高人民法院和最高人民检察院的颁布的司法解释对正确适用法律，及时、有效地处理纠纷，缓解社会矛盾，稳定社会秩序，促进社会的进步与发展起到了积极作用。然而，虽然最高人民法院和最高人民检察院是法律确定的两个拥有司法解释权的机关，但是在实践中却存在非法定司法解释主体行使司法解释权的现象，它们往往通过联合解释的方法来使自己的解释合法化。比如有时会有最高人民法院和最高人民检察院联合公安部甚至是全国人大常委会法制工作委员会等不具有主体资格的主体联合发布司法解释的情况。这种现象的出现会破坏司法权的独立行使，同时也会让人们对于司法解释的主体产生混乱。

2. 司法解释对象

学术界对于司法解释对象的认识不一，有学者认为司法解释对象就是“有关法律规范”，还有人认为司法解释对象也可以是“各种形式的法律渊源”。这些观点都有其合理性，只是由于诸位学者站在不同的角度，所以最终观点难免有所差异。本书认为，司法中所说的法律解释并不主要是对法律文本的解释，因为在实践过程中，法律解释往往伴随着案件而产生，所以法律适用者不仅需要通过对文本的理解来对法律进行解释，也需要对案件的事实来进行分析，同时在分析的过程中也要解释法律。这就构成了在分析中解释，在解释中分析的现象。所以司法解释过程中存在两方面的互动：一方面是解释主体和法律文本之间的互动；另一方面是解释主体和案件的互动。所以司法解释的对象，不应仅是成文法律，还应包括相应的法律事实。也可以说，司法解释的对象一般是被应用的法律和法律事实，而不是静态的法律，当法律出现滞后性的弊端，司法解释也就由此产生。

3. 司法解释的形式与内容要求

我国最高人民法院和最高人民检察院每年都会向法院及检察院系

统发布大量司法解释,其形式包括“解释”、“规定”、“规则”、“批复”和“决定”五种。当对在审判工作中如何具体应用某一法律或者对某一类案件、某一类问题如何应用法律时制定的司法解释,采用“解释”的形式。如果需要根据立法精神对审判工作中制定规范、意见等时作出的司法解释,采用“规定”的形式。对规范人民法院审判执行活动等方面的司法解释,采用“规则”的形式。对高级人民法院、解放军军事法院就审判工作中具体应用法律问题的请示制定的司法解释,采用“批复”的形式。修改或者废止司法解释,采用“决定”的形式。但是在实践过程中时常有司法解释形式与内容出现冲突抵触或重叠交叉的状况,进而给法律修改工作带来困难,也加剧了法律适用的难度。

司法解释的内容要求与我国的发展历程息息相关。新中国成立初期,人民法院的司法解释主要针对国家政策而不是法律,因为这个阶段立法尚不完善,很多地方存在法律空白,所以人民法院的司法解释对政策的解释偏多。之后由于中国进入“文化大革命”时期,法制遭到严重破坏,司法解释也随之削弱甚至停止。直到十一届三中全会的召开,我国法制建设才进入新的历史时期,立法工作也随之展开,司法解释的内容范围也越来越广泛。但是在现行司法解释活动中,仍存在越权解释、重复解释、违背立法意图的解释等问题。所以在司法解释过程中需要注意必须遵循司法的基本原则,即司法解释的正当性要求。解释的文本内容必须具备明确的解释对象、确定的解释内容、必要的解释条件和适度的解释理由等实质性要素。此外,体系结构、标题名称、解释用语等也应当符合司法解释外观正当性的要求。[1] 司法解释的正当性、规范化变革,不仅要通过内在的实质性规范予以规制,而且也要求通过外在的形式性规范加以保障。程序公正、实质正义、形式规范是实现司法解释正当性的三大基本要素。

除此之外,需要注意的是最高司法机关肩负着监督指导全国检察、

〔1〕 参见孙华璞:《关于完善我国司法解释问题的思考》,载《中国应用法学》2017年第3期。

审判工作的重要职责，除通过发布司法解释指导审判工作外，还可以下发对审判工作具有指导意义的司法文件，如领导讲话、工作部署、司法政策、工作要求等。虽然这些文件对全国的检察、审判工作具有重要的指导作用，但是它们不属于司法解释的范畴，不能对当事人的行为产生拘束力，也不应当成为司法机关办理案件所援引的依据，最高司法机关也不宜在这类的规范性文件中作出对具体应用法律问题的司法解释。当司法文件与法律、司法解释发生冲突时，应当以法律和司法解释为准，司法文件所实际产生的效力不应超出现行法律或者司法解释允许的范围。

（四）司法解释制度与案例指导制度

司法解释制度和指导性案例制度是我国司法制度中的两个重要组成部分，两者都为司法审判实践提供了具体的规则指引，独具中国本土特色。严格意义上讲，英美法系和大陆法系中都没有案例指导制度，可以说案例指导制度是我国社会主义司法实践的产物。对于它的定性，学术界众说纷纭，有学者认为指导性案例就是判例，没有必要刻意同英美法系中的判例相区别而采用一个独具中国特色的指导性案例这一用词。也有学者认为，案例指导制度和案例法之间存在本质的差异，它是我国一项创新型举措，是我国的司法实践不断发展的产物。本书赞同后一种观点，认为案例指导制度既不是搬运判例法，也不是中国特有的判例制度，它实际上是在保证我国制定法作为法律渊源的背景下，进一步发扬我国历史传统司法审判中对案例的重视，并兼采两个法系相关判例制度中的一些做法。[1]

我国案例指导制度形成历程相当久远，自新中国成立以后，我国便一直很重视案例的作用，经常通过编选案例来总结审判经验，指导法院审判工作。改革开放后，最高人民法院发布了具有司法解释性质的破坏军婚的案例，开启了用案例解释法律的尝试。1985 年，最高人民法院公

---

〔1〕 参见陈阳、荣威：《我国案例指导制度的发展与完善》，载《哈尔滨师范大学社会科学学报》2021 年第 4 期。

开刊登最具有指导性案例,有学者(胡云腾)认为人民法院案例指导制度自此真正意义上的诞生。1992 年最高人民法院设立中国应用法学研究所,编辑《人民法院案例选》,供全国法院进行参考,案例指导越发受到了重视。2010 年最高人民法院发布了《关于案例指导工作的规定》,明确了指导性案例的发布主体、选择范围、工作程序等内容,使案例指导制度在我国正式的确立下来。2020 年 7 月 15 日,最高人民法院再次发布《关于统一法律适用加强类案检索的指导意见(试行)》,进一步对案例指导制度在司法实践中的具体适用进行规制。据有关数据统计,截至 2021 年 5 月 10 日,最高人民法院已发布共 27 批 156 个指导性案例,最高人民检察院共发布 28 批 110 个指导性案例,且数量在不断增长。总体来说,案例指导制度的不断发展,是我国对待司法实践过程中具体问题的积极回应,它的建立为法治建设起到了积极的推动作用,极大地满足了司法活动对于实体规则的需求。

从案例指导制度和司法解释制度设计本源来看,虽然两者均为司法活动提供规则之制度设计,但两者功能有着显著的区别。司法解释提供的规则具有高度抽象性,强调的是法律拘束力,主要发挥弥补法律漏洞、统一法律的理解等功能,其最终还是为了保证法律规范正确适用。案例指导制度提供的规则具有个案具体性,当指导案例和未决案件之间有相似性时,指导案例的审判理由和思路都可以为未决案件所适用,可以让裁判者做到同案同判。除此之外,两者的体例形式和制定方式也有所不同。如前文所述,司法解释的形式包括“解释”、“规定”、“规则”、“批复”和“决定”五种。而案例指导制度的体例形式和司法解释有显著区别,最高人民法院发布的指导性案例由标题、关键词、裁判要点、相关法条、基本案情、裁判结果、裁判理由以及包括生效裁判审判人员姓名的附注等组成,最高人民检察院发布的指导性案例体例一般包括标题、关键词、要旨、基本案情、检察机关履职过程、指导意义和相关规定等部分。从制定方式上看,一是二者的法律依据不同,司法解释是“两高”依据我国《人民法院组织法》、《人民检察院组织法》、全国人民代表大会常务委员会《关于加强法律解释工作的决议》的规定，对法律作出的解释，并须报送全国人民代表大会常务委员会备案。而指导性案例制度是依据“两高”各自制定的案例指导工作的文件，其内容建立在法律及司法解释的基础上。二是地方司法机关及司法系统在其中的作用不同。除“批复”形式的司法解释外，其他均是“两高”主动释法，地方法检机关的作用很小，并且司法解释是法检内部系统的活动。与之相比，在“两高”的指导性案例相关规定中，指导性的案例编撰程序均是下级法检机关从办理已生效的案件中选送。〔1〕但两者非完全不一样，其在内容上有交叉，并且目的都是改善法律在实践应用不足的问题，所以总体来说两者之间是相互衔接、递进和补充的关系。

近年来，案例指导制度越发趋同于司法解释。在具体实践过程中，案例指导制度并没有在具体案情和抽象规则之间寻找到平衡。从目前已经公布的指导案例文本来看，一些指导案例的裁判要点完全可以独立于基本案情而存在，成为逻辑自洽的抽象法律规则，但这种规则只是对实体法规则的重复、扩展、细化，指导案例裁判要点变成了仅仅提供实体规则的新方式，与传统的司法解释并无实质差别。由此观之，指导性案例几乎已经蜕变为提供抽象规则、具有准立法性质的司法解释制度，或者成为进一步修补与完善司法解释的附属。案例指导制度与司法解释制度的趋同功能，削弱了案例指导制度的应有功能。长此以往，案例指导制度的独特价值将受到影响，并削弱其在司法裁判中的可接受性，所以为了防止案例指导制度成为司法解释制度的翻版，应做好两者之间的衔接与协调，必须明确指导性案例和司法解释各自的法律定位，并加以区分。合理分配二者的作用空间，促使相互有序衔接协调，发挥指导性案例回应司法关切的独特功能，让指导性案例制度在司法解释之外发挥独特的作用。

---

〔1〕 参见易淑强：《指导性案例制度与司法解释的衔接与协调》，载《法制博览》2021年第33期。

五、中西法律解释制度的差别

（一）发展历程不同

中西方法律解释制度整体发展历程有很多相似之处，它们都以具体解释为起点，都存在历史性人物，都曾严格限制过对法律文本的语义解释等。但它们的发展历程也有很多不同。

纵观历史，中西方的法律解释发展都经历了治乱兴衰的历史规律，但是它们在发展过程中所体现的稳定性和连续性都有所差异。就中国而言，每一次朝代的更替都会使司法系统重组，不可否认的是这一破坏重组的过程有很大的积极意义：首先，朝代的更替会继承前朝的立法、司法等思想制度；其次，破旧立新的方式，使整个法律体制有很大的改观，比如废除肉刑等，推动了法治的进程。然而，我们在看到积极意义的同时，不可忽视其局限性，即在一定程度上破坏了法的稳定性和连续性，因为各朝各代都以巩固统治为目的，而加强对人民思想的控制，相关学者也会打破前朝的思想结构，在废墟上重建，这种控制和重建都难以保证法律的稳定性和连续性，法律解释作为法学的有机组成部分自然无法置身事外。反观西方，中世纪神学统治是黑暗的，但是自然法思想在此时期仍有体现，这种连续性同样体现在法律解释上。

（二）解释体制不同

中国的法律解释体制是非常具有本土特色的，概括来讲，主要是以全国人大常委会为主体的各机关分工配合的法律解释体制。其中，与西方国家法律解释体制最大的不同就在于解释主体。从一定意义上来讲，我们每一个人都在理解和解释法律，但是法律上所讲的法律解释具有严格的限定的，它专指特定的人或者组织对法律进行解释。在我国具有法律效力的法律解释仅指法律规定有权作出解释的国家机关，所以中国的法定解释权主要是由全国人大常委会掌握的，作为司法机关的最高人民检察院和最高人民法院也可以掌握司法解释权。而在西方两大法系国家，主要是法院掌握法律解释权。在大陆法系国家，一般都由普通法院和行政法院来进行对法律法规的解释，涉及违宪问题则由宪法法院和行政法院负责。法国在1958年后，则是专门由宪法委员会来负责违宪审查问题。在英美法系国家，以英国为例，由于其践行不成文宪法制，所以实际上没有宪法解释问题，对于一般的法律法规则也由普通法院来执行。在美国，同样也是由法院来进行解释，特别是联邦最高法院还有权对联邦立法和州立法进行违宪性审查。

由此可见，与西方国家的法律解释一般是与司法裁判过程中法律适用问题相关所不同的是，我国的法律解释和具体案件的裁判者是普遍脱离的。我国将法律解释权单列为一项权力，是一种通过解释形成具有法律效力的一般解释性规定的权力。而在审判领域，只有最高人民法院拥有法律解释权，但是也并不是主要的法律解释权主体。我国法律解释体制将法律解释视为一种和立法活动不同的法律实施活动，是包括立法机关在内的国家各职能部门“齐抓共管”的组合。这种分工配合主要包括：中央国家机关与地方国家机关之间的分工配合；国家权力机关常设机关与司法、行政机关之间的分工配合；对法律进行明确界限和法律具体应用的分工配合。总的来说，这一独具中国特色的法律解释体制是符合我国国情的，因为全国人民代表大会是最高国家权力机关，全国人大常委会是其常设机关，负责解释我国整个法律制度的核心部分，即宪法和法律。所以它在我国法律解释体制中应占有主体地位。又由于我国地广人多、情况复杂，国家机关具有不同功能，也为了便于实施民主集中制以及在党中央集中统一领导下充分发挥地方主动性和积极性，我国的法律解释体制又必须在以全国人大常委会为主体的同时，还要由其他国家机关分工配合。

（三）解释方法不同

正如前文所述，虽然从法律解释的产生来看，它们都是以具体法律解释为表现形式，但是日后中西方法律解释方法的发展却大相径庭，中国的法律解释方法更多以抽象解释为主，即尽管名义上规定司法解释是具体应用解释，但由于最高人民法院直接审理的案件较少，立法机关制定的法律比较原则化，所以需要在最高国家权力机关发布新法律后，再对新发布的法律进行抽象性解释。但是在外国，两大法系下的法律解释通常是结合具体案件所作出的具体解释，有时法学家也拥有对案件提出解释的权利，并且法官也可以从中来进行挑选适用。就英美法系国家而言，主要有三种不同的解释方法：第一种是文理解释法，即通过法律文本来对其本意进行理解解释，不必借助外力来帮助阐释。第二种则是“黄金规则”，它强调在解释法律过程中，应当遵循法律文字本意，但是，如果出现“荒谬”的情况，可以“修改文字的文法上的通常的意义，以避免这种荒谬和失调，但也就仅此而已。”第三种是论理解释法，即应首先了解立法机关在制定此成文法所希望达到的目的，然后以这些目的为指导性原则，去理解法律条文的含义。而在大陆法系国家中，法律解释的方法可以归纳为四种，即文法解释、逻辑解释、历史解释和目的解释。尽管两大法系在解释方法上有所差异，但总体在制定法的解释上都经历了从严到宽的转变，从法院和法官无权修改和补充法律含义到有权根据立法意图对法律的空白进行填补，最终达到立法意图真正实现。由此可见，不管是从宽还是从严解释，都与中国抽象性法律解释不同，西方国家的法律解释往往都是根据案件所作出的具体解释。

第十三章　立法修正

第一节　立法修正概述

一、立法修改、补充和废止的概念和意义

立法是一个系统的工程,它的过程非常烦琐且复杂,除包括人们通常意义理解的制定法律之外,还包括修改、补充、废止以及其他变动法的活动。为了法律更加公平合理、与时俱进,这些变动活动是不可或缺的。

立法修改,是指为了使立法达到预期目的,更好地适应现实社会的新需求而对现行的法律规定稍加改变的活动。立法补充,是指在现行法律规定不变的情况下,在法律中加入新的内容,使法律内容和结构更加完善,更好地应对现实中出现的复杂问题。立法废止,指的是有权机关终止实行某种现行法律,使其失去法的效力的活动。立法修改和补充同立法废止一样,都属于立法活动范围。它们都具有立法活动的共同特征,目的都在于使法律体系趋于完善。但是,立法废止活动相对于前两者,也有其独有的特征。首先,它不是直接在法律体系中添加新的内容,而是以终止某些法律的效力以促进整个法律体系的完善发展;其次,它所针对的必须是完整的法律,如果只是废除某些法律中的内容,则不是立法废止,而是立法修改;最后,它与法律效力问题联系

十分紧密，一旦进行立法废止活动则会让某些法律正式失去效力。

总的来说，立法通常是由法律的制定、认可、解释、修改、补充和废止等方式构成的，其中最重要的是法律的“立、改、废”三个环节。用系统论的观点来看，这些立法方式构成了一个能够保证立法良性循环的开放的立法系统：法律的制定（或认可）承担着实现法律从无到有的任务，是这个系统的“入口”；法律的修改、补充、解释使既定之法律趋于完善，不断适应变化着的社会生活的需要；而法律的废止则把丧失存在价值的法律从现行法律体系中剔汰出去，因而是立法系统的“出口”。它们从立法方式上保证了法律体系的不断新陈代谢、更新发展，是立法活动中不可缺少的部分，其原因和意义如下。

（1）适应经济社会的发展、社会关系的变化。法的主要目标是调整社会关系和适应社会发展需要，而社会关系既有相对稳定性，又有相对变动性。所以，当经济社会不断发展时，法律必须相对应地进行修改和补充。有的法律具有时期性，当社会不断进步到不需要原有调整它的法律存在时，废止这种法的任务就应时产生了。适时合理地进行法的废止活动，可以从另一个角度更好地协调法的体系，适应社会发展的需要。

（2）实现立法的完整性，弥补漏洞和缺陷。由于现实社会不断变化，立法机关在立法过程中不可避免地考虑不周，对经济社会的发展规律和趋势无法准确预测。因此，当现行法律出现不明确或者不协调的时候，需要对其加以修改、补充和废止来保证法律的有效性和权威性，使法律不断趋于合理、科学。

（3）保持法律体系的内在协调统一。在一国的法律体系中，不同法律之间是有密切联系的。所以在立法过程中，制定新法或者修改旧法，都可能会对其他法律产生影响，这时候就需要去进行修改或补充。只有及时进行调整，才能保证法律体系内部各项法律之间能够协调一致地发挥作用。这种情况在上位法发生变动时尤为明显，随着上位法的变动下位法必须进行相应的变动。当然，如果一些法律随着社会的变化，逐渐失去其原有的价值，便需要进行废止活动。否则，它会成为消极因素，阻碍新法的实行和法律体系的健全。所以健全法律体系,必须充分利用并实施立法修改、补充和废止活动。

二、立法修改、补充和废止的权限和程序

法的修改和补充作为立法系统工程的重要组成部分,它们的进行,需要像其他立法活动一样遵循法定制度。一方面,法的修改和补充像法的制定等立法活动一样,需要由特定主体依法定权限、法定程序和其他法定要求进行;另一方面,法的修改和补充在遵循法定制度的同时,又与法的制定等活动明显不同。在权限方面,修改和补充法律必须依照法定的权限进行。一般制定者都有修改、补充法律的权限,非制定者要修改和补充法律,必须要有明确的授权:一是制定者依法作出的临时授权;二是由专门法律规定所作的授权。同时法的修改和补充还受到许多法定限制,特别是由非制定者进行的法的修改和补充,其限制更多。[1] 在程序方面,对一般的法所作的修改和补充,其程序大体与法的制定程序相同或相仿。对特殊的法如某些特别重要的法所作的修改和补充,其程序往往不同于法的制定程序,下文将详细展开。[2]

法的废止与法的制定、补充、修改一样,也要依照法定权限进行。没有法定废止权的机关和个人,不得宣告法的废止。法的制定者通常各自有权就自己所制定的法宣告废止。在有的情况下,上级或高位制定者有权就下级制定者所制定的法宣告废止。法的废止程序也需要经历提案、审议、表决和公布等基本程序,不同的是法的废止的准备阶段相对来说较为简单。公布法的废止后,也不必像法的制定、修改和补充那样强调完善活动。即便是提案、审议、表决和公布等程序上,法的废止也更加简化一些。

三、立法修改、补充和废止的方式

立法修改、补充和废止的方式关注法律修改的外在方面,即在法律

---

〔1〕 参见魏海军:《立法概述》,东北大学出版社2014年版,第496页。

〔2〕 参见周旺生:《立法学》(第2版),法律出版社2000年版,第652页。

修改过程中应该采用什么程序、法律修改中法律条文名称的选择、法律条文的序号设置等。通常情况下,其可以分为直接修改、间接修改和无形修改。直接修改是指,以明确的方式对某个法律或该法律的部分内容或个别条款所进行变更、删除或补充。间接修改是指的是由于一个法律的制定或者修改,间接地导致其相关法律的修改,通常情况下是新法间接影响了旧法的内容或者效力。无形修改指法律的形式和内容在立法上均未改变,但法律在实际生活中被改变。此外,国外许多国家也将立法修改、补充、废止的方式分为包裹立法模式和日落立法模式。包裹立法,是指将相关法律法规打包成一个包裹,然后统一修改的一种法律修改模式,这一立法模式一般在大陆法系国家使用较多,如在联邦德国、瑞士等国家。2009 年 8 月 27 日,在第十一届全国人民代表大会常务委员会第十次会议审议《全国人民代表大会常务委员会关于修改部分法律的决定》法案时,许多委员都赞成这次全国人大常委会采取包裹立法的方式来修改部分法律的部分款的做法,自此我国将包裹立法逐渐演变为常用的修法机制。[1] 日落立法是指法律应该像日出日落一样,有生效时间,又有失效时间,使其能够根据社会不断发展而作出适时的修改,其特征有:一是某一法律有效期是确定的,二是有效期届满后需要评估。

四、规范性文件的系统化

规范性法律文件的系统化,指的是国家机关按照一定的方式将已经制定颁布的法律、法规等规范性文件,进行一个系统化的归类、整理或者编纂的过程,最终使其呈现一种统一、完整和有序的状态。它既可以是立法的准备活动,也可以是立法之后对规范性文件的再整理活动。规范性文件的系统化是立法过程中必不可缺的重要活动,有助于法制统一、提高立法质量。它主要包括规范性文件的清理、汇编和编纂。

---

〔1〕 参见刘风景:《包裹立法的中国实践》,载《法学》2014 年第 6 期。

第二节 西方国家的立法修正

一、西方国家立法的修改、补充和废止

(一)西方国家立法修改和补充

1. 西方国家立法修改和补充的概念

立法修改与法律制定的性质是相同的,须拥有立法权的机关才有权修改和补充。通常情况下,有狭义和广义两种说法。在此,我们对立法权应做广义理解:不仅包括立法机关的立法权,也包括立法机关授予的或以其他方式授予的由其他机关行使的立法权,在有些西方国家还包括司法立法权。在立法权未授出时,须由制定法律的机关负责该法律的修改,在立法权已授出的情况下,由受权机关负责法律的修改。越权修改法律同越权制定法律一样,同属越权立法,因而是无效的。

在西方19世纪以前,法律的修改要慢得多。但在现代,法律的修改是大量存在的、不断发生的,这种法律修改甚至到了狂热的程度。西方国家修改法律,有些是由议会行使法律修改权,对其制定的法律进行修改;有些是由法院在司法过程中通过具体案件的解释而修改法律;有些则在行政机关行使授权立法权的过程中,对法律作出某些修改。

2. 西方国家立法修改和补充的权限和程序

西方各个国家对普通法律的修改、补充程序要相对简单,并且与法律制定的程序大致相同,包括提出法案、审议法案、表决法案及公布四个方面,修改、补充在审议法案、表决法案这两个程序中会更加简化。普通法律的修改补充权限往往由其制定机关行使,通常是议会或国会,它们能独立地制定、修改、废止法的规范性文件,有时行政机关、地方立法机关、司法机关也可以修改自己被授权制定的法律。因其具体权限和程序在本书第六章、第七章已有详细阐述,所以本章以日本2020年对《个人信息保护法》的修改经过为例加以简单印证。

日本的《个人信息保护法》最初制定于 2003 年 5 月，并于 2005 年 4 月起全面施行。但是随着信息通信技术的不断发展，对个人信息利用的需求也不断增加，日本社会环境、国际环境也发生变化，原本的法律已不足以应对现实诸多挑战。于是日本成立个人信息保护委员对法律实施后关于个人信息保护相关的新产业和国际动向、国内环境进行考察，并形成了“三年一改”的规定。在此背景下，2015 年个人信息保护委员会结合当时法的实施状况及社会经济形式的变化公布了《三年一改相关讨论着眼点》，并进行了深入讨论和听证，制作了中期整理报告书和最终大纲，并面向社会广泛征求意见，完成了《个人信息保护法的部分修改法律案》。《个人信息保护法的部分修改法律案》通过内阁会议决定，于第 201 届通常国会上作为法律草案被提出。日本法律规定，原则上法律草案须经参众两院审议通过。该法律草案先在众议院审议通过，后于 2020 年 6 月 5 日在参议院本会议表决通过，并于 2020 年 6 月 12 日正式公布。

从上述日本修法经过可以看出，日本修改普通法律与制定普通法律一样，“国会是国家唯一的立法机关，统一行使国家立法权”，但政府即内阁在国会立法、修法，特别是提案过程中起主导作用。在程序上，修改补充法律与制定法律也同样要经过法律准备阶段（制订立法规划、起草法案）、提出法案、审议和表决、公布法律这几个阶段。

对于作为一国之根本法，在整个法律体系中居于最高地位的宪法，其具有最高法律效力，所以修改的程序虽然在不同国家之间存在一定的差异，但一般均不同于普通法律的修改程序。大多数国家都设置了较之于普通法律更为复杂的修改程序，使宪法之修改难以普通法律之修改。一般具体表现为宪法由议会或议会以外的机构以特别程序予以修改，有的联邦制国家中宪法修正案还需要州、共和国等地方团体多数赞同，有的国家还需要全民公决等。本书主要以美国和法国这两个典型的英美法系国家和大陆法系国家来具体介绍宪法修改的特殊性。

（1）以法国为代表的大陆法系国家宪法修改

首先，修宪之启动。根据法国《宪法》第 89 条第 1 款的规定，修改宪法的启动权由总统和议员共享,总统可以提出一个宪法修改草案,议员可以提出一个宪法修改建议案。实践中,法国1958年以来根据第89条程序进行的宪法修改全部来源于总统提出的宪法修改草案。其次,宪法修改草案或建议案的起草与审议。修宪的准备工作由议会按照普通的立法程序进行,草拟或拟议的修改必须由议会两院以相同的条件进行表决,与普通法律的修改一样,修宪草案或建议案由相对多数表决,不考虑缺席或弃权。修宪程序仅在以下两方面与立法程序存在差异:第一,政府必须向部长会议提交修宪建议案,以供后者批准;第二,政府不能在任何层面限制参议院。[1] 最后,宪法修改草案或宪法修改建议案的最终通过。一般而言,在法国《宪法》规范之下,宪法修改事项均须经公民投票批准。但对于宪法草案的批准,共和国总统可免于全民公投,而将其提交到国会(Congrès)进行批准。宪法草案的最终批准必须获得3/5的多数票。[2] 此外,法国对于修改宪法还有许多时间层面限制,比如领土完整受到影响时禁止修改宪法、共和国总统职位空缺时不得修改宪法、总统特别权力行使期间不得修改宪法等。

(2)以美国为代表的英美法系国家宪法修改

美国《宪法》第5条规定了宪法修改的权限和程序,即两院议员各以2/3的多数认为必要时,国会应提出对本宪法的修正案或当现有诸州2/3的州议会提出请求时,国会应召集修宪大会。以上两种修正案,如经诸州3/4的州议会或3/4的州修宪大会批准时,即成为本宪法的一部分而发生效力,至于采用哪一种批准方式,则由国会议决。

由此可以看出,美国《宪法》(第5条)规定了4种宪法修正案的通过程序:第一,宪法修正案须由国会两院各以2/3以上的议员(出席议会

[1] V. Daniel Gaxie, Article 89, in François Luchaire et Gérard Conac (dir.), La Constitution de laRépubliquefrançaise, Economica, 2eédition, 1987, p. 1331.

[2] 本部分内容参见法国国民议会官方网站对最新宪法修改程序的介绍,Enligne: https://www. assemblee – nationale. fr/decouvrir – l – assemblee/role – et – pouvoirs – de – l – assemblee – nationale/les – fonctions – de – l – assemblee – na – tionale/les – fonctions – legislatives/la – revision – de – la – constitution。

的议员总数)通过,并交3/4的州议会批准。第二,宪法修正案由国会两院各以2/3以上的议员(出席议会的议员总数)通过,并交3/4的州制宪会议批准。美国《宪法》第21条修正案是按照这一程序通过的。第三,由2/3的州议会申请提出修正案,国会应即召集修宪大会讨论该修正案,通过后交3/4的州议会批准。第四,由2/3的州议会申请提出修正案,国会应即召集修宪大会讨论该修正案,通过后交3/4的州制宪会议批准。虽然美国《宪法》有四种通过程序,但自美国《宪法》生效以来,有6000多件宪法修正案由国会提出,没有一件是通过召集制宪会议提出。数年来,由州议会请求召开制宪会议提出修正案虽屡有尝试,但均未成功,究其原因是一旦制宪会议开启,其修宪程序和修宪程度都难以被控制。

此外,国会通过和各州批准之间,究竟可以有多长时间,美国宪法并无明文规定。在美国宪政史上,国会没有为1789年至1912年通过的最初17条宪法修正案规定任何批准期限,但这些修正案得到3/4州批准的最长期限是7年。据此,1917年国会在提出第18条修正案时规定:本条除非在国会将其提交各州之日起7年之内,由各州议会按照宪法规定批准为宪法修正案,不得发生效力。从此之后,7年的批准期限得到承认。如果在规定的期限内未能得到3/4州的批准,该修正案便自动消失。但在1979年,为了能够通过男女平权修正案,国会将宪法修正案的批准期限延长为10年。从美国的修宪制度中我们可以看出修宪是一个平衡集团利益的过程,但其社会的核心价值和基本取向从未被改变。另外,由严格的绝大多数国会议员或州议会提出修正案,本身就是一个严格考量的过程,修正案是否具有成为宪法的一部分价值和意义从而影响美国人的生活,必须首先通过民意的检测,才能被当作真正意义上的宪法修正案提出。与此同时,足够长时间的批准宪法修正案的过程给予立法者、修宪者及各个社会利益群体思考的时间,让修正案的作用以及对美国社会可能产生的深远影响得到最充分的评估。各州的制宪会议或州议会可以根据自己所代表的民意和地方利益对于是否批准宪法修正案作出慎重的选择。

3. 西方国家立法修改和补充的方式

西方国家立法修改和补充的方式，可具体分为直接修改、间接修改和无形修改。法律的直接修改是相对于法律的间接修改而言的，是指针对某个法律或该法律的部分内容或者个别条款所进行的变更、删除或补充。在各国，直接修改是法律修改中采用较多的方法。其优点是，修改的对象明确、具体且技术简单，易于操作，同时其结果也易为人们所了解，在实施中可直接引用。与间接修改相比，直接修改的主要不足是，其只能就本法律进行修改，不能通过修改一个法律而使数个法律中同样的问题得到修正。

间接修改，一般是指由于一个法律的制定或修改，间接地修正了相关的法律，即后法的某些规定间接地影响了相关的前法的规范内容或效力。法律间接修改的特点主要包括：修改与被修改的不是同一个法律，在修改的方法上它是间接的；被修改的法律只是在实际内容或效力上受到了修改，在结构和形式上它依然如故；通常只有在适用后法优于前法原则的前提下，法律的间接修改才能奏效；间接修改一般不应发生在低位阶法律对高位阶法律的修改之间，修改与被修改的法律的位阶，通常至少应是平行的或附属的。除了一个法律对另外一个或数个法律的间接修改外，法律解释也可能造成对法律的间接修改。这里所说的法律解释，是指有权的规范解释。有权主体对法律作出扩张解释或限制解释时，通常会改变法律的含义，从而使之受到修改。例如，在英国 1872 年的《执照法》中，对于“车辆”一词的最初界定是不包括“自行车”在内的，因为当时自行车尚未问世。在以后的解释中，自行车和其他一些新出现的陆行交通工具被包括了进去。于是，这种解释间接地修改了法律。

法律的无形修改也称事实上的修改，是指法律的形式和内容在立法上均未改变，但法律却在实际的生活中被改变了。人们平常所谓的某法律变为一纸空文或形同虚设，就含有无形修改之意。例如，法国 1958 年《宪法》在经过 10 多年的实施以后，事实上被做了无形修改。比如：权力逐渐集中在总统手里;在基本政策上(内政及外交两方面)政府丧失独立性;总统和国民大众的直接接触导致国民代表(议会)的地位下降等。荷兰的宪法学者在对各国成文宪法的比较研究中也认为,宪法在事实上存在被改变的可能性。他们指出:"宪法的规定由于使用,特别是由于政治家的行为而加以改变。"此外,宪法还可"由立法加以改变:立法机关在其与宪法毫无关系的活动过程中改变了宪法规定的宗旨或内容"。英国著名法学家梅因把法律的无形修改在一定程度上概括为"法律拟制"。应当承认,法律的无形修改在大多数国家是难以避免的,但这并不意味着此种做法值得赞许,因为它动摇了法律的确定性,使人们对法律和法治产生错觉。在一个人治盛行的国家,法律的无形修改常常被滥用,它把法律与现实、把立法与法律实施、把纸上的法与生活中的法割裂开来,使法律条文徒具其名、形同虚设。相反,在一个法治的社会,修改法律一般不采用无形修改的形式,这种方式的采用被限制在最低程度,而主要是在民主与程序的方式下完成,这样可以减少它对法治带来的副作用。

(二)西方国家立法废止

1. 立法废止的概念

立法废止有狭义和广义两种说法。其中狭义废止,指的是有权机关或人员依法定程序将现行有效的法律予以明确废弃,使之失去法律效力的活动。广义的法律废止,除了包括狭义的法律废止外,还包括当然废止。所谓法律的当然废止,指法律规定有施行期限或其他施行条件,期限届满或施行条件消失,法律当然废止,不必经由全部立法程序,只需由立法机关审查公布即可,本节将重点讨论狭义的说法。

一般认为,立法废止具有立法的性质,是国家立法活动不可缺少的环节,与法律的制定和法律的修改同等重要。法律的制定(或认可)在形式上导致法律草案成为法律,在内容上则产生了这样的后果,使书本上的法律具有法律效力,从而使社会关系得以调整,社会行为得以规范。

法律的废止却相反,它在形式上使已生效的法律成为一纸空文,在内容上则使法律因其法律效力的丧失而失去其规范、调整的作用和意义。在民主立法的条件下,它可以使立法更加完善,更有利于社会的发展和进步。

2. 立法废止的权限

立法废止是一项极为重要的立法活动,所以,不是任何机关或人员都可作为废止法律的主体行使法律废止权,只有原立法机关或者立法机关的授权机关或人员可以行使法律废止权,成为实施这一行为的主体。从立法原理来看,立法废止作为一种立法活动,应由原立法机关通过正式的法定的程序进行,实行“谁立的法由谁废止”或者由立法机关按授权立法的原则和程序废止。在废止法律方面,西方许多国家均遵循“废法有权”的原则,即必须是拥有立法权的主体才有权废止法律。至于委任立法废止,通常分为以下四种情况:

第一种,由授权机关废止受权机关制定的法律。作为对委任立法的一种重要监控方式,授权机关理所当然地拥有对受权机关制定之法律的废止权。例如,澳大利亚、巴哈马、巴西、喀麦隆、佛得角、捷克斯洛伐克、也门、丹麦、埃及、芬兰、希腊、印度、印度尼西亚、马里、新西兰、菲律宾等一些国家的立法机关(议会)有权撤销行政机关制定的法规。

第二种,由受权机关自行废止其制定的法律。因为授权机关授出的立法权中,当然包括相应的立法修改、补充、解释和废止的权力,因此委任立法的受权机关可在授权法规定的要件下行使废止法律的权力。例如,日本法律规定,国会不得废除内阁令,只能通过对政府的调查来监控内阁令。挪威法律规定,议会无权撤销政府的立法。这些国家的立法以排除议会对行政机关委任立法的废止权,来确认行政机关的这项权力。

第三种,由受权人员废止其发布的法令。在有些君主立宪制国家和总统制国家,宪法或法律授权国家元首在某些特殊情况下得就某些方面的事项发布法令,对这些法令,国家元首享有当然的废止权。

第四种,立法机关未就某些事项授出其立法权,而只授出法律废止权。在这种情况下,行使法律废止权的机关不是授权立法的机关,不是真正的立法主体,但它却可依法废止授权立法。

3. 立法废止的程序和方式

关于立法废止的程序,由于法律废止是一项重要的立法活动,在民主国家就不能不按立法程序行事,而摒弃"以言废法""以权废法"等违背民主立法原则的做法。立法程序是民主立法应遵循的次序和规则,是立法活动能够有效、正常开展的保证,因而,包括废止法律在内的各项立法活动必须严格遵循立法程序。各国法律的制定通常包括提出法案、审议和讨论法案、通过法案和公布法律等阶段,法律的废止亦应如此。所不同的是,法律的废止,首先应由有关部门(如清理法律的部门)或人员在科学论证的基础上向有权提出议案的主体(提案主体)提出废止法律的建议,再由提案主体按立法程序向立法机关提出废止某法律,使这一提议正式进入立法程序。其次,立法机关认真审查废止法律的提案,经过讨论、表决,决定是否予以废止。对需要考虑废止的法律,还要根据不同情况决定是全部废止还是部分废止,是数个相关的法律一同废止,还是仅废止其中的一个或数个。最后,按立法程序将所废止的法律的名称或所废止法律的部分公之于众。通常情况下,被废止的法律原来是以什么方式公布生效的,亦应以相同或相似方式公布废止。但由于公布法律废止多只公布其标题名称,不易为人们所重视,为保证法律废止的有效性,应以更有影响力的方式广为宣传。

关于立法废止方式方面,立法法废止因法律分类的某些不同而有所区别。对于判例法,通常适用"法律存在的理由一旦消失,法律本身也消失"的原则,但该原则却不能适用于制定法。在英国法当中,法律不能以不使用或有相反的惯例为理由而被废止。英国的制定法被分为永久性法律和暂定性法律。没有规定失效期限的法律为永久性法律,它的法律效力一直可持续到被后来的法律废止时为止。在英国,1850 年以前有两项规定值得一提:其一,不允许在制定法律的同一次会期中将其废止;其二,废止前法的法律后来又被废止时,可追认前法重新生效。这两项规定现在已被取消,用后法来废止前法的可能性已不受任何限制,即使法律中规定该法将来永远不允许变更、废止,这种规定也无济于事。法律规定了期限条款,期限届满时法律终止生效,这种法律是暂定性法律。暂定性法律通常用于试验性立法,并可通过立法来增加期限,延长其效力。广义地讲,暂定性法律还包括附施行条件的法律,这种法律虽未明确标明“暂行”“试行”一类字眼,但它的内容及施行条件是暂时的或相对暂时的,随着这些条件的消失,法律也应失去其效力。

立法废止是一项技术性较强的立法工作,其具体方式可以分为明示废止和默示废止。首先是明示废止,主要有三种类型:其一,在新颁布的法律中,明确规定废止以前颁布的旧法律。使用这一技术时应注意立法权限的划分,不得超越本机关、部门的立法权限去废止高位阶的法律。其二,在立法时,由法律本身规定其失效的期限或条件,等到期限届满或条件具备,则予以废止。比如:美国 1798 年 7 月 14 日制定生效的《危害治安法》,规定该法的有效期至 1801 年 3 月 3 日止。有效期间届满,《危害治安法》废止失效,此前涉嫌违反该法被捕的人犯,不论是否已经判刑,均被免责,被判惩金者,亦予发还。联邦德国 1949 年《基本法》第 146 条规定,“本基本法在德国人民根据自决所通过的宪法开始生效之日起,失去效力”。其三,由有权机关明令宣布废止法律。有些不必制定新法的旧法,或者法律本身未规定其失效的期限或条件的,而该法已无存在的必要时,可由有权机关清理后明令废止。例如,英国历史上曾因制定法泛滥而掀起了一场废止已丧失存在理由之制定法的运动,1834 年以后设立了几个委员会,制定了《制定法修改法》,先后于 1861 年废止了 900 个法律,1867 年废止了 1300 个法律。其次是默示废止,其主要有两种类型:其一,法律所规定的事项或其实施范围已不存在,致使该法律失去其调整对象,则当然予以废止。其二,适用后法废止前法原则,使前法失去法律效力。

二、西方国家规范性文件的系统化

正如前文所说,规范性文件的系统化通常是指对规范性文件进行系统的整理、分类和加工。在西方国家,规范性文件的系统化主要有法典编纂和规范性文件汇编两种形式,前者是将有关规范性文件按照一定的标准予以排列,不改变原有内容而编辑成册的活动。后者是对属于某一部门法或某类法的所有规范性文件加以整理、补充、修改并在此基础上制定系统而完备的规范性文件的活动。

(一)法典编纂

西方国家的法典编纂活动起始于古代社会,在罗马帝国时期,随着皇权的大大加强,皇帝的敕令逐渐成为法的主要渊源。为了进一步维护和加强罗马帝国的统治,统治者迫切需要特定的形式将反映自己意志的法固定下来,由此而开始了法典编纂活动。而真正意义上对一个部门法进行系统、全面的编纂,即近代意义的法典还是出现在 19 世纪的大陆法系的法典编纂运动之中,典型代表是 1804 年的《法国民法典》。这之后,许多欧洲国家都进行了广泛的法典编纂活动,比如民法、刑法、刑事诉讼程序法等都采用了法典编纂的形式。但是,以英国和美国为代表的英美法系国家,都没有出现过类似于欧洲大陆的法典编纂活动。英国的法律是以判例法形式出现并与普通法一起发展起来的。而美国则是继受了英国的立法传统,在此基础上形成法律体系。英美法系国家更重视实用和实践经验,所以虽然有制定法,但是并不重视进行编纂活动。在 20 世纪,英国的制定法数量日益增加,因此一些著名的思想家和法学家都积极主张通过编纂来对规范性文件进行再整理。1965 年,英国国会设立法律委员会,其主要任务之一就是法典编纂,但大多都是制定法的汇编或者是对判例法的补充和整理。相比而言,20 世纪美国还比较重视编纂活动法典化,制定了《统一商法典》等以“法典”命名的法律,还编纂了《美国法律》。但和大陆法系相比,这些都不是近代大陆法系国家严格意义上的法典编纂,因为它们往往缺乏系统性、全面性以及高度概括性和严密的逻辑性,很难涵盖整个法律部门。“关于法典编纂的可否,即使欧美法学者议论纷纷,时至今日也并未有定论,原法律是与社会的进步一同,一旦法典确定,而后发现缺遗并感到不便,加之变更补漏遗缺、矫正弊端就会作为席上之论,而依基于法典之下因目的容易实行之事实而明确,法律亦随所遵奉的国民之必要而引发,则在法典编纂之时,就要避免朝令夕改。"[1]所以有许多著名学者对于编纂活动提出了三个要求:第一,编纂后呈现的结果必须是一整套完整的法律,做到无须用注释或者判例加以补充;第二,编纂过程中必须要有严格的逻辑顺序;第三,编纂过程中对法则的叙述必须使用严格一致的术语。但随着20世纪西方国家的议会立法和行政立法频率不断提高,单行法的制定和法律解释逐步增多,编纂法典的形式相对减少。

尽管如此,法典编纂仍然是大陆法系国家规范性文件的系统化的重要形式。第一,法典编纂的对象也有各种规范性文件所包含的规则、原则和概念,而不仅仅是规范性文件本身。第二,法的编纂必须对已有的规范性文件进行整理和研究,以便发现其中的矛盾和漏洞,以及不适应现实社会关系调整的内容,从而进行删改、补充,最后制定为一个在形式和内容上都比较完善的法典。第三,经过编纂形式而形成的法典,必须保持结构完整、逻辑严密、条理清晰并且通俗易懂。第四,法的编纂必须保持法典的稳定性和灵活性并重,既要求保持法典的基本内容、体系框架、基本结构不变,又能使其适应社会关系的变化。这一点通常在私法领域较容易做到,在公法领域的难度较大。

(二)规范性文件汇编

在西方国家,尤其是英美法系国家,判例法和制定法的汇编是其法律体系中重要的组成部分。在英国,汇编不仅仅是判例汇编的一种形式,还有对制定法的汇编。英国第一部印刷的制定法的汇编是1485年马茨林尼埃(Machlinia)印刷的《新制定法》(*New Statutes*),收集了从1327年至1483年的规范性文件。1810年出版的九卷本《王国制定法》(*Statules of the Realm*)是当时最全面和最准确的制定法,该汇编收集了

---

[1] [日]穗积陈重:《法典论》,李求铁译,商务印书馆2014年版,第14页。

1235 年至 1713 年的制定法。英国现行制定法汇编主要有:《霍尔兹伯里英国制定法大全》(*Halsbury's Statutes of England*)、《修订制定法》(*The Statutes Rerised*) 和《现代制定法》(*Statutes in Force*)。[1] 在这三部制定法汇编中,《霍尔兹伯里英国制定法大全》属于私人汇编,但极具特色。其汇编方法是按照百科全书的体例编排,在索引脚注上附有判例,书中还收入了欧洲共同体重要的制定法,共出了四版。第四版共有 56 卷,涉及行政法、商法、民法、婚姻法、继承法、知识产权法、刑法、诉讼法、社会法、教会法、国际法等众多领域。近现代英国的立法在保留和发展判例法的前提下,也越来越重视制定法的作用,除议会立法和委任立法外,同时又通过对判例的整理汇编,使其转化为制定法,并对其进行汇编。美国也非常重视汇编工作,其在判例汇编方面和英国有非常相似之处,但美国除了一部分私人汇编外,自 1790 年后主要都是官方的法律报告体系,这加强了判例汇编的严肃性和权威性。现在美国联邦各法院和各州最高法院的全部判决以及州的上诉法院的许多判决都是公开发表的,经过整理和编辑,从而形成了判例的汇编。1923 年,美国成立的法学会(由法官、律师、法学家组成)把商法和部分民法的判例法规则进行综合整理,归纳编纂为各种判例汇编,即成为《法律重述》。此后,又对契约、仲裁、代理、违法、损害、委托管理财产、抵押等判例法规则进行汇编。这种判例汇编不具有立法的效力。但由于《法律重述》所收集的都是一些公认的判例法规则,便得到了法院的重视和引用。由此可见,美国是非常重视判例法的国家。与此同时,它也很重视制定法的作用并也会对其进行汇编。尤其是进入 20 世纪后,美国的法律以及政府颁布的行政法规逐渐变多,对制定法的汇编也逐渐被重视起来。与大陆法系不同的是,他们更重视汇编成册,代表性的美国联邦制定法的汇编主要有《联邦法律汇编》、《美国法典》以及《美国法典注释》,它们将美国现行法律分成 50 个主题,并最终形成了汇编。

---

〔1〕 参见何勤华主编:《英国法律发达史》,法律出版社 1999 年版,第 35 页。

第三节 中国的立法修正

一、中国立法的修改、补充和废止

（一）中国立法修改、补充和废止的权限

立法修改、补充和废止必须按照法定权限进行。就中国的通常情况来说，法律、行政法规、地方性法规和规章都是由它们的制定者来进行修改、补充和废止的。我国《立法法》中的新增规定表明，全国人民代表大会及其常务委员会坚持科学立法、民主立法、依法立法，通过制定、修改、废止、解释法律和编纂法典等多种形式，增强立法的系统性、整体性、协同性、时效性。但是在某些情况下，修改和补充的主体可以是非制定者，比如全国人民代表大会通过的法律可以在全国人民代表大会闭会期间由全国人民代表大会常务委员会进行部分修改。理论界也通常认为，修改和补充有关地方人大制定的地方性法规时，不仅地方的人民代表大会可以修改，在这些人民代表大会闭会期间或者其他情况下，它们的常设机关也能对其进行修改或补充。但是我国对待非制定者修改法律有着严格的规定，首先它们需要据有明确的授权，授权主要来源于两个渠道：一是制定者依法作出的临时授权；二是由专门法律规定所作出的授权，比如根据《宪法》的规定，全国人民代表大会常务委员会可以在全国人民代表大会闭会期间，对法律进行部分的修改。除此之外，还有很多其他的限制，比如：只能对法律作出局部或部分的修改和补充；不得与被修改和补充法律的基本原则相抵触[1]；所作的修改和补充应当呈报有关主体（通常为被修改和补充法律的制定机关）审查批准等。

立法废止也一样，需要严格按照法定权限进行。立法废止的权限也同废止主体有密不可分的联系，没有废止权的主体不可随意宣告某部法律废止。所以在通常情况下也是由制定者宣告废止自己制定的规范性

---

〔1〕 参见《立立法》第 10 条。

文件。在有的情况下，上级制定者也可以宣告下级制定的法律废止。在西方一些国家，立法废止的主体也包括有关司法机关。根据分权制衡原则，立法者制定的法律，司法者也应当有权进行监督，当发现它同宪法相抵触时，司法者有权力来对其进行无效或失效宣告。

（二）立法修改、补充和废止的程序

对一般的法所作出的修改和补充，程序大致与法的制定程序相同，都需要经历提案、审议、表决和公布等基本程序。但是需要注意的有几点：第一，法律的修改也要向社会征求意见。《立法法》明确要求法律修改的法律案及其起草、修改的说明等向社会公布，征求意见。第二，对法律“打包”修改。《立法法》第46条规定：“对多部法律中涉及同类事项的个别条款进行修改，一并提出法律案的，经委员长会议决定，可以合并表决，也可以分别表决。”第三，法律修改过程中应按规定提交相关对照文本和说明材料。《立法法》第58条规定：修改法律的，还应当提交修改前后的对照文本。修改法律草案的说明应当包括修改法律的必要性、可行性和主要内容，涉及合宪性问题的相关意见以及起草过程中对重大分歧意见的协调处理情况。《立法法》第64条还规定：“法律草案与其他法律相关规定不一致的，提案人应当予以说明并提出处理意见，必要时应当同时提出修改或者废止其他法律相关规定的议案。”第四，法律修改后应严格按照相应程序公布。《立法法》第63条第2款规定：“法律被修改的，应当公布新的法律文本。”而在少数情况下对于特别重要的法进行修改和补充时，比如《宪法》，其公布程序往往更加严格。

关于立法废止程序，和前文中法的修改和补充的基本程序一样，但是相对前两者，它的操作通常要简化些，比如在立法废止的准备阶段，无须过于复杂。在公布法的废止后，也不必像立法修改和补充那样强调完善活动。

(三)立法修改、补充和废止的方式

1. 修改和补充的方式

根据不同的划分标准,可以将立法修改和补充的方式作出几种不同的分类。

根据修改的程度或涉及的条文数量,可以将其分成全面修改与补充和部分修改与补充两种方式。全面修改,指的是对原有法律作出大量的变动甚至整体性修改,通常情况下会对内容进行彻底的根本性变动。比如1982年《宪法》的修改、1991年《民事诉讼法》的修改和1997年《刑法》的修改。这种修改方式可以让人们对法律有整体性的了解。部分修改和补充,指的是对原有法律作出局部性的改动。一般情况下,主要包含以下以下几种:第一种是通过决议、决定和规定的形式来修改和补充法律。如五届全国人大二次会议通过的《关于修正〈中华人民共和国宪法〉若干规定的决议》,又如六届全国人大二次会议通过的《关于修改〈中华人民共和国人民法院组织法〉的决定》《关于修改〈中华人民共和国人民检察院组织法〉的决定》,这些决议和决定往往都包括修改和补充法律的内容。第二种是通过专门的决定来补充法律,比如《全国人民代表大会常务委员会关于惩治破坏金融程序犯罪的决定》,这种专门决定的特点在于它们虽然在名称上不是修改或补充,但是实际上它们的实施会修改和补充原有法律,所以它也是形式之一。第三种是在单行法律对与之相关的基本法进行修改或补充或者相关法律之间所作出的修改和补充。比如《专利法》《食品安全法》等法律中关于法律责任的规定,都是对《刑法》的一种修改和补充。

根据修改法律的明确程度,可以将其分为明示修改与补充和默示修改与补充。明示修改和补充,指的是以明确的方式对某些法律及其条款进行修改,上述提到的通过作出决议、决定和修正案等方式对法律进行修改的都属于明示修改。这种方式比较容易为人所掌握,是最常见的方法;默示修改和补充,指的是由于一个法律的制定或者修改,间接地导致

其相关法律的修改,通常情况下是新法间接影响了旧法的内容或者效力。比如1987年通过的《全国人民代表大会常务委员会议事规则》和1989年通过的《全国人民代表大会议事规则》,两者都对《全国人民代表大会组织法》作出了间接修改。又如1979年通过的《刑事诉讼法》规定了附带民事诉讼赔偿范围仅限于物质,而之后的《民法通则》(已失效)则确认了对精神损失的赔偿。这种方式的好处在于可以简化程序和减少成本,不需要再去作出修改决定或者通过修正案来对法律进行修改。

根据位阶顺序,可以将其分为同位修改与补充和错位修改与补充。同位修改与补充,指的是同级的立法主体对同级法的修改和补充。错位修改与补充,指的是不同级别的立法主体对不同级别法的修改和补充。在我国,为保证立法质量,并实现立法监督,上级立法主体有权改变和补充下级立法主体所定制的法律,高层次的法可以修改和补充低层次的法。比如,全国人民代表大会常务委员会有权改变国务院制定的同宪法、法律相抵触的行政法规。当然,如果在上级立法主体不宜活动的期间,下级立法主体也可以有条件地进行补充。再如,在全国人民代表大会闭会期间,全国人大常委会可以依法对其制定的法律进行修改和补充。

根据具体修改方式不同,可以将其分为变更、修改和补充。变更,指的是清除旧内容并用新内容将这部分替换掉,即用新的条款取代旧的法律条款。比如2010年全国人民代表大会常务委员会将原《国家赔偿法》第2条第1款修改为:"国家机关和国家机关工作人员行使职权,有本法规定的侵犯公民、法人和其他组织合法权益的情形,造成损害的,受害人有依照本法取得国家赔偿的权利。"此种便是变更的做法。删除,指的是将现有法律条文中的字词或条目,甚至整个条文删去,使其不再有效力。比如我国在编纂《民法典》合同编时将《合同法》第51条删除。具体操作方法,不同国家和地区的做法还是有所差异的。补充,指的是对原有的法律补充新的内容,这种方式用法很广,但是在不同国家,其具体使用方法也不太一致。在我国,我们可以补充一章或者一节,也可以是补充一条或者一款。例如,2010年4月29日第十一届全国人民代表大会常务委员会第十四次会议通过《全国人民代表大会常务委员会关于修改〈中华人民共和国国家赔偿法〉的决定》就包含了补充的规定。如“十七、增加一条,作为第二十六条:人民法院赔偿委员会处理赔偿请求,赔偿请求人和赔偿义务机关对自己提出的主张,应当提供证据。”

在实践中,我国又基本形成了法律修正案、修改决定和法律修订这三种主要的法律修改方式。法律修正案能够保持法律原文文字不变的情况下根据社会发展的需要及时对法律内容进行更新,进而确保法律的稳定发展,我国法律修正案的首次适用实践是1982年《宪法》的修改,后被更加广泛地运用到《刑法》等法律修改中。修改决定的全称一般为“全国人民代表大会常务委员会关于修改《中华人民共和国××法》的决定”,它是我国法律修改过程中运用得最多的法律修改形式,为我国法律修改提供了坚实的制度保障。法律修订则只有在法律需要进行全面修改的时候才会用到法律修订这一法律修改形式,通常是指“新法代替旧法”,中华人民共和国成立后在实质意义上逐步适用了法律修订,如在1975年、1978年和1982年就通过直接修改形式对《宪法》条文进行了整体修改,在立法实践中法律修订的正式适用是在1995年《食品卫生法》的修改上。[1]

2.立法废止的方式

根据废止的比重和程度,可以将法的废止分为整体废止和部分废止。而根据所废止的原因不同,又可以将其分为人为废止和自行废止。本书将着重讲述在立法实践中,具体的废止方式有下列几种:第一,在新法中明确规定废止旧法。这种方式较为普遍,比如1991年《民事诉讼法》第270条明确规定:“本法自公布之日起施行,《中华人民共和国民事诉讼法(试行)》同时废止。”第二,新法颁布,旧法自然失效。根据新法由于旧法的原则,新法一旦实施,旧法即会废止。虽然此种方式并没有在法律中明确规定,但是新法会在内容或者调整对象等方面取代旧

---

〔1〕参见孔德王:《论我国法律修改的三种方式》,载《四川师范大学学报(社会科学版)》2018年第4期。

法,旧法自然而然被废止。比如 1982 年的《宪法》、1979 年的《人民法院组织法》和《人民检察院组织法》等,都没有明确规定废除先前同名法律,而旧法自然失去效力。第三,以专门文件的形式废止旧法。这种方式通常都是群体性废止,又称"一揽子"废止,与法的清理有相似和联系之处。比如 2009 年 6 月 27 日第十一届全国人民代表大会常务委员会第九次会议通过全国人民代表大会常务委员会《关于废止部分法律的决定》一次性废除了 8 部法律。2011 年 1 月 8 日国务院《关于废止和修改部分行政法规的决定》,对 7 件行政法规予以废止,对 107 件行政法规的部分条款予以修改。第四,因完成历史任务或因自身规定的终止生效期届满而失效。当经济或者政治等客观情况发生变化而不再不需要旧法进行调整,旧法自然失效。比如 1950 年的《土地改革法》,在土地改革完成后自然失效。如果法律自身规定终止生效时间,期限届满且并没有延期规定时,旧法也会自行失效。这种规定也会被称作"日落条款",通常是为了在该法律条文终止其效力前有缓冲期可以先行准备相关的配套措施。

二、中国规范性文件的系统化

正如前文所述,规范性法律文件的系统化是国家机关按照一定的方式将已经制定颁布的法律、法规等规范性文件,进行一个系统化的归类、整理或者编纂的过程,最终使其呈现一种统一、完整和有序的状态。它既可以是立法的准备活动,也可以是立法之后对规范性文件的再整理活动。规范性文件的系统化是立法过程中必不可缺的重要活动,有助于法制统一、提高立法质量。我国的规范性文件系统化主要包括规范性文件的清理、汇编和编纂。

(一)规范性文件的清理

1. 规范性文件清理的含义

规范性文件的清理,又被称为法规清理或法规整理,指的是有关国家机关在其职权范围内,依照一定的程序对规范性法律文件进行收集、分析和审查,确定其是否继续适用或是否需要加以修改、补充或废止。规范性文件的清理,主要有两个阶段。首先要明确所有规范性文件的情况并对其进行分类梳理,主要分成三类,分别是继续适用、需要修改、补充和需要废止。其次就是针对这些规范性文件进行不同的处理,将可以继续适用的规范性文件列为现行法;将需要修改和补充的规范性文件加以修改和补充,再列为现行法;将需要废止的规范性文件,直接进行废止处理。在第一阶段主要是对规范性文件进行梳理和分类,所以并不是直接制定或变动规范性文件的立法活动,但是它直接决定是否继续适用或是否需要变动,所以也具有立法的性质,而在第二阶段,需要去处理规范性文件的存在、修改或废止的问题,所以这一阶段是直接的立法活动。

2. 规范性文件清理的主体和程序

规范性文件的清理,始终遵循“谁制定,谁清理”的原则,一般只能由享有一定立法权的国家机关进行。但是在立法实践过程中,享有立法权的国家机关一般会委托或者授权其他机关进行此项工作。有的由立法主体的工作机构,比如全国人大常委会法制工作委员会,或立法主体成立的临时工作机构,比如国务院法规清理小组来具体操作。一般情况下,这些被委托或者被授权的国家机关通常会进行第一阶段的工作。在完成梳理后,立法主体会对它们的清理报告加以审查和批准,并进行最终处理。立法主体或被授权的主体,都应当在自己的职权范围内进行清理工作,既要恪尽职守去进行清理,也要做到在自己的职权范围内进行。目前,全国人大常委会、国务院、国务院下属部门及地方有权制定地方性法规、规章和自治法规(包括自治条例和单行条例)的国家机关,其规范性文件清理的范围,应分别是:法律、行政法规、部门规章,地方性法规、地方政府规章,自治条例和单行条例。

关于规范性文件清理的程序,主要有两种:第一种是由立法主体自己作出清理规范性文件的决策,然后授权自己的工作机构或专门成立的临时机构具体进行清理这些机构在清理工作完成后提出规范性文件清理案,再由立法主体对清理案加以审议,在审议过程中如有必要则由立法主体或其授权提案的机构进行修改。清理案经审议通过后，由立法主体予以批准并以一定的形式正式公布。第二种是由立法主体的专门工作机构根据已有的关于清理规范性文件的规定或客观需要，直接向立法主体提出规范性文件的清理案，然后由立法主体对清理案加以审议，之后的程序和上一种的程序相同。同一般的立法活动相同，这两种程序也会包括提出、审议、批准和公布几个阶段。

3. 规范性文件清理的方法

规范性文件清理方法主要包括集中清理、定期清理、专项清理三种。

集中清理，指的是将累积的规范性文件集中起来，进行一次性的全面清理。通常发生在以下几种情况中：第一，国家重要的历史转折时期。当出现重大转折点时，执政者为了实现治理国家和管理社会，往往会对长期积累的规范性文件进行统一系统处理，通常情况下还会在此基础上不断总结和编纂，比如古罗马优士丁尼皇帝进行的法律清理。第二，国家治理理念发生重要变革时期。这种情况下，新的历史时期执政者会通过法律来促进社会的继续发展，所以为了防止原有的法律对新理念产生障碍而需要对原有的规范性文件进行清理。第三，由于经济社会发展迅猛而原有的规范性文件与之不相适应，这种情况下也需要进行规范性文件清理。定期清理，指的是把清理规范性文件当作常规工作，每隔一段时间都会对其进行清理。相对于集中处理可能会有法律的修改和废止滞后于社会发展等情况出现，定期处理可以更好地及时协调各规范性文件间、规范性文件和社会变化间的关系。因此，定期清理制度是非常必要的。专项清理，指的是对某一领域或者某一内容的规范性文件，进行专门清理。相较于前两种方法，它的针对性更强，可以集中时间来解决某一特定问题。

(二)规范性文件汇编

1. 规范性文件汇编的概念

规范性文件汇编，指的是根据一定的标准和顺序，将制定好的各种规范性文件集中起来加以编排、汇编成册的活动。它的主要内容是将规范性文件集中化、系统化，一般不会改变规范性文件的文字和内容，而是对现有的规范性文件进行汇集和技术性处理，把它们编排起来。可见，规范性文件汇编是对规范性文件的一种外部加工，是整个创制规范性文件活动的辅助性工作，它本身不是创制规范性文件的活动。

2. 规范性文件汇编的主体和程序

正如前文所述，它本身不是创制规范性文件的活动，所以规范性文件汇编的主体，既可以是行使创制规范性文件职权的机关，也可以是其他机关、社会组织或个人。根据不同主体所进行的汇编，它的权威性也有所不同。如行使创制规范性文件职权主体所进行的汇编，一般可以作为执法、司法、守法援引的根据，权威性自然更高。虽然中国目前尚未有以立法主体的名义编辑的法的汇编，但有它们的工作机构编辑的法的汇编。这种法的汇编实际上可以视为以立法主体的名义编辑的，可以作为执法、司法、守法的依据。其他主体进行的法律汇编，也可供参考，但是其权威性和要求的严格程度不及前者高。

2019 年 3 月 2 日，国务院重新修订并发布了《法规汇编编辑出版管理规定》。该规定第 4 条对主体分工问题有详细要求："编辑法规汇编，要遵守下列分工：（一）法律汇编由全国人民代表大会常务委员会法制工作委员会编辑；（二）行政法规汇编由司法部编辑；（三）军事法规汇编由中央军事委员会法制局编辑；（四）部门规章汇编由国务院各部门依照该部门职责范围编辑；（五）地方性法规和地方政府规章汇编，由具有地方性法规和地方政府规章制定权的地方各级人民代表大会常务委员会和地方各级人民政府指定的机构编辑。""全国人民代表大会常务委员会法制工作委员会和司法部可以编辑法律、行政法规、部门规章、地方性法规和地方政府规章的综合性法规汇编；中央军事委员会法制局可以编辑有关军事方面的法律、法规、条令汇编；国务院各部门可以依照本部门职责范围编辑专业性的法律、行政法规和部门规章汇编；具有地方性法规和地方政府规章制定权的地方各级人民代表大会常务委员会和地方各级人民政府可以编辑本地区制定的地方性法规和地方政府规章汇编。”

规范性文件汇编的过程主要分为两个阶段,即编辑和出版。第一阶段是实体性编辑阶段,第二阶段是体现汇编结果的阶段。其中对于第一阶段,《法规汇编编辑出版管理规定》也有具体要求:编辑法规汇编,应当做到:(1)选材准确。收入法规汇编的法规必须准确无误,如果收入废止或者失效的法规,必须注明;现行法规汇编不得收入废止或者失效的法规。(2)内容完整。收入法规汇编的法规名称、批准或者发布机关、批准或者发布日期、施行日期、章节条款等内容应当全部编入,不得随意删减或者改动。(3)编排科学。法规汇编应当按照一定的分类或者顺序排列,有利于各项工作的开展。

3. 规范性文件汇编的方法

从规范性文件的形式出发,主要分为单项汇编和综合汇编。单项汇编指的是根据一定的标准,把某类,某方面、某领域或某几类、某几方面、某几领域的规范性文件汇集起来,通常包括:根据立法体制和规范性文件的效力等级的汇编,即把国家法律,行政法规、部门规章、地方性法规、地方政府规章、自治条例和单行条例等规范性文件,分别进行汇编;根据规范性文件的性质和内容汇编,如《中华人民共和国交通法规汇编》[1];根据规范性文件的重要性和编者的意图汇编,这种汇编也就是通常所说的选编,如《中华人民共和国海洋法规选编》[2]。综合性汇编则是指把各种形式的规范性文件都汇集起来的总的、全面的汇编。这种汇编有助于了解规范性文件的全貌和整体发展轨迹。

(三)规范性文件的编纂

1. 规范性文件编纂的概念

规范性文件的编纂,指有立法权的国家机关对现行法律体系中的某

---

〔1〕 中华人民共和国交通运输部编:《中华人民共和国交通法规汇编》,人民交通出版社2013年版。

〔2〕 国家海洋局政策法规和规划司编:《中华人民共和国海洋法规选编》,海洋出版社2012年版。

部门或某领域的规范性法律文件进行审查、研究、整理、补充和修改，最终形成一部集中、统一而且内部协调的系统的法律或法典的专门性立法活动。近代意义上的法典编纂，是由英国功利主义思想家边沁最早提出的。边沁认为，法律改革的任务之一，就是要制定和编纂法典，法典应成为社会进步的引擎，必须符合完整性、普遍性、简洁明确性、结构完整性等要求。法典编纂的过程，就是保留一部分法律规范、删除一部分法律规范、补充一部分法律规范的过程，需要将旧的、相对零散的法律文件变为新的、完整统一的法律文件的过程。法的编纂有助于消除某一法律部门或领域原有法之间的矛盾、重复、混乱和不完善现象，促进法律规范之间的协调和统一，便于人们的掌握和了解运用。法典编纂不仅对法律文件进行外部的、形式上的整理，而且进行内容的修改、废止、补充、合并，因此，它不是项纯技术性工作，而是一项立法活动。李步云教授曾说，法典编纂的最高形式是法律全书，即把这个国家从宪法到各部门法，从法律、行政法规到地性法规和规章的所有法律规范，按特定的要求统一于法律全书之中，一国只有一部法律全书。一书在手，一国的法律全部了熟于心。但遗憾的是"目前，成文法国家尚无这种法律全书。"

2. 规范性文件编纂的主体及程序

由于规范性文件编纂是一项立法活动，所以规范性文件的编纂只能由有权制定规范性文件的主体进行，并且也并非随便有权制定的主体都可以，只能由这些有权制定的主体中级别或者规格最高的主体进行。除此之外，这些编纂主体只能在各自的职权范围内进行编纂活动，在现阶段法律实践过程中，我国关于规范性文件编纂的主体权限大致划分为以下几种：法律的编纂权属于全国人民代表大会和全国人民代表大会常务委员会，全国人民代表大会制定和修改刑事、民事、国家机构的和其他的基本法律，全国人民代表大会常务委员会制定和修改除应当由全国人民代表大会制定的法律以外的其他法律；行政法规的编纂权属于国务院；地方性法规的编纂权属于有地方性法规制定权的地方国家权力机关；自治法规的编纂权属于民族自治地方的国家权力机关，但不包括其常设机关。由于民族自治地方的单行条例所调整的事项比较具体,级别或效力等级不及自治条例,自治法规的编基是指编纂重要的自治条例,不包括单行条例;部门和地方政府规章作为级别或层次较低的、具体调整有关事项的规范性文件,一般不存在编纂问题;特别行政区法律的编纂权属于特别行政区的立法机关。

关于规范性文件的编纂过程主要分为三个阶段:准备、制定和完善。在准备阶段,它既可以在清理和汇编的基础上进行,利用原有的清理和汇编结果;也可以是为了规范性文件的编纂而专门进行的清理和汇编。有些情况下,如在规范性法文件不多、经过清理已能清楚掌握等情况下,也可以不作汇编。在制定和完善阶段与立法并无二致,但是需要特别注意的是,制定阶段有时会存在一些特殊情况,比如有时需要设立专门机构来对重大法律、法规进行编纂或者需要经历某些特别或临时程序。

3. 规范性文件编纂的方法

规范性文件的编纂比单纯制定新的规范性文件有更严格的要求,需要做更多的工作。编纂规范性文件的重要条件,是要有一定数量的、同类单行规范性文件存在,是在它们的基础上进行删改、补充,形成新的规范性文件。不具备这一条件,就只能制定新的规范性文件,不能进行编纂。由于经过编纂产生的规范性文件是在修改、补充、综合既有单行规范性文件的基础上形成的,它在规模、规格上高于单行的规范性文件。

规范性文件编纂,无论是法律编纂还是法规编纂,都要采取分析和综合相结合而以综合形式出现的方法进行。分析法,主要是编纂机关分析研究需要编纂领域的规范性文件,对既有的同类规范性文件,找出它们的可用和应废之处、重复和空白之处。综合法,主要是编纂机关确定规范性文件中可保留并可用之处,抛弃其应废之处,删减其重复之处,填补其空白之处,最终以综合形式出现,就是在对同类规范性文件(有时也包括较大规模的法律、法规)加以改造完善后,形成一个完整统一的规范性文件。

需要注意的是,大规模的规范性文件编纂通常发生在一国鼎盛时期,即在立法有相当的发展以致规范性文件颇为杂乱,不进行编纂已无法改变这种局面的情况下。规范性文件编纂可以是经常性的工作,但不可随意进行。

第十四章　立法监督

第一节　立法监督解析

作为国家权力中最为重要的部分,立法权也是超越其他一切权力的权力,其行使为全社会设定了一定的行为规范。因此为了约束这种最高的国家权力,实现“良法善治”,对于立法权的监督非常有必要。各国在实践中逐步形成了相应的立法监督制度,有利于促进政治民主、提升立法质量和防止权力滥用。

一、立法监督的含义

不同学者对于“立法监督”的含义有着不同的理解,主要体现在三个方面:一是认为立法监督是特定主体对于立法权的监督,即“立法权监督说”[1]。持这一观点的学者认为,立法监督是对立法权的监督,即权力机关对于制定法律规范性文件的权力行使进行检查和督导的专门活动。二是认为立法监督就是立法机关的监督,即“立法机关监督说”。持这一观点的学者认为,立法监督的主体只能是立法机关,其他主体因为不具有法定的

---

〔1〕 王勇飞等主编:《中国法理学研究综述与评价》,中国政法大学出版社1992年版,第465页。

立法权,因此不能成为立法监督的主体。三是认为立法监督是特定主体对立法活动的监督,即"立法活动监督说"。持这一观点的学者认为,立法监督的对象是立法活动,如立法权的运行过程、运行机制和立法权行使的结果等。

当下,"立法活动监督说"成为学界的共识。一方面,它强调这种立法监督的主体是有权主体;另一方面,它强调立法监督的客体不仅是立法活动,而且包括其运行结果,强调从行为到结果的双重监督,从而尽可能杜绝恶法、劣法和笨法的出现。综上,立法监督可以解释为享有立法监督权的特定主体依照法定职权和程序,对立法活动的过程和结果进行的审查和监控。[1]

二、立法监督的一般特征

尽管各国的立法监督体制有所不同,但具体来说,立法监督的共性包括准立法性、法定性、权威性和强制性。

第一,准立法性。一方面,立法监督直接影响规范性法律文件的法律效力,可能引起某些法的修改、补充、废止或撤销,比如对于相互冲突的规范性法律文件作出裁决,就意味着其中一项规范性法律文件的失效或变更,从事实上引出新法或新的法律规范的产生或者使原有的法律规范失效,可以被视为一种广义上的立法行为。但是另一方面,立法监督的目的不在于产生新法或新的法律规范,也并不直接制定、修改或废止法律规范,因此不是严格意义上的立法行为,只是准立法行为。

第二,法定性。立法监督是对立法权及其运行结果这一国家重大政权活动的监督,立法监督活动必须严格遵守法律的规定。立法监督的法定性主要表现在立法监督的主体、立法监督的权限、立法监督的程序、立法监督的对象都是由宪法或者法律进行确定的。其一,立法监督的主体具有法定性。并非所有的国家机关都可以从事立法监督活动,只有宪

---

〔1〕 参见杨临宏:《立法学:原理、制度与技术》,中国社会科学出版社 2016 年版,第 220 页。

法、法律明确授权的国家机关才有权进行立法监督。在美国，联邦最高法院有违宪审查权，有权审查议会立法的合法性；在我国，宪法没有授权最高人民法院享有这样的权力，故其不能对立法活动进行司法审查。其二，主体的权限法定。立法监督的主体必须在法律明确授予的权限内进行立法监督，超越其监督权限范围的进行的监督是违法的，不能产生相应的法律后果；相反，还应当承担相应的责任。在我国，不同级别的国家权力机关和行政立法机关的立法权限有较大的区别，超越权限范围进行立法监督是不允许的。其三，立法监督的程序法定。立法监督主体在行使监督权时，应当严格遵守法律程序，不得采取违法的程序进行立法监督，否则可能出现用"违法纠正违法"的情况，由此行使监督权的行为是无效的。其四，立法监督的对象法定。立法监督的对象包括立法过程和立法结果两个方面，如何确定立法监督对象，对提高立法监督质量具有十分重要的意义。

第三，权威性。要对立法进行监督，进行监督的主体在法律地位上应当高于被监督的立法主体，在权力上应当大于被监督立法主体的立法权。只有这样，立法监督主体的监督才能发挥预期的功效，否则，它就无法对行使国家权力的立法活动进行有效监督，客观上需要宪法和法律确定立法监督主体的权威地位，授权立法监督主体更大的权力。立法监督主体在地位和权力应当具有相对的独立性，在进行立法监督的过程中，立法监督主体有权独立行使监督权，不受任何其他国家机关、社会组织和个人的干涉。

第四，强制性。立法监督不以被监督主体的同意为前提，只要监督机关依照法定的程序启动监督机制，被监督主体必须接受；监督主体通过审查和控制等方式，可以对违法的立法行为和法律予以强制性否定。

三、立法监督的功能

立法监督作为贯穿整个立法活动的重要活动，具有多个方面的功能。

(1)立法监督具有保障功能。立法监督有利于保障公民的权利和自由。由于立法活动通过行使公权力为公民设立了权利和义务,因此为了防止公民的权利和自由受到限制,立法活动必须受到制约。立法监督就是限制和制约立法活动的重要途径。立法权是国家权力的重要组成部分,立法在宪法体制下运行,才能确保立法民主化。在现代社会,对立法权进行监督、制约是民主政治的要求。因为立法者的任性和偏执会损害社会公平正义,影响社会良好秩序的形成和发展。通过有效的立法监督,可以最大限度地保证立法权在科学、民主、法治的轨道上行驶,使立法能真正体现民意。

(2)立法监督具有调节功能。立法监督可以对立法活动进行调节,确保立法内部的协调统一。"法治应包含两重意义:已成立的法律获得普遍的服从,而大家所服从的法律又应该本身是制定得良好的法律。"[1]但由于立法体制的复杂、立法主体的多级化、法律渊源的多样,处于不同层次、不同位阶的法律规范之间存在冲突和矛盾是不可避免的,加之立法机关对经济社会的现状和发展规律的认识有较大的局限性,有时受部门利益、地方利益、集团利益等因素的影响,法律规范之间发生矛盾冲突的概率更大。因此建立立法监督制度,可以有效调节文件之间的矛盾,促进国家法制的内部统一。

(3)立法监督具有预防功能。立法权是国家权力体系中处于最高位阶的权力,与其他国家权力一样,需要受到一定的监督和制约,如果没有合理的制约,那么立法活动会给社会的正常运行带来极大的不安定性。而立法监督通过程序和实体的审查,能够预防不当立法的发生,及时发现立法活动中的错误并纠正。同时,立法监督能够促使立法者依法立法,树立科学的立法观,培养从实际出发、实事求是的作风,克服主观随意性,防止立法中的经验主义和主观主义。

---

〔1〕 [古希腊]亚里士多德:《政治学》,吴寿彭译,商务印书馆1965年版,第199页。

第二节　西方国家的立法监督制度

在西方国家，立法监督主要包括内部和外部。内部监督是指在立法过程中，立法机关自行对立法程序进行监督和审查。在西方国家中，立法机关通常会设置立法程序委员会或者制定立法程序规定来监督和管理立法过程。立法程序委员会负责监督立法程序的合法性和程序性，包括是否遵循程序、是否违反宪法和法律规定等方面。此外，立法机关还会邀请相关专家、学者和利益相关方进行听证和征询意见，以确保立法的公正和有效性。外部监督则是指对立法过程进行外部的监督和审查。在西方国家，外部监督主要由司法机关、媒体和公众等进行。司法机关可以对立法的合法性进行审查，如宪法法院可以对立法是否违反宪法进行审查；媒体可以通过报道和评论监督立法机关是否依法行使职权；公众则可以通过游行示威等形式表达对立法过程的不满和要求。

一、西方国家立法监督的模式

在多数国家，立法监督与违宪审查制度相联系，对违反宪法的法律、法规的审查是立法监督的核心问题。因此，立法监督的模式与违宪审查的模式相似。概括来说，立法监督的模式主要有下述三种类型：事前审查型的立法监督、司法机关监督、专门机构监督。[1]

1. 事前审查型的立法监督模式

这种模式指在规范性文件生效以前，由有关国家机关对其所实行的立法监督。有些国家规定，在法律、法规通过、颁布之前应当经过合宪性审查。例如，根据法国《宪法》，议会制定的组织法在颁布以前，议会两院的内部规章在执行以前，均应提交宪法委员会审查，以裁决其是否符合宪法。出于同样目的，各项法律在颁布以前应由总统、内阁总理或两院中任何一院的议长提交宪法委员会审查。其他如意大利、奥地利、葡

---

〔1〕 参见曾粤兴主编：《立法学》，清华大学出版社2014年版，第199页。

萄牙、爱尔兰等国的宪法,也都有类似的关于事前主动审查的规定。

事前主动审查型的优势在于能够在比较短的规定时间内就对有关立法予以审查,从而避免立法审查过度拖延时日。事前审查还可以避免某些违反宪法和上位法的法律、法规和规章的出台,有利于提高立法者的威信,维护国家法制的统一性。而缺点主要在于,由于社会的变化,许多问题只有在法的实施的过程中才能逐步发现,因此事先审查不易完全发现立法中的违宪、违法问题。而克服事前审查型立法监督缺点的方法之一,就是将事前审查与事后审查相结合。根据一些国家的经验,事前审查的重点放在立法权限和立法程序问题上,而事后审查则集中在立法的实质性规定方面。

2. 司法机关监督模式

这种模式是指在法的实施过程中,有关当事人就某一规范性文件的合宪性、合法性问题向有关国家机关提出审查的诉求,由该机关对其进行的立法监督。这种立法监督主要是由普通法院、宪法法院及其他专门行使宪法监督职能的机构等来行使。例如,英国法院可以对法律的合法性和宪法的合宪性进行审查,如果发现立法违反宪法或者其他法律规定,可以作出相应的判决。这种立法监督主要通过对个案的法律审查,对该个案所及的相关法律作出判断。

事后被动审查型的立法监督同样利弊共存。事后审查型的立法监督可以在一定程度上避免事前立法监督的缺陷,可以发挥有关当事人在与己相关的案件中发现并提出相关立法在实质性内容方面违宪、违法的积极性。实际上,也只有在具体的案件中,才可能清晰地、全方位地发现某一法律、法规和规章与宪法及上位法在实质内容上有矛盾或冲突。有关当事人鉴于这些矛盾或冲突会直接影响自己的权限、权利自由等,也乐于借助相应的制度向有关机关提出申诉或指控。但是,这种立法监督毕竟是被动的,只能在事后发现违宪、违法的问题,会对有关当事人造成一定的损害或不便。事后审查型的立法监督所涉及的主要问题包括:纳入事后审查的法律、法规和规章的范围,提起审查申请的主体,审查法律的合宪性、合法性的程度，事后立法监督的具体程序、立法监督机关所作出决定的内容和效力等。

3. 专门机构监督模式

这种模式是指在规范性文件颁布生效的前后，分别设定特定制度审查其合宪性与合法性。有些国家规定，有关法律、法规在通过生效前要经过审查，如在法国，任何法律在公布前都需要提交给宪法委员会进行审查，以确保法律符合宪法规定。同时，专门机构也可以在法的实施过程中对其提起审查，如葡萄牙、斯里兰卡等。

这种立法监督力图既发挥事前审查和事后审查的优点，又弥补事前审查和事后审查的缺陷，有利于减少立法冲突、维护宪法权威等，但仍有不足之处。这主要表现在，它容易影响法律的稳定性，而且在事前审查通过而在事后审查中又发现违宪、违法问题的情况下，也容易影响司法审查的权威性。一种比较可行的办法是，对事前审查和事后审查的主要内容作出划分。例如事前审查主要涉及立法权限及程序，事后审查则集中在立法的实体内容方面。但是值得注意的是，在联邦制国家中，要在很短时间内就联邦与联邦组成单位的立法权限之争议作出决定，是有困难的。

二、西方国家立法监督的具体制度

从当今各国立法监督制度的内容和方式来看，主要有复议制度、批准制度、备案和提请制度和有关主体处理制度等具体举措。有权进行立法监督的主体，对所监督的立法活动和立法结果，可以通过复议，或是通过批准和否决，或是通过备案，或是通过其他有关立法监督制度的内容和方式，决定监督对象的命运或者施以重要影响。

（一）复议制度

复议是法案经过立法机关表决后，由特定主体提出并由原表决机关根据一定的程序重新审议法案的立法活动。立法机关或议会可以通过立法复议制度,使议员有机会对已经表决通过的法案,再次进行审议和表决,从而消除已经通过的法案中的某些弊病,保障所立之法达到较为理想的质量标准;或是顺应有关方面的要求,使所立之法更加完善,从而为更多的人所认同。立法复议制度源自美国,1789 年美国众议院创建,以后逐渐为其他国家所移植,如今已成为一种具有相当广泛性的立法监督制度。

立法复议主要适用于立法机关或议会内部。在两院制国家,立法复议是下院和上院之间在立法方面的一种制约形式,通常主要适用于下院重新审议和表决上院所退回的法案。许多国家的宪法或宪法性法律对立法复议制度有专门规定,如英国 1911 年《国会法》规定:凡未经上院通过之议案,无论有无上下院通过之修正案,一概以已经上院否决论。在有些国家,立法复议制度是国家元首或行政机关对立法机关或议会的立法所实行的监督,如法国、印度、墨西哥等国家,国家元首或行政机关有权要求立法机关或议会对它们所通过的法案,进行复议,以再次审视和完善这些原已通过的法案。

(二)批准和否决

立法批准是当今许多国家所实行的一种立法监督制度。它可以是指授权机关对受权机关所立之法的批准,经过批准,受权机关所立之法才能有效;也可以是指法案经立法机关或议会通过后,须送交国家元首或行政机关批准。通常所说的国外的立法批准,更多的是指后一种立法批准。

立法机关或议会将已通过的法案送交国家元首或行政机关批准,有实际意义上的批准和形式意义上的批准两种情形。实际意义上的批准,是同签署、否决、复议等立法监督制度相连的。美国、法国、巴西、葡萄牙、印度、泰国、印度尼西亚这些国家的立法批准,是实际意义上的批准。在美国,根据《宪法》规定:众议院和参议院通过的每个法案在成为法律前须送交合众国总统。总统如批准该法案,即应签署。经总统批准和签署后,该法案才成为正式生效的法律。总统如不批准,即为对法案的否决。总统如否决法案,则应将该法案连同其反对意见退回最初提出该法案的议院。被总统否决和退回的法案,由提出该法案的议院进行复议,经复议该院2/3议员同意通过该法案,则将该法案连同反对意见送交另一院,并同样由该院复议,如经该院2/3议员赞同,该法案即成为法律。法案送交总统后10天内,总统没有退回,可以视为总统已批准和签署该法案而使其成为法律。如果国会在这10天期限届满之前休会,总统就可以不受10天期限的限制,而使该法案完全无效。

在美国、巴西、泰国等国,由于其总统对法案予以否决后,议会还可以再推翻总统的否决,使法案成为正式的法律,因此这些国家的立法批准只有相对的实际意义。而印度、印度尼西亚等国家,总统的否决是绝对意义上的否决,议会通过的法案经总统否决后,议会便不得以任何理由再推翻总统的否决,即不得使被否决的法案再成为正式的法律。在英国、丹麦、澳大利亚这些实行君主立宪制的国家,立法批准以及与其相连的签署、否决之类,主要是形式意义上的,即君主批准和签署议会法案使其成为正式法律只是一道纯粹的程序,事实上已不存在由于君主不予批准和签署而使法案遭遇否决的情况。

(三)备案

立法备案制度是指立法主体将所制定或所批准的法的法报送法定国家机关登记存档,以接受后者的监督。备案通常是立法机关或议会用来监督和控制委任立法或授权立法的一种重要的制度。备案是使有关主体特别是委任立法主体可以通过备案制度,审查和了解委任立法的有关情形,有的还可以借此掌控委任立法。

立法监督意义上的备案制度,主要包括单纯备案、实质备案和限期备案三种。单纯备案是指有关主体将应当送交备案的法送交有关主体备案后,不需要接受备案的机关做出任何决定即可生效而成为正式法。实质备案是指有关主体将应当送交备案的法送交有关主体备案后,接受备案的主体如对送交备案的法持有异议或予以否决,则送交备案的法便因之失效。在两院制国家,任何一院予以反对或否决,均意味着送交备案的法归于无效。当然,在送交备案以后,接受备案的主体没有随即反对或否决,而是过后才反对或否决,则在遭受反对或否决之前,该法属于有效之法。限期备案是指将法案送交有关主体备案后,接受备案的机关有权在一定期限内对备案的法提出反对或异议,并且有权作出废除的决定。如果过了法定期限没有对送交备案的法提出反对或异议,则该法自行生效。例如,英国下院设有立法文件审查委员会、特别命令委员会等机构,负责司职备案事项,审查送交议会备案的规范性法律文件,如枢密院令、各部的命令、各部的规章和其他有关规范性法律文件。

三、西方国家立法监督制度评析

立法监督制度是现代国家治理的重要组成部分,可以有效保障法律的合法性和权威性,维护公正和权利平等。西方国家法律监督制度大多比较完善,其主要表现在以下几个方面:(1)议会制度与立法监督。议会制度是西方国家立法监督制度的重要保障。议会作为国家立法机构,有着对政府和行政机构的监督职责,同时也是国家立法审议和制定法律的主要场所。议会通过法律和法案的审议和表决,对政府和行政机构的行政行为进行监督,维护法律的权威性和公信力。比如,英国的议会制度,通过下议院和上议院两院制度,实现了对政府和行政机构的监督和平衡,保证了法律的权威性和公信力。(2)宪法法院与立法监督。宪法法院是西方国家立法监督制度的又一重要组成部分。宪法法院是负责宪法解释和审查的专门机构,其职责包括保护宪法,监督政府和立法机构的行为是否符合宪法规定。比如,美国的最高法院就是一种宪法法院,通过对案件的审理和判决,对政府和立法机构的立法行为进行监督和制约。宪法法院的存在,可以有效保障法律的合法性和权威性,同时也保护了公民的基本权利和自由。(3)独立的司法制度与立法监督。独立的司法制度是西方国家立法监督制度的又一重要保障。独立的司法体系可以独立行使司法职权，对政府和立法机构的行政和立法行为进行监督和制约，保障法律的权威性和公信力。比如，美国的司法制度就是独立的，通过对案件的审理和判决，对政府和立法机构的行为进行监督和制约，保护了公民的基本权利和自由。(4)公众参与与立法监督。公众参与是西方国家立法监督制度的又一重要组成部分。公众可以通过参与公众听证会、提供意见和建议等方式，对立法过程进行监督和制约，保障法律的权威性和公信力。比如，美国的联邦法律规定了公众听证会的程序和要求，公众可以通过这种方式参与到立法过程中，并对立法行为进行监督和制约。

总的来说，西方国家的立法监督制度相对完善和成熟的。议会制度、宪法法院、独立的司法制度和公众参与等组成部分，共同保障了法律的权威性和公信力，维护了公正和权利平等。但是，也需要注意到，西方国家立法监督制度还存在一些问题和挑战：(1)利益集团影响：一些利益集团可能会干扰政治和立法过程，通过游说等手段影响政策和立法的方向和内容，从而影响立法监督的结果和公正性。(2)立法程序复杂性：立法流程和程序规范存在复杂性，这可能会影响立法监督的效率和公正性。(3)信息不对称：政府和立法机构可能拥有更多的信息和资源，这可能会导致信息不对称，使公众难以有效监督和制约政府和立法机构的行为。(4)立法结果不合理：某些立法结果可能存在一定的不合理性，这可能会影响立法监督的效果和公正性。(5)政治分歧：政治分歧可能会对立法监督产生负面影响，包括立法程序的阻碍、立法结果的偏见等，从而影响立法监督的效果和公正性。(6)公众参与不足：公众参与立法监督的机制和手段可能不足，公众可能面临难以获取信息、参与难度大等问题，从而影响立法监督的效果和公正性。

因此，西方国家需要在不断完善和优化立法监督制度的同时，加强对立法程序和实施的监督和制约，确保法律的权威性和公信力。

第三节 中国现行的立法监督制度

一、中国立法监督体制

(一)中国立法监督体制的主体

我国已经形成以全国人民代表大会常务委员会为主的多种立法监督主体并存的立法监督体制。我国的立法监督主体包括最高国家权力机关、地方各级权力机关、国务院和地方行政机关。

1. 权力机关

权力机关(包括全国人民代表大会和地方各级人民代表大会)是我国主要的立法监督主体,不同级别权力机关的立法监督权限有所不同。根据宪法和法律规定,全国人民代表大会监督全国人民代表大会常务委员会立法,有权改变或者撤销全国人大常务委员会不适当的规范性法律文件;有权监督自己授权的授权立法,有权撤销被授权机关制定的超越授权范围或者违背授权目的的法规,必要时可以撤销授权。根据宪法和法律的规定,全国人民代表大会常务委员会行使自我监督、监督国务院的立法、监督地方立法等立法监督职权。根据宪法和法律的相关规定,省、自治区、直辖市人民代表大会有权监督同级人大常委会的立法,有权改变或撤销同级人大常委会制定和批准的不适当的地方性法规。根据宪法和法律的相关规定,省、自治区、直辖市的人民代表大会常务委员会可以撤销本级人民政府规定的规章和省、自治区人民政府所在地的市和经国务院批准的较大的市的人民代表大会及其常务委员会制定的地方性法规;省、自治区人民政府所在地的市和经国务院批准的较大的市的人民代表大会常务委员会可以撤销本级人民政府制定的规章。

2. 行政机关

行政机关在行使一定立法权并接受立法机关监督的同时,也享有法律赋予的立法监督权,但行政机关的立法监督权限仅限于行政机关内部,主要是上级行政机关对下级行政机关的监督。

根据我国宪法和法律的相关规定,国务院享有和行使下列立法监督职权。第一,自我监督。例如《立法法》规定:行政法规对一般事项所做的最新规定与特殊事项所做的旧规定相冲突时,由国务院裁决适用哪一个。第二,监督部门规章和地方政府规章。部门规章和地方政府规章报国务院备案;国务院有权审查备案的规章,有权改变或撤销不适当的规章;部门规章之间、部门规章与地方政府规章之间对同一事项的规定不一致时,国务院有权作出裁决。第三,监督地方立法。省、自治区、直辖市、较天的市的人民代表大会及其常务委员会制定的地方性法规,自治州、自治县制定的自治条例和单行条例,报国务院备案;在地方性法规与行政规章不一致时,有权裁决适用地方性法规。此外,地方人民政府也享有一定的立法监督职权:较大市的人民政府制定的规章应当报省、自治区人民政府备案省、自治区人民政府有权审查备案规章,有权改变或撤销下一级人民政府制定的不适当的规章。

(二)中国立法监督体制的对象

立法监督的对象包括立法过程与立法结果两个方面。

1. 立法过程

对立法过程的监督主要包括对立法权限、立法程序和立法技术三个方面的监督。首先,对立法权限行使的监督,主要是监督立法主体是否属于有权行使立法权的主体、是否超越立法权限、行使立法权限的方式适当等。其次,对立法程序的监督,主要是监督立法主体在立法的各个环节(尤其是从法案到法的核心过程)是否遵守宪法和法律规定的立法程序。最后,对立法技术的监督主要是监督立法主体是否合理运用立法语言、规范性法律文件的结构是否完整等。

2. 立法结果

对立法结果的监督表现为立法行为产生的规范性法律文件的监督,主要包括:第一,法律。全国人大有权改变或者撤销全国人大常委会制定的不适当的法律。第二,行政法规和行政规章。全国人大常委会有权撤销国务院制定的同宪法、法律相抵触的行政法规、决定和命令;地方人大常委会有权撤销本级人民政府制定的不适当的规章。国务院有权改变或撤销不适当的部门规章和地方政府规章。第三,地方性法规。全国人大常委会有权撤销同宪法、法律相抵触的地方性法规;省、自治区、直辖市的人大有权改变或者撤销它的常委会制定的和批准的不适当的地方性法规。第四,自治条例和单行条例。根据《立法法》的规定,全国人大有权撤销全国人大常委会批准的违背《宪法》和《立法法》第 85 条第 2 款规定的自治条例和单行条例;全国人大常委会有权撤销省、自治区、直辖市的人大常委会批准的违背《宪法》和《立法法》第 85 条第 2 款规定的自治条例和单行条例。第五,授权立法。全国人大常委会有权撤销同宪法、法律相抵触的授权立法:授权机关有权撤销被授权机关制定的超越授权范围或违背授权目的的法规,必要时可撤销授权。

二、中国立法监督的范围

我国立法监督的内容包括合法性与适当性两个方面,其中以合法性监督为主。

(一)合法性的监督

合法性是指立法行为和立法结果是否符合宪法和法律的规定,在内容上包括实质的合法性与形式的合法性两方面。实质的合法性监督内容包括:规范性法律文件是否违背宪法和法律的基本原则、是否与上位法相抵触、是否与同位法相冲突、其内容是否与其效力等级相协调。形式的合法性监督内容主要包括:是否超越立法权限、是否违反立法程序。具体而言,下述几种情况可以视为不具合法性:第一,上位法有明确的规定,下位法与上位法的规定相反的;第二,虽然不与上位法的规定相反,但下位法旨在抵消上位法规定;第三,上位法没有明确规定,下位法与上位法的立法目的和立法精神相反的;第四,违反了《立法法》关于立法权限的规定,越权立法的;第五,下位法超出上位法规定的处罚种类和幅度的。

(二)适当性的监督

《立法法》仅规定对规章的适当性进行审查,《各级人民代表大会常务委员会监督法》第30条进一步规定了县级以上地方各级人大常委会有权撤销的不适当情形:第一,超越法定权限,限制或者剥夺公民、法人和其他组织的合法权利,或者增加公民、法人和其他组织的义务的;第二,同法律、法规规定相抵触的;第三,有其他不适当的情形,应当予以撤销的。

有关适当性监督的具体内容,通常可以从如下几个方面考虑。第一,立法动机是否善意。通常要监督立法动机是否符合人民利益,是否顺应民意,是否能够最大限度地保障公民的权利和自由。第二,立法是否符合常理,尊重生活习惯。通常应监督立法是否违背客观规律、是否从实际出发、是否要求人们做不可能之事。第三,立法是否公平合理。通常应监督立法是否公平对待每一位社会成员,是否合理分配权利、义务与责任。

三、中国立法监督方式及程序

我国目前立法监督的方式主要包括批准、备案、审查、改变或撤销。

(一)批准

批准是指有关国家机关制定的规范性文件,需要报其他有关国家机关同意后才能颁布实施的制度和活动。在规范性法律文件批准过程中所涉及的审查内容主要是合法性问题。

根据《立法法》的规定,我国需报请批准的规范性法律文件主要有两类:第一类是自治区的自治条例和单行条例,报全国人民代表大会常务委员会批准后生效;自治州、自治县的自治条例和单行条例,报省、自治区、直辖市的人民代表大会常务委员会批准后生效。第二类是设区的市可以制定地方性法规，报省、自治区的人民代表大会常务委员会批准后施行。省、自治区的人民代表大会常务委员会对报请批准的地方性法规，应当对其合法性进行审查，同宪法、法律、行政法规和本省、自治区的地方性法规不抵触的，应当在4个月内予以批准。

（二）备案

备案是指有关国家机关将其通过或批准的规范性法律文件报其他有关国家机关登记、存档，以备审查的制度。全国人大常委会的法规备案工作最早始于1979年，备案的范围在当时仅限于地方性法规、自治条例和单行条例。1990年国务院制定了《法规规章备案规定》（已失效），对报国务院备案的法规、规章的报送范围、期限、程序等作出了较为具体的规定。2000年《立法法》通过后，全国人大常委会委员长会议通过《行政法规、地方性法规、自治条例和单行条例、经济特区法规备案审查工作程序》（已失效），国务院颁布《法规规章备案条例》。2004年，全国人大常委会法制工作委员会成立了法规备案审查室，国务院法制办公室也成立了政府法制协调司（法规规章备案审查司），分别承担具体的法规审查工作。2006年8月27日通过的《各级人民代表大会常务委员会监督法》以法律的形式正式确定了司法解释备案审查制度，第31条规定最高人民法院作出的属于审判工作中具体应用法律的解释，应当自公布之日起30日内报全国人民代表大会常务委员会备案。2019年12月16日，全国人大常委会委员长会议审议并原则通过《法规、司法解释备案审查工作办法》，从此形成统一的备案审查工作制度性规范。我国2023年修正的《立法法》对立法审查工作的主体和范围作出明确的规定。[1]

---

〔1〕《立法法》第109条规定："行政法规、地方性法规、自治条例和单行条例、规章应当在公布后的三十日内依照下列规定报有关机关备案：（一）行政法规报全国人民代表大会常务委员会备案；（二）省、自治区、直辖市的人民代表大会及其常务委员会制定的地方性法规，报全国人民代表大会常务委员会和国务院备案；设区的市的人民代表大会及其常务委员会制定的地方性法规，由省、自治区的人民代表大会常务委员会报全

由于我国是实行人民代表大会制度的国家,因此全国人大常委会是最主要的接受立法备案的机关。所有的行政法规、地方性法规,自治州和自治县的自治法规,经济特区法规,以及根据全国人大及其常委会的授权而产生的投权法规,都要送全国人大常委会备案。国务院是非常重要的接受立法备案的机关。不仅所有的国务院部门规章和地方政府规章都要报送国务院备案,所有的地方性法规都要报送国务院备案,而且自治州和自治县的自治条例和单行条例也都要报送国务院备案。省、自治区、直辖市的人大常委会在中国立法备案制度中也有不可小觑的作用,较大市的地方性法规、自治州和自治县的自治条例和单行条例要经由所在地省级人大常委会报送全国人大常委会和国务院备案,经济特区法规要经由经济特区所在地的省、市人大常委会报送全国人大常委会和国务院备案,省级政府规章要报送省级人大常委会备案,较大市的地方政府规章也都要报送所在地省级人大常委会备案。

(三)审查

审查,是指有权的国家机关对已经公布生效的规范性文件的合法性、适当性进行检查和监督的制度和活动。审查所导致的法律后果包括:被审查的规范性文件因合法和适当而继续实施;被审查的规范性文件因不合法或不适当而被改变或撤销。审查分为主动审查和被动审查。其中,对备案的审查,可以是主动审查,即备案机关依照备案审查职权对报请备案的立法文件主动展开的审查;而应有关机关的要求或其他主体的建议所启动的审查,被称为被动审查。被动审查的启动主要有以下两种情况:一是因有关机关依其法定职权提出审查要求而启动审查程序。

国人民代表大会常务委员会和国务院备案;(三)自治州、自治县制定的自治条例和单行条例,由省、自治区、直辖市的人民代表大会常务委员会报全国人民代表大会常务委员会和国务院备案;(四)部门规章和地方政府规章报国务院备案;地方政府规章应当同时报本级人民代表大会常务委员会备案;设区的市的人民政府制定的规章应当同时报省、自治区的人民代表大会常务委员会和人民政府备案;(五)根据授权制定的法规应当报授权决定规定的机关备案;经济特区法规、浦东新区法规、海南自由贸易港法规报送备案时,应说明变通的情况。”

如有关机关认为必要时，可以依据职权向备案机关提出进行审查的要求，从而启动审查程序。二是因有关国家机关、社会团体和企事业组织以及公民提出进行审查的建议，从而启动审查程序。

从被动审查的程序看，《立法法》第112、113条，《各级人民代表大会常务委员会监督法》第33条等对此作出了规定。第一，提出审查、研究的意见。全国人民代表大会专门委员会、常务委员会工作机构在审查、研究中认为行政法规、地方性法规、自治条例和单行条例同宪法或者法律相抵触的，可以向制定机关提出书面审查意见、研究意见。在这个过程中，也可以由法律委员会与有关的专门委员会、常务委员会工作机构召开联合审查会议，要求制定机关到会说明情况，再向制定机关提出书面审查意见。第二，制定机关对审查、研究意见的反馈意见。针对人大专门委员会或人大常委会工作机构所提出的审查意见或研究意见，制定机关应当在两个月内研究提出是否修改的意见，并向全国人民代表大会宪法法律委员会和有关的专门委员会或者常务委员会工作机构反馈。第三，对审查的处理。可以由制定机关按照人大专门委员会或人大常委会工作机构在审查意见、研究意见中所提意见，对行政法规、地方性法规、自治条例和单行条例进行修改或者废止的，审查便就此终止，或者也可以由全国人民代表大会宪法法律委员会、有关的专门委员会、常务委员会工作机构经审查、研究认为行政法规、地方性法规、自治条例和单行条例同宪法或者法律相抵触而制定机关不予修改的，应当向委员长会议提出予以撤销的议案、建议，由委员长会议决定提请常务委员会会议审议决定。

（四）改变或撤销

改变是指有权国家机关对已经公布生效的规范性法律文件进行审查，因其不合法或不适当而对其相关部分的规定予以更动、修改的制度和活动。撤销是指对有权国家机关已经公布生效的规范性法律文件进行审查，因其不合法或不适当而使其失去立法效力的制度和活动。我国

《立法法》对此有明确规定,如全国人民代表大会有权改变或者撤销它的常务委员会制定的不适当的法律,有权撤销全国人民代表大会常务委员会批准的违背宪法和自治条例和单行条例等。[1]

四、完善中国立法监督制度的若干思考

(1)坚持党的领导。把党的领导贯彻到依法治国全过程和各方面,是我国社会主义法治建设的一条基本经验。纵观新中国成立以来中国法治建设所取得的辉煌成就,最根本的原因就在于党中央集中统一领导、统一部署、统筹推进。新时代统揽伟大斗争、伟大工程、伟大事业、伟大梦想,从立法、执法、司法、守法各环节,到法治国家、法治政府、法治社会建设各领域,再到国家改革发展稳定各方面,都要坚持党的领导,这样国家和社会生活法治化才能有序开展。立法监督制度,归根结底是众多活动中的一项,只有从党中央层面继续加强统筹协调,发挥党总揽全局、协调各方的核心作用,才能在正确的方向上完善我国立法监督体制。

(2)增加立法监督的透明度。透明度是确保立法监督有效的关键因素。因此,可以加强信息公开,让公众更好地了解立法监督机构的工作内容和结果。例如,可以通过网络公开监督机构的工作报告和调查结果,鼓励公众参与监督,同时有关部门也要做好公民、组织等审查建议的研究、处理和反馈工作,推动各级人大常委会建立听取和审议备案审查

---

〔1〕《立法法》第108条规定:"改变或者撤销法律、行政法规、地方性法规、自治条例和单行条例、规章的权限是:(一)全国人民代表大会有权改变或者撤销它的常务委员会制定的不适当的法律,有权撤销全国人民代表大会常务委员会批准的违背宪法和本法第85条第2款规定的自治条例和单行条例;(二)全国人民代表大会常务委员会有权撤销同宪法和法律相抵触的行政法规,有权撤销同宪法、法律和行政法规相抵触的地方性法规,有权撤销省、自治区直辖市的人民代表大会常务委员会批准的违背宪法和本法第85条第2款规定的自治条例和单行条例:(三)国务院有权改变或者撤销不适当的部门规章和地方政府规章;(四)省、自治区、直辖市的人民代表大会有权改变或者撤销它的常务委员会制定的和批准的不适当的地方性法规;(五)地方人民代表大会常务委员会有权撤销本级人民政府制定的不适当的规章;(六)省、自治区的人民政府有权改变或者撤销下一级人民政府制定的不适当的规章;(七)授权机关有权撤销被授权机关制定的超越授权范围或者违背授权目的的法规,必要时可以撤销授权。"

工作情况报告制度。

(3)加强监督机构的互相合作。不同立法监督机构之间的合作有助于加强立法监督的整体效果,避免重复和漏洞。因此,可以加强监督机构之间的信息共享和协调,确保监督工作的高效和有力。根据《全国人民代表大会常务委员会2022年度立法工作计划》可知,我国着力提高备案审查工作质量,注重加强同其他备案审查工作机构之间的衔接联动,提升备案审查工作整体成效。

(4)进一步明确立法监督的范围。在全国人大在对其常委会的监督过程中,应当进一步明确什么是“不适当”的决定,什么是“同该法律的基本原则‘相抵触’”等,最好以立法的形式对此作出明确界定。

(5)建立成熟的法律冲突监督机制。部门规章之间、部门规章与地方政府规章之间、部门规章与地方性法规之间就同一事项的规定不一致时,虽然有相应的裁决机制,但监督的程序尚不完善。因此,应当完善法律冲突监督机制,强化新时代法律监督。

第十五章　立法技术

第一节　立法技术概述

一、立法技术诠释

立法是指特定主体依据职权和一定的程序，运用特定技术（立法技术），制定、认可和变动法律规范的活动的总称。《辞海》对于“技术”一词的解释是：“根据生产实践经验和自然科学原理而发展成的各种工艺操作方法和技能（包括工艺过程，作业程序）。”〔1〕然而随着时代发展，现代技术已经渗透到各项人类活动中，既包括体力劳动，也包括脑力劳动，其最大特点就是与科学密不可分。〔2〕立法和技术在社会科学领域相结合，“技术”一词含义便有别于其在自然科学领域的概念，但“立法技术”仍然表明了在立法过程中的操作方法和技能的含义。

所谓立法技术，有学者认为：“立法技术是立法活动中所遵循的用以促使立法臻于科学化的方法和操作技

〔1〕《辞海》，上海辞书出版社1989年版缩印本，第758页。

〔2〕参见陆海燕：《立法技术制度化浅论》，载《法学研究》2007年第5期。

巧的总称"[1]。但学术界对立法技术的认知并不统一,其中有多种具有代表性的观点,主要包括广义活动说和狭义细则说、制定和表述说、法律结构说、过程说、有关规则说和方法和技巧说,以下将对各种代表性学说做详细阐述。(1)广义活动说和狭义细则说。广义上的立法技术是国家制定法律的细则、表达法律规范内容和形式方面的特殊活动,狭义的立法技术是专门用来表达法律规定的一些细则。(2)制定和表述说。立法技术是在一定的立法制度中,历史地形成的最合理地制定和正确地表述法律规定的与条文以达到最完善的表达形式的规则的总和。(3)法律结构说。立法技术是确定如何建立法律结构的规则的总和。(4)过程说。立法技术是依照一定之体例,遵循一定之格式,运用恰当之词语,以显示立法原则,并使立法原则或国家政策转换为具体法律条文之过程。(5)有关规则说。广义上的立法技术是同立法活动有关的一切规则;狭义上的立法技术则是关于法律的内部结构和外部结构的形式、法律的修改和废止的方法、法律的文体、法律的系统化的方法等方面的规则。(6)方法和技巧说。立法技术是开展立法活动的方法和技巧的总和,或者是制定和变动规范性文件活动中所遵循的方法和操作技巧的总称。

本书主张"立法技术"的含义理应属于技术范畴,从其本源而言,体现的是在立法过程中的一定的方法和技巧。立法技术对立法活动的规范性和合理性起着至关重要的作用,技术设计是否科学合理直接关系到以文本形式存在的法律、法规、规章在现实生活中的实现。立法技术是人们在长期的立法实践和立法活动中打磨而成的技术性方法和智力成果,是积累下来的一种以静态形式呈现的经验和知识。它有以下特点:(1)具体运用立法技术的主体是从事立法活动的相关人员。(2)立法技术的运用范围主要是在立法活动之中。(3)立法技术是立法活动的经验、方法和技巧的总结。(4)立法技术通常表现为一种技术性规范,但表现的方式不同。(5)立法技术对社会不具有普遍约束力,不涉及对所有社会成员权利和义务的具体要求。

---

[1] 周旺生主编:《立法学教程》,北京大学出版社2006年版,第403页。

二、立法技术与相关概念的区别

（一）立法技术与法

立法技术是在法的基础上出现的，没有法就没有立法技术。同时，立法技术不断发展，也促使法的质量不断提高。但法与立法技术是两个不同的范畴：第一，法具有鲜明的阶级性，不同统治阶级所制定的法所体现的意志不同，但是立法技术是一种经验总结，并无阶级性，不同国家可以相互借鉴；第二，法是调整社会关系的行为规范，但立法技术并不涉及对社会关系的调整；第三，法一经制定所有社会成员都必须遵守，具有普遍约束力，但是立法技术并不产生普遍约束力，仅对立法主体产生一定的约束力；第四，法是以国家强制力为后盾进而贯彻实施，立法技术并未与国家强制力挂钩，仅由立法者自行掌握和运用；第五，法的适用具有鲜明的地域性色彩，一般适用于本国，但立法技术可由不同国家相互借鉴。

（二）立法技术与立法

立法是指特定的国家机关依据法定职权并通过法定程序创制法律规范的活动。立法技术与立法的关系非常紧密，只有充分运用立法技术，才能更好地进行立法。立法是由特定主体即国家机关进行的活动，立法技术也依赖于立法主体的充分运用；任何国家或立法主体要使所立之法有效地发挥作用，就不能不重视立法技术，以使立法臻于完善。立法技术便是立法主体在立法过程中采取的如何使所立之法臻于完善的技术性规则，或者说是制定和变动规范性法律文件活动中的操作技巧和方法。立法技术与立法既相联系，又存在本质的区别，立法是依据一定程序、职权进行的活动，是动态的，而立法技术则表现为一种经验总结，是静态的。

（三）立法技术与立法程序

立法程序是指有关国家机关在制定、修改和废止规范性法律文件的活动中，所必须遵守的法定步骤和顺序。立法技术作为立法时运用的一种技术性规范，不可避免地被应用在立法程序之中，二者联系紧密，相辅相成。但是，立法技术与立法程序又存在本质上的区别。为了保障立法活动的有序进行，通常由立法规范立法程序，使之具有法定性，但立法技术通常在立法实践中进行归纳、总结，并未由立法作出全面规定；立法程序强调的是立法活动所应遵循的方式和步骤，具有鲜明的过程性，而立法技术作为一种经验总结并不体现立法的过程性。立法活动中，也应将立法程序的规则同立法技术区别开来。

（四）立法技术与立法体制

立法体制是一国立法制度最重要的组成部分，它是由立法权配置、立法权运行和立法权载体等方面的制度和体系构成的有机整体，其核心是有关立法权限的制度和体系。立法技术是为立法主体行使立法权限服务的，与立法制度不存在包容关系。一国的立法体制是适应政治、经济、文化发展的需要，从国家的历史和现实出发建立起来的，而立法技术作为一种经验总结可由各国相互借鉴不断完善发展。

三、立法技术的内容

研究立法技术，重点要研究立法技术的内容，进而进一步明确立法技术的基本性质。立法技术对立法活动有一定的规范性，是人们在立法实践和立法研究中所产生的一种智力成果，是立法活动或者过程中沉积下来的一种静态形式的经验和知识。总之，立法技术从根本上讲就是一定的方法和技巧。立法技术属于技术范畴，应当围绕“技术”使立法技术的内容具体化。立法技术有广义和狭义之分，广义和狭义的立法技术的内容不尽相同。广义的立法技术是指在法律规范的创制过程中所形成的一切知识、经验、方法和技巧等的总和，其内容主要包括立法的修辞手法以及立法预测、立法规划、立法程序、立法规则设计、立法内容表达、立法文本整体架构等方面的技术。狭义的立法技术则是指表达法律规范的内容所运用的知识、经验、方法和技巧等,其内容主要包括立法的内部结构、外部形态、内容表现形式、语言修辞等方面的技术。

四、研究立法技术的意义

研究立法技术的意义也就是研究立法技术可以发挥何种效用。立法技术源于立法实践,在立法实践中不断得到发展并最终服务于立法实践。也就是说,立法技术是服务于立法活动本身的,是为立法活动提供有力的形式保障的一项技术性活动。研究立法技术的意义体现在以下几个方面。

(一)立法技术是立法质量的有效衡量标准

立法应是从社会实践出发,在正确认识各种社会现象以及社会发展规律的基础上进行科学合理的立法。立法技术也应遵循客观规律,将立法实践中的经验上升到理论层面,在技术层面保证立法活动的科学有限。一般而言,立法技术水平越高,越契合社会实践,立法质量也越高,越能行之有效地发挥法律的规范作用。然而近年来,立法技术并未得到应有的重视,立法质量水平也参差不齐。研究立法技术可以在技术层面保障立法技术的科学性与合理性,从而有助于提高立法质量,最大发挥立法的作用。立法技术已然成为立法质量的有效衡量标准。

(二)立法技术充分保障立法的真实性

法律以设定权利和义务的方式对人们的行为作出规范,真实反映个人之间、个人与社会之间、个人与国家之间关系的法律才能适应社会实践,从而达到有效管控社会的目的。对立法设置复杂的立法技术,主要是为了对社会关系的发展和变化作出预断,并将立法技术通过法律规范反映和体现出来,充分保障立法的真实性。超前和滞后的立法难以深入人们的生活,并不能真实反映社会关系,研究立法技术对保障立法的真实性起着不可忽视的作用。

（三）立法技术提高立法效率，降低立法成本

立法往往要经历烦琐的步骤和程序，缺乏行之有效的立法技术会使人力、物力、财力巨大消耗，立法成本居高不下不利于立法的持续发展。对立法技术进行研究可以将立法实践中一些经验性的东西得到总结和升华，上升到理论层面进而制度化、规范化，避免今后的立法过程再走不必要的弯路，使立法效率得到进一步的提升，降低立法成本，节约立法资源。

（四）立法技术使法的文本格式趋向于规范化

法的文本格式是立法技术的重要研究内容之一。法之规范表现为法的结构严谨、内容完备、语言规范统一，它要求法律原则、法律规则、法律构造之间逻辑严谨，法律措辞准确、语言表达规范、构造完整。通过对立法技术的研究，使法的文本格式趋向于规范化，达到并实现了立法的初衷，那么立法文本就经得起实践和时间的检验。

（五）立法技术将立法者的立法意图全面实现

立法是统治阶级根据立法活动本身所具有的规律、体系和理论，通过国家机关将自己的共同意志转化为国家意志的过程。立法意图便是立法者制定或变动某种法的规范所要达到一定目的的企图和愿望。统治阶级在将自己的意志上升为国家意志的过程中，不可避免地要使用立法技术，将立法意图以科学、合理的形式表现出来，成为人们所共同遵守的行为规范总则。立法技术的高低决定了立法者的立法意图是否能得到全面体现，以立法技术为支撑才能将立法意图贯彻在法律文本中并最终得以全面实现。

（六）立法技术关系到法的贯彻实施

立法的主要目的是通过制定法律规范调整各种社会关系，通过设定

权利和义务规范人们的行为。法律得到真正贯彻实施的前提除了要求人们具有较高的守法意识,还要求法律能够贴合社会实际以科学合理、通俗易懂的文本形式表现出来。研究立法技术可以使制定的法做到结构合理、逻辑严密、通俗易懂,更容易被人们遵守和执行,使法律得到贯彻实施。

第二节　西方国家的立法技术制度

一、法的结构技术

法的结构通常可以划分为内部结构和外部结构,两部分有机统一,使法结构严谨、形式完备。法的结构技术也相应的分为法的内部结构技术和法的外部结构技术,在此重点对近现代西方国家有关法的结构技术进行比较和分析。

(一)关于法的内部结构技术

法的内部结构主要涉及法的基本要素的组合与排列。法律要素是指构成法律的基本因素或元素。在西方,法的要素是法的本体研究的一个重要问题,实证主义法学对法的要素问题有较多的研究,大致有四种关于法的要素的理论:“命令模式”、“规则模式”、“规则、政策、原则模式”以及“律令、技术、理想模式”。

1. 奥斯丁的“命令模式”

奥斯丁在其著作《法理学的范围》中比较完整地表达了其“法律是命令”的理论。奥斯丁认为,从广义的角度看,法包括了准确意义上的法,以及并非准确意义上的法。这些广义而言的法,可以相应地划分为四类:第一,神法或者上帝法,即上帝对人类设定的法;第二,实际存在的由人制定的法;第三,实际存在的社会道德;第四,隐喻意义上的法,或者比喻意义上的法。而在以上的四类法中,只有实际存在的由人制定的法,是法理学的真正对象。由于类似的缘故,或者,人们较为贴切的类比式修辞活动或十分牵强的类比式修辞活动,它与如下对象产生了联系。第一个对象是上帝法。第二个对象是实际存在的社会道德规则。这些规则被人们称作法,而且被称作准确意义上的法。与这些规则的联系,同样是出于类似的缘故。第三个对象是另一类实际存在的社会道德规则。这部分道德规则,仅仅属于人们的舆论或者感受,是人们针对人类自己行为而持有的,或者针对人类自己行为而感觉到的。与这部分道德规则的联系,是由于人们较为贴切的类比式修辞活动的缘故。第四个对象是单纯比喻意义上的法,或者单纯隐喻意义上的法。与这些法的联系,是人们十分牵强的类比式修辞活动的缘故。[1] 所以,准确意义上的法,在奥斯丁看来,是包含了神法或上帝法,实际存在的由人制定的法以及部分实际存在的社会道德。

在奥斯丁看来,准确意义上的法不同于非准确意义上的法的是:准确意义上的法,具有命令的性质。如果没有命令的性质,无论何种类型的法,自然不是他所谓的准确意义上的法。所以,他说:"所有'法'或'规则',都是'命令'。我们也可以这样认为:人们所说的准确意义上的法或规则,都是一类命令。"

"命令"一词,在奥斯丁那里又有什么具体的内涵呢?奥斯丁是这样表达"命令"的含义的:"如果你表达或宣布一个要求,意思是我应该做什么,或者不得做什么,而且,当我没有服从你的要求的时候,你会用对我不利的后果来处罚我,那么,你所表达或宣布的要求,就是一个'命令'。一个命令区别于其他种类的要求的特征,不在于表达要求的方式,而在于命令一方在自己要求没有被服从的情形下,可以对另外一方施加不利的后果,或者痛苦,并且具有施加的力量,以及目的。"

在奥斯丁那里,命令、义务、制裁是"三位一体"的。当直接谈到这个要求的表达或宣布的时候,使用的是"命令"这一术语。当直接谈到发生不利后果的可能性的时候,换句话说,当直接谈到必须面对不利后

---

〔1〕 参见[英]约翰·奥斯丁:《法理学的范围》,刘星译,中国法制出版社2002年版,第153页。

果或者容易遭受不利后果时候，使用的是“义务”这一术语，或者“责任”这一术语。当直接谈到不利后果本身的时候，使用的是“制裁”这一术语。[1] 所以，“命令”这一术语本身就暗含了“义务”“制裁”“责任”这些术语。“命令”不仅暗含了上述其他术语，而且还暗含了“优势”这一术语。因为，奥斯丁论道：“法律和其他命令，是来优势者的，是优势者用来约束和强制劣势者的。其中‘优势’这一术语，表明了‘强制力’的意思：用不利后果或痛苦影响他人、强迫他人的力量，通过这种不利后果的恐吓，使他人行为符合一个人的要求。”[2] 总之，在奥斯丁看来，“命令”这一术语暗含了“义务”“制裁”“责任”“优势”这些术语。

奥斯丁不仅解释了“命令”的具体内涵，也区别了作为法律的命令和其他命令的区别。他说道：命令有两种类型：一种是法或规则；另一种是具体或个别的命令。一项法和一个具体命令的不同之处，在于前者是对一类行为作出普遍的禁止性规定的，而后者是对具体确定下来的行为作出禁止性处理的。总之，相对具体个别的命令而言，一项法律是一个强制约束一个人或一些人的命令，它普遍地强制要求为一类行为，或者不为一类行为。

奥斯丁将他关于法律本质的一系列描述归结为“法律是命令”这一命题。同时，他也认为像法理学和伦理学中的大多数基本术语一样，“法律”这一术语，是极为模糊不清的。人们时常不恰当地将这一术语适用于各种其他社会现象。这些社会现象，丝毫没有命令的特点，根本不是命令，可以准确地说，它们根本不是法律。所以，必须限制地对待“法律是命令”这一命题。“法是一类命令”这一命题也存在有例外，解释性质的法、废除或撤销现存的由人制定的法的那部分法、简单要求性质的法便是这些例外。[3]

---

〔1〕 参见［英］约翰·奥斯丁：《法理学的范围》，刘星译，中国法制出版社 2002 年版，第 24 页。

〔2〕 ［英］约翰·奥斯丁：《法理学的范围》，刘星译，中国法制出版社 2002 年版，第 30 页。

〔3〕 参见［英］约翰·奥斯丁：《法理学的范围》，刘星译，中国法制出版社 2002 年版，第 41 页。

另外，还有一些法，在表面上看是没有强制性的，但是实际上是有强制性的，可以纳入“法是一类命令”命题中。单纯授予权利的法和习惯法便是如此。所有事实上授予权利的法，要么明确地，要么暗含地，设定了一个相对的义务，或者一个与权利有关的义务。所以，也就有一个与之相伴随的命令。而习惯法又是怎样纳入“法律是命令”这一命题的呢？奥斯丁说：“当国家在制定法中，将习惯法明确规定出来的时候，国家是以直接形式确定习惯法的。与此不同，如果习惯是由国家中的司法机构所适用的，那么，国家是以间接方式确立习惯法的。当习惯经由权力地位低于最高权力机构的法官的判决转变为了法律规则的时候，实际上，最高立法机构是以含蓄默认的方式，表达了习惯可以转变为法律规则的命令。”〔1〕因此，通过以明示或默示的方式，习惯法是可以被纳入“法律是命令”这一命题的。

由上可见，虽然“法律是命令”这种看似简单的论题并不能概括奥斯丁关于法律本体的全部内容，而且这种表述容易使人忽略奥斯丁对“法律是命令”例外情形的阐释以及对习惯法的法律性质的论证，但是我们基本可以通过奥斯丁的这一论题来推导奥斯丁对于法律是什么的追问，在奥斯丁看来，法律是命令。“命令”就是奥斯丁在论述法理学研究所应该关注的法律时所构建的要素。

2. 哈特的“规则模式”

哈特是在对奥斯丁的“命令模式”进行全面批判的基础上，继而提出自己的“规则模式”（法律作为初级规则和次级规则的结合）理论的。

哈特对奥斯丁命令理论的批判主要集中在三方面。首先，在法律的内容上，哈特认为，奥斯丁的命令模型与刑法和侵权行为法之间有着强烈的类比，但是却忽略了授予个人权力和授予公共性质的权力，即司法、立法和行政权力的法律。其次，就法律的适用范围而言，在奥斯丁的命令模型中，制定法律的人被排除在法律适用范围之外。这与现代国家制

---

〔1〕［英］约翰·奥斯丁：《法理学的范围》，刘星译，中国法制出版社2002年版，第39－40页。

定的许多法律皆对法律的制定者科予法律义务的事实是不相符的。[1] 最后,关于法律的起源模式,哈特认为,命令模型无法解释习惯法的法律地位问题。虽然成文法的制定在某些方面类似于命令的下达,但是有某些法律规则是源自习惯,并且其法律地位的获得,并非因为任何像下达命令一般有意识的法律创设行为。[2] 总之,哈特认为,“以威胁为后盾之命令的模型,对于法律所遮蔽的远比所揭露的来得更多;将各式各样的法律化约成单一简单形式的努力,结果是将虚伪的统一性强加于法律”[3]。

哈特对奥斯丁的“命令理论”进行了彻底的否定,认为“命令理论”是一个失败的记录。他说道:“这个理论失败的根本原因是,其所由建构的要素,即命令、服从、习惯和威胁等观念,并不包括,或者说不能通过把这些要素组合起来产生‘规则’的观念,而没有这个观念,我们连最基本形态的法律也无法说明”[4]。正如奥斯丁认为他在“强制命令”的观念中找到了“法律科学之关键”一样,哈特则认为“法律科学之关键”是两种规则(初级规则和次级规则)的组合。

哈特所谓的两种规则分别如下:在其中一种类型之规则的规范下,不论人们是否愿意,都必须要去做或不做某种行为。另一种类型的规则在某种意义上则是建立在第一种规则之上的。或者说,是次级规则。通过次级规则,人类可以引入新的初级规则、取消初级规则或修改旧的初级规则,或者确定初级规则的适用范围,或控制初级规则的运作。第一种规则科以义务;第二种规则授予权力,包括公共的或私人的。第一种类型的规则规范的对象是人们具体的行为或变动;第二种类型的规则的

---

[1] 参见[英]H. L. A. 哈特:《法律的概念》,许家馨、李冠宜译,法律出版社2011年版,第39页。

[2] 参见[英]H. L. A. 哈特:《法律的概念》,许家馨、李冠宜译,法律出版社2011年版,第42-43页。

[3] [英]H. L. A. 哈特:《法律的概念》,许家馨、李冠宜译,法律出版社2011年版,第45页。

[4] [英]H. L. A. 哈特:《法律的概念》,许家馨、李冠宜译,法律出版社2011年版,第73-74页。

运作,一方面不仅产生了具体行为的规则,另一面还产生了创设责任或者改变义务的规则。哈特将第一种规则称为初级规则,第二种规则称为次级规则。[1] 次级规则是为了弥补初级规则的缺陷而产生的。

哈特认为,由初级规则构成的社会控制体系只能适用于只是有因血缘、共同情感和信念而紧密结合,并处于稳定的小型社群。在任何其他的条件下,其结果必定会证实这样一种简单形式的社会控制是有缺陷的。缺陷主要有以下三方面:缺陷之一是这种群体生活所依赖的规则并不会形成一个体系,而只会是一批个别独立的标准,没有任何可供鉴别的或共同的标识。如果对于规则是什么,或对于某个既定规则的精确的范围有所疑问,将没有任何解决疑问的程序。缺陷二是初级规则的静态性格,只存在初级规则的社会无法取消旧规则或引进新的规则,不存在任何为适应变动中之环境而可以变更规则的方法。缺陷三是用以维持初级规则的社会压力是分散的,因而是无效的。对于违规行为的惩罚,以及其他包含实质惩罚或使用武力的社会压力,并不是由一个特别的机构来执行,而是留给受害之个人或集体大众,这使得时间得以浪费且效果并不好。克服初级规则的三种缺陷的办法就是分别引进不同于初级规则的次级规则:承认规则、变更规则、裁判规则。

"承认规则"的引入,使得初级规则的不确定性得以补救。承认规则通过指出某个或某些特征,使得群体中的众人将具有相应特征的规则作为群体行动的指示,并运用群体的压力来对这些规则进行支持。承认规则在早期社会的法律中,可能被记载在文件上,或者是作为权威性的列表、文本被刻在公共石碑上。在发展的法律体系中,承认规则当然更复杂,要鉴别初级规则是通过规则所具备的一般特征,而不是像在早期社会的鉴别方式一样依靠文本或者列表。

针对初级规则体系的静态特质,可引入"变更规则"来加以补偿。变更规则的最简单的形式就是,授予给某个人或一些人,为整个群体的

---

〔1〕 参见[英]H. L. A. 哈特:《法律的概念》,许家馨、李冠宜译,法律出版社 2011 年版,第 74 页。

生活或某一阶层的人的生活引进新的初级行为规则,以及废止旧的规则。变更规则可能相当简单,也可能相当复杂,因为所授予的权力可能毫无限制,也可能以各种方式加以设限,而且这些规则除了规定谁是立法者之外,可能还以严谨的措辞,界定立法所遵循的程序。〔1〕

补充初级规则缺陷的第三个办法是"裁判规则"的引入,"裁判规则"授权给某些人对于在特定场合中,初级规则是否被违反,做出权威性的确定。除了判定谁是裁判者之外,裁判规则也界定了裁判者必须遵循的程序。〔2〕

由上可见,在哈特的法律要素理论中,初级规则与次级规则的结合,共同构成了完整的法律体系。规则处于法体系的中心位置,规则不仅创设义务,授予权力,而且还是法律体系得以变动、法律得以实施的依据。所以说,在哈特看来,规则是理解法律科学的关键。

3. 德沃金的"规则、政策、原则"模式

德沃金是在对法律实证主义进行批判的基础上,继而发展自己的法律要素理论。德沃金批判法律实证主义,指出其是一种规则模式,而且是为了一种规则体系的模式,法律实证主义所主张的关于法律是单一的基本检验标准的中心思想,迫使人们忽视那些非规则的各种准则的重要作用。〔3〕 为此,德沃金提出了——"规则、政策、原则"模式。

德沃金指出,"当法学家们理解或争论关于法律上的权利义务问题时,特别是在疑难案件中。当我们与这些概念有关的问题看起来极其尖锐时,他们使用的不是作为规则发挥作用的标准,而是作为政策、原则和其他各种准则而发挥作用的标准"〔4〕。也就是说,在德沃金看来,作为

---

〔1〕 参见[英]H. L. A. 哈特:《法律的概念》,许家馨、李冠宜译,法律出版社 2011 年版,第 87 页。

〔2〕 参见[英]H. L. A. 哈特:《法律的概念》,许家馨、李冠宜译,法律出版社 2011 年版,第 87 页。

〔3〕 参见[美]罗纳德·德沃金:《认真对待权利》,信春鹰、吴玉章译,上海三联书店 2008 年版,第 41 页。

〔4〕 [美]罗纳德·德沃金:《认真对待权利》,信春鹰、吴玉章译,上海三联书店 2008 年版,第 41 页。

一种标准,法律不仅表现为规则这一种模式,原则以及政策模式也是法律的表现形式。不仅规则可以作为法院裁判案件的依据,不同于规则的原则同样可以作为法院裁判的依据。例如,美国 1889 年的里格斯诉帕尔默案中,法院所罗列的裁判标准并不是法律规则,而是法律原则。[1]

虽然,在大多数的情况下,德沃金总是概括地用"原则"这个词汇来指法律规则之外的其他准则的总体,但是,政策同原则一样,是不同于规则的独立的模式。德沃金说道:"我把这样的准则称为政策,他们规定一个必须实现的目标,一般是关于社会的某些经济、政治或者社会问题的改善(某些目标是消极的,在这样的目标中,它规定当前社会的某些特点需要保护,以防止相反的改变)。我把这样的一个准则称为一个原则,它应该得到遵守,并不是因为它将促进或者保证被认为合乎需要的经济、政治或社会形势,而是因为它是公平、正义的要求,或者是其他道德层面的要求。"

德沃金指出,原则与规则的不同主要有两个方面。第一,规则和原则所作出的指示的特点不同。规则所作的指示较为准确和完全。"规则在适用时,是以完全有效或完全无效的方式。如果一条规则所规定的事实是既定的,那么,或者这条规则是有效的,在这种情况下,必须接受该规则所提供的解决办法。或者该规则是无效的,在这种情况下,该规则对裁决不起任何作用。"相对于规则,原则不太准确和完全。原则并没有列举出当规定的条件被满足时自动发生的法律后果,甚至没有包含使原则非实施不可的条件。当说某一条原则是法律制度的原则时,它的全部含义是:在相关的情况下,官员们在考虑决定一种方向或另一种方向时,

---

〔1〕 帕尔默为了继承祖父的遗产而将其杀害,法官们不得不面对帕尔默是否可以根据遗嘱继承财产的问题。虽然帕尔默祖父生前所立遗嘱完全符合法律的有效要件,但是法院指出:一切法律以及合同在执行及其效果上都可以由普通法的普遍的基本原则支配。任何人都不得依靠自己的诈骗行为获利,亦不得利用他自己的错误行为,或者根据自己的不义行为主张任何权利。法官判决的依据是"任何人不得从自己的错误行为中获利"这一法律原则,而不是当时的有关法律规则。参见[美]罗纳德·德沃金:《认真对待权利》,信春鹰、吴玉章译,上海三联书店 2008 年版,第 42 页。

必须考虑这一原则。[1] 也就是说,规则所适用的条件和法律后果都是明确的,而原则的适用条件和法律后果都是模糊的。第二,原则具有规则所没有的深度——分量和重要性。在原则的运用过程中,要解决原则之间的冲突问题,就不得不考虑相关原则在分量上的强弱。规则在运用的过程中则不存在这一层面的问题。在功能的意义上,可以运用规则对人们行为方面规范作用的重要性来衡量一条法律规则,但是不能运用一条法律规则的重要性比另一个法律规则的重要性较高或者较强来比较两条规则。因此,当两条规则相抵触时,一条规则因其性质自然地取代另一条规则。如果两条规则相互冲突,其中一条就不可能是有效的规则。要决定哪一条是有效的,哪一条必须予以抛弃或者重定,必须考虑的情况是在规则自身之外的。[2] 也就是说,在法律适用过程中,尤其是法律冲突时,规则要么是有效的,要么是无效的。法律原则却不相同,两种冲突的原则都可以是有效的,最后运用哪条原则裁判案件,不是由于另外一条无效的问题,而是在具体案件中,所采用裁判的原则占分量更重的问题。

上文已经提及,德沃金在多数况下是在概括的意义上使用“原则”这一概念的。所以说,德沃金在概括规则与原则的区分时,对政策与规则也进行了区分。德沃金笔下的原则和政策的差别主要有以下几个方面。第一,两者的目的不同。从上文德沃金对政策和原则的定义中我们可以知道,“政策”是功利的实用主义哲学思想在法律中的体现,主张把社会整体利益作为政治实践的目的。原则是自由主义平等论的哲学思想在德沃金法律思想中的体现,主张尊重权利和保障权利是政治实践的目的。第二,两者的产生方式不同。“政策”的产生是出于权威者的制定权威者出于改善某些经济、政治和社会问题的目标制定“政策”。“原则”的制定则是源于在相当长的时间里形成的一种职业和公共正当意

〔1〕 参见[美]罗纳德·德沃金:《认真对待权利》,信春鹰、吴玉章译,上海三联书店2008年版,第45－46页。

〔2〕 参见[美]罗纳德·德沃金:《认真对待权利》,信春鹰、吴玉章译,上海三联书店2008年版,第47页。

识。也就是说，“政策”是根据某种的社会目标而设定，它相对于经过相当长的时间形成的“原则”来说，具有阶段性和相对不稳定性。第三，两者在司法裁判中的地位不同。在德沃金看来，“原则”是关于“宪法制度下人民拥有什么权利的判决”，而“政策”是关于“总体福利如何才能得到提升的判决”。德沃金认为，法律规则是法院应当作出基于“原则”的判决，而不应当作出基于“政策”的判决。可见，在德沃金的法律思想中“原则”要素比“政策”要素在裁判中的地位要重得多。

4. 庞德的“律令、技术、理想模式”

庞德作为美国社会法学的创始人，其对法的要素的分析，充分体现了社会法学的思想。庞德认为，从公元前6世纪希腊人开始考虑什么是法律以来，三个完全不同的东西都曾用着法律的名称。庞德用社会控制一词将三种意义上的法律予以统一。它们分别是：(1)法学家们所称的法律秩序——通过有系统地、有秩序地使用政治组织社会的强力来调整关系和安排行为的制度。(2)一批据以作出司法或行政决定的权威性资料、根据或指示。(3)司法过程和行政过程——为了维护法律秩序依据权威性的指示以决定各种案件和争端的过程。[1]

庞德论及道，争论的大部分是针对第二种意义上的法律的性质，这里的法律是指一批决定争端的权威性资料。但是这也并不是一个简单的概念。这种意义上的法律绝不仅仅只是一批法令，还包括技术和理想：按照权威性的传统理想由一种权威性的技术加以发展和适用的一批权威性的法令。简言之，在庞德看来，法律包括各种法令、技术和理想。

在庞德看来，法令成分是由各种规则、原则、说明概念的法令和标准的法令组成的。一项规则是对一个确定的具体事实状态赋予一种确定的具体后果的法令。这是法令的最初形式。一个原则是一种用来进行法律论证的权威性出发点。一个概念是一种可以容纳各种情况的权威性范畴。一个标准是法律所规定的一种行为尺度，离开这一尺度，人们

---

〔1〕 参见[美]罗·庞德：《通过法律的社会控制法律的任务》，沈宗灵、董世忠译，商务印书出版社1984年版，第21－22页。

就要对所造成的损害承担责任,或者使他的行为在法律上无效。[1] “以上四种类型的法令,从广义上说,确乎都可以看成是一些法规:把原则作为一种法规,以便当缺乏在严格意义上可以适用的法规时,可以借助于原则,以便从中推导出判决的依据;把概念作为一种法规,可以将某些案件归并于一个适当的概念之下,并由此找出可供适用的某些严格意义上的法规、某些原则以及某些标准来;把标准作为一种法规,以便通过制定的标准,在某些关系与联系中,对行为进行测量。”[2] 庞德认为,分析派法学家仅仅停留在法规的层面上,把法看作各种法律的总和,并以刑法法典中一个章节作为典型把法看作一种法规,而没有再向前进。在发达经济秩序中,法的内容比分析派法学家所认为的法规的总和要多得多。法规因素据以发展和适用的程序的权威性并不比法规本身差,而且它同法规本身一样也是法律的一个组成部分。[3] 其实,权威性的程序相当于发展和适用法令的技术、法律工作者的业务艺术。正是这种技术成分,足以用来区别近代世界中的两大法系。

在庞德看来,法律不仅包括权威性的程序,甚至还包括公认的社会理想。因为在一个复杂的社会、经济秩序中各种欲望、需要和要求的不断增加,需要调整的欲望、需要和要求彼此间矛盾和重叠的不断增加,一些价值尺度就成为必要的了。这些价值尺度在社会与法律秩序的公认理想中,在法规与原则应该是什么,以及应该如何去解释和适用它们的公认理想中被发现了出来,根据这个尺度并以之作为背景就可以进行选择、适用和解释法律的工作了。因此,产生了作为发达的法律体系的第三要素,即一套公认的关于社会和法律秩序的图像,关于社会控制的目的的图像,以及关于整个法律体系及其各个部分的图像。这些传统上公

---

〔1〕 参见[美]罗·庞德:《通过法律的社会控制法律的任务》,沈宗灵、董世忠译,商务印书出版社1984年版,第24页。

〔2〕 [美]罗·庞德:《通过法律的社会控制法律的任务》,沈宗灵、董世忠译,商务印书出版社1984年版,第99页。

〔3〕 参见[美]罗·庞德:《通过法律的社会控制法律的任务》,沈宗灵、董世忠译,商务印书出版社1984年版,第100页。

认的理想，其权威性不亚于法规、原则、概念、标准以及发展和适用它们的权威性程序；它们在法的发展、解释和适用中起着关键性的作用。[1]

近现代西方国家在设立相关法的内部结构技术时，一般认为法律由规则、原则和概念三种要素构成。法律规则是采取一定的结构形式具体规定人们的法律权利、法律义务以及相应的法律后果的行为规范。它是法的构成要素中的主体部分，数量也是最多的。法律原则是指在一定法律体系中作为法律规则的指导思想、基础或本源的综合性、稳定性原理和准则。法律原则是法律规则制定的依据和法律规则所维护的对象，法律规则是法律原则的具体体现。在规则不明或者缺失时，它可以起到规则的作用。法律概念是法律的构成要素之一，是对各种法律事实进行概括，抽象出它们的共同特征而形成的权威性范畴。法律概念与日常生活用语中的概念不同，它具有明确性、规范性、统一性等特点。法律概念是构成整个法律体系的原子，是法律知识体系中最基本的要素。无论是制定法、判例法或者习惯法，任何一项立法都不可缺少法的基本要素，它们在一定程度上决定了立法的质量优劣。通常情况下，法律的质量的优劣随着法的要素的技术化、专门化程度变化而变化，因此法的内部结构技术成为立法技术中研究的一个不可忽视的重点。

法律规则是法的内部结构的主体部分，法的规则技术也就不容置疑地成为法的内部结构技术的研究重点。在西方学理论中，法律规则与法律规范有着不同的内涵。奥地利法学家凯尔森指出，"法律规则实质上不同于其他规则，尤其不同于那些体现为（物理学意义上的）自然法则的规则。……为了防止（对法律性质）误解起见，因此在这里最好不用'规则'这一术语，而将法律称为规范"[2]。英国法学家沃克认为，法律规则与法律规范都是规范人的行为，但是规则较规范具体，规范比规则

---

〔1〕 参见［美］罗·庞德：《通过法律的社会控制法律的任务》，沈宗灵、董世忠译，商务印书出版社 1984 年版，第 101 页。

〔2〕 ［奥］汉斯·凯尔森：《法与国家的一般理论》，沈宗灵译，中国大百科全书出版社 1996 年版，第 40 页。

抽象。[1] 法律规则的特点表现在：一是微观的指导性，即在规则所覆盖的相对有限实施范围内可指导人们的行为；二是可操作性较强，只要一个具体案件符合规则设定的事实状态，执法人员可直接适用该规则，一般公民也能较容易地依据规则选择自己的行为方式；三是确定性程度较高，与原则相比，这个确定性包括它的内容相对明确与恒定，它的效力也较为清楚。法律规则的逻辑结构由假定、行为模式和法律后果所组成。假定是适用规则的条件；行为模式是关于允许、禁止或者要求人们如何行为的设定，多为权利和义务的规定；法律后果是关于遵守和违反规则所导致的肯定性或者否定性结局的设定，多为责任或利益的规定。法律规则的这一逻辑模式在英美学界似乎已经得到了肯定。有学者认为，基于霍菲尔德和科宾对于“构成性事实”（Operative Facts）和“法律后果”（Legal Consequence）的分析，能够很好地揭示出法律规则的逻辑结构。[2]

在法的内部结构技术问题上，近现代西方各国着重关注以下几个方面：第一，法应以规则为主要形式，而不应当局限于一般原则。按照英国法哲学家哈特的认识，法律是社会中众多的“规则”之一，社会中存在许多不同于法律的“规则”。法律规则的确存在许多相别于其他规则的特殊性，但法律规则仍然是一种行为规则。法的直接目的在于通过规定权利和义务以及违法行为的法律责任，具体地指引人们的行为，其具有较强的压力属性。法律规则以其明确具体的内容，指向性、强制性强的特点，更容易得到遵循。然而，原则覆盖面广、概括性强，不利于提供给社会公众一个明确的适用标准，法不应停留在一般原则上，应以规则为主要行使。第二，在法的体系上，原则不可或缺。法律原则是法律的基础性真理、原理，或是为其他法律要素提供基础或本源的综合性原理或出发点，其能为法律规则和概念提供基础或出发点，对法律的制定具有指

---

〔1〕 参见张文显主编：《法理学》，高等教育出版社、北京大学出版社1999年版，第70页。

〔2〕 See E. W. Patterson, *Jurisprudence: Man and Ideas of Law*, The Foundation Press, 1953, p. 136.

导意义,对理解法律规则具有指导意义。法律原则在法的体系中虽不是主体部分,但其起到基础性作用,仍不可或缺。第三,法的概念尽可能精确、规范、统一。法的概念是法的基本成分,是对各种有关法律的事物、状态、行为进行概括而形成的法律术语。法律概念使法律得以表达,使人们得以认识和理解法律,法律概念理应明确具体,能够为一般人所认识进而进一步遵守。同时,法律概念也应规范统一,提高法律的明确化程度和专业化程度,使法律成为专门的工具。

(二)关于法的外部结构技术

法的外部结构主要包括法的形式、法的格式和体例等方面。这三部分共同组成了法的外部构造,法的外部结构技术相较于内容结构技术技术性特征也更明显。外部结构技术和内容结构技术相辅相成,法的外部结构的规范统一可以使法的内容更加明确具体。

1. 法的形式

法的形式就是法律文本的表现形式。著名的美国社会法学家罗斯科·庞德把法的形式看作立法、判例法和教科书法,而大部分学者就把法的形式看作宪法、法律、行政法规与部门规章等,这些都体现了法的形式作为具有法律效力的法律规范的载体的作用。按照多数国家的分类方法,将法的形式分成两大类。所谓的两大类就是指成文法(制定法)和不成文法(非制定法)。这种划分方式是以法的创新方式和表达方式的不同为标准的。在立法时,要根据法律的不同的规范内容,选择是以法典形式还是单行法规形式,或是选用制定法形式还是判例法形式。法的形式的立法技术以选择最合适的法的形式使法的内容表现到最佳。西方国家关于法的形式的实例如下:

(1)美国的法律体系以宪法、联邦法典、州法律为主要法律形式。在美国,司法判例也是重要的法律形式,法院的判决和裁决可以在一定程度上制定法律规则。

(2)英国的法律体系以普通法为基础,包括法律判例和惯例法。此外,英国还有大量的法律文件、法案、条例和规章等。

(3)法国的法律体系以成文法为主要形式,包括宪法、法典、法规、条约等。法国法律体系还强调司法独立和法律权威的作用,司法判例在法律适用方面的作用相对较小。

(4)德国的法律体系以成文法为主,包括《基本法》、《民法典》、《刑法典》及《行政法典》等。在德国,司法判例的作用相对较小,法律解释和法律学说的作用更为重要。

(5)加拿大的法律体系既包括英国普通法,也包括法国民法。加拿大的法律形式包括宪法、联邦法律、省级法律以及法院的判决和裁决。

总的来说,不同西方国家的法律体系和形式有所不同,但都以成文法和司法判例为主要形式,同时强调法律权威和法律程序的重要性。

2. 法的格式

法的格式是指法的内容框架,也即对法的内容进行合理布局使法的内容以循序渐进的方式展开,实现法的内容规范有序的目的。法的格式一般涉及法的规范性文件的名称、序言、文本、附则、目录、附录、索引等内容,但因法的内容和主题不同,法的格式并不以统一模式体现。西方国家关于法的形式的实例如下:

(1)美国宪法是美国的最高法律文件和最重要的法律格式,规定了美国政府的组织和职权、公民的基本权利和自由等。它是一份长达7000字的文件,由7篇文章和27个修正案组成。

(2)英国的法律判例是指英国法院所作出的裁决和判决,它们被认为是英国法律的一部分。英国法律判例的格式通常包括事件描述、相关法律条款、法院的判决和裁决等。

(3)法国《民法典》是法国法律体系中最重要的法律文件之一,也是法国法律格式的代表。该民法典包括了各种民事法律问题的规定,如合同、财产、继承、家庭等。

(4)德国《基本法》是德国的宪法,也是德国法律格式的代表之一。《基本法》规定了德国联邦政府和各州政府的组织和职权,以及公民的基本权利和自由等。

(5)加拿大《刑法典》是加拿大法律体系中的重要法律文件之一,也是加拿大法律格式的代表。刑法典规定了加拿大的刑法体系,包括各种犯罪行为的定义、刑法制度等。

3. 法的体例

法的体例指的是法的文本的层次结构,分为卷、编、章、节、条、款、项、目。但是这种体例并不是唯一的,其取决于立法内容的繁简程度。

德国《民法典》在形式方面最大的特色,是它的演绎式的五编式体例结构。法国《民法典》沿袭了罗马法的法学阶梯的体例,分为“人”“财产及对于所有权的各种限制”“取得财产的各种方法”三编。但在德国,由于受潘德克顿法学的影响,其 1863 年公布的《撒克逊王国民法典》就采用了当时学术著作中的体例结构分为五编,并设置了总则编。[1]

美国《宪法》是美国的最高法律文件和最重要的法律体例,规定了美国政府的组织和职权、公民的基本权利和自由等。联邦法典是联邦政府制定的法律体例,包括了针对全国范围内的事务制定的法律,如税收、商业、移民、环境保护等。州法律是各州政府制定的法律体例,用于规范各州内部的事务,如教育、卫生、交通等。司法判例是指法院在处理具体案件时所作出的判决和裁决,它们在美国法律体系中具有普遍适用性的法律规则。行政法规是由行政机关制定的法规,包括法令、条例和决定等。这些法规主要用于规范行政机关的行为,如公共事务、环境保护、税务等。

英国的普通法是指由法院所制定的法律规则,是英国法律体系的重要体例之一。英国的法律文件包括了大量的法案、法令、条例和规章等,用于规范各种领域的事务,如交通、卫生、教育等。司法判例是在英国法院所作出的裁决和判决,它们被认为是英国法律的一部分。惯例法是指在英国社会中长期形成并被广泛遵循的法律习惯,它们在英国法律体系中也具有重要的地位。英国的行政法规与美国的相似,由行政机关制

---

〔1〕 参见谢怀栻:《大陆法系国家民法典研究(德国)》,载《外国法译评》1994 年第 4 期。

定，用于规范行政机关的行为，如公共事务、环境保护、税务等。

西方国家的法的体例技术原则主要有以下几点：第一，一般情况下，有两个以上组成部分时便会设定上一个层次，但是这种设定并不绝对。第二，在法律条文较多的情况下，一般会分编，但是分编也不是必需的。第三，法的文本的首章通常采用总则、任务、基本原则、总纲等安排，但编以下所列的第一章除外。第四，条文中的款通常可以采用逐进分款和以此款补充前款的方法。

二、法的语言表达技术

语言作为一种与文字有关的交流途径，既是特定文化的载体和表象，也是一个用于人们交流的、具有任意性的发音符号系统。它作为一种能指、施指，表现的是特定的所指、受指。尽管具体的所指不同，但都是与具体的时间、空间相联系，并指向其所在的社会环境。法律要为人们所熟知，必然要用合适的语言得以表达，语言作为法律的载体而被立法者所重视。法律的语言表达也要用到一定的规则和技术，久而久之便发展为立法语言技术。立法语言既要表达统治阶级的阶级意志，又要通俗易懂，便于社会大众理解。英国著名的法理学家边沁在他的《立法理论》中说："如果说法典的风格与其他著作的风格有什么不同的话，那就是具有更大的清晰性、更大的精确性、更大的常见性。因为它写出来就是让所有人都理解，尤其是让最低文化水平阶层的人理解。"文艺复兴时期著名的哲学家培根也讲，法律文辞一要准确，二要有弹力性。作为法律语言的一部分，立法语言既需具有法律语言准确明晰、简洁凝练、严谨规范、庄重朴实的基本特点，又需表现出自身的特点。

立法语言的准确性，首先体现在准确表达内容，体现立法意图上。准确与精确是立法语言的灵魂与生命。立法语言的基本要求就是一定要能够准确反映当前的法律认识水平和科研成果，能够准确表达立法者的立法意图，并能够选择合适的字、词、语句或语法手段来表述。立法语言所选用的字词语句要准确严谨，不能出现歧义。德国《民法典》为了明确用语的含义提出了一系列定义,如第 7 条关于住所,第 90 条关于物,第 92 条关于消费物等。该民法典还采用了一些高度抽象的法律术语,如物权、债权、法律行为等。对于抽象的定义,法典在必要的时候又附加地用列举的方式通过例子进行解释,如第 98 条对第 97 条(从物的定义)的解释。为了明确规范的适用条件,该民法典不惜使用烦琐的语言,如关于婚生子女,法国《民法典》第 312 条简洁规定:子女系在婚姻期间怀孕者,夫即为父;而德国《民法典》第 195 条则不厌其烦地列举出子女嫡出的各种要件。

立法语言在保证准确的前提下,还要尽可能的简洁凝练,而不能使用过于冗长的词句表达其含义。凡是能够用一个字说明问题的,绝对不要用两个字。如此坚持进行立法语言的适用,必然能够做到言简意赅、词约义丰,用最精练的文本表述最丰富、最准确的内容。许多国家和组织在立法中都要求运用简明化的语言制定具有可读性和可理解性的立法文本,具有代表性的如欧盟议会颁布的立法起草指导性文件——《共同实践指南》(2015)(The Joint Practical Guide)。该指南延续了欧盟十几年来在语言运用上对法案起草的要求,即"欧盟的法案应以明晰、简洁和准确的语言起草。"(Legal acts of the Union shall be drafted clearly, simply andprecisely[1])在法国,由国务院和政府秘书处发布的立法指导性文件《立法文本与规章制度指南》[Guide Francais pour L'élaborationdes Texts Législatifs etRéglementaires(2005)]中明确提出必须用"明晰、简洁、没有语病"[2]的简明语言制定法律。又如在大洋洲,澳大利亚政府自 1973 年就要求立法中运用简明英语来提高联邦法律的可理解性。[3]

立法语言的模糊性也应为法的语言表达技术所重视,模糊性是与准

---

[1] 《共同实践指南》(*The Joint Practice Guide*),载欧盟法律查询官方网站,http://eur - lex. europa. eu/content/techleg/EN – legislative – drafting – guide. pdf。

[2] France, Secretariat general du Gouvernement and Conseil d'Etat 2005, record 3. 3. 1, 189. 转引自[法]安娜·瓦格纳、[爱尔兰]索菲·卡斯圭蒂 - 法伊主编:《法律中的晦涩与明晰——前景与挑战》,苏建华等译,中国政法大学出版社 2014 年版,第 10 页。

[3] See Michele M. Asprey, *Plain Language for Lawyers*, 4th revised edition, The Federal Press, 2010, p. 47.

确性和精确性对立统一存在的客观现象,无法回避与避免。立法者应积极利用模糊语言为立法语言服务。模糊语言不仅可以加强立法的稳定性,还能够扩大立法的适用性,为更好地执法提供充足的自由裁量空间,从而保证了执法的有效与科学。德国《民法典》在一定程度上运用了不确定性概念。这些条款和概念含义不确定,可根据客观情况的发展变化作出不同的解释,从而使德国《民法典》具有较强的适应性而保持其强大的生命力。例如,关于诚实信用和善良风俗的法律伦理原则,这具体是指第157条关于应当依照诚实信用原则解释合同的规定,第242条关于债务人应当依诚实信用完成给付的规定,第138条关于背俗之法律行为为无效的规定,以及第826条关于以故意并背俗之方式给他人造成损害的规定。这不仅使法官在解释契约时有了更大的活动余地,而且授权法官根据与时俱进的社会道德、价值观念以及交易习惯进行利益衡量和法律补充。其职能与英美法律制度中衡平法相对于普通法的作用相同,保障了法律的安全性和灵活性的统一。

权威性是立法语言技术要求的另一个重点,不论是从立法活动本身来说,还是从立法目的意义来说,立法语言都应保持其权威性。立法旨在调整、约束和规范相关领域人们的言论与行为,促进社会的发展,只有立法语言保持其权威性,才能真正实现立法语言传承法律精神,承载法律品格,规定相关权利与义务,阐释法律精神及使命的根本目的。但是保持立法语言权威性的同时,是否保持立法语言的通俗易懂,西方各国做法却并不相同。法国《民法典》在保持其语言准确、精练的前提下,更注重其实用性,立法语言便于一般人掌握和理解。但是,德国学者卡尔·拉伦茨(Karl Larenz)认为,德国《民法典》虽然难以完全避开日常语言,但在很大程度上倾向于使用一种法律的专业语言和艺术语言(professional & artistic language),倾向于创造抽象的语词和技术意义的表达方式。[1] 德国《民法典》以专业抽象的法律用词来显示其权威性,并不为

---

〔1〕 参见[德]卡尔·拉伦茨:《德国民法通论》,王晓晔等译,法律出版社2002年版,第33页。

广大民众所理解，而是更多地由专业法律人来掌握。

三、法的系统化技术

法的系统化指的是对法的规范性文件进行系统的整理、分类和加工，法的系统化包括法的汇编和法典编撰两种形式。法的汇编是指国家机关或其他组织将有关规范性法律文件按照一定的目的或标准汇编成册的活动，是规范性法律文件系统化的一种形式。法律编纂是指对属于某一法律部门的全部现行规范性法律文件进行内部的加工整理而使之成为一部系统化的新法典的活动。法的汇编不属于严格意义上的立法技术，但与立法技术关系密切，西方国家的判例汇编具有较强的立法意义；法典编撰是立法技术中的重要组成部分，对于完善立法具有重要意义。

（一）法的汇编

英美法系国家以判例法为主要传统，非常重视判例法的汇编以及制定法的汇编。法的汇编虽不是严格意义上的立法，但对立法具有重要影响。

判例法肇始于英国普通法，最早出现的判例汇编是13世纪英国爱德华一世所编的年鉴，是司法判决的案例汇编。虽然与此后的判例法汇编不同，但却是现今完善的判例制度的开端。这一制度从产生、变更、定型及完善的整个过程，也间接地反映了西方判例法发展的一个基本脉络。早期的案例报道的形式还远不能用判例报告这一术语来对其描述，其记载的案件内容很少涉及法律问题，法官也少有说理的部分，反而对案件背后的事实记载详细；且与现代法律报告不同的是，编撰的案例不是为了在日后的审判中被加以引用，也就是说，没有任何的法律约束力。

英国自1865年成立了半官方的法律汇编委员后，才开始了近代意义上的判例汇编，称为法律报告，每月报告，逐渐形成了法律报告体系。英国的法律报告体系对判例的汇编要经过技术上的选择，并不是按时间将所有的判例依次排列编辑，区别于一般意义上的判例汇编。汇编者按照判例的重要性对官方判例选择和决定进行汇编，使一部分判例成为具有强制力的先例，其余的判例则逐渐被审判所淘汰。

美国与英国类似，也采取法律报告体系，重视判例法的汇编，并且主要都是官方的法律报告体系。同时，英美国家对法的汇编也不仅仅局限于判例汇编，也同样重视制定法的汇编。英国现行制定法汇编主要有：《霍尔兹伯里英国制定法大全》、《修订制定法》和《现代制定法》。美国联邦制定法的汇编主要有《联邦法律汇编》、《美国法典》以及《美国法典注释》。

（二）法典编撰

法典是法律的集合体，是与某一特定主题相关的诸法律规范的总和。更确切地说，法典是旨在涵盖诸法律、法规的一个整体，其中包含一个关于某一法律问题上相关法律规则的完整体系。

法典编纂的现象远古便已有之。早在公元前1700年巴比伦王国就出现了《汉谟拉比法典》，而这部法典还受到更早的《苏美尔法典》和《阿卡德法典》的影响。然而，这些并非真正的法典，事实上它们只不过是对先前用于补充习惯的具体判决的概括而已。在罗马法中我们也可以发现官方的或私人的"法典"，这些"法典"表现为法律条文和学说的集合，例如《格里高利法典》（公元291年）、《狄奥多西法典》（公元438年）以及最著名的、内容包罗万象的《优士丁尼法典》（公元534年）。

在俄罗斯历史上也有一些古代法典。最早的是11世纪末左右的颁布的《罗斯真理》，它是对原有习惯法的汇编。俄罗斯还有许多其他早期法典，其中沙皇阿力克斯·米哈依洛维奇在1649年颁布的法典直至19世纪仍然有效。在北欧国家，1683年至1687年制定的《克里斯蒂安法典》集合了当时的法律。1734年制定的《基本法典》，经过不断的修正，现在在挪威、丹麦、瑞典和芬兰仍然有效。

法国在19世纪初《拿破仑法典》制定后才产生了真正的法典，具有了“实质意义”的法典编撰。法典编纂是一系统性的表述，是以综合和科学方法，对特定国家内一个或若干法律部门中诸普遍和永久规则加以组织的整体。

1900年德国《民法典》的制定，提供了一种在当时看来更科学、更现代、更细致的模式。德国模式对希腊、瑞士、日本、苏联和斯堪的那维亚国家私法制度产生了极大的影响。与此类似，尤尔根·胡贝尔领导起草的1881年、1911年瑞士《债法典》和1907年瑞士《民法典》也在世界范围产生了一定的影响。

所有这些法典的编撰都是真正的实质性的法典编纂，即对涉及某一或若干特定领域的成文规则的系统的创造性的构建，这种构建建立在严密逻辑上并为特定领域内法律的发展提供基础。法典编纂是对法律进行审查，整合并使其适应社会演进的一种方法，其中政治和意识形态的动因是不可或缺的。但法典编纂也要求有一个相当确定、成熟、清晰的成文法的存在而对其进行法典化。法典编纂是对特定精神的阐发，同时，通过其宏大的结构，法典编纂也创造一种体系。所谓任何法典都是一个系统，就是指一部法典是由不同要素、手段、规则和制度根据紧密逻辑关系而组成的一个有组织的整体。系统化的法典编纂使我们可以借助逻辑推理的经典方法，尤其是不断的演绎，由一般到个别，从而获得具体问题的适当解决。

法典还是“一个表达行为”，这种行为要求“某种形式”。法典的“包装”包括两种特殊的方法：一是法典的结构安排，即某种整体安排的确定、组成部分的划分、每部分名称的选择；二是法典的表达，即基于特定术语和措辞的特定文体。法典的形式安排只能是其内容和内在组织逻辑的反映。法典的不同部分必须反映出各部分明确、真实的差别。各部分的顺序则必须表现基于不同主题的划分和各组成因素的相互联系所决定的逻辑连贯性。

所以，任何真正的法典编纂都要求根据特定的方法，在系统、连贯的规则整体中对内容主题做合理的结构安排。在法典内部，法律规定本身是由按照逻辑顺序排列的条的方式体现的。通常,法条包括一些按数字顺序排列的段落,或者被按字母顺序直接划分为若干部分,或者在后来修订时按此方法被划分。法条不能无限修订和增加,否则会使条文含义变得模糊不清。立法的文体必须清晰、简洁有效地表达依法律的要求、目的而制定的法律规范,使它们在符合法律技术性要求的同时也尽可能地易于人们理解。与其他规范性文件一样,立法文体和法典质量都要求使用特定的术语和措辞。法典的重要性和对统一性的要求使得有效表述更加势在必行。法律术语首先必须做到简洁和精确。特定的概念由技术性术语加以确定;通用的术语一般也具有恰当的法律意义。但是,每一个词语都应当是对应某一特定概念的标签。必须避免歧义的出现,因为歧义会导致严重的模糊和不确定性。

四、西方国家立法技术制度的评析

近现代西方国家对立法技术予以了一定程度的重视,在立法活动中不断实践并不断提高,对立法质量起到了决定性的保障作用。对西方立法技术制度的演进过程进行梳理,展现出在这一过程中技术与法律之间如何相互影响与制约、法律内部如何互动与博弈。在这一基础上再反观西方立法技术制度,进行总体评析。如何使立法语言更加规范、更加简明的同时又不失专业性与准确性,不但需要从语言实践和法律实践进行双重的考量,更重要的是,需要立法者能够从其自身出发对这一问题给予充分的认识与重视,并能够采取相应的举措。

虽然目前大多立法技术仍然表现为理论研究、经验总结,但是西方国家已经逐步实行立法技术制度化,制定为统一的规则,在运用立法技术时以制度化的规定提供保证。立法技术本身并不是规则,只有成熟的立法技术才可能上升为规则,而这上升为规则的立法技术就是制度化的立法技术。立法技术的发展和提高是长期的实践过程,立法者在立法活动不断总结和提炼,并形成立法技术惯例为立法者所遵循,逐步定型化、规范化建立成相应的立法技术制度。一些西方国家对立法技术规则作了明文的规定，如罗马尼亚1976年颁布的作为法律草案制作规范的《规范法律文件草案制定和系统化的立法技术总方法》。另外，美国统一州法典委员会在1983年6月也通过了《统一和标准法案起草规则》，虽然美国统一州法典委员会属于民间组织，但它仍应该算是美国的一个准立法组织，其地位可以说举足轻重，该委员会为美国各州在共同领域中的法律统一化和标准化做出了卓越的贡献。

西方国家的立法技术制度虽然在确保立法过程的公正、透明和规范方面取得了一定的成就，但仍存在以下不足之处：(1)程序烦琐、复杂：立法技术制度的实施往往需要程序步骤、审批环节的烦琐流程。这些流程可能导致立法程序的缓慢和冗长，侵蚀立法效率和公信力。(2)制度操作不当：尽管立法技术制度旨在保证立法过程的公正和规范，但在具体操作中，可能会受到个别立法者或行政官员的操控，导致立法结果的偏颇或违反社会公众的意愿。(3)专门利益干预：在立法过程中，特定的个人或组织可能会通过游说、贿赂等方式干预立法程序，导致法律制定出现质量问题，否则就是有利于特定的利益集团，不利于广大民众的利益。(4)影响立法效果：立法技术制度重视程序规范和程序公正，但却往往忽略了法律实施过程中的具体效果。有时候，立法结果可能会引发新的问题，导致既定的立法目标无法实现。(5)民主参与不足：立法过程中民众的发言权和参与度也需要进一步加强。在立法制定的过程中，政府和立法机构应该积极听取民众的意见和建议，确保法律制定的公正性和适用性。

第三节　中国的立法技术制度

我国立法技术着重关注于法的结构技术，众多学者对法的结构技术进行了详细的阐述与分析。中国学者对法的结构的划分见解不尽相同，有的学者将现代成文法的结构划分为法的名称、法的内容以及表现法内容的符号，有学者将法案分为实质结构和形式结构两大类。法案的实质结构是指法案本身内在的逻辑结构,即假定、处理和制裁。法案的形式结构是指法案条文外在的表现形式,主要分为总则、分则和附则。

一、法的内容结构

法的内容结构主要由两部分组成,一部分是不直接具有权利义务的内容,如立法目的、立法依据、立法原则、法的适用范围、立法基本原则等;另一部分则是直接具有权利义务的内容。

(一)立法目的

立法是人们的一项有自觉目的的活动,立法目的始终贯穿在立法过程中,这一过程就在于使主观形态的立法目的体现为客观形态中的法律文字。立法者在立法活动中应运用立法技术以文字的形式使立法目的具体体现在法律文本中。立法文字在法律文本中应紧密地围绕立法目的,以严谨的逻辑传达立法者准确、固定、清晰的意图。立法目的规定也往往是宣示性之概括条款,这样既能显示出法的精神所在,也能保证执法者在适用法律的过程中不与立法目的背道而驰。立法文字必须具有特定的法律含义,要尽量缩小其解读者自我发挥的可能性,文字的通常含义或者其多义性在法律中必须受到限制。

立法目的的表述一般分为三种方式:一是题目式,二是条文式,三是序言式。题目式即以法律的题目直接表明该法的目的,这种方式的优点是开宗明义,一目了然,人们一读题目便可知晓该法的目的,但有些长的题目既不符合语言习惯,又不容易被人们记住。条文式即在条文中明确规定该法的目的,立法目的作为条文的第一条,易被首先接受和理解,以条文的形式作出规定也显示了立法目的的重要性和严肃性,尤其适合一般人只对法律作条文式理解的习惯。因此,这种方式已为我国现阶段的立法所广为采用。序言式,即在法律文件的序言中阐明立法目的。这通常用于宪法及宪法性法律,如 1982 年的《宪法》在序言中写道:“本宪法以法律的形式确认了中国各族人民奋斗的成果,规定了国家的根本制度和根本任务……”在这三种立法目的的表示方式中，既可以从具体到抽象、微观到宏观，又可以从抽象到具体、宏观到微观。

（二）立法依据

立法是法治社会一项重要的实践活动，立法机关行使公权力、制定法律规范时也要有依据，立法依据需要明文呈现在法律规范文本中。立法依据主要指立法的上位法依据，从立法依据中应该能体现出立法权限等内容，并且要严格遵循《宪法》《立法法》等有关法律规范的规定，遵守与法律规范效力级别相对应的立法原则。法律规范文本中呈现出的立法依据大致包含宪法依据、其他法律依据、事实依据。

在我国现行的立法体制中，宪法作为根本法，为法律体系框架的构建、下位法的制定等提供了基础性指导和技术性规范，比如《香港特别行政区维护国家安全法》在其第 1 条表明其立法依据为宪法、香港基本法、全国人大的决定。其他法律依据是指立法机关在法律文本中所呈现的，除宪法之外的其他上位法依据，如全国人大常委会颁布施行的——《公职人员政务处分法》，其立法依据条款中出现《监察法》，该法是由全国人大制定的基本法律。事实依据是指出于社会发展现状，以及客观需要的考量制定法律规范，其主要是为了表明立法的现实必要性、针对性以及法的可操作性问题，如少数民族区域自治法律规范的颁布施行，多需要结合少数民族特点和发展实况，因此，在有关的法律规范的立法依据中，经常采用“结合（依照）自治区、自治州政治、经济、文化的特点”来表明其事实依据。

（三）法的适用范围

法的适用范围又称法的效力范围，意指法对什么人、在什么时间和空间有效。

法的对象效力，亦称法对人的行为的效力或法对人的效力。中国法在对人的行为的效力上，主要涉及两个方面：第一，对中国公民的行为的效力;第二,中国法对外国公民或无国籍的人的行为的效力。

法的时间效力是指法的效力起始和终止的期限以及有无溯及力的问题。法的生效时间是指法从何时起开始发生效力。法通过后要予以公布,公布是法开始生效的前提。在多数情况下,法律自公布之日起生效。除公布之日起生效外,还有几种情况:一是法律本身规定一个具体生效时间;二是该法律规定具备某种条件后生效;三是以法律文本送达的时间为生效时间;四是该法规定施行,待试行后生效。法的终止又称法的废止,指法的效力绝对消灭。这有两种情况:一是明示终止;二是默示终止,即事实上发生法律冲突时,依照本国确定的原则,该法实际上终止。

法的溯及力是指新法对它生效以前的行为和时间可否予以适用,即是否溯及既往的问题。如果适用,则该法有溯及力,反之则没有溯及力。在一部法的内容结构安排上,通常把法的适用范围放在法律文本的附则当中。

(四)特定术语的界定和解释

特定术语的界定和解释是指在立法过程中,需要对专有名词或概念进行详细阐述,以明确其所蕴含的概念。

立法语言多为通俗易懂的文字表述,但其中也不乏用到专有名词以表达立法内容。在用到专业术语时要尽可能对特定术语的概念进行阐述,明晰其所表达的含义。执法者只有充分理解法律所表示的内容,才能把握立法者的意图,合理适用法律,尽可能避免执法错误;守法者只有明晰法律内涵,才能内化于心外化于行,正确行使法律所赋予的权利、履行法律义务、承担法律责任。术语的界定和解释主要有几种情形:一是一般名词的界定,二是对特定名词的界定,三是对相关专业术语的界定。

(五)主管机关

主管机关主要是指负责实施法的机关,也即执法机关,执法机关包括国家行政机关和法律授权、委托的组织及其公职人员。

立法往往根据涉及行政管理的内容，按照行政职能的划分合理确定负责实施该法的机关，避免因职责不明导致法律被滥用，以此达到法律贯彻实施的目的。“令在必信，法在必行。”国家制定法律，就是要使其在社会生活中得到遵守和执行，否则法律将变成一纸空文，失去其应有的效力和权威。法在制定时往往都有其所适用的执法机关，《治安管理处罚法》所规定的处罚机关只能是公安机关，其他任何机关都无权行使治安处罚权。

（六）基本原则

法的基本原则是指体现法的根本价值的法律原则，它是整个法律活动的指导思想和出发点，构成法律体系的神经中枢。

法的基本原则的作用是至关重要的，主要表现在三方面：一是法的基本原则对法律的制定具有指导意义，对理解法律规则也有指导意义，如无罪推定原则成为众多诉讼规则的出发点和基础；二是法的基本原则可直接作为审判的依据；三是法的基本原则可以作为疑难案件的断案依据，以纠正严格执行实在法可能带来的不公。

《民法典》的基本原则包括：平等原则、自愿原则、诚实信用原则、公平原则、公序良俗原则和绿色原则。这些基本原则贯穿《民法典》始终，并且还应当贯穿在整个民事活动之中。在基本原则的表述上，有的法是以条文的形式明确规定，有的则没有直接用条文表述，而通过其他内容的规定加以反映。

（七）授权规定

授权规定是指立法主体在法文本附则中明确将有关权限授予其他主体的具体规定。授权规定有不同的授权样式，表现为授权对象数量和授权对象类别的不同。

在立法实践中，我国的授权立法分为三类：（1）全国人大授权全国人大常委会立法。(2)全国人大及其常委会授权国务院立法。(3)全国人大及其常委会授权经济特区立法。授权形式也主要包括三种:(1)关于解释权的授权。(2)关于实施细则的制定权。(3)关于变通和补充的授权。

(八)权利义务的规定

法是以权利和义务为机制调整人的行为和社会关系的。权利和义务贯穿于法律现象中具有逻辑联系的各个环节、法律的一切部门和法律运行的全过程。权利义务是法律规范的核心内容,即行为模式。法律规则是规定法律上的权利、义务、责任的准则、标注,或是赋予某种事实状态以法律意义的指示、规定。

法律规则是构成法律的主要元素。通常把法律规则分为授权性规则、义务性规则和权益复合性规则。

授权性规则是指示人们可以作为、不作为或要求别人作为、不作为的规则。授权性规则的作用在于赋予人们一定的权利去构筑或变更、终止其法律地位或法律关系,为人们的自主行为和良性互动提供行为模式,为社会的良性运作和发展提供动力与规则保障。例如,《宪法》第 41 条规定:“中华人民共和国公民对于任何国家机关和国家工作人员,有提出批评和建议的权利”就是授权性规则。授权性规则通常采用“可以”“有权利”“有……自由”等用语。授权性规则在法律中所占的比重随着法律的进化而递增,在现代法律中,授权性规则居首要地位。

义务性规则是直接要求人们作为或不作为的规则。与授权性规则不同,义务性规则表现为对义务主体的约束,为权利的实现、人际互助、维持社会安全提供保障义务性规则的特征包括:一是强制性,违反义务性规则的主体常常要付出代价,即法律会作出否定性反应,这种反应可能是否定行为的合法性、予以处罚或责令赔偿或补偿等。二是必要性,为了维护社会成员的自由和利益、维系社会安全和法的权威,义务性规则是必需的,没有义务性规则,社会将不存在。三是不利性,义务性规则虽然对他人和社会有利,对义务人却是不利的,是一种牺牲或“克己”。义务本身包括作为义务和不作为义务两种,作为义务的义务性规则常采用“应当”“应该”“必须”等术语,不作为义务的义务性规则常采用“不得”“禁止”“严禁”等术语,或者在描述行为模式后加上不利后果。

权益复合性规则指兼具授予权利、设定义务两种性质的法律规则,大多是有关国家机关组织活动的准则。其特点是:一方面被指示的对象有权按照法律规则的规定作出一定行为;另一方面做出这些行为又是其不可推卸的责任。例如,如果宪法规定某机关有权“监督宪法的实施”,则该机关不去监督就构成不作为违法,当下的所谓“懒政”也大多属于此类。

二、法的外部结构

法的外部结构是指法的外在表现形式,主要包括法的名称、题注、目录、序言和法的编、章、节、条、款、项等。立法时不仅要考虑法的内容结构,还要注重法的外部结构,对法的内容进行合理架构,使其逻辑连贯、结构合理、内容严谨。

(一)法的名称

认识一部法律,先是从法的名称开始。法的名称不仅概括了一部法的主要内容,更是表现出其位阶和效力。在我国的立法实践中,法律据其制定主体以及效力的不同呈现出多种名称,如名称有法、办法、条例、决定、通则、细则、决议、规定、规则、方案等。

我国法的名称并不是十分规范,也没有制定统一的规定来完善这一情形,名称常常不能表现一部法的位阶和效力,也被部分立法者交叉使用,形式有些许混乱。法的名称在设置时也应遵循相关立法技术。首先,法的名称要尽可能表现其主要内容,以简洁凝练的语言概括,以名称区分其所调整的不同的社会关系;其次,由于我国是一元二级多层次的立法体系,在中央与地方有多个不同的立法主体,其立法权限也不尽相同，制定的法律自然根据其制定主体位阶的差异而存在效力上的差别，而这种差别可以通过法的名称反映出来。

（二）题注

法的题注是置于标题下正文上标明制定信息、修改信息和批准信息等身份信息表明法律法规合法性、效力等级和演变过程的法律法规文本结构的构成要件之一。

法律文本有正式法律文本与非正式法律文本之区分，正式法律文本是指已通过立法过程正式公布的有效力的规范性法律文本，非正式法律文本是指在立法过程中出现的非正式生效的一些法律文本。正式法律文本中的题注设置，主要表现在两种情形：一种是在法的标题中以括号形式标注的部分，我们称之为标题题注，虽然它也是法的标题的组成部分，但是以括号形式加以标注，属于特殊题注的形式。如 1982 年 3 月 8 日第五届全国人民代表大会常务委员会第二十二次会议通过并自 1982 年 10 月 1 日起实施的《民事诉讼法（试行）》，这种标题题注在正式法律文本所占的比例是很小的，运用并不是很普遍。另一种是在现行有效的法律规范性文件中即正式法律文本中存在的题注是位于法的名称之下，正文之上的一段标注或说明性文字，用括号标注。如 2000 年《立法法》的题注是这样表示的："（2000 年 3 月 15 日第九届全国人民代表大会第三次会议通过　2000 年 3 月 15 日中华人民共和国主席令第 31 号公布　自2000 年 7 月 1 日起施行）。"

非正式法律文本也有题注，但这种题注体现为标题题注，即在非正式法律文本的名称中以括号形式标注的内容，通常表明了非正式法律文本所经历的立法过程或阶段的情形。在实践中，有这样的表达方式：(1)标题中标注有"初稿"字样，如《黑龙江省实施〈中华人民共和国工会法〉条例（初稿）》。这种标注表示为法案起草者起草的最初法律文本，尚不成熟。(2)标题中标注有"初稿征求意见稿"字样，如《黑龙江省实施〈中华人民共和国工会法〉条例（初稿征求意见稿）》。这种题注一般表示最初法律文本起草好以后,起草者或提案者为使法律文本更加成熟而征求有关主体意见的活动或阶段。(3)标题中标注有“草案”字样,如《黑龙江省实施〈中华人民共和国工会法〉条例(草案)》。这种题注说明了起草者已形成了较为成熟的法律文本的草案,到了可以由提案者向有权立法主体提出的阶段。(4)标题中标注有“草案征求意见稿”、“草案修改案征求意见稿”或“草案一次修改稿”、“草案二次修改稿”或“草案一次审议稿”、“草案二次审议稿”、“草案三次审议稿”等,这种题注一般表明法案所经历的审议阶段的情况以及经征求意见或审议后所达到的文本形式。(5)标题中标注有“草案表决稿”,如《黑龙江省实施〈中华人民共和国工会法〉条例(草案表决稿)》。“草案表决稿有时是在草案的基础上修改形成的;多数情况下,草案表决稿是在草案修改稿的基础上修改形成的。草案表决稿的内容与草案或草案修改稿的内容一般不会完全相同,有时甚至会很不相同。”这种题注表明法案已很成熟,可以交由立法机关表决通过了。当然在非正式法律文本中,还有其他一些文字可以作题注,如《立法法(专家建议稿)》《紧急状态法(专家建议稿)》《电子认证服务管理办法(修订征求意见稿)》等,法案在不同阶段会呈现不同形式,内容也在不断修改完善。这种题注表明法案所达到的立法过程的某个阶段,可以判断法案的成熟程度及法案可能实现的目标。

(三)目录

法的目录是指按一定次序排列的法的篇章名目。立法者在法律文本中设置“法的目录”,便于人们了解法的结构框架、内在逻辑以及查找与运用。其设置的基本依据主要在于法的效力等级以及法的条款数量。

从我国现行的法律法规文本来看,仅有部分法律法规设有目录。法的目录与法的名称、法的题注有所不同,法的名称、法的题注是任何法规范性文件都具备的,也是法的结构形式中不可缺少的要素。法的目录并不是法的结构形式中必不可少的要素,但这不意味着它不重要。

法的目录建构意义上的功能在于:目录就是法的“大纲”和“纲要”。

“法的目录”实际是法的编、章、节的形式及其标题的组合形式。我国《立法法》规定,法的结构根据法的内容需要,可以分编、章、节、条、款、项、目。从我国现行的法律文本来看,设编的法律文本比较少,在我国目前只有《民法典》、《刑法》、《刑事诉讼法》以及《民事诉讼法》设编,其余法律文本多设章、节形式。法律以下的法规范性文件,不设章、节形式的法律文本数量也很多。我国设置“编、章、节”的标准并不统一。有学者认为,设“编”的都是一些基本的法律,“由于其在社会生活中的基础性地位,关涉公民、法人和其他组织的基本权利和义务,加之内容较多、篇幅较长,所以都以编为最高层次的结构单位”[1]。但这并非设编的统一的标准,比如我国三大诉讼法之一的《行政诉讼法》,篇幅和条文数量与《刑事诉讼法》《民事诉讼法》差不多,但没有设“编”。章、节在法律文本中的设置也是如此,什么样的情况下设立章、节形式,什么样的情况下不设立章、节形式,并无统一的规定,在法律文本中的设置呈现各种乱象。

(四)序言

法律序言是指位于法律文本正文前的一部分叙述性或描述性的文字,是法律结构的规范构成要素之一。法律文本序言设置有相应的法律依据,其必要性主要在于序言作为法律规范结构的构成要素,对其进行规范设置有助于科学立法与法律实施,同时对法律解释也有重要的理论意义与研究价值。

但是在中国,只有少量的立法设置了序言。在《宪法》《民族区域自治法》《香港基本法》《澳门基本法》等法律文本中,序言的内容要素基本上包含了立法背景要素、立法目的要素、立法原因要素;在形式上,都明确标明了“序言”字样;且从法律位阶上看,这些法律的地位都相对较高,其中,宪法是根本大法,其他几部法律也都处于基本法的地位。除《民族区域自治法》外,其他序言中都包含了立法根据要素,而《民族区域自治法》中的立法根据要素则位于正文的第1条。此外,各规范性法

---

〔1〕 王云奇主编:《地方立法技术手册》,中国民主法制出版社2004年版,第22页。

律文件的序言在立法基本内容要素、立法原则要素和立法指导思想要素方面则差异较大,而这和分析对象自身的特殊使命和重大历史背景都不无关系。

(五)法的体例

《立法法》第65条第1款和第2款规定:"法律根据内容需要,可以分编、章、节、条、款、项、目。编、章、节、条的序号用中文数字依次表述,款不编序号,项的序号用中文数字加括号依次表述,目的序号用阿拉伯数字依次表述。"但是,并非所有法的文本都必须具备编、章、节、条、款、项、目的完整体例,这一规定表明在立法时可以根据内容需要,对法的内容进行科学、合理地布局安排。设置编、章、节、条、款、项、目是为了使法律在表现形式上具有逻辑性和规范性,层层递进,便于对法律内容的理解和掌握。一般情况下,法的体例的设置原则是:编下设置章,章下设置节(或条),节下设置条,条下设置款(或项),款下设置项。

从我国现行的法律文本来看,设编的法律文本比较少,目前主要有《刑法》、《刑事诉讼法》、《民法典》以及《民事诉讼法》,其余法律文本多设章、节形式。设置编应有具体的标题,之下设置章,以章为依托整合编的内容,但我国对于何种情况下设置并无统一的规定。

章在法律文本中处于至关重要的位置,从我国以往的立法来看,章的设置频率也较高,但是现有立法依然在章的排序上存在不规范的问题。章的设置不依编和节的设置而独立存在,同时又具有较大容量的格式,在设编、章、节的法律文本中起到承上启下的作用,使法律文本的内容在呈现上表现出较高的逻辑性。章是编的支撑,在设有编的法律文本中都设有章,没有设编的法律文本既可以设章又可以不设章。同时,如果没有设章,也无法设节,节只能于章下设置,不能脱离于章而独立存在。在没有设编、章的法律文本中,通常是直接设条,而不会设节。章的设置往往出现在内容较多、篇幅中等、层次分明的法律文本中,各章之间既要保持连贯性也要保持相对独立性。如果不是上述所说法律文本也可以不设置章节,直接用条款表述。

条的设置在法律文本中是不可或缺的,法律可以不设编、章、节、项等,但是不能缺失条。编、章、节仅仅是对法律内容的概括性表述,但是条却是对法律内容的直接表述,是法的内容的核心。条与条之间具有严密的逻辑联系,其中不能出现断层式表达。通常情况下,一个条文只能表述或规定一个具体的内容,不能将两个毫无关联的内容规定在一个条文中。

款的设置在法律文本中也是比较重要的,绝大多数的法律文本都设有款。条是款的上位,条和款具有紧密的联系,没有条便无法设置款。款是条的内容的进一步表述,是对条的细化。款的设置技术要求是:款的设置应当根据条的实际情况而定,当一个条文中有两个以上内容相互关联的层次需要表述时可以设置款。

项的设置也在法律文本中较为常见,项对条或款具有很大的依赖性,没有条或款是无法设置项的。项的设置的技术要求是:第一,可以在条下直接设项;第二,可以在款下设项。设置项是为了对条或款的内容进行补充,共同阐述法的内容,使法的内容结构完整。

三、中国立法技术制度的缺失及完善

中华人民共和国成立初期,立法技术粗糙,随着我国“依法治国”方略的提出和不断深入,立法技术和程序逐渐受到重视。我国虽然至今还没有统一的有关立法技术的法律,但也有一些规范性文件,如《全国人民代表大会议事规则》《行政法规制定程序暂行条例》《法规规章备案规定》《关于地方性法规备案工作的通知》等都不同程度地规范了法律、行政法规和地方性法规、规章的制定工作。可以说,我国的立法工作正在逐步走向成熟,立法技术也在一步一步地向前发展。

2023 年新修改的《立法法》对编制立法技术规范作出规定,强化了立法技术规范的作用。全国人大常委会法工委曾于 2012 年 12 月编印了《立法工作规范手册(试行)》。目前,法工委正在推进完善《立法工作规范手册(试行)》。《立法法》对立法技术作出了一些规定,使立法体制中存在的某些问题得到了一定程度的解决,这不能不说是一种进步,但是不可否认我国在立法技术方面的规定仍然存在很多的不足:一是立法语言缺乏规范。长期以来,我国立法在语言表述和修辞技术上普遍存在诸多的问题。二是立法内容缺少前瞻性,或者过于超前。三是立法起草存在不同程度的部门利益倾向。立法本应该在利益的焦点上划清界限,但部门利益问题始终困扰着各级立法机关。正是基于此种现状,立法技术制度化具有现实的必要性。立法技术制度化可以使立法者有一个必须而且可以遵循的统一规范,在立法过程中大家都必须按照这个程序走,表达一个意思时用同一个词语,这样就能在很大程度上解决这一问题。

第一,对立法技术作出专门规定,形成统一标准,以立法的方式推进立法技术的普及和提高。对立法技术作出专门规定可以有两种方式,一是在《立法法》中专章规定立法技术,二是可以单独制定一部“立法标准法”。可以在《立法法》总则中对立法技术提出一个指导性原则,在分则中专设一章对立法技术作出规定,对立法政策的整体性、内在逻辑性提出要求,分则可以从语言文字、句式标点到逻辑结构、篇章设计等方方面面进行规定。也可以在《立法法》的基础上制定一部与之相配套的“立法标准法”,对立法技术进行详细的规范与阐述,形成立法的统一标准。

第二,先统一中央立法技术的标准,地方立法参照中央。近年来,中央和地方立法存在差异,归根结底是没有统一的立法技术标准。中央和地方制定的法律在表现形式上杂乱无章,立法技术标准就是为了统一立法技术的,所以最好不要搞两条线,立法技术的规定应该由全国人大或者全国人大常委会来制定,这样才能保证上下两级的贯彻一致。

第三,借鉴西方国家有关立法技术的立法及运用立法技术的经验,提倡使用法条题标,有利于对法律依据的指明及审查等。立法时为每一条法律条文设定一个标题,是西方法治发达国家的普遍做法,也是包括WTO协定《马拉喀什建立世界贸易组织协定》在内的国际法律文件所采用的立法技术。我们的立法机关在考虑法律内容与国际接轨的同时，也该考虑一下立法技术与国际接轨的问题。

第四，加强立法队伍建设，培养立法技术专门人才。立法者的水平关系到立法的质量，立法技术制度化最终还是要落实到人的身上，一方面应该把控立法机关的人才素质，注意引进兼通法律、经济管理、社会管理的复合型人才。另一方面要重视对立法工作人员的培养，培养其相应的立法技能，以胜任立法工作。

第五，建立符合中国国情的立法助理制度，加强立法技术在立法过程中的运用。立法助理是协助立法机关及人民代表履行立法职责，完成立法工作的具有立法专门知识的人员。西方的立法助理制度发展较早，水平较高，分类也很齐全，如议员助理、政党助理、委员会助理等。立法助理的职能也由单纯的协助立法扩大到管理日常事务，负责政党工作等方面，这是与西方国家强大的立法权相适应的。为提高立法技术水平，我国也可参照建立符合中国国情的立法助理制度。立法助理应具备胜任立法工作的综合条件：(1)学识素质。立法助理人员应具备法律方面的素养，有较高层次法律专业教育背景。(2)业务素质。立法助理人员应具备一定的相关部门社会实践工作基本经验，具备一定的业务水平。(3)素质能力。立法助理人员应具备一定的组织与管理能力，能够对立法活动中有关行为进行有效的控制与引导；具备一定的综合判断能力，能够去粗取精、去伪存真地分析与判断纷繁复杂的立法信息材料，还应具备一定的反应与逻辑思维能力以及清楚明白的语言表达能力。(4)品行操守。立法助理人员要有良好的品行修养，应树立客观、公正、公平的价值观，能够不偏不倚地执行职务。由于立法助理责任重大，必须严格限制其资格。立法助理有专职和兼职之分，对于专职立法助理，应实行公务员考任制，即选拔立法助理应通过国家组织的考试，报考人员除具备一般公务员的报考条件外还应该经过法学专业系统的学习，且具有法律工作经验。立法助理根据产生方式的不同，职责也应有所区别。对于专职立法助理，应实行一对一服务，主要负责为人大常委会提供法规草案建议，提供法律资料和法律咨询，为委员准备人大会辩论、质询等发言材料，和常委共同参加立法听证会等。兼职立法助理可以由人大常委会法制工作委员会统一组织，为人大常委会提供集体服务，包括协助人大代表深入基层调查研究、提出立法建议、拟定法律草案、组织立法听证会征求各界意见等。